KB067313

출애굽기 40일 묵상

내 백성을 보내라!

Let my people go!

유요한 목사 성서강해 4

출애굽기 40일 묵상
내 백성을 보내라!
Let my people go!

2021년 4월 30일 초판 1쇄 펴냄

지은이 | 유요한
펴낸이 | 김영호
펴낸곳 | 도서출판 동연
등 록 | 제1-1383호(1992년 6월 12일)
주 소 | 서울시 마포구 월드컵로 163-3
전 화 | (02) 335-2630
팩 스 | (02) 335-2640
이메일 | yh4321@gmail.com

ISBN 978-89-6447-661-1 04230
ISBN 978-89-6447-582-9 04230(세트)

출애굽기 40일 묵상

유요한 목사 **성서강해 4**

내 백성을 보내라!

Let
My
People
Go! 유요한 지음

동연

하나님의 백성, 이스라엘

하나님의 일하심

성경은 이 세상을 구원하기 위해서 일하시는 하나님의 이야기입니다. 신구약 성경 66권을 관통하는 일관된 주제는 '하나님의 일하심'입니다. 성경 곳곳에 그와 같은 하나님의 숨이 깃들어 있습니다. 한 권 한 권 모두 중요한 말씀입니다. 그렇지만 그중에 가장 두드러지는 세 권의 책을 선택하라 한다면, 저는 주저하지 않고 '창세기'와 '로마서', '요한계시록'을 선택할 것입니다. 그 이유는 '하나님의 일하심'에 대한 성경 전체의 맥을 짚어주는 높은 산봉우리와 같은 책들이기 때문입니다.

창세기에서 우리는 '창조의 하나님'(God of Creation)을 만납니다. 그분이 왜 이 세상을 창조하셨는지, 본래의 목적과 이유를 발견하게 됩니다. 로마서에서 우리는 '구원의 하나님'(God of Salvation)을 만납니다. 그분이 이 세상을 구원하기 위해서 어떤 일을 하고 계시는지 알게 됩니다. 그리고 요한계시록에서 우리는 '완성의 하나님'(God of Completion)을 만납니다. 이 세상을 창조하실 때 시작하셨고 인류의 역사를 통해서 이루어 오신 '하나님 나라'가 완성되는 생생한 모습을 확인하게 됩니다.

저는 이 세 권의 책을 '하나님의 일하심'(God's working)이라는 키워드로 묶어서 '40일 묵상 시리즈'를 출판했습니다. "하나님이 시작하셨습니다!"(창세기), "하나님이 일하십니다!"(로마서), "하나님이 다 이루십니다!"

(요한계시록)가 바로 그것입니다. 이 삼부작(三部作) 시리즈 묵상은 성경에 기록된 구원사(救援史)의 흐름과 줄거리를 알고 싶어 하는 모든 분에게 큰 도움이 될 것이라 확신합니다.

하나님의 백성

'하나님의 일하심'에 이어서 제가 주목하게 된 또 다른 키워드가 있습니다. 그것은 바로 '하나님의 백성'입니다. 하나님은 이 세상을 구원하실 때 결코 혼자서 일하지 않으십니다. 믿음의 사람들을 택하여 불러내시고 그들과 함께 일하십니다. 창세기에서 하나님은 아브라함을 '믿음의 조상'으로 불러내셨고, 그를 통해서 이삭과 야곱으로 이어지는 '믿음의 가문'을 세우셨습니다. 그 후손들은 '출애굽'(엑소더스, Exodus) 사건의 주인공이 됩니다. 그리고 가나안 땅에 들어가 '이스라엘'이라는 국가를 세우게 되지요.

성경은 이들을 가리켜 '하나님의 백성'(the people of God)이라 부릅니다. 아니 더 정확하게 말해서, 하나님이 먼저 이들을 '내 백성'(My people)이라 불러주셨다고 해야 합니다.

> … 이스라엘의 하나님 여호와께서 이렇게 말씀하시기를 내 백성을 보내라. 그러면 그들이 광야에서 내 앞에 절기를 지킬 것이니라 하셨나이다(출 5:1b).

모세(Moses)가 이집트 왕 '파라오'(Pharaoh, 바로)에게 전달한 하나님의 요구 사항입니다. 하나님은 '이스라엘'을 '내 백성'이라고 부르며 그들을 보내라고 요구하십니다. 우리는 그 후의 이야기를 잘 압니다. 파라오는 하나님의 요구를 단번에 거절했고, 하나님은 그가 완전히 항복할 때까지 온갖 재앙을 이집트 땅에 내리셨습니다. 마침내 하룻밤 사이에 모든 장자(長子)가 죽임을 당하는 비극을 겪고 난 후에야 파라오는 마지 못해 이스라엘을 놓아줍니다.

그러나 그것도 잠시, 그는 곧 마음을 바꾸어 전차와 기병 부대를 이끌고 추격합니다. 그렇게 해서 '홍해 사건'이 벌어집니다. 그곳에서 이스라엘은 기적적으로 구원을 받았고, 파라오의 군대는 모두 수장(水葬)되고 말았습니다. 그러니까 '출애굽 사건'은 이스라엘을 사이에 두고 하나님과 파라오가 서로의 소유권을 주장하며 쟁탈전을 벌이는 이야기입니다. 그러다가 결국 하나님이 승리한 것이지요.

그런데 '이스라엘'이 도대체 누구일까요? 이 세상에는 수많은 민족이 있는데, 하나님은 왜 굳이 그들을 지명하여 '내 백성'이라 부르실까요? 그들의 정체가 무엇이기에 하나님께서 친히 손발 걷어붙이고 나서서 그렇게 구원하려고 애쓰시는 것일까요? 그리고 똑같은 하나님을 믿고 따르는 지금의 '우리'는 구약성경에 등장하는 '하나님의 백성'과 어떤 상관관계가 있을까요? 이스라엘의 역사를 통해서 우리가 배워야 하는 것은 무엇일까요?

야곱의 후손

성경에서 '이스라엘'이라는 이름이 가장 먼저 등장하는 곳은 바로 창세기입니다. 아브라함의 손자였던 야곱에게 붙여진 또 다른 이름입니다. 당시 야곱은 타향살이 20년 만에 고향으로 돌아오던 중이었습니다. 뜻밖에도 에서가 마중 나오고 있다는 소식을 듣게 됩니다. 물론 환영하기 위해서가 아니라 복수하기 위해서입니다. 두려움 속에서 고민하던 야곱은 얍복 강에서 하나님의 사자와 씨름합니다. 그러다가 '이스라엘'이라는 새로운 이름을 받게 되지요(창 32:28).

실제로 그 이후에 성경은 의도적으로 '야곱' 대신에 '이스라엘'이라는 이름을 더 자주 사용합니다(출 32:13). 야곱이 이집트로 내려가서 살게 된 것은 생애 말년이었습니다. 당시 가나안 땅을 휩쓸고 있던 극심한 기근을 피하려고 불가피하게 선택한 일이었지만, 그 이면에는 하나님의 세밀한 계획과 섭리가 있었습니다. 그 일에 대해서 하나님은 오래전에 아브라함에게 다음과 같이 미리 알려주셨습니다.

> 13여호와께서 아브람에게 이르시되 너는 반드시 알라. 네 자손이 이방에서 객이 되어 그들을 섬기겠고 그들은 사백 년 동안 네 자손을 괴롭히리니 14그들이 섬기는 나라를 내가 징벌할지며 그 후에 네 자손이 큰 재물을 이끌고 나오리라(창 15:13-14).

하나님은 아브라함의 후손이 다른 나라에서 사백 년 동안 종살이하다가 나올 것을 예고하셨습니다. 이는 '출애굽 사건'과 정확하게 맞아떨어지는 설명입니다. 자, 그렇다면 하나님이 파라오에게 내놓으라고 요구한 '내 백성'은 아브라함의 후손, 아니 야곱의 후손을 가리키는 것일까요?

꼭 그렇다고 말할 수는 없습니다. 물론 야곱의 후손이 출애굽 사건의 주인공이 된 것은 틀림없는 사실입니다. 그러나 그들 외에도 '수많은 잡족'(a mixed multitude)이 이집트에서 탈출했습니다(출 12:38). 게다가 그냥 탈출한 게 전부가 아니었습니다. 그들은 뿔뿔이 흩어져서 제 갈 길로 가지 않습니다. 함께 시내산으로 갑니다. 거기에서 하나님과 계약을 맺고 그들 모두 '하나님의 백성'이 됩니다.

따라서 '이스라엘'을 단순히 '혈연공동체'로만 설명할 수는 없습니다. 하나님의 백성 이스라엘은 아브라함과 이삭과 야곱으로 이어지는 한 가문의 후손을 가리키는 말이 아닙니다. 그보다 훨씬 더 크고 넓은 의미를 담고 있습니다.

신앙공동체의 역사

'이스라엘'은 하나님에 대한 공동의 체험으로 시작된 '신앙공동체'를 의미합니다. 그들은 인간의 역사 속에 개입하신 하나님의 능력을 통해서 이집트 제국의 압제로부터 구원받았습니다. 그들은 시내산에서 계약을 맺음으로써 하나님과 특별한 관계에 들어갔습니다. 그리고 하나님이 가르쳐주신 방식대로 하나님을 예배하기 시작했습니다. 그렇게 하나님의 백성, '이스라엘'이 탄생한 것입니다.

그런데 이 세상을 말씀으로 창조할 만큼 전능하신 하나님께 '그의 백성'이 필요한 이유가 무엇일까요? 그들과 더불어 무언가 하실 일이 있기 때문입니다. 그것은 인간의 죄로 말미암아 어그러진 창조 질서를 회복하는 일입니다. 바로 이 대목에서 '하나님의 일하심'이라는 키워드와 연결됩니다. '하나님의 백성'은 '하나님의 일하심'에 동참하도록 불러낸 사람들입니다. 구약성경은 그들의 이야기를 증언합니다.

'출애굽기'는 하나님의 백성이 '구원공동체'요, '계약공동체'요, '예배공동체'로 탄생하는 과정을 생생하게 증언합니다. '민수기'는 '출애굽 세대'(Exodus Generation)가 가나안 땅에 들어가지 못하고 광야에서 헤매던 40년 세월을 증언합니다. '여호수아'는 '광야 세대'(Wilderness Generation)가 약속의 땅으로 들어가서 정착하는 과정을 증언하고, '사사기'는 '가나안 세대'(Canaan Generation)가 약속의 땅에서 하나님의 백성답게 사는 일에 실패하는 모습을 증언합니다.

나머지 '신명기 역사서'는 하나님의 백성다움을 상실한 이스라엘이 남북으로 분열되어 각각 앗시리아와 바벨론 제국에게 망하는 역사를 증언합니다. '역대기 역사서'는 오랜 포로 생활을 끝내고 고향으로 돌아온 사람들이 예루살렘 성전과 성곽을 재건하며, 신앙공동체를 다시 세우기 위해 애쓰는 과정을 증언합니다. 그러나 '신앙의 순수성'을 지나치게 강조하려다가 오히려 '혈통의 배타성'이라는 함정에 빠지면서, 이스라엘은 본래의 정체성을 회복하는 일에 실패하고 말지요. 그렇게 메시아의 오심을 목 빠지게 기다려야 하는 '신구약 중간시대'라는 긴 암흑기를 맞이하게 된 것입니다.

구약성경은 신앙공동체로서 '하나님의 백성, 이스라엘'이 걸어온 역사를 담고 있습니다. 그들의 성공과 실패에 대해서 진솔하게 기록합니다. 물론 성공한 세대도 더러 있었지만, 대부분은 실패했습니다. 왜 그랬을까요? '하나님의 백성'이라는 정체성이 분명하지 않았기 때문입니다. 이집트의 압제로부터 그들을 구원해내신 하나님의 기대와 목적을 제대로 헤아리지 못한 탓입니다.

그런 의미에서 '하나님의 백성'이 역사 속에 등장하는 장면을 주의 깊게 살펴보는 것은 '하나님의 백성'으로 살아가려고 하는 우리에게 꼭 필요한 일입니다.

이제 그 일을 시작해보려고 합니다. 앞으로 40일 동안 우리는 출애굽기 말씀을 매일 묵상하면서, 하나님의 백성 이스라엘이 운명적으로 타고난 정체성의 구체적인 내용이 무엇인지 발견하게 될 것입니다. 그것은 신구약 성경을 통해서 만들어진 모든 신앙공동체를 향한 하나님의 일관된 기대입니다. 하나님의 기대가 무엇인지 알아야 하나님의 뜻대로 살아내지 않겠습니까.

"내 백성을 보내라!"(Let My People Go!)라는 제목의 출애굽기 묵상은 "약속의 땅으로 들어가라!"(Step into the Promised Land!)는 여호수아 묵상과 "계약 백성답게 살아가라!"(Live like the People of the Covenant!)는 사사기 묵상으로 이어지는 또 다른 삼부작(三部作) 시리즈의 첫걸음이 될 것입니다. 이처럼 약속의 땅 가나안에서 펼쳐진 '하나님 백성'의 초기 실험 과정을 살펴봄으로써, 우리는 똑같은 실수와 실패를 반복하지 않는 하늘의 지혜를 얻게 될 것입니다. 그것이 바로 구약성경이 우리의 손에 전해진 이유입니다.

2021년 2월 21일
출애굽기 40일 묵상의 길을 시작하며
그리스도의 종 한강중앙교회 담임목사 유요한

말 씀 묵 상 을 위 한 팁

저는 한 지역 교회(a local church)를 섬기는 목회자입니다. 교회 안에서 목회자가 감당해야 할 많은 사역이 있지만, 그중에서 가장 중요한 것은 뭐니 뭐니 해도 '말씀 사역'일 것입니다. 지금까지 헤아릴 수 없을 만큼 많은 설교를 해오면서, 얼마나 많은 시행착오를 겪어왔는지 모릅니다. 말씀을 묵상하고 설교를 준비하는 일은 언제나 힘에 부치는 압박이었습니다.

그러던 어느 날, 설교에 대한 새로운 원칙을 발견하게 되었습니다. 이 원칙은 성경을 대하는 자세와 말씀을 묵상하는 태도를 근본적으로 바꾸어놓았습니다.

성경이 말하게 하라! *Let the Bible Speak!*

그동안 저는 성경을 하나님의 말씀이라 고백하면서도, 성경이 직접 말하게 하지는 않았습니다. 오히려 시대적인 상황 속에서 또는 성도들의 현실 속에서 직면하고 있는 여러 가지 문제들에 대한 답을 성경에서 찾으려고 해왔습니다. 설교는 제가 찾은 근사한 답을 전하는 통로였습니다. 그러다 보니 새로운 설교를 만들어내는 일이 점점 더 힘들어질 수밖에요. 그렇게 성경을 열심히 두리번거려도 말씀 묵상의 깊이가 더해지는 것도 아니었습니다. 성경 본문은 단지 필요에 따라서 취사선택하는 대상이고, 많은 경우에 미리 정해놓은 답을 증명하기 위한 수단으로 사용되었기 때문입니다.

그러던 저에게 "성경이 말하게 하라!"는 가르침이 아프게 부딪혀왔습니다. 그리고 그 앞에 무릎을 꿇었습니다. 그렇습니다. 성경의 주인공은 하나님이십니다. 하나님은 지금도 성경을 통해서 우리에게 말씀하고 싶어 하십니다. 하나님이 우리의 목적을 달성하기 위한 수단이 아니듯이, 성경 또한 우리의 필요를 채우는 수단으로 사용하면 안 됩니다. 겸손하게 하나님의 말씀 앞에 서야 합니다. 그리고 그 말씀에 귀를 기울여야 합니다.

따라서 저와 같은 설교자가 해야 할 일은 '성경을 잘 해석하여 전하는 것'이 아니라 '성경이 직접 말하게 하는 것'이어야 합니다. 성도들이 성경 본문에 대한 설교자의 해석을 듣게 할 것이 아니라, 성경이 말하려고 하는 메시지를 들을 수 있도록 도와주어야 합니다. 그러기 위해서 우선 성도들이 성경을 충분히 읽게 해야 합니다. 성경 이야기가 어렵게 느껴지지 않도록 해야 합니다. 그러면 하나님이 말씀하십니다. 그 말씀이 삶을 변화시킵니다.

어떻게 성경이 말하게 할 것인가 씨름하던 중에, 제 나름대로 한 가지 방법을 터득하게 되었습니다. 그것은 바로 '성경을 성경으로 풀이하는 것'입니다. 이는 흔히 알고 있는 것처럼, 신약이나 구약의 다른 부분의 말씀을 가져다가 본문에 대한 이해를 높이는 그런 방식이 아닙니다. 오히려 한 본문에 대한 여러 가지 성경의 번역을 직접 읽으면서 비교해 보는 것입니다.

성경 번역 그 자체에 이미 뜻풀이가 담겨있기 때문에, 그것을 자세히 들여다보는 것만으로도 본문의 메시지를 어느 정도 파악할 수 있습니다. 저는 '개역개정판 성경'을 주로 사용하지만, 그 외에도 한글로 번역된 다른 성경들을 반드시 참조합니다. 예전에는 '공동번역'과 '새번역'을 많이 읽었는데, 요즘에는 '메시지 성경'을 더 많이 읽고 있습니다.

필요한 경우에는 히브리어나 헬라어 원어 성경을 찾아보기도 하지만, 대부분은 영어 성경을 활용합니다. 제가 주로 활용하는 번역은 NIV

(New International Version), KJB(King James Bible), NASB(New American Standard Bible), AMP(Amplified Bible), CEV(Contemporary English Version), ESV(English Standard Version) 그리고 MSG(The Message) 등입니다. 그 외에도 사용 가능한 여러 가지 번역을 참조합니다.

그러다 보니 한 본문을 묵상할 때 저는 최소한 10개 정도의 번역을 읽게 됩니다. 특히 영어 성경은 그 어순이 성경의 원어와 거의 일치하고 있어서, 우리말 성경으로는 잘 드러나지 않는 메시지의 강조점을 발견하는 데 큰 도움이 됩니다. 물론 반드시 이렇게 해야 성경의 메시지를 발견할 수 있다고 주장하려는 것은 아닙니다.

저는 말씀을 묵상할 때마다 다음과 같은 원칙에 충실히 하려고 애써 왔습니다.

1. 성경을 직접 충분히 읽게 하자.

성경 본문을 가능한 한 많이 기록해 놓았습니다. 여러분이 따로 성경을 찾으실 필요가 없을 정도입니다. 다른 내용은 그냥 눈으로 읽어가더라도 성경 본문이 나오면 반드시 소리를 내어 읽어 주십시오. 자신의 목소리가 귀에 들리도록 소리 내어 읽으면 그만큼 더 잘 이해가 되고 또한 은혜가 됩니다.

2. 본문을 잘 이해하게 하자.

가능한 한 쉽게 본문의 내용을 이해할 수 있도록 애를 썼습니다. 필요한 부분에서는 영어 성경이나 다른 번역을 인용하기도 했습니다. 혹시라도 성경의 원어인 히브리어나 헬라어, 또는 영어가 자주 인용되는 것에 거부감을 느끼는 분들이 있다면, 본문의 의미를 더욱 잘 설명하기 위한 저의 선한 의도를 생각하여 널리 이해해주시기 바랍니다.

3. 목회자의 묵상이 먼저다.

목회자가 성도들을 가르치려고만 하면 그 설교는 딱딱한 강의가 되기 쉽습니다. 목회자는 말씀을 가르치는 교사이기 전에 먼저 말씀을 묵상하는 사람이어야 합니다. 본문에 담겨있는 메시지의 영적인 의미들을 깨닫고 그것을 먼저 자신에게 적용하려고 해야 합니다. 제가 말씀을 묵상하면서 받은 은혜를 성도들과 함께 솔직하게 나누려고 애를 썼습니다.

이것이 말씀을 묵상하는 유일한 방법이라고 주장할 수는 없습니다. 단지 이 방법은 제게 주어진 목회의 자리에서 말씀을 붙들고 치열하게 살아온 삶을 통해 얻은 열매입니다. 이 묵상이 누군가에게 하나님의 메시지를 발견하는 통로로 사용되기를 소망합니다.

차 례

하나님의 계약 백성

읽을 말씀: 출애굽기 24:4-8; 예레미야 31:31-32

새길 말씀: 모세가 그 피를 가지고 백성에게 뿌리며 이르되 이는 여호와께서 이 모든 말씀에 대하여 너희와 세우신 언약의 피니라(출 24:8).

'출애굽기'는 제목이 의미하는 것처럼, '이집트'(Egypt, 애굽)를 '탈출'(出)한 어떤 사람들의 이야기를 '기록'(記)한 것입니다. 이집트 제국의 강압적인 통치하에서 중노동에 시달리던 노예들이 집단으로 탈출하여 마침내 자유를 찾게 되는 '출애굽 사건'(The Exodus)은 그 이야기 자체만으로도 독자들의 관심을 끌 만한 충분한 매력을 가지고 있습니다. 거기에다 곳곳에 등장하는 여러 가지 극적인 요소들이 더욱 흥미를 자극합니다.

이집트 땅에 내린 '열 가지 재앙'이 점점 강도를 더하며 흥미진진하게 진행됩니다. 파라오 군사들이 뒤늦게 추격해오는 장면에서는 극도의 긴장감을 느낍니다. 앞에는 홍해가 가로막혀 있어 이러지도 저러지도 못하는 상황에 함께 마음 졸입니다. 그러다가 뜻밖에도 바다 한가운데로 길이 드러나는 기적이 일어나지요. 이집트를 탈출한 노예들은 그렇게 구원을 받지만, 파라오의 군사들은 그곳에 모두 수장(水葬)되고 맙니다. 행복한 결말에 독자들은 비로소 안도의 한숨을 쉬게 됩니다.

엑소더스 영화

드라마 각본을 쓰기에 이보다 더 좋은 소재는 아마 어디에서도 찾아보기 힘들 것입니다. 지금까지 여러 차례 영화로 제작된 이유입니다. 가장 유명한 영화는 1956년에 만들어진 '십계'(The Ten Commandments)입니다. 기성세대는 모두 한 번쯤 보셨을 것입니다. 전설적인 배우 찰턴 헤스턴(Charlton Heston)과 율 브리너(Yul Brynner)가 각각 모세와 파라오로 나옵니다. 수많은 엑스트라를 동원한 엄청난 규모와 세 시간을 훌쩍 넘기는 상영 시간은 관객을 압도하기에 충분합니다.

청년세대는 상대적으로 1998년에 제작된 '이집트 왕자'(The Prince of Egypt)라는 애니메이션에 더 익숙할 것입니다. '이집트 왕자'는 물론 모세를 가리킵니다. 그런데 애니메이션이라고 해서 코흘리개 아이들 수준의 영화로 생각하면 안 됩니다. 오히려 당시의 상황을 더욱 사실적으로 묘사합니다. 또한, 뮤지컬로 만들어져 더해지는 감동이 있습니다. 영화 초반부에 노예 생활을 표현한 'Deliver Us'(우리를 구하소서)라든가 이집트에서 탈출하는 장면에 등장하는 'When You Believe'(당신이 믿을 때)와 같은 OST는 정말 걸작입니다. 백 마디의 설명보다 훨씬 더 큰 울림과 짙은 감동을 만들어냅니다.

'출애굽 사건'을 주제로 하여 제작된 가장 최근의 영화는 '엑소더스: 신들과 왕들'(Exodus: Gods and Kings, 2014)입니다. 그러나 이 영화는 우리가 알고 있는 전통적인 성경의 내용에 그리 충실하지 않습니다. 특히 모세가 부름을 받는 장면이나 이집트 땅에 내린 재앙들을 그저 자연현상의 인과관계로 설명하려고 애씁니다. 무엇보다 하나님의 모습을 음산한 얼굴의 아이로 표현한다거나, 모세가 지팡이 대신에 칼을 들고 다니는 용사(warrior)로 묘사하는 것은 우리에게 아주 생소합니다. 마치 애러노프스키(Darren Aronofsky) 감독이 재해석한 '노아'(Noah, 2014)를 보는 듯합니다. 아무리 시대적인 흐름이 그렇다고 하더라도, 그와 같은 비성경적인 해석의 영화는 교회로부터 외면받을 수밖에 없습니다.

그렇다고 해서 '십계'나 '이집트 왕자'가 구약성경이 증언하는 '출애굽 사건'을 완벽하게 재현하고 있다고 말할 수는 없습니다. 물론 영화라는 형식이 가지고 있는 한계가 있습니다. 정해진 시간 안에 성경의 이야기를 모두 녹여내는 것은 사실상 불가능합니다. 기승전결(起承轉結)의 진행에 따라서 어느 정도 이야기를 각색할 수밖에 없습니다. 문제는 그렇게 취사선택하다 보면 성경이 이야기하려고 하는 큰 그림을 놓치기 쉽다는 것입니다.

지금까지의 '엑소더스 영화'가 다룬 내용은 기껏해야 '출애굽기'의 도입부에 불과합니다. 이집트에서 노예 생활하던 사람들이 극적으로 탈출했다는 게 전부입니다. 그나마 '십계'는 그 제목에서 보듯이, 시내산에서 하나님과 계약을 맺는 장면을 염두에 두기는 합니다. 그러나 전체적인 강조점은 역시 이집트에서 탈출한 기적적인 사건에 있습니다. '홍해의 기적'이라는 큰 나무를 조명하느라 '하나님의 백성'이라는 큰 숲을 놓치고 있는 셈입니다.

그런데 이것은 영화만의 문제가 아닙니다. '출애굽기'를 대하는 독자들도 역시 마찬가지입니다. 엑소더스 영화가 주로 다루고 있는 부분을 넘어서면 대부분 흥미를 잃어버립니다. 시내산에 체류하면서 하나님으로부터 십계명과 율법을 받는 대목에서 조금씩 지루해지기 시작합니다. 그러다가 '성막 제작'과 관련된 후반부의 이야기에 다다르면 아예 성경 읽기를 포기하지요. 그래서 출애굽 사건의 진정한 의미, 즉 '하나님의 백성'을 만들어가시는 '하나님의 일하심'을 놓쳐버리곤 합니다.

모든 성경이 다 그렇지만, 특히 출애굽기는 흥밋거리로 읽으려고 하면 안 됩니다. 출애굽기는 우리가 하나님의 말씀으로 인정하는 '구약성경'과 '신약성경'을 구성하고 구분하는 출발선입니다. 인류 역사를 통해서 하나님이 계속해서 만들어가는 '계약 백성'의 정체성을 일러주는 확실한 안내서입니다. 만일 출애굽기가 없다면 나머지 성경도 존재하지 않았을 것입니다. 따라서 출애굽기의 메시지를 바르게 읽어내는 것은 나머지 성경의 메시지를 읽어내는 가장 중요한 첫걸음입니다.

오늘부터 우리는 출애굽기 묵상의 길을 떠나보려고 합니다. 이 묵상을 통해서 성경을 바라보는 우리의 눈이 활짝 열리게 되기를 소망합니다. 또한, 우리를 '계약 백성'으로 불러내신 하나님의 기대가 무엇인지 확실히 깨닫게 되기를 소망합니다. 그리하여 그동안 우리 신앙생활의 진보를 가로막고 있던 모든 속박에서 벗어나 하늘 높이 새롭게 솟아오르는 비상(飛上)을 경험할 수 있기를 간절히 소망합니다.

구약(舊約)과 신약(新約)

앞에서 출애굽기를 '구약성경'과 '신약성경'을 구성하고 구분하는 출발선이라고 했습니다. 그 이유에 대해서 조금 더 자세히 설명할 필요가 있습니다. 성경은 '구약'과 '신약'으로 구성되어 있습니다. 우리말 '구약'(舊約)과 '신약'(新約)의 공통분모는 바로 '약'(約) 자입니다. 이는 본래 '맺다' 또는 '묶다'라는 뜻입니다. 여기에 '약속(約束)하다'라는 의미가 더해졌는데, 이때의 속(束)자도 역시 '묶다'라는 뜻입니다. 그러니까 문자적으로 풀이하면 구약(舊約)은 '오래된 묶음'이고 신약(新約)은 '새로운 묶음'입니다.

그런데 '묶음'이 아니라 '약속'으로 이해하는 분이 많습니다. '구약'은 메시아로 오시는 예수님의 초림(初臨)을 약속한 말씀이고, '신약'은 장차 예수님이 재림(再臨)하실 것을 약속한 말씀이라고 풀이합니다. 물론 내용 상으로는 틀렸다고 말할 수 없습니다. 그러나 '구약'과 '신약'에 대한 바른 정의라고 말할 수도 없습니다. 그것은 성경을 마치 무슨 만병통치약이라 도 되듯이 '구약'(舊藥)이나 '신약'(新藥)으로 풀이하는 것과 크게 다르지 않 습니다.

그렇다면 '구약'과 '신약'이라는 용어는 과연 어디에서 생겨난 것일까 요? 성경 자체에 이미 그 근거가 기록되어 있습니다. 예레미야 선지자를 통해서 주신 말씀입니다.

> 31여호와의 말씀이니라. 보라 날이 이르리니 내가 이스라엘 집과 유다 집에 새 언약을 맺으리라. 32이 언약은 내가 그들의 조상들의 손을 잡고 애굽 땅에서 인도 하여 내던 날에 맺은 것과 같지 아니할 것은 내가 그들의 남편이 되었어도 그들이 내 언약을 깨뜨렸음이라. 여호와의 말씀이니라(렘31:31-32).

여기에서 '새 언약'이 바로 '신약'입니다. '옛 언약'이 전제되어야 '새 언약'을 이야기할 수 있지요. 본문에서는 '옛 언약'을 "그들의 조상들의 손을 잡고 애굽 땅에서 인도하여 내던 날에 맺은 것"이라고 설명합니다. 이는 '출애굽 사건'을 가리키는 말입니다. 그 사건이 일어나던 당시에 하 나님께서 이스라엘과 맺은 어떤 언약이 있었다는 것입니다. 그것이 바로 '옛 언약' 즉 '구약'입니다.

그런데 그 '옛 언약'이 지금은 파기되었다고 하십니다. 이스라엘 사람 들이 그 언약을 깨뜨려버렸다는 것이지요. 그래서 언젠가 때가 이르면 그들과 새로운 언약을 맺을 것이라 말씀하십니다. 이 말씀에서 우리가 이해하지 못할 어려운 내용은 없습니다. 그러나 앞뒤 문맥이 잘 정리되 지 않는 이유는 "그들이 내 언약을 깨뜨렸다"라는 말씀 때문입니다.

우리가 이해하는 '언약'(言約)은 '말로 한 약속'입니다. 그렇다면 '내 언약'은 하나님이 주신 어떤 약속을 의미하는 것이어야 합니다. 그 약속을 파기하실 수 있는 분은 언약을 주신 하나님 자신이지, 언약을 받은 이스라엘이 아닙니다. 그런데도 하나님은 이스라엘이 '내 언약'을 깨뜨렸다고 하십니다. 그것은 결국, 하나님이 주신 약속을 이스라엘이 파기했다고 비난하는 셈이 됩니다.

이와 같은 오해는 바로 '언약'이라는 말 때문에 생겨난 것입니다. 이에 해당하는 히브리어는 '브리트'(berith)입니다. 성경에서 이 단어는 노아의 홍수 사건 때 가장 먼저 등장합니다.

내가 너희와 언약을 세우리니 다시는 모든 생물을 홍수로 멸하지 아니할 것이라. 땅을 멸할 홍수가 다시 있지 아니하리라(창 9:11).

여기에서 '언약'은 히브리어 '브리트'를 번역한 것입니다. 이 언약에는 다시는 물로 심판하지 않겠다는 하나님의 약속이 포함되어 있습니다. 그러나 '브리트'는 단순히 그와 같은 '약속'(promise)을 의미하는 말이 아닙니다. 대부분의 영어 성경은 이를 '커버넌트'(covenant)로 번역합니다. 이에 가장 잘 어울리는 우리말은 바로 '계약'(契約)입니다(창 26:28). 두 당사자가 계약을 맺고 서로 특별한 관계에 들어가기로 약속하는 의식을 가리켜서 성경은 '브리트'로 표현하고 있는 것입니다.

우리말로는 분명히 표현되지 않았지만, 히브리 원어로 읽어보면 '브리트'에 일인칭 소유격(my)이 붙어 있습니다. NIV 성경이 이를 잘 번역합니다. "내가 너희와 함께 내 계약을 세운다"(I establish my covenant with you). 자, 그런데 왜 '내 계약'(my covenant)일까요? 하나님이 먼저 그 계약을 맺기로 작정하셨기 때문입니다. 물론 계약에는 상대가 있어야 합니다. 그래야 계약이 성사될 수 있습니다. 그렇게 하나님은 '무지개 계약'을 통해서 노아의 후손과 특별한 관계에 들어가게 된 것입니다.

성경 이야기는 하나님과의 계약을 계속해서 이어갑니다. 하나님은 아브라함과 '브리트'를 맺으셨습니다(창 15:18). 약속의 후손들과도 차례대로 계약을 맺으셨습니다. 그리고 이집트에서 탈출한 사람들과 시내산에서 단체로 계약을 맺으신 것입니다. 세월이 흐른 후에 하나님은 예레미야 선지자를 통해서 '시내산 계약'을 '내 계약'이라 말씀하면서, 이스라엘이 그 계약을 깨뜨렸다고 하십니다. 그래서 '신약' 즉 '새로운 계약'이 필요하게 되었다는 것입니다.

따라서 구약성경의 메시지를 제대로 이해하기 위해서는 '출애굽 사건'과 '시내산 계약'의 상관관계를 먼저 눈여겨보아야 합니다. 그래야 이 사건을 통해서 만들어진 하나님의 계약 백성 '이스라엘'의 정체성과 그들을 '내 백성'으로 불러내신 하나님의 기대를 알 수 있습니다.

두 계약의 동질성

앞에서 '구약' 즉 '옛 계약'(the old covenant)은 구체적으로 '시내산 계약'을 가리키는 것이라고 했습니다. 그렇다면 '신약' 즉 '새로운 계약'(the new covenant)은 구체적으로 무엇을 가리키는 것일까요? 그것은 예수 그리스도의 '십자가 사건'입니다. 주님은 마지막 유월절 만찬을 나누는 자리에서 자신의 피를 포도주로 비유하면서 이렇게 말씀하셨지요.

> 저녁 먹은 후에 잔도 그와 같이 하여 이르시되 이 잔은 내 피로 세우는 새 언약이니 곧 너희를 위하여 붓는 것이라(눅22:20).

자신의 십자가 사건을 예고하며 동시에 성만찬을 제정해주시는 장면입니다. 주님은 십자가의 죽음이 무엇을 의미하는지 이미 알고 계셨습니다. 그것은 인간의 죄를 용서하기 위한 대속(代贖)의 죽음이요, 그 죽음으로 말미암아 하나님과 인간 사이에 새로운 관계와 구원의 길이 열린다는 사실을 잘 알고 계셨던 것입니다. 실제로 '십자가 사건'을 통해서 하나님과 인간 사이에 새로운 계약이 세워집니다. 새로운 관계가 만들어집니다. 그것을 우리는 '신약'이라고 말하는 것입니다.

이 대목에서 우리는 한 가지 근본적인 질문 앞에 서게 됩니다. 그것은 예수님의 '십자가 사건'을 예레미야가 예언한 '새로운 계약'의 성취로 받아들여야 하는 정당한 '근거'가 무엇인가에 대한 질문입니다. 이는 '구약'과 '신약'을 연결하여 하나로 묶어주는 '동질성'의 근거가 무엇인지에 관한 질문이기도 합니다. 이에 대한 대답을 얻기 위해서 우리는 '시내산 계약'이 체결되는 장면을 주의 깊게 들여다볼 필요가 있습니다.

하나님은 모세를 통해서 계약체결 예식을 준비하게 합니다(19:10-15). 그리고 십계명(20:3-17)과 여러 가지 율법(20:22-23:33)을 주신 후에, 실제로 계약을 맺으십니다.

> 6 모세가 피를 가지고 반은 여러 양푼에 담고 반은 제단에 뿌리고 7 언약서를 가져다가 백성에게 낭독하여 듣게 하니 그들이 이르되 여호와의 모든 말씀을 우리가 준행하리이다. 8 모세가 그 피를 가지고 백성에게 뿌리며 이르되 이는 여호와께서 이 모든 말씀에 대하여 너희와 세우신 언약의 피니라(출 24:6-8).

여기에 보면 계약체결 과정이 자세히 기록되어 있습니다. 모세는 희생제물의 피를 나누어, 그 절반을 먼저 제단에 뿌립니다. 제단은 하나님을 상징합니다. 그리고 계약의 상대인 이스라엘 백성에게 '언약서'를 낭독하여 듣게 합니다. 이 '언약서'에 담겨있는 내용은 물론 하나님의 계명입니다. 이것을 '계약서'(the Book of the Covenant)로 번역하면 더욱 실감이 납니다.

그리고 나서 그릇에 담아둔 나머지 절반의 피를 백성에게 뿌리면서 이렇게 선포합니다. "이것은 주님이 너희와 맺은 계약의 피다!"(This is the blood of the covenant that the LORD has made with you!) 이 예식을 통해서 이집트에서 탈출한 사람들이 드디어 '하나님의 백성'이 되었던 것입니다.

여기에서 우리는 계약체결에 필수적인 세 가지 요소를 발견할 수 있습니다. 우선 희생제물과 그 피가 준비되어야 합니다. 그다음에 하나님이 주시는 계명이 있어야 합니다. 그리고 마지막으로 계약 당사자들에게 희생제물의 피가 뿌려져야 합니다. 어느 것 하나 빼놓으면 안 됩니다. 그중에서 가장 중요한 요소는 물론 희생제물의 '피'입니다. '시내산 계약'을 '피 계약'(the blood covenant)이라고 부르는 것도 바로 그 때문입니다.

자, 그렇다면 '새로운 계약'에서도 이와 똑같은 요소가 발견되어야 합니다. 그래야 두 계약의 동질성이 증명될 수 있습니다. 구약의 희생제물은 '짐승'이었지만, 신약의 희생제물은 '예수 그리스도'입니다. 하나님의 아들이 기꺼이 희생제물이 되어 십자가에서 피를 흘리신 것입니다. 구약의 계약서는 '십계명과 율법'이었지만, 신약의 계약서는 주님이 주신 '새 계명'입니다(요 13:34). 십자가의 희생으로 보여주신 새로운 방식에 따라서 "서로 사랑하라"는 계명입니다. 구약은 희생제물의 '피'를 뿌림으로써 성사되었지만, 신약은 주님의 피를 상징하는 '포도주'를 마심으로써 이루어집니다.

이와 같은 계약체결의 과정도 중요하지만, 그보다 더 중요한 것은 계약의 결과물입니다. 다시 말해서 각각의 계약을 통해서 하나님과 특별한 관계에 들어간 신앙공동체가 창조되었다는 사실입니다. '출애굽 사건'과 '시내산 계약'을 통해서는 구약의 하나님 백성, '이스라엘'이 만들어졌습니다. 그러나 그들은 약속의 땅에 살면서 하나님 백성다움을 상실했고, 스스로 하나님과의 계약을 깨뜨려버렸습니다. 그래서 하나님은 예레미야 선지자를 통해서 새로운 계약의 필요성을 말씀하신 것입니다.

마침내 때가 되어 하나님은 독생자 예수 그리스도를 이 세상에 직접 보내셨고, 세상 죄를 대속하는 희생제물로 삼으셨습니다. 그 '십자가 사건'을 통해서 하나님은 신약의 하나님 백성을 만드셨습니다. 그것이 바로 '교회'와 '그리스도인'입니다. 계약의 상대는 달라졌지만, 계약의 내용과 목적은 조금도 달라지지 않았습니다. 하나님은 그와 계약을 맺은 백성과 더불어 이 세상을 구원하는 일을 함께하기를 원하십니다. 그것이 구약성경과 신약성경이 똑같이 담고 있는 메시지입니다.

'구약성경' 39권은 '시내산 계약'을 통해서 만들어진 하나님 백성, 이스라엘의 이야기를 증언합니다. '신약성경' 27권은 '십자가 사건'을 통해서 새롭게 만들어진 하나님 백성, 교회의 이야기를 증언합니다. 그래서 우리는 이 책들을 묶어서 각각 '구약성경'(The Books of the Old Covenant)과 '신약성경'(The Books of the New Covenant)이라 부르는 것입니다. 그렇게 '구약'과 '신약'이 하나로 이어져서 거룩한 하나님의 말씀인 '성경'(The Bible)을 완성하게 된 것이지요.

거듭 말씀드리지만, 출애굽기는 '신약'과 '구약' 성경을 구성하고 구분하는 출발선입니다. 출발선에서부터 방향을 잘 잡아야 합니다. 그렇지 않으면 엉뚱한 길로 가기 쉽습니다. 성경 전체를 관통하는 메시지를 발견하려면 우선 출애굽기부터 바르게 이해해야 합니다. 이제 우리는 출애굽기 묵상의 길을 떠납니다. 앞으로 우리는 40일 동안 이집트에서 탈출한 사람들의 역사 속으로 직접 들어가서 그들과 함께 하루하루 살아보게 될 것입니다.

그러는 가운데 지금도 우리를 '계약 백성'으로 부르시는 하나님의 뜻과 기대를 헤아려 알게 되기를 소망합니다. 그리하여 이 묵상이 마치는 날 하나님의 백성으로서 분명한 정체성을 가지고 우리에게 허락하신 약속의 땅을 향하여 믿음의 발걸음을 힘차게 내딛게 되기를 간절히 소망합니다.

* **묵상 질문**: 나는 '하나님의 백성'인가? 내가 이해하고 있는 '하나님의 백성'은 어떤 사람인가?

* **오늘의 기도**: 지금까지 오랫동안 신앙생활을 해왔지만, 아직도 하나님 백성으로서 온전한 모습을 갖추지 못하고 있는 우리의 부족함을 솔직하게 고백합니다. 이번 출애굽기 40일 묵상을 통해서 하나님의 계약 백성으로서 우리의 정체성이 확고해질 수 있도록 성령님 우리를 바른길로 이끌어 주옵소서. 예수님의 이름으로 기도합니다. 아멘.

제 1 막

출애굽 사건
: 구원공동체의 출발

| 출애굽기 1-14장 |

학대받던 사람들

읽을 말씀: 출애굽기 1:1-22

새길 말씀: 그 애굽 왕이 히브리 산파 십브라라 하는 사람과 부아라 하는 사람에게 말하여

이르되 너희는 히브리 여인을 위하여 해산을 도울 때에 그 자리를 살펴서

아들이거든 그를 죽이고 딸이거든 살려두라(출 1:15-16).

성경의 구조

지난 시간에 우리는 '구약'(舊約)과 '신약'(新約)이 각각 '옛 계약'과 '새
로운 계약'을 의미한다는 것을 살펴보았습니다. '구약성경'은 '시내산 계
약'을 통해 하나님의 백성이 된 이스라엘의 이야기이고, '신약성경'은 예
수 그리스도의 십자가 사건을 통해서 하나님의 백성이 된 교회의 이야기
입니다. 계약의 상대는 달라졌지만, 계약의 내용과 목적은 조금도 달라
지지 않았습니다. 하나님은 계약 백성과 더불어 이 세상을 구원하는 일
을 함께하기를 원하십니다. 그것이 구약성경과 신약성경이 일관되게 담

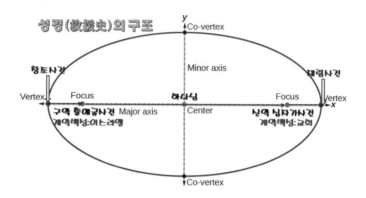

고 있는 메시지입니다.

　이와 같은 성경의 구조를 타원(Ellipse) 모양으로 설명할 수 있습니다. 타원이 '성경' 전체를 의미한다면, 두 개의 초점(Focus)은 각각 구약의 '출애굽 사건'과 신약의 '십자가 사건'을 가리킨다고 할 수 있습니다. 타원과 관련하여 한 가지 재미있는 사실은 타원의 두 초점이 일치할 때 하나의 원이 된다는 것입니다. 그렇습니다. 구약성경이나 신약성경의 주인공은 모두 한 분 하나님이십니다. 하나님이 중심(Center)입니다.

　또한, 타원의 두 초점을 잇는 긴 축(Major axis)을 신구약 성경이 담고 있는 역사로 풀이할 수도 있습니다. 그 시작점은 '창조사건'이고, 마지막 종착점은 주님의 '재림사건'입니다. 이집트에서 탈출한 노예를 시내산 계약을 통해 당신의 백성으로 삼으신 하나님께서 예수 그리스도의 십자가 사건을 통해 교회라는 새로운 계약 백성을 만드셨습니다. 그들과 함께 지금도 하나님 나라를 완성해가십니다. 이와 같은 구원사(救援史)의 중심(Center)에는 언제나 하나님이 계십니다.

　이렇게 놓고 보면, 신구약 성경을 구성하고 구분하는 출발선으로서 '출애굽기'가 얼마나 중요한 위치를 차지하고 있는지 재차 확인할 수 있습니다. '출애굽 사건'은 단지 이스라엘 국가의 기원을 설명해주기 위해 그럴듯하게 각색해놓은 신화적인 드라마가 아닙니다. 이 세상을 만드신 하나님께서 또한 이 세상을 구원하기 위해서 인류 역사에 실제로 개입하신 '카이로스 사건'입니다. 출애굽기가 빠진 성경은 감히 상상할 수 없습니다.

이스라엘 자손

오늘부터 우리는 본격적으로 '출애굽기' 본문의 묵상에 들어갑니다. '출애굽기'는 이집트 제국의 통치하에서 학대받던 사람들이 탈출하여 하나님의 백성이 되는 이야기입니다. 먼저 그들이 과연 어떤 사람들이었을까 궁금해집니다. 오늘 본문은 다음과 같이 묘사합니다.

> 1야곱과 함께 각각 자기 가족을 데리고 애굽에 이른 이스라엘 아들들의 이름은 이러하니… 5야곱의 허리에서 나온 사람이 모두 칠십이요 요셉은 애굽에 있었더라. 6요셉과 그의 모든 형제와 그 시대의 사람은 다 죽었고 7이스라엘 자손은 생육하고 불어나 번성하고 매우 강하여 온 땅에 가득하게 되었더라(출 1:1-7).

그들은 '이스라엘 자손'(the sons of Israel)이었습니다. 여기에서 '이스라엘'이란 '야곱'에게 붙여진 또 다른 이름을 의미합니다(창 32:28). 실제로 야곱이 자손들을 데리고 이집트로 내려가는 이야기가 창세기 끝부분에 나옵니다(창 46:1-27). 그 당시에 가나안 땅을 휩쓸고 있던 심각한 기근을 피하기 위해서였습니다. 그들은 이집트의 총리로 일하고 있던 요셉의 도움을 받아 비옥한 고센(Goshen) 땅에 자리를 잡고 살게 되지요. 그렇게 창세기의 '족장사 이야기'와 '출애굽 이야기'가 자연스럽게 연결됩니다.

자, 그렇다면 이집트에서 탈출한 사람들은 모두 '이스라엘 자손' 즉 '야곱의 후손들'이었을까요? 보통은 그렇게 생각합니다. 그러나 이집트에 들어갈 때와 나올 때의 숫자가 너무 차이 납니다. 이집트로 들어간 야곱의 자손들은 불과 '70명'이었지만, 이집트를 탈출한 사람들은 '보행하는 장정'(men on foot)만 자그마치 '6십만 명'이었다고 합니다(출 12:37). 거기에는 여인들과 아이들의 숫자가 포함되지 않았습니다. 그렇다면 적어도 2백만 명, 많게는 3백만 명이 탈출했다고 보아야 합니다.

물론 다산(多産)의 복을 받았다면 얼마든지 그럴 수도 있습니다. 문제는 그들이 이집트에 머문 기간이 불과 430년이었다는 사실입니다(출 12:41). 그것은 오래전 하나님이 아브라함에게 예고하신 말씀과 크게 다르지 않습니다.

> 13여호와께서 아브람에게 이르시되 너는 반드시 알라. 네 자손이 이방에서 객이 되어 그들을 섬기겠고 그들은 사백 년 동안 네 자손을 괴롭히리니… 16네 자손은 사 대 만에 이 땅으로 돌아오리니 이는 아모리 족속의 죄악이 아직 가득 차지 아니 함이니라…(창 15:13, 16).

이 말씀대로라면 이집트에 머물던 기간 동안 이스라엘 자손은 적어도 만 배 이상으로 늘어났다는 이야기가 됩니다. 열 배나 백 배라면 몰라도, 만 배가 늘어났다는 것은 상식적으로 도무지 이해할 수 없는 일입니다. 성경에 기록된 족보를 분석해보면 혹시 그 해답을 찾을 수 있을까요? 모세가 속해있는 레위지파를 한번 살펴보지요. 레위지파의 족보가 다른 지파보다 비교적 자세하게 기록되어 있어, 어떤 실마리를 찾을 수 있을지도 모릅니다.

레위(Levi)는 야곱의 셋째 아들입니다(창 29:34). 그에게는 세 아들, 게르손(Gershon)과 고핫(Kohath)과 므라리(Merari)가 있었습니다(출 6:16). 레위는 그들과 함께 이집트로 내려갔습니다. 게르손과 므라리는 각각 두 아들을 두었고, 고핫은 네 아들을 두었습니다(출 6:17-19). 그러니까 레위지파의 2대는 3명이고, 3대는 모두 8명입니다. 자, 여기까지는 지극히 정상적인 과정으로 보입니다. 그런데 모세가 포함된 4대로 가면 이해할 수 없는 일이 벌어집니다.

민수기의 기록에 따르면 게르손의 아들인 립니(Libni) 종족과 시므이 (Shimei) 종족에 속한 남자의 숫자는 모두 7,500명이라고 합니다(민 3:22). 고핫 자손의 종족들은 8,600명이고(민 3:28), 므라리 자손의 종족들은 6,200명이 됩니다(민 3:34). 여기에는 일 개월 이상 된 남자들이 모두 포함되었습니다. 그 사실을 고려한다고 하더라도 이렇게 갑작스럽게 숫자가 늘어나는 이유를 설명할 수 없습니다.

오늘 본문은 "이스라엘 자손이 생육하고 번성하여 온 땅에 가득했다"(7절) 라고 합니다. 자, 이 말씀을 우리는 어떻게 이해해야 할까요? 물론 하나님은 이 세상을 창조하신 전능하신 분입니다. 70명을 430년 만에 60만 명으로 불어나게 하는 건 사실 하나님에게 큰일이 아닙니다. 그러나 이것을 무조건 믿으라고 강요할 수는 없습니다. 여기에는 반드시 이해할 수 있는 어떤 설명이 필요합니다.

이집트의 강압 통치

이스라엘 자손의 숫자가 갑작스럽게 늘어나는 것에 의문을 품게 하는 또 다른 이유가 있습니다. 그것은 이집트 제국의 강압적인 통치입니다.

8요셉을 알지 못하는 새 왕이 일어나 애굽을 다스리더니 9그가 그 백성에게 이르되 이 백성 이스라엘 자손이 우리보다 많고 강하도다. 10자, 우리가 그들에게 대하여 지혜롭게 하자. 두렵건대 그들이 더 많게 되면 전쟁이 일어날 때에 우리 대적과 합하여 우리와 싸우고 이 땅에서 나갈까 하노라…(출 1:8-10).

'요셉을 알지 못하는 새 왕'이 누구인지 우리는 잘 모릅니다. 단지 요셉에게 호의적이었던 파라오의 뒤를 이은 바로 그다음 왕을 가리키지는 않을 것으로 짐작합니다. 그러니까 어느 정도 세월이 흐른 다음의 이야기입니다. 이스라엘 자손의 불어난 숫자를 걱정하는 것으로 미루어서, 이집트에 들어간 이스라엘 자손의 4대 즈음에 일어난 일로 보입니다. 그러나 이스라엘 자손이 "자신들보다 많고 강하다"는 말은 지나치게 과장된 표현입니다.

아무튼, 새로운 파라오는 그동안 이스라엘 자손에 대해 취해왔던 정책과 태도를 바꾸기로 합니다. 명분은 그들이 적군과 합세하여 반란을 일으키거나 이집트 땅을 떠나버리는 일이 없도록 미리 견제방안을 마련하자는 것입니다. 그렇게 해서 이스라엘 자손에게 강제노동을 부과합니다. 여기에는 적어도 두 가지 목적이 있습니다. 첫째는 그들의 인구 숫자를 줄이는 것이고, 둘째는 그들이 이집트 땅을 떠나지 못하게 하는 것입니다. 통제 가능한 숫자를 유지하면서 동시에 그들로부터 경제적인 이익을 취하겠다는 계산입니다.

그렇게 해서 이스라엘 자손은 국고성(國庫城) '비돔'(Pithom)과 '라암셋(Rameses)을 건축하는 일에 강제로 동원됩니다(11절). 그러나 어찌 된 일인지 파라오의 기대와는 달리 이스라엘 자손은 학대를 받을수록 더욱 번성합니다(12절). 그러자 파라오는 더욱 힘든 노동을 부과하여 그들을 괴롭힙니다. 처음에는 건축일만 시켰는데, 이제는 벽돌 굽는 일과 농사일까지 모두 하게 한 것입니다(14절).

노동의 강도만 세진 게 아닙니다. 아예 남자 아기들을 죽이려는 음모를 꾸밉니다.

15애굽 왕이 히브리 산파 십브라라 하는 사람과 부아라 하는 사람에게 말하여 16 이르되 너희는 히브리 여인을 위하여 해산을 도울 때에 그 자리를 살펴서 아들이거든 그를 죽이고 딸이거든 살려두라. 17그러나 산파들이 하나님을 두려워하여 애굽 왕의 명령을 어기고 남자 아기들을 살린지라(출 1:15-17).

이스라엘 자손이 정말 이집트 사람들보다 많았다면, 해산을 돕는 산파(産婆)가 단지 두 사람뿐이었을 리가 없습니다. 게다가 남자 아기들을 죽이라고 파라오가 산파에게 직접 명령하는 것도 이해할 수 없는 대목입니다. 만일 그런 방식으로 이스라엘 자손의 숫자를 줄일 수 있다고 생각했다면, 그는 정말 어리석은 사람입니다. 물론 산파들은 하나님을 두려워하여 그 명령을 따르지 않았습니다. 그러자 파라오는 이스라엘 자손의 아들이 태어나면 모두 나일강에 던져 죽이라는 무자비한 명령을 내리지요(22절).

이때 얼마나 많은 아이가 억울하게 죽임을 당했는지 우리로서는 알 길이 없습니다. 다만 이와 같은 유아 학살의 비극이 실제로 일어난 것은 분명합니다. 다음에 이어지는 모세의 이야기가 그 사실을 증명합니다. 만일 파라오의 명령이 철저하게 시행되었다면, 이때 이스라엘 자손의 숫자는 급격히 줄어들어야 마땅합니다. 그런데도 성경은 모세가 포함된 이스라엘 자손 4대의 숫자가 오히려 폭발적으로 증가한 것으로 기록합니다. 이와 같은 모순을 우리는 어떻게 이해해야 할까요?

마치 하룻밤 사이에 홍해가 갈라진 기적처럼, 이 또한 하나님이 특별히 개입하신 기적으로 설명해야 할까요? 그러기에는 무언가 모자라는 느낌입니다. 출애굽기는 이스라엘 자손들의 이집트 탈출기가 아닙니다. 하나님께서 당신의 계약 백성을 만들어가는 이야기입니다. 그렇다면 이집트의 강압 통치에도 불구하고 오히려 숫자가 늘어나는 것에 적절한 설명이 있어야 합니다. 왜냐하면 그들이 장차 하나님과 계약을 맺은 백성이 될 것이기 때문입니다.

히브리인의 하나님

오늘 본문에서 우리는 한 가지 실마리를 찾을 수 있습니다. 그것은 파라오가 이스라엘 자손의 남자 아기들을 제거하기 위해서 '히브리 여인'에게 명령하고 있다는 사실입니다. 왜 '이스라엘 여인'이 아니라 '히브리 여인'일까요? 왜 '이스라엘 자손의 산파'가 아니라 '히브리 산파'일까요?

파라오만 그들을 '히브리인'이라고 부른 것이 아닙니다. 하나님의 명령을 파라오에게 전달하는 장면에서 모세는 이렇게 말합니다.

> 히브리인의 하나님이 우리에게 나타나셨은즉 우리가 광야로 사흘 길쯤 가서 우리 하나님 여호와께 제사를 드리려 하오니 가도록 허락하소서(출 5:3a).

여기에서 보듯이, 모세도 자신에게 나타난 하나님을 '히브리인의 하나님'이라고 소개합니다. 모세를 비롯한 야곱의 후손들이 그들 자신을 '히브리인'으로 인식하고 있었다는 이야기입니다. 그러니까 이때만 해도 그들에게는 '이스라엘'이라는 정체성이 없었던 것입니다. 게다가 아브라함과 이삭과 야곱으로 이어지는 어느 한 부족을 가리키는 고유명사로 '히브리인'이라는 이름을 사용한 게 아닙니다.

기원전 2천 년 시대의 자료를 보면 '하피루'('Apiru 또는 Habiru)로 불리던 사람들이 자주 등장합니다. 이는 어느 민족이나 종족을 이룬 집단을 가리키는 말이 아니라, 고대 근동의 여러 나라를 떠돌아다니며 살던 '사회 계층'을 가리키는 말이었습니다. 오늘날의 집시처럼 '유랑민'으로서 생활 터전이 없이 떠돌다가, 때로는 용병이 되거나 노예가 되기도 했던 사람들입니다. 이들이 바로 성경에서 말하는 '히브리인'('ibri)의 정체입니다.

이집트에서 탈출한 후에 약속의 땅으로 들어가서 농사를 짓게 되었을 때, 그들은 소산의 만물을 하나님께 드리면서 이렇게 고백했습니다.

> 5… 내 조상은 방랑하는 아람 사람으로서 애굽에 내려가 거기에서 소수로 거류하였더니 거기에서 크고 강하고 번성한 민족이 되었는데 6애굽 사람이 우리를 학대하며 우리를 괴롭히며 우리에게 중노동을 시키므로 7우리가 우리 조상의 하나님 여호와께 부르짖었더니… 8우리를 애굽에서 인도하여 내시고 9이곳으로 인도하사 이 땅 곧 젖과 꿀이 흐르는 땅을 주셨나이다(출 26:5-9).

'방랑하는 아람 사람'(A wandering Aramean)은 '야곱'을 가리키는 말입니다. 야곱은 가나안에서 태어났지만, 그의 어머니 리브가는 하란 출신 아람 사람입니다. 야곱의 아내들과 아이들도 모두 하란에서 태어나고 자랐습니다. 그러니 얼마든지 '아람 사람'(시리아인, the Syrian)이라고 부를 수 있습니다. 그러나 여기에서 특별히 강조하고 있는 것은 '아람 사람'이 아니라 '방랑하는 사람'입니다.

실제로 이스라엘의 조상들은 한곳에 정착하여 살던 사람이 아니었습니다. 여기저기 떠돌아다니던 '하피루' 즉 '히브리인'이었다는 고백입니다. 게다가 그들은 이집트 제국에 들어간 유일한 '하피루'가 아닙니다. 당시 이집트에는 여기저기서 흘러들어온 어중이떠중이들이 많이 살고 있었습니다. 성경은 그들을 이스라엘 자손과 구분하여 '잡족'(雜族)이라고 표현하지만(출 12:38), 엄밀한 의미에서 야곱의 후손들도 '잡족' 중 하나였습니다.

자, 그렇다면 무슨 이야기인가요? 파라오가 야곱의 후손들만 콕 집어서 강제노동을 시킨 것은 아니라는 이야기입니다. 야곱의 후손들은 파라오가 주목할 만큼 특별한 존재가 아니었습니다. 실제로 그는 요셉을 알지 못하는 왕이라고 했습니다(8절). 이집트의 총리로 이름을 날렸던 요셉이 어떤 사람인지도 모르는데, 그 후손들을 특별 대우해주거나 괴롭힐 이유가 하나도 없지요. 파라오에게 그들은 단지 이집트 제국에 흘러들어와 살던 하피루였을 뿐입니다.

파라오의 눈에는 하나도 다를 바가 없는 하피루 중에 하나님께서 특별히 선택하여 세우신 약속의 후손들이 포함되어 있었습니다. 그들이 바로 이스라엘 자손입니다. 그런데 모세가 만난 여호와 하나님은 '이스라엘 자손의 하나님'이 아니라, '히브리인의 하나님'이었습니다. 다시 말해서, 하나님은 야곱의 후손들만 구원하려고 하지 않으셨던 것입니다. 오히려 이집트의 강압 통치하에서 학대받던 하피루를 구원하여 '계약 백성'으로 삼으시려고 직접 역사 속에 개입하셨던 것입니다.

거듭 말씀드리지만, 이집트를 탈출한 사람들의 중심에는 분명히 야곱의 후손들이 있었습니다. 그러나 그들이 전부는 아니었습니다. 실제로 이스라엘 자손이 이집트를 탈출할 때 그들과 함께 '수많은 잡족'(a mixed multitude)이 동반 탈출합니다. 그 후에 뿔뿔이 흩어져서 제 길로 가지 않고, 함께 시내산으로 갑니다. 거기에서 하나님과 계약을 맺고 그들 모두 '하나님의 백성'이 됩니다. 이것은 이스라엘이 처음부터 '혈연공동체'가 아니라 '신앙공동체'로 출발했다는 사실을 일러주는 결정적인 증거입니다.

그런데 '수많은 잡족'이 언제부터 야곱의 후손들과 함께 행동하게 되었을까요? 그 시기를 정확하게 가늠할 수는 없습니다. 그러나 이집트에서 탈출하던 당일에 즉흥적으로 이루어진 결정은 아니었음이 분명합니다. 오히려 이집트 제국의 파라오에게 똑같이 학대를 받고 있던 '하피루'로서 이미 오래전부터 끈끈한 동질성과 연대감을 계속 키워왔다고 보는 것이 훨씬 더 합리적인 추론입니다. 그렇게 본다면 이집트에 들어간 이스라엘 자손이 어느 날 갑작스럽게 숫자가 폭발적으로 늘어난 이유를 이제 설명할 수 있습니다.

하나님은 '땅의 티끌같이'(창 13:16) '하늘의 별같이'(창 15:5) 많은 후손을 주시겠다고 아브라함에게 약속하셨습니다. 그 약속은 단지 다산(多産)의 결과로만 성취될 수 있는 것은 아닙니다. '히브리인의 하나님'을 '나의 하나님'으로 받아들인 신앙공동체의 확장으로 이해하는 것이 훨씬 더 자연스럽습니다. 바로 그것이 아브라함을 선택하여 '믿음의 조상'으로 삼으신 이유요, 이집트에서 박해받던 사람들을 불러내어 '하나님의 백성'으로 빚어 가시는 이유이기 때문입니다.

'출애굽 사건'은 이스라엘 민족의 혈통적인 기원을 설명해주기 위해 만들어낸 드라마가 아닙니다. 오히려 신앙공동체인 하나님의 계약 백성이 만들어진 역사적인 사건입니다. 그 주인공은 뜻밖에도 제국의 변두리를 떠돌던 '히브리인'이었습니다. 하나님은 박해받던 그들을 구원하셔서 당신의 백성으로 삼으셨습니다. 그리고 그들과 함께 이 세상을 구원하는 일을 시작하셨습니다. 그것이 바로 나머지 구약성경의 역사입니다.

하나님은 지금도 여전히 그렇게 일하십니다. 바울의 고백처럼, 하나님은 '잘났다고 하는 사람들'(somebodies)의 허세를 폭로하시려고, 세상에서 홀대받고 착취당하며 학대받는 사람들, 곧 '아무것도 아닌 사람들'(nobodies)을 일부러 택하십니다(고전 1:27, 메시지). 하나님의 손에 붙잡히면 '아무것도 아닌 사람들'이라 할지라도 얼마든지 하나님이 펼쳐가는 구원사(救援史)의 주인공이 될 수 있는 것입니다.

그런 의미에서 구약성경의 하나님 백성과 신약성경의 하나님 백성은 본질상 조금도 다르지 않습니다. 하나님 앞에서 그 누구도 자랑할 것이 없습니다.

* **묵상 질문:** 나는 '히브리인의 하나님'을 '나의 하나님'으로 고백할 수 있는가?
* **오늘의 기도:** 한없이 부족한 우리를 하나님의 백성으로 부르신 주님, 그 부르심 앞에 언제나 겸손함을 잃지 않게 해주시고, 어떤 경우에도 자신의 것을 드러내어 자랑하지 않게 하옵소서. 우리를 구원하신 하나님의 목적과 기대에 더욱 마음 기울이게 하시고, 언제나 그 뜻대로 순종하며 살아가게 하옵소서. 예수님의 이름으로 기도합니다. 아멘.

물에서 건져낸 왕자

읽을 말씀: 출애굽기 2:1-22

새길 말씀: 바로의 딸이 그에게 이르되 이 아기를 데려다가 나를 위하여 젖을 먹이라. 내가 그 삯을 주리라. 여인이 아기를 데려다가 젖을 먹이더니 그 아기가 자라 매 바로의 딸에게로 데려가니 그가 그의 아들이 되니라. 그가 그의 이름을 모세라 하여 이르되 이는 내가 그를 물에서 건져내었음이라 하였더라(출 2: 9-10).

　지난 시간의 묵상을 통해서 우리는 '출애굽 사건'의 본질을 알게 되었습니다. '출애굽 사건'은 이스라엘 민족의 혈통적인 기원을 설명해주기 위해 만들어낸 드라마가 아닙니다. 오히려 신앙공동체인 하나님의 계약 백성이 만들어진 역사적인 사건입니다. 그리고 그 주인공은 제국의 변두리를 떠돌던 '하피루' 즉 '히브리인'이라고 했습니다. 하나님은 파라오에게 학대받던 그들을 구원하셔서 당신의 백성으로 삼으신 것입니다.

　이집트를 탈출한 사람들의 중심에는 물론 야곱의 후손들이 있었지만, 그들이 전부는 아니라고 했습니다. '수많은 잡족'(a mixed multitude)이 동반 탈출합니다(출 12:38). 그 사람들은 누구였을까요? 파라오에게 똑같이 학대를 받고 있던 다른 '하피루'였습니다. 그들은 오랜 세월 동안 학대를 받아오면서 야곱의 후손들과 연대감을 키워왔습니다. 그러다가 모세가 소개한 '히브리인의 하나님'을 마침내 '자신들의 하나님'으로 받아들이게 되었던 것이지요.

그러니까 이집트를 탈출한 '보행하는 장정 60만 명' 속에는 상당수의 다른 '하피루'들이 포함되어 있었다고 보아야 마땅합니다. 그러면 야곱의 후손들이 어느 날 갑작스럽게 숫자가 폭발적으로 늘어나게 된 이유를 설명할 수 있게 됩니다. 그렇습니다. 이스라엘은 조상의 피를 이어받은 사람들의 '혈연공동체'가 아니었습니다. '히브리인의 하나님'을 자신의 하나님으로 받아들인 사람들의 '신앙공동체'였던 것입니다.

학대에 대한 예언

그다음 이야기로 나아가기 전에, 우리가 먼저 해결해야 할 한가지 문제가 있습니다. 하나님은 출애굽 사건에 대해 아브라함에게 예고하는 장면에서 그의 자손이 4백 년 동안 이방에서 괴롭힘을 당하다가 4대 만에 약속의 땅으로 돌아올 것을 말씀하셨지요(창 15:13,16). 실제로 야곱의 후손들은 '430년이 끝나는 날'에 이집트에서 나옵니다(출 12:41). 아브라함에게 말씀하신 예언이 그대로 성취된 것입니다. 참으로 놀라운 일입니다.

문제는 그 예언이 담고 있는 내용입니다. 야곱의 후손들이 파라오에게 학대를 받을 것이 분명히 예고되었다는 사실입니다. 그렇다면 무엇입니까? 하나님은 병 줬다가 약 줬다가 하는 분이신가요? 먼저 괴롭힘을 당하게 가만히 내버려 두다가 그다음에 적당한 때에 등장하여 구원해주는 그런 분이신가요? 이 질문은 우리가 지금까지 알아 왔고 또한 믿고 있는 하나님의 선하심에 대한 심각한 도전이 아닐 수 없습니다.

창세기에 등장하는 족장들의 이야기를 살펴보면, 하나님께서 그들의 믿음을 테스트하기 위해 사용하신 시금석이 있다는 사실을 알게 됩니다. 그것은 "약속의 땅에 남아 있을 것인가?"에 대한 시험입니다. 아브라함은 그 시험에 보기 좋게 실패했습니다. 극심한 기근을 피해서 아무 생각 없이 이집트로 내려갔기 때문입니다(창 12:10). 반면 이삭은 그 시험에 통과했습니다. 아버지 아브라함과 똑같은 상황이었지만, 하나님의 말씀에 순종하여 끝까지 가나안에 남았습니다(창 26:2). 자, 그렇다면 야곱의 경우는 어땠을까요?

사실 야곱은 이집트로 내려가는 것을 주저했습니다. 양식을 구하러 아들들을 보내기는 했지만, 그곳에 내려가 살 생각은 조금도 없었습니다. 그러던 중에 죽은 줄로만 알았던 요셉이 이집트의 총리가 되었다는 소식을 듣게 됩니다. 반가운 마음에 요셉을 만나려고 이집트로 내려가다가, 브엘세바에서 하나님께 희생 제사를 드립니다(창 46:1). 하나님의 허락을 구하기 위해서였습니다. 그날 밤에 하나님이 이상 중에 나타나셔서 이렇게 말씀하십니다.

> 3나는 하나님이라. 네 아버지의 하나님이니 애굽으로 내려가기를 두려워하지 말라. 내가 거기서 너로 큰 민족을 이루게 하리라. 4내가 너와 함께 애굽으로 내려가겠고 반드시 너를 인도하여 다시 올라올 것이며 요셉이 그의 손으로 네 눈을 감기리라(창 46:3-4).

하나님은 야곱이 두려운 마음을 가지고 있다는 것을 잘 알고 계셨습니다. 그것은 새로운 곳에 정착하여 사는 일에 대한 두려움이 아닙니다. 이렇게 약속의 땅을 훌쩍 떠나도 되는지에 대한 두려움이었습니다. 그런데 오히려 하나님이 야곱을 안심시킵니다. 내려가라고 격려하십니다. '거기서' 즉 '이집트에서' 큰 민족을 이루게 하겠다고 약속하십니다. 심지어 하나님도 그와 함께 내려가겠다고 하십니다. 그리고 반드시 다시 돌아오게 하겠다고 하십니다.

이와 같은 하나님의 분명한 허락과 약속이 있었기에 야곱은 마음 놓고 이집트로 내려갈 수 있었던 것입니다. 그런데 이 대목에서 하나님은 이집트에 내려가서 받게 될 학대에 대해서 야곱에게 말씀하지 않으십니다. 왜 그러셨는지 궁금해집니다. 만일 그것이 오래전부터 예정된 일이었다면, 아브라함에게 말씀하셨듯이 야곱에게도 알려주어야 마땅하지요. 그러지 않고 마치 꽃길만 걷게 될 것처럼 이야기하는 것은 일종의 속임수 아니겠습니까?

고난의 이유

그렇다면 무엇이 하나님의 진심일까요? 하나님의 본래 계획은 아브라함에게 말씀하신 것처럼, 야곱의 후손을 이집트에서 일정 기간 종살이하게 하려는 것이었을까요? 아니면 야곱에게 약속하신 것처럼, 하나님의 계획은 그냥 큰 민족을 이루어 나오게 하는 것이었는데, 어쩌다 보니 그들이 파라오에게 학대를 받게 된 것일까요? 저는 후자라고 봅니다. 그렇게 생각하는 몇 가지 이유가 있습니다.

우선 야곱이나 그의 아들들에게는 이집트로 완전히 이주한다는 생각이 전혀 없었습니다. 그들은 파라오를 접견하는 자리에서 가나안 땅의 기근을 피하려고 이곳에 잠시 머물러 왔다는 사실을 분명히 밝힙니다(창 47:4). 그리고 야곱이 죽었을 때 그의 시신은 가나안 땅으로 메어다가 막벨라 굴에 안장됩니다(창 50:13). 요셉도 마찬가지였습니다. 비록 이집트 총리였지만 그곳에 계속 남아 있을 생각이 전혀 없었습니다. 그래서 야곱의 후손들이 약속의 땅으로 되돌아갈 때 반드시 '자신의 해골을 메고' 올라갈 것을 맹세하게 했던 것입니다(창 50:25).

요셉은 아마도 자신의 장례식 날에 야곱의 후손들이 모두 약속의 땅으로 돌아가기를 기대하고 있었는지 모릅니다. 사실 그것이 아브라함에게 약속하신 '사 대만에'(in the fourth generation) 돌아올 것이라는 말씀의 본래 의미였습니다. 그러나 실제로 그런 일은 벌어지지 않았지요. 요셉의 시신은 이집트에서 입관되었고(창 50:26), 그것으로 창세기 말씀은 끝나버립니다. 그리고 요셉을 알지 못하는 '새 왕'이 등장할 때까지(출 1:8) 야곱의 후손은 그냥 이집트에서 계속 살고 있었습니다. 그러다가 파라오의 학대를 받게 된 것이지요.

야곱의 후손들이 이집트를 떠나지 않았던 이유가 무엇이었는지 우리는 충분히 짐작할 수 있습니다. 그곳이 가나안 땅보다 훨씬 살기 좋았기 때문입니다. 그들이 머물던 고센 땅은 나일강 하류에 있는 가장 비옥한 땅이었습니다. 말하자면 이집트의 '노른자위 땅'이었던 것입니다. 그들은 그곳에서 풍요롭게 살다 보니 그만 돌아가야 할 '약속의 땅'이 있다는 사실을 까맣게 잊어버리게 된 것입니다.

만일 파라오의 학대가 없었다면 어떻게 되었을까요? 그들은 그냥 이집트 사람으로 동화(同化)되고 말았을 것입니다. '약속의 후손'이라는 정체성도, 그들이 마땅히 있어야 할 '약속의 땅'도 모두 잃어버리게 되었을 것입니다. 그렇게 하나님을 모르는 세상 사람이 되고 말았을 것입니다. '여호와 이레'(창 2:14) 하나님은 그것까지도 보고 계셨던 것입니다. 야곱의 후손들이 파라오의 학대를 받고 나서야 정신 차리게 될 것을 아셨던 것입니다. 그래서 안타까운 마음으로 아브라함에게 그 사실을 넌지시 예고하셨습니다. 그런데 하나님의 걱정이 그만 현실이 되었습니다.

따라서 야곱의 후손들이 억울하게 생각할 일이 아닙니다. 오히려 부끄럽게 생각해야 합니다. 그들이 이집트에 눌러앉은 것은 하나님의 예언을 성취하기 위해서가 아닙니다. 그들의 게으름과 나태함이 고난을 자초 (自招)했을 뿐입니다. 만일 하나님의 신실하심이 아니었다면 그들은 죽 었다가 깨어나도 '하나님의 백성'이 될 수 없었습니다. 그 사실을 깨닫기 까지 4백 년의 세월이 흘러야 했고, 아브라함으로부터 4대가 아니라 이 집트에 들어온 후로부터 4대가 지나야 했던 것이지요.

히브리 사람의 아기

아무튼, 요셉 덕분에 고센 땅에서 하루하루 편하게 살던 야곱의 후손 들은 이제 요셉을 알지 못하는 파라오에 의해서 다른 하피루와 똑같은 취급을 받으며 중노동에 시달리게 되었습니다. 그렇다고 해서 그들이 곧 바로 정신을 차린 것은 아닙니다. 그들이 하나님께 부르짖어 기도하기 시작한 것은 한참 지난 후의 일입니다(출 2:23). 그들의 부르짖음에 앞서 서 하나님이 먼저 움직이셨습니다. 그들을 구원하기 위한 하나님의 일하 심은 한 아기가 태어나는 것으로부터 시작됩니다.

> ¹레위 가족 중 한 사람이 가서 레위 여자에게 장가들어 ²그 여자가 임신하여 아들 을 낳으니 그가 잘생긴 것을 보고 석 달 동안 그를 숨겼으나 ³더 숨길 수 없게 되매 그를 위하여 갈대 상자를 가져다가 역청과 나무 진을 칠하고 아기를 거기 담아 나일 강 가 갈대 사이에 두고…(출 2:1-3).

여기에 등장하는 아기는 물론 '모세'(Moses)입니다. 그의 아버지는 레 위의 손자 '아므람'(Amram)이었고, 어머니는 레위의 딸 '요게벳'(Jochebed) 이었습니다(민 26:59). 당시에는 이런 식으로 근친결혼이 이루어졌습니 다. 모세에게는 형 '아론'(Aaron)과 누이 '미리암'(Miriam)이 있었는데, 세 살 위의 형이 태어날 때는 유아 학살 명령이 내려지지 않았던 것으로 보입니다(출 1:22). 아마도 모세가 그에 해당하는 첫 대상이었을 것입니다.

부모에게는 모든 자식이 다 귀한 법입니다. 갓 태어난 아들을 순순히 죽이라고 넘겨줄 부모가 이 세상에 어디 있겠습니까. 모세의 어머니는 석 달 동안 아기를 숨깁니다. 본문은 그 이유를 이렇게 표현합니다. "그가 잘생긴 것을 보고…." 물론 아기가 잘 생겼을 테지만 그것이 전부는 아닐 겁니다.

메시지 성경은 "그 아이에게 특별한 것이 있음을 보고 숨겼다"(She saw there was something special about him and hid him)고 합니다. 실제로 모세에게는 '특별한 무언가'(something special)가 있었습니다. 그것은 히브리인을 구원하실 하나님의 '위대한 계획'입니다.

우리는 모세의 어머니가 하나님의 구원 계획에 대해서 얼마나 많이 알고 있었는지 잘 모릅니다. 그러나 적어도 그녀는 하나님이 그들의 조상에게 주신 약속을 마음에 간직하고 있던 몇 안 되는 사람 중의 하나였을지 모릅니다. 그러지 않고서는 아무리 귀한 자식이라 하더라도, 다른 가족들의 목숨을 걸어야 할지도 모르는 위험한 모험을 시작할 수 없었을 것이기 때문입니다.

석 달이 지난 후 더는 집에 숨겨서 기를 수 없게 되자, 그녀는 또 다른 위험한 모험을 감행합니다. 갓난아기를 갈대 상자에 담아 나일강에 띄워 보낸 것입니다. 그래서 파라오의 딸 손에 들어가게 되지요.

5바로의 딸이 목욕하러 나일 강으로 내려오고 시녀들은 나일 강가를 거닐 때에 그가 갈대 사이의 상자를 보고 시녀를 보내어 가져다가 6열고 그 아기를 보니 아기가 우는지라. 그가 그를 불쌍히 여겨 이르되 이는 히브리 사람의 아기로다(출 2: 5-6).

파라오의 딸은 그 아기가 '히브리 사람의 아기'라는 사실을 첫눈에 알아차립니다. 히브리인이 누구입니까? 여기저기 떠돌아다니는 하피루입니다. 파라오가 유아 학살을 명령한 바로 그 대상입니다. 그러나 그녀는 그 히브리인 아기를 자신이 직접 거둬들여 키우기로 마음먹습니다. 이유는 '불쌍히 여기는 마음' 때문입니다. KJV 성경은 이를 '컴패션'(compassion)이라고 번역합니다. 이 단어는 '함께'(com=with) '아파한다'(passion=suffering)라는 뜻입니다.

이 마음은 하나님이 인간의 구원과 회복을 위해 특별히 사용하시는 도구입니다. 야곱과 에서를 극적으로 화해시킬 때도 하나님은 이 마음을 사용하셨습니다. 에서는 20년간 복수의 칼을 갈고 있었습니다. 그러나 다리를 절뚝이며 다가오는 야곱을 보자 자신도 모르는 사이에 달려가 끌어안고 대성통곡하며 울었지요(창 33:4). 그렇게 하시려고 하나님의 사자가 얍복 강에서 야곱의 허벅지 관절을 쳤던 것입니다(창 33:25).

그렇습니다. 요게벳이 자기가 낳은 갓난아기에게서 '특별한 무언가'를 발견하게 하신 분도 하나님이시고, 파라오의 딸이 히브리 사람 아기를 보고 '불쌍히 여기는 마음'을 갖게 하신 분도 하나님이십니다. 그렇게 하나님은 야곱의 후손들을 구원해내려는 계획을 시작하신 것입니다. 그 다음은 우리가 너무나 잘 아는 이야기입니다.

때마침 모세의 누이 미리암이 등장하여 유모를 소개하고, 모세는 친어머니의 젖을 먹으며 자라납니다. 그러다가 어느 정도 성장한 후에 왕궁으로 들어가서 '이집트 왕자'로 살게 됩니다. 파라오의 딸은 그에게 '모세'라는 이름을 붙입니다. 본문은 이를 "물에서 건져냈다"(Pulled-Out)라는 뜻으로 풀이합니다(출 2:10). 그렇게 '물에서 건져낸 왕자'가 하나님의 구원사에 등장하게 된 것입니다.

히브리 사람의 형제

모세는 이집트 왕궁에서 왕자로 대접받으며 살아왔습니다. 그러나 그는 자신이 히브리 사람이라는 사실을 잊지 않았습니다.

11 모세가 장성한 후에 한번은 자기 형제들에게 나가서 그들이 고되게 노동하는 것을 보더니 어떤 애굽 사람이 한 히브리 사람 곧 자기 형제를 치는 것을 본지라. 12 좌우를 살펴 사람이 없음을 보고 그 애굽 사람을 쳐죽여 모래 속에 감추니라(출 2:11-12).

본문은 "모세가 장성했다"(grown up)고 합니다. 말 그대로 '성인'(成人) 즉 '어른'이 되었다는 뜻입니다. 이때 모세의 나이가 얼마였는지 궁금해집니다. 뜻밖에도 그 답은 신약성경에서 발견됩니다. 스데반이 체포되어 공회에서 재판을 받는 자리에서, 이스라엘의 역사를 풀어 설명하면서 모세를 언급하는 대목에 나옵니다.

22 모세가 애굽 사람의 모든 지혜를 배워 그의 말과 하는 일들이 능하더라. 23 나이가 사십이 되매 그 형제 이스라엘 자손을 돌볼 생각이 나더니…(행7:22-23).

우리가 잘 아는 대로, 모세가 죽을 때의 나이는 120세였습니다(신 34:7). 모세의 인생은 40년을 주기로 급격한 변화가 일어납니다. 첫 번째 40년은 '이집트의 왕자'로 살았습니다. 두 번째 40년은 '미디안의 목동'으로 살았습니다. 그리고 마지막 40년은 이집트를 탈출한 '하나님 백성의 지도자'로 살았습니다. 그러니까 오늘 본문은 모세의 인생 1기에서 2기로 넘어가는 대목인 셈입니다.

아무튼, 스데반은 모세가 "그 형제 이스라엘 자손을 돌볼 생각이 났다"고 합니다. 출애굽기 본문에서는 "자기 형제들에게 나가서 그들이 고되게 노동하는 것을 보았다"고 합니다. 여기에서 우리의 이목을 끄는 부분은 모세가 '히브리 사람'을 '자기 형제'라고 부르는 대목입니다. 그러니까 이 당시의 모세는 '이집트 왕자'라는 자의식보다 '히브리 사람'이라는 자의식을 더욱 강하게 가지고 있었다는 뜻입니다. 어떻게 그럴 수 있었을까요?

여기에는 분명히 어머니 요게벳의 영향이 있었을 것입니다. 어렸을 때부터 왕궁에 들어가서 살았지만, 친어머니와 완전히 단절된 채로 지내지는 않았던 모세는 자신의 출생 배경에 대해서 요게벳으로부터 들었을 것입니다. 단지 히브리인이라는 정체성뿐만 아니라, 그들의 조상이 믿어 왔던 하나님에 대해서, 하나님으로부터 받은 약속에 대해서도 들었을 것입니다. 또한, 요게벳은 갓난아기 때에 보았던 '특별한 무언가'에 대해서도 이야기했을 것입니다. 그래서 그의 히브리 형제들의 사정을 살펴볼 생각을 하게 되었던 것이지요.

하지만 그의 첫 시도는 전혀 예상하지 못했던 방향으로 흘러갔습니다. 히브리 형제를 박해하던 애굽 사람을 그만 홧김에 쳐죽인 것입니다. 모세는 히브리 형제가 당하고 있는 억울한 고난을 자신의 문제로 받아들였습니다. 모세는 히브리 사람을 그의 형제로 생각했지만, 그들은 모세를 형제로 생각하지 않았습니다. 그다음 날 히브리 사람끼리 싸우는 것을 말리다가, 그들로부터 충격적인 말을 듣게 됩니다.

> 당신이 뭔데 우리에게 이래라저래라하는 거요? 이집트 사람을 죽이더니 나도 죽일 셈이요?(출 2:14, 메시지)

모세는 그들의 눈에 약점 잡힌 이집트 사람이었을 뿐입니다. 그 길로 이집트를 떠날 수밖에 없었습니다. 이른바 잘 나가던 '이집트 왕자'가 하루아침에 이런 '도망자' 신세가 되리라고 그 누가 상상이나 했겠습니까? 무엇이 잘못된 것일까요?

문제는 모세 자신입니다. 히브리 형제가 겪고 있는 부당한 고난과 학대에 대해서 나름대로 정의롭게 행동했지만, 그의 행동은 단지 악으로 악을 갚는 '잘못된 정의'에 불과했습니다. 사실 그런 행동을 하기 전에 먼저 '위'를 살펴야 했습니다. 하나님의 뜻을 물어야 했습니다. 그런데 그러지 않고 모세는 '좌우'를 살폈습니다(2:12). 사람의 눈을 피해 살인죄를 범하고 자신이 저지른 죄를 감추려고 했습니다.

그도 그럴 것이, 모세는 어머니 요게벳으로부터 조상의 하나님에 대해서 들어 본 적은 있었지만, 그 하나님을 직접 만나 본 적은 없었습니다. 그는 파라오의 왕궁에 살면서 이집트 사람의 모든 지혜를 배워 대단한 능력을 갖추었지만, 자신의 인생을 향한 하나님의 계획에 대해서는 전혀 무지했습니다. 그래서 잘못된 정의감으로 혈기를 앞세우다 하루아침에 도망자 신세가 되었던 것입니다.

모세는 미디안 광야에서 양을 치며 사는 지극히 평범한 사람이 됩니다. 십보라(Zipporah)를 만나 가정을 꾸리고 아들을 낳아 '게르솜'(Gershom)이라고 부릅니다(2:22). '게르'(Ger)는 '나그네'(a stranger)라는 뜻이고, '솜'(Shom)은 '타국'(a foreign land)이라는 뜻입니다. 그러니까 아들 이름을 '타국의 나그네'라고 붙인 것입니다. 낯선 땅에서 나그네로 살다가 죽게 될 자신의 신세를 이렇게 빗대고 있는 것이지요.

그러나 '사람의 끝'은 '하나님의 시작'입니다. 우리가 '막다른 길'이라고 생각한 바로 그곳에서 하나님은 구원과 회복의 '새로운 길'을 여십니다. 미디안 광야의 척박한 땅에서 하나님은 모세를 새롭게 다듬기 시작하셨습니다. 요게벳이 갓난아기 모세에게서 보았던 '특별한 무언가'가 이제 조만간 그 모습을 드러낼 것입니다.

물론 아직은 하나님의 때를 조금 더 기다려야 합니다. 또 다른 40년의 세월이 필요합니다. 확실한 것은 하나님이 일하기 시작하셨다는 사실입니다. 모세는 머지않아 '히브리인의 하나님'을 만나게 될 것입니다. 하나님은 '물에서 건져낸 왕자'를 '압제에서 건져내는 해방자'로 사용하실 것입니다. 모세는 아직 그것을 모르지만, 하나님은 알고 계십니다. 그게 더 중요합니다.

* **묵상 질문:** 나는 하나님을 만나 보았는가? 아니면 하나님에 대해서 듣기만 했는가?

* **오늘의 기도:** 우리가 끝이라고 생각하는 그곳에서 하나님은 구원의 길을 새롭게 시작하신다는 말씀에 위로를 받습니다. 참 감사합니다. 하나님이 우리 안에 심어놓으신 '특별한 무언가'를 발견하게 하시고, 하나님의 이끄심에 온전히 순종하여 이 세상을 구원하는 일에 쓰임 받는 나머지 인생이 되게 하옵소서. 예수님의 이름으로 기도합니다. 아멘.

네 발에서 신을 벗으라!

읽을 말씀: 출애굽기 2:23-3:12

새길 말씀: … 하나님이 떨기나무 가운데서 그를 불러 이르시되 모세야 모세야 하시매

그가 이르되 내가 여기 있나이다. 하나님이 이르시되 이리로 가까이 오지

말라. 네가 선 곳은 거룩한 땅이니 네 발에서 신을 벗으라(출 3:4-5).

　야곱의 후손들이 4백 년 동안이나 이집트에 머문 것은 아브라함에게
주신 하나님의 예언이 성취되기를 기다린 것이 아닙니다. 오히려 현실에
안주하여 '약속의 땅'에 대한 비전을 잊어버린 까닭입니다. 만일 파라오
의 학대가 없었다면 그들은 그냥 이집트 사람으로 흡수되고 말았을 겁니
다. 그러나 신실하신 하나님은 절대로 약속의 후손들을 포기하지 않으십
니다. 어떻게든 그들과의 약속을 지키십니다. 필요하다면 고난을 통해서
라도 그들을 일깨우십니다.

　그와 동시에 하나님은 그들의 구원을 위해 일하십니다. 요게벳의 눈
을 여셔서 갓 태어난 모세에게서 '특별한 무언가'를 발견하게 하셨고, 파

라오의 딸에게 '불쌍히 여기는 마음'을 부어주셔서 히브리 아기를 왕자로 받아들이게 하셨습니다. 살인죄를 저지르고 도피한 땅끝에서 하나님은 모세를 새롭게 빚으셨습니다. 이 모두 파라오에게 학대받던 히브리인을 구원하여 '하나님의 백성'으로 삼으려는 하나님의 일하심이었습니다.

히브리 사람의 부르짖음

그렇게 하나님이 일해오시는 동안 야곱의 후손들은 무엇을 했을까요? 사실상 아무것도 하지 않았습니다. 그들이 당하고 있는 고난의 의미를 깨닫지 못했을 뿐만 아니라, 조상의 하나님께 도와달라고 부르짖어 기도할 생각조차 하지 못했습니다. 새로운 파라오가 등장한 후에야 그들은 비로소 하나님께 부르짖습니다.

> 여러 해 후에 애굽 왕은 죽었고 이스라엘 자손은 고된 노동으로 말미암아 탄식하며 부르짖으니 그 고된 노동으로 말미암아 부르짖는 소리가 하나님께 상달된지라(출 2:23).

여기에서 '여러 해 후'는 모세가 미디안 광야로 도피한 지 40년의 세월이 흐른 후를 의미합니다. 이때 모세의 나이는 80세였습니다(7:7). '이집트 왕자'였던 모세는 이제 늙수그레한 '시골 양치기'로 변했습니다. 이집트에는 새로운 파라오가 등장했지만, 히브리 사람들의 상황은 조금도 달라지지 않았습니다. 여전히 계속되는 '고된 노동'으로 하루하루 괴롭힘을 당하고 있었습니다.

이 대목에서 한 가지 달라진 것이 보입니다. '이스라엘 자손'이 드디어 하나님께 부르짖기 시작한 것입니다. 지금까지 파라오에게 학대받아온 세월이 한두 해가 아닙니다. 모세의 나이와 견주어보면 그들이 얼마나 오랫동안 중노동에 시달려왔는지 충분히 짐작할 수 있습니다. 그런데 왜 이제 와서 하나님께 부르짖는 것일까요? 새로운 파라오가 등장하면 상황이 나아질 줄 알았던 것일까요? 그러다가 아무런 변화가 없으니 마지막 수단으로 하나님께 매달려보기로 한 것일까요?

사실 그들은 처음부터 하나님을 찾아야 했습니다. 처음부터 하나님의 도우심을 구해야 했습니다. 그것이 하나님을 믿는 사람들이 마땅히 해야 할 일입니다. 그러나 그렇게 하지 않았습니다. 그렇다면 무엇입니까? 그들은 편할 때도 힘들 때도 하나님과 별 상관없이 살았다는 뜻입니다. '약속의 후손'이라는 정체성을 잃어버린 것이지요.

그런데도 하나님은 그들을 괘씸히 여기지 않으셨습니다. 그래서 그들의 부르짖는 소리가 하나님께 이르렀던 것입니다.

> 24하나님이 그들의 고통 소리를 들으시고 하나님이 아브라함과 이삭과 야곱에게 세운 그의 언약을 기억하사 25하나님이 이스라엘 자손을 돌보셨고 하나님이 그들을 기억하셨더라(출 2:24-25).

여기에서 우리는 네 동사를 주목할 필요가 있습니다. 그것은 '들으시고'(listened to), '기억하사'(remembered), '돌보셨고'(saw), '기억하셨다'(knew)입니다. 얼핏 읽으면 이스라엘 자손이 기도하기 전까지는 하나님이 그들에게 전혀 관심이 없었던 것처럼 생각할 수도 있습니다. 그들이 부르짖어 도움을 요청하니까 그제야 하나님이 그 소리를 듣고 조상들과 세운 '언약'을 기억하고 돌보셨다고 하니 말입니다.

만일 그렇게 이해하고 있다면, 성경을 잘못 읽은 것입니다. 보십시오. 하나님이 들으신(listened to) 것은 '고통 소리'(their groaning)였지 '부르짖는 소리' 즉 '도움을 요청하는 부르짖음'(their cry for help)이 아닙니다. 그러니까 그들의 기도 소리에 하나님이 반응을 보이셨다는 뜻이 아닙니다. 그들은 이제야 도와달라고 기도하기 시작했지만, 하나님은 이미 오래전부터 그들의 고통 소리를 들어오셨다는 뜻입니다.

마찬가지로 하나님은 아브라함과 이삭과 야곱에게 세운 '언약', 즉 '계약'을 잊은 적이 없습니다. 그들은 비록 잊었을지라도 하나님은 언제나 기억하셨습니다(remembered). 이스라엘 자손이 도와달라고 부르짖으니까 그제야 그들을 눈여겨보기(saw) 시작하신 것이 아닙니다. 하나님은 계속해서 지켜보고 계셨습니다. 하나님은 단 한 번도 그들의 처지를 외면한 적이 없습니다. 너무나도 잘 알고(knew) 계셨고 충분히 헤아리고 계셨습니다.

그랬기에 하나님은 그들의 부르짖음에 앞서서 먼저 움직이셨던 것입니다. 모세가 나일강물에서 건짐을 받은 것도, 이집트 왕자로 자라날 수 있었던 것도, 미디안 광야대학에서 히브리 사람들의 해방자로 훈련을 받게 된 것도, 모두 그들을 구원하기 위한 하나님의 일하심이었습니다. 어떤 상황에도 하나님의 신실하심은 계속되고 있다는 사실을 우리는 믿어야 합니다.

하나님은 우리가 간절히 부르짖어야 마지못해 움직이는 그런 분이 아닙니다. 오히려 우리가 기도하지 않기 때문에 이미 오래전부터 진행되어온 하나님의 일하심을 발견하지 못하는 것입니다.

떨기나무 불꽃

드디어 하나님의 때가 되었습니다. 하나님은 모세를 불러내어 사명을 맡기십니다.

¹모세가 그의 장인 미디안 제사장 이드로의 양 떼를 치더니 그 떼를 광야 서쪽으로 인도하여 하나님의 산 호렙에 이르매 ²여호와의 사자가 떨기나무 가운데로부터 나오는 불꽃 안에서 그에게 나타나시니라. 그가 보니 떨기나무에 불이 붙었으나 그 떨기나무가 사라지지 아니하는지라(출 3:1-2).

당시 모세는 장인 이드로(Jethro)의 양 떼를 치고 있었습니다. '이집트 왕자'로 살던 인생 1기와 비교해 보면 완전히 밑바닥으로 곤두박질한 신세입니다. 미디안 광야에서 지내던 지난 40년은 그의 아들 '게르솜'의 이름이 의미하는 것처럼, 낯선 땅에서 이름 없는 나그네로 살던 세월이었습니다. 이제 그를 기억하는 사람은 아무도 없습니다. 어디에서 무엇을 하는지 관심 두는 사람도 없습니다. 말 그대로 '아무것도 아닌 사람'(nobody)이 되었던 것입니다.

그러나 그 오랜 세월 동안 그를 변함없이 지켜보던 분이 계셨습니다. 바로 하나님이십니다. 이제 때가 되어 하나님은 그를 부르십니다. 어느 날 모세는 양 떼를 이끌고 '하나님의 산 호렙'에 다다릅니다. '하나님의 산'(the mountain of God)이란 '아주 높은 산'(the highest mountain)을 의미합니다(시68:15). 신명(神名)을 사용한 히브리어 최상급 용법입니다. 왜 그렇게 높은 산까지 가게 되었는지 모세는 모릅니다. 어쩌다 보니 그곳에 다다르게 되었다고 생각했을 것입니다. 그러나 이 세상에 우연이란 없습니다. 하나님이 모세를 그곳으로 인도하신 것이지요.

그곳에서 모세는 신기한 광경을 목격하게 됩니다. 떨기나무가 활활 타오르는데, 나무 자체는 타버리지 않는 겁니다! 호기심이 생긴 모세는 점점 더 가까이 다가갑니다. 본문은 이렇게 표현합니다. "여호와의 사자가 떨기나무 불꽃 안에서 그에게 나타나셨다." 그러니까 '불꽃'이 바로 하나님의 '사자'(使者)였던 것입니다. '떨기나무'(히, seneh)는 가시가 많은 덤불(a thorny bush)입니다. 지금도 이 지역에서 흔하게 발견되는 나무입니다.

'떨기나무 불꽃'은 단지 모세의 시선을 끌기 위한 하나님의 연출이 아니었습니다. 그것은 모세의 소명과 관련 있습니다. '떨기나무'는 지금 이집트에서 학대받고 있는 히브리 사람들의 고통스러운 현실을 상징합니다. 그러나 그 안에 하나님의 임재를 상징하는 '불꽃'이 활활 타오르고 있습니다. 그 불꽃은 나무를 태워 없애지 않습니다. 오히려 더욱 생생하게 만듭니다. 앞으로 모세를 통해서 하나님이 하실 일을 이렇게 보여주고 있는 것이지요.

신발을 벗어라

물론 모세는 그것을 신기한 구경거리 정도로만 생각하여, 자세히 관찰하려고 다가옵니다. 그런데 하나님은 불꽃 가운데서 모세를 관찰하고 계시다가, 마침내 그에게 말씀하십니다.

> 4 … 하나님이 떨기나무 가운데서 그를 불러 이르시되 모세야 모세야 하시매 그가 이르되 내가 여기 있나이다. 5 하나님이 이르시되 이리로 가까이 오지 말라. 네가 선 곳은 거룩한 땅이니 네 발에서 신을 벗으라(출 3:4-5).

모세가 하나님의 부름(召命)을 받는 유명한 장면입니다. 여기에서 하나님은 모세에게 "신을 벗으라"고 요구합니다. 그가 서 있는 곳은 '거룩한 땅'이기 때문이랍니다. 흔히 '거룩한 땅'을 '하나님의 산'과 연결하여 설명하곤 합니다. 하나님이 계신 산이기에 거룩하고, 거룩한 땅에서는 예의를 갖추어 신발을 벗어야 한다는 식으로 말입니다. 그래서 예전에는 예배당에 들어갈 때 반드시 신발을 벗어야 했습니다. 그런데 정말 그런 뜻일까요?

우리말 '거룩'에 해당하는 히브리어 '코데쉬'(qodesh)는 본래 '구별' (apartness)을 의미합니다. 하나님의 임재하심으로 구별된 장소라는 뜻입니다. 그런 의미에서 본다면, 모세가 하나님을 만났던 '하나님의 산'은 거룩한 곳입니다. 후에 하나님은 다시 이곳에 임재하셔서 이집트를 탈출한 사람들과 계약을 맺게 될 것입니다. 그러나 그런 특별한 장소이기에 신발을 벗으라고 요구하는 것은 아닙니다.

사실 그것은 종들이 자신의 주인 앞에 설 때 하는 행동입니다. 따라서 하나님이 모세에게 신발을 벗으라고 요구하는 것은 "네가 나의 종이라는 사실을 인정할 수 있겠느냐?"라는 물음과 같습니다. 만일 여호와 하나님을 '나의 하나님'으로 인정한다면, 지금 발에서 신발을 벗음으로 증명하라는 것이지요. 실제로 이 장면에서 모세는 신발을 벗지 않습니다. 아직은 하나님을 인정할 수 없다는 뜻입니다. 아직은 하나님의 주인 되심을 받아들일 수 없다는 뜻입니다.

이는 모세의 후계자 여호수아의 경우와 비교해 보면 확연하게 드러납니다. 그는 여리고 성을 살펴보던 중에 뜻밖에도 '하나님의 군대 대장'을 만납니다. 모세에게는 '불꽃'으로 나타났던 하나님의 사자가 여호수아에게는 '군대 대장'의 모습으로 나타난 것입니다. 그에게 똑같은 말씀을 듣습니다. "네 발에서 신을 벗으라. 네가 선 곳은 거룩하니라"(수 5:15). 여호수아는 즉시 신발을 벗습니다. 모세와 달리 그는 하나님의 주인 되심을 곧바로 인정한 것입니다.

그렇습니다. 모세가 단숨에 하나님의 부르심을 받아들였다고 생각하면 안 됩니다. 그저 한두 마디 말로 지난 80년 세월 동안 쌓아온 잘못된 생각이나 삶의 태도를 바꿀 수 있는 것은 아닙니다. 무슨 놀라운 이적을 한번 목격했다고 그 즉시 하나님의 다스림에 온전히 순종하는 종이 되는 것은 아닙니다. 그렇게 되려면 넘어야 할 산이 아직도 많이 남아 있습니다.

조상의 하나님

모세는 우선 조상의 하나님을 경외함으로 받아들여야 했습니다.

… 나는 네 조상의 하나님이니 아브라함의 하나님, 이삭의 하나님, 야곱의 하나님이니라. 모세가 하나님 뵈옵기를 두려워하여 얼굴을 가리매…(출 3:6).

하나님은 모세에게 자신을 이렇게 소개합니다. "나는 네 조상의 하나님이다." 그러면서 '아브라함'과 '이삭'과 '야곱'을 언급합니다. '아브라함의 하나님'이란 아브라함이 섬기던 하나님, 아브라함과 계약을 맺은 하나님이란 뜻입니다. '이삭의 하나님'이나 '야곱의 하나님'도 역시 마찬가지입니다.

모세는 어릴 적부터 어머니 요게벳에게서 히브리인 조상들과 그들이 섬겼던 하나님에 대해서 익히 들어왔습니다. 그가 이집트에서 학대받던 히브리 사람들에게 연민을 느끼게 된 것도 바로 그 때문입니다. 그런데 지금까지 들어오기만 했던 그 하나님을 이제 자신이 직접 만나게 된 것입니다. 그는 하나님 뵈옵기를 두려워하여 얼굴을 가립니다.

누구에게나 하나님의 임재를 경험하는 것은 참으로 두려운 일입니다. 야곱은 벧엘에서 하나님을 만난 후에 큰 두려움을 느꼈습니다(창 28:17). 이집트에서 탈출한 사람들이 이곳에 왔을 때, 하나님의 임재를 두려워한 나머지 하나님이 그들에게 직접 말씀하지 않게 해달라고 모세에게 간청할 정도였습니다(출 20:19). 엘리야도 하나님의 임재 앞에서 겉옷으로 얼굴을 가려야 했습니다(왕상 19:13).

모세가 두려움에 얼굴을 가리게 된 것은 하나님의 주인 되심을 받아들이는 첫 발걸음이었습니다. 그러나 그것이 전부는 아닙니다. 하나님은 이집트에서 학대받는 사람들을 구원하려는 당신의 계획을 자세히 알려주십니다.

> 7여호와께서 이르시되 내가 애굽에 있는 내 백성의 고통을 분명히 보고 그들이 그들의 감독자로 말미암아 부르짖음을 듣고 그 근심을 알고 8내가 내려가서 그들을 애굽인의 손에서 건져내고 그들을 그 땅에서 인도하여 아름답고 광대한 땅, 젖과 꿀이 흐르는 땅 곧 가나안 족속, 헷 족속, 아모리 족속, 브리스 족속, 히위 족속, 여부스 족속의 지방에 데려가려 하노라(출 3:7-8).

하나님은 히브리 사람들을 이집트에 있는 '내 백성'(My People)이라고 부르십니다. 그들의 고통을 보고, 부르짖음을 듣고 그래서 그 근심을 잘 알고 있다고 하십니다. 이제 이집트로 내려가서 그들을 건져내고 그들의 조상에게 약속한 땅, 젖과 꿀이 흐르는 땅으로 데려가겠다고 하십니다.

우리말로는 동사의 시제가 잘 드러나지 않지만, 히브리어로 읽으면 분명하게 보입니다. '고통을 보고'는 '보아왔고'(have seen)로, '부르짖음을 듣고'는 '들어왔고'(have heard)로 바꾸어야 합니다. 이미 그렇게 해오셨다는 뜻입니다. 재미있는 것은 '내려가서'입니다. 하나님께서 앞으로 하실 일에 대한 예고이기에 문맥상 '미래형'으로 표현하는 것이 자연스럽습니다. 그러나 히브리어는 '완료형'으로 표현합니다. "내려갈 것이다"(will come down)가 아니라 "내려갔다"(have come down)입니다.

이는 매우 의미심장합니다. 히브리 사람을 구하려는 하나님의 계획은 이미 오래전부터 시작되었다는 뜻이기 때문입니다. 실제로 하나님은 이집트로 내려가는 야곱을 격려하면서 함께 가겠다고 하셨습니다(창 46:4). 그 후로 하나님은 그들을 떠난 적이 없으십니다. 야곱의 후손들은 하나님을 잊었을지라도, 하나님은 그들을 잊은 적이 없습니다. '떨기나무 불꽃'이 그것을 상징한다고 했습니다. 하나님의 구원 계획은 새삼스러운 일이 아닙니다.

모세는 이와 같은 하나님의 말씀을 어떻게 받아들였을까요? 이집트의 왕자로 살던 때부터 그는 '히브리 사람'이라는 자의식을 가지고 있었습니다. 그리고 학대받는 히브리 사람을 위해 나름대로 노력했습니다. 물론 실패로 끝났지만 말입니다. 미디안 광야 생활을 하면서 모세는 자신의 뿌리와 조상의 하나님에 대해서 많이 생각해 보았을 것입니다. 시골구석에서 아무것도 아닌 존재로 살아가는 자신의 잊힌 인생에 대해서 원망하기도 했을 것입니다.

그런데 이렇게 직접 하나님을 만나서 자신을 포함한 히브리 사람을 구원하시겠다는 놀라운 계획을 직접 듣게 되었으니 얼마나 큰 감격이었겠습니까? 처음에 느꼈던 두려움을 넘어서서 모세는 하나님을 받아들이기 위해 한 걸음 더 나아갔을 것입니다.

내가 누구이기에

그러나 모세는 여전히 하나님 앞에 신발을 벗을 생각을 하지 않습니다. 넘어야 할 산이 아직도 많이 남아 있다는 뜻입니다.

> 9이제 가라. 이스라엘 자손의 부르짖음이 내게 달하고 애굽 사람이 그들을 괴롭히는 학대도 내가 보았으니 10이제 내가 너를 바로에게 보내어 너에게 내 백성 이스라엘 자손을 애굽에서 인도하여 내게 하리라(출 3:9-10).

뜻밖에도 하나님은 모세에게 '가라'고 하십니다. 파라오에게 보낼 테니 가서 이스라엘 자손을 이끌고 나오라고 하십니다. 아무리 오랜 세월이 흘렀다고 하더라도, 아무리 새로운 파라오가 등장했다고 하더라도, 그는 살인자입니다. 살인죄를 저지르고 도망친 사람입니다. 설혹 그 사실이 드러나지 않는다고 하더라도, 누가 시골 양치기의 말에 귀를 기울이겠습니까? 파라오는 더 말할 것도 없습니다. 하나님에 대한 경외심과 하나님의 구원 계획에 대한 신뢰를 통해 한 걸음 더 다가섰던 모세는 자신을 보내겠다는 하나님의 말씀에 손사래를 치고 물러섭니다.

> …내가 누구이기에 바로에게 가며 이스라엘 자손을 애굽에서 인도하여 내리이까
> (출 3:11).

메시지 성경으로 읽으면 더욱 실감 납니다.

> 하지만 어째서 저입니까? 어떻게 제가 바로에게 가서 이스라엘 자손을 이집트에
> 서 이끌어 낼 수 있다고 생각하십니까?(출 3:11, 메시지)

이것은 사실 지극히 자연스러운 반응입니다. 모세는 오늘 처음으로 하나님을 만났습니다. 하나님의 말씀을 직접 들은 것도 처음입니다. 하나님에 대한 경외심도 생겼고, 하나님의 말씀에 대한 신뢰도 생겼습니다. 그렇지만 그 엄청난 일을 자기보고 하라고 하시니, 누구든 이런 식으로 반응할 수밖에 없을 것입니다. "어째서 저입니까?"(But why me?)

그러나 모세는 여기에서 가장 중요한 말씀을 놓치고 있습니다. 이스라엘 자손을 이집트 땅에서 끌어내어 약속의 땅으로 인도하는 것은 모세의 몫이 아니라 하나님이 하실 일이라는 사실입니다(8절). 모세가 해야 할 일은 단지 하나님의 대리인으로 이집트의 파라오 앞에 가서 서는 것입니다. 그에게 하나님의 말씀을 전하는 것입니다. 그러면 나머지는 하나님이 다 알아서 하십니다.

게다가 하나님은 모세에게 책임을 떠넘기고 모른 척하시는 분이 아닙니다. "내가 반드시 너와 함께 있으리라"(12절) 약속하셨습니다. 하나

님은 그 약속을 지키실 것입니다. 문제는 그런 하나님을 "믿을 수 있겠는가" 하는 것입니다. 많은 신앙인이 자신의 필요를 채우기 위해서는 열심히 부르짖어 기도하지만, 하나님의 부르심에는 "어째서 저입니까?" 하면서 뒤로 물러섭니다. 그 이유가 무엇일까요? 하나님의 주인 되심을 온전히 인정하지 않기 때문입니다.

오늘도 하나님은 우리에게 이렇게 말씀하십니다. "네 발에서 신을 벗으라!" 여호수아가 그랬던 것처럼 우리도 그 말씀에 즉시 순종할 수 있기를 소망합니다.

* **묵상 질문**: 나는 하나님 앞에 신발을 벗었는가? 만일 그러지 못하고 있다면 그 이유는 무엇인가?

* **오늘의 기도**: 아무것도 아닌 사람을 하나님은 눈여겨보신다는 말씀에 큰 위로를 받습니다. 또한, 하나님의 주인 되심을 인정할 수 있겠느냐는 말씀에 큰 도전을 받습니다. 하나님이 가라시면 어디든 가고, 하나님이 서라시면 언제든 설 수 있는 사람이 되게 해주옵소서. 그리하여 하나님의 뜻을 이루는 일에 쓰임 받는 인생 되게 해주옵소서. 예수님의 이름으로 기도합니다. 아멘.

모세의 핑곗거리

읽을 말씀: 출애굽기 3:13-4:17

새길 말씀: 모세가 여호와께 아뢰되 오 주여 나는 본래 말을 잘하지 못하는 자니이다. 주께서 주의 종에게 명령하신 후에도 역시 그러하니 나는 입이 뻣뻣하고 혀가 둔한 자니이다. 여호와께서 그에게 이르시되 누가 사람의 입을 지었느냐. 누가 말 못하는 자나 못 듣는 자나 눈 밝은 자나 맹인이 되게 하였느냐. 나 여호와가 아니냐(출 4:10-11).

하나님을 믿는다는 것은 곧 하나님의 말씀에 순종하는 것을 의미합니다. 하나님이 가라시면 어디든 가고, 하나님이 서라시면 언제든 설 수 있어야 합니다. 하나님이 신을 벗으라고 하시면 즉시 벗어야 합니다. 그게 하나님을 믿는다는 증거입니다. 하나님의 말씀에는 다 그만한 이유가 있습니다. 문제는 우리가 그 이유를 헤아리지 못한다는 사실입니다. 하나님의 높으신 뜻이 우리의 눈에 들어오지 않습니다. 그래서 순종하지 못합니다.

성경에 기록된 믿음의 사람들은 그 이유를 알지 못해도 순종했습니다. 노아는 아직 '보이지 않는 일'에 경고하심을 받았을 때 하나님을 경외함으로 방주를 준비했습니다. 아브라함은 부르심을 받았을 때 순종하여 '갈 바를 알지 못하고' 나아갔습니다. 또한, 이삭을 번제물로 바치라는 상식적으로 도무지 '이해할 수 없는' 명령에도 순순히 따랐습니다. 그 이유를 충분히 알지 못한다고 하더라도 먼저 순종하는 것이 믿음입니다. 그러면 결국 그 이유를 알게 됩니다.

히브리서 기자는 모세를 '믿음의 사람'으로 길게 칭찬합니다(히 11:24-29). 그러나 지금까지 우리가 살펴본 모세의 모습은 그런 칭찬을 받기에 턱없이 부족합니다. 그는 신발을 벗으라는 명령에 순종하지 않았습니다. 이집트로 내려가라는 명령에 "어째서 저입니까?" 하면서 뒤로 물러섰습니다. 그도 그럴 것이, 그의 팔십 평생에 하나님을 만나본 것은 이번이 처음이었기 때문입니다. 그에게는 하나님의 말씀에 순종할 이유보다 순종하지 못할 이유가 훨씬 더 많았습니다.

그런데 하나님은 어찌 된 일인지 모세를 책망하지 않으십니다. 오히려 그가 늘어놓는 핑곗거리에 일일이 답변해주십니다.

하나님의 이름

모세의 첫 번째 핑계는 '하나님의 이름'이었습니다.

> 모세가 하나님께 아뢰되 내가 이스라엘 자손에게 가서 이르기를 너희의 조상의 하나님이 나를 너희에게 보내셨다 하면 그들이 내게 묻기를 그의 이름이 무엇이냐 하리니 내가 무엇이라고 그들에게 말하리이까(출 3:13).

하나님은 자신이 누구인지 분명히 말씀하셨습니다. 그는 '조상의 하나님', 즉 '아브라함의 하나님, 이삭의 하나님, 야곱의 하나님'이라고 했습니다(3:6). 이 표현은 앞으로도 계속해서 반복되어 나올 것입니다(3:16; 4:5). 그런데 모세는 하나님의 이름이 무엇이냐고 묻습니다. 이 질문에는 아주 심각한 신학적인 이슈가 담겨있습니다. 왜냐면 지금까지 그 누구도 하나님의 이름을 물으려 하지 않았기 때문입니다.

기껏해야 하나님을 만난 곳에 제단을 쌓고 그곳에 이름을 붙이는 것이 전부였습니다(창 28:19; 33:20). 또는 하나님의 속성을 이름 삼아 부르기도 했습니다. 예를 들어 '엘 엘리온'(El Elyon)은 '지극히 높으신 분'(창 14:18), '엘 로이'(El Roi)는 '감찰하시는 분'(창 16:13), '엘 샷다이'(El Shaddai)는 '전능하신 분'(창 17:1; 출6:3) 그리고 '엘 올람'(El Olam)은 '영원하신 분'(창 21:33)이라는 뜻입니다.

사실 야곱의 후손들에게는 하나님의 이름이 무엇인지 그리 중요하지 않습니다. 단지 '조상의 하나님'이라고 하면 다 통하게 되어있습니다. '아브라함의 하나님, 이삭의 하나님, 야곱의 하나님'이 보냈다고 하면 그것으로 충분합니다. 하나님의 이름이 무엇이냐 꼬치꼬치 물어볼 사람이 없습니다. 그렇다면 모세는 왜 하나님의 이름을 굳이 알아야 하겠다고 요구하는 것일까요?

그는 이집트의 다신(多神) 숭배(polytheism)를 염두에 두고 있었기 때문입니다. 이집트 왕자로 지낼 때 그가 접했던 신들에게는 모두 다 이름이 붙어 있었습니다. 그러니 '조상의 하나님'에게도 어떤 이름이 필요하다고 생각했던 것이지요. 하지만 모세의 진짜 의도는 다른 곳에 있습니다. 하나님의 부르심을 어떻게든 피해 보려는 것이었습니다. 중심을 살피는 하나님께서 모세의 속셈을 모를 리 없습니다. 이렇게 대답하십니다.

하나님이 모세에게 이르시되 나는 스스로 있는 자니라. 또 이르시되 너는 이스라

엘 자손에게 이같이 이르기를 스스로 있는 자가 나를 너희에게 보내셨다 하라(출 3:14).

'스스로 있는 자'라는 우리말 번역도 사실은 지나치게 신학적으로 풀이한 것입니다. 그냥 단순하게 "나는 나다"(I am who I am)라고 하면 됩니다. 하나님에게는 이름이 필요 없다는 뜻입니다. 하나님은 사람들이 만들어놓은 우상처럼, 어떤 이름이나 어느 신전에 갇혀 있는 분이 아닙니다. 그러면서 또다시 "아브라함의 하나님, 이삭의 하나님, 야곱의 하나님께서 보내셨다고 하라"(15절)고 말씀하십니다. 그것으로 충분합니다.

이 이야기는 예수님을 만났던 수가성 여인이 유대인과 사마리아인 사이의 예배에 대한 논쟁을 끄집어내어 자신의 사생활 문제를 덮으려고 시도했던 것과 아주 흡사합니다(요4:20). 그냥 믿고 순종하면 될 것을, 그렇게 하고 싶지 않으니까 자꾸 어떤 신학적인 논쟁거리를 내세우는 것이지요. 모세가 믿음의 사람이 되려면 아직 멀었습니다.

불신의 가정법(假定法)

이번에는 사람들이 자신의 말을 믿지 않을 것이라는 추측을 핑곗거리로 내세웁니다.

모세가 대답하여 이르되 그러나 그들이 나를 믿지 아니하며 내 말을 듣지 아니하고 이르기를 여호와께서 네게 나타나지 아니하셨다 하리이다(출 4:1).

가정법(假定法)은 사실이 아니거나, 사실인지 아닌지 분명하지 않은 것을 말하는 방식입니다. 잘 모르는 일에 대해서는 굳이 추측하여 말할 필요가 없습니다. 그런데 모세는 가정법을 사용하여 하나님의 말씀에 대해 정면으로 도전합니다. 하나님은 바로 앞부분에서 이렇게 말씀하셨습니다.

> 16너는 가서 이스라엘의 장로들을 모으고 그들에게 이르기를 여호와 너희 조상의 하나님 곧 아브라함과 이삭과 야곱의 하나님이 내게 나타나 이르시되… 17내가 너희를 애굽의 고난 중에서 인도하여 내어 젖과 꿀이 흐르는 땅으로 올라가게 하리라 하셨다 하면 18그들이 네 말을 들으리니…(출 3:16-18a).

하나님은 "그들이 네 말을 들을 것이다!"(Believe me, they will listen to you. MSG)라고 분명히 말씀하셨습니다. 그런데 모세는 지금 뭐라고 말합니까? "그들은 내가 하는 말은 한마디도 듣지 않을 것입니다"(They won't listen to a word I say. MSG). 하나님의 말씀과 정반대입니다. 그것도 어떤 확실한 근거를 가지고 하는 이야기가 아닙니다. 그냥 자신의 추측으로 이렇게 가정하여 말하는 것이지요.

어쩌면 하나님의 이름을 알려달라는 자신의 요구에 대해서 속 시원하게 대답해주지 않은 것에 대한 불만을 이렇게 표현하고 있는지도 모릅니다. 이는 자신의 방식대로만 하나님의 일을 하겠다고 고집하는 사람들에게서 흔하게 발견되는 모습입니다. 아니면 오랜 광야 생활로 인해서 사람 대하는 일에 자신감을 잃어버린 탓인지도 모릅니다. 아직도 해결되지 않은 과거의 죄 문제가 그의 발목을 잡고 있는지도 모릅니다. 그 이유가 무엇이든지 지금 모세의 마음에는 불신의 먹구름이 가득 덮여 있습니다.

하나님은 그것을 제거하기 위해 놀라운 이적(sign)을 보여주십니다.

> 2여호와께서 그에게 이르시되 네 손에 있는 것이 무엇이냐. 그가 이르되 지팡이니이다. 3여호와께서 이르시되 그것을 땅에 던지라 하시매 곧 땅에 던지니 그것

이 뱀이 됩지라…(출 4:2-3).

하나님은 모세가 가지고 있던 지팡이를 뱀으로 만드셨습니다. 그 뱀의 꼬리를 잡았더니 다시 지팡이로 변했습니다. 상식적으로는 설명할 수 없는 일들이 모세의 눈앞에서 펼쳐진 것입니다. 여기에는 적어도 두 가지 메시지가 담겨있습니다.

첫째, 하나님은 우리가 가진 것으로 얼마든지 놀라운 일을 행하실 수 있다는 사실입니다. 지팡이는 그냥 지팡이가 아닙니다. 하나님의 손에 잡히면 무생물이 얼마든지 생물이 될 수 있습니다. 보리떡 다섯 개와 물고기 두 마리도 마찬가지입니다. 그것이 주님의 손에 들려지면 5천 명이 먹고도 남는 충분한 음식 재료가 될 수 있습니다. 하나님은 모세를 그렇게 사용하실 수 있습니다. 그러니 '가라'고 하시면 그대로 순종하면 됩니다.

둘째, 이집트에서 뱀은 파라오의 왕권을 상징합니다. 파라오의 왕관 앞부분에 코브라 형태의 장식이 붙어 있습니다. 이것을 '우라에우스'(uraeus)라고 하는데, 그냥 뱀이 아니라 고대 이집트 신화에 나오는 여신 '워제트'(Wadjet)를 상징한 것입니다. '워제트'는 파라오와 이집트를 보호하는 신으로 숭배되고 있었습니다. 이집트 왕자였던 모세에게는 너무나 익숙한 상징입니다.

그렇다면 무슨 뜻입니까? 파라오를 두려워하지 말라는 겁니다. 이집트 사람들은 뱀 신 '워제트'가 파라오와 이집트를 보호할 것이라 믿지만, 모세가 그 꼬리를 잡으면 아무런 힘도 발휘할 수 없게 됩니다. 이 싸움의 본질은 모세와 바로의 대결이 아니라, 하나님과 이집트 신들과의 대결입니다. 그러니 두려워할 필요가 없다는 겁니다. 실제로 파라오 앞에서 지팡이로 뱀을 만드는 대결이 벌어졌을 때(출 7:12), 아론의 지팡이가 이집트 마술사들의 지팡이를 모두 삼켜버리지 않았습니까?

하나님은 숨 쉴 틈도 주지 않고 계속해서 모세의 손에 나병이 생겼다가 본래의 살로 되돌아오는 또 다른 이적을 보여주십니다(4:6-7). 이것은 병을 치료하시는 분은 오직 하나님이라는 사실을 증명해주는 이적이었습니다. 모세는 아직 알지 못하고 있지만, 앞으로 이집트 땅에 내릴 재앙을 통해서 그 이적의 의미를 깨닫게 될 것입니다.

혀가 둔한 자

이쯤 되면 대개는 두 손 들고 항복할 겁니다. 그런데 모세는 항복하지 않습니다. 이번에는 말을 못 한다는 핑계를 댑니다.

> 모세가 여호와께 아뢰되 오 주여 나는 본래 말을 잘하지 못하는 자니이다. 주께서 주의 종에게 명령하신 후에도 역시 그러하니 나는 입이 뻣뻣하고 혀가 둔한 자니 이다(출 4:10).

모세는 자신이 본래 '말을 잘하지 못하는 자'라고 합니다. 언변(言辯), 즉 말솜씨가 부족하다는 겸손의 말처럼 들립니다. 그러나 그다음 설명은 조금 다릅니다. 모세는 자신이 '입이 뻣뻣하고 혀가 둔한 자'라고 합니다. 우리말 '뻣뻣한'이나 '둔한'은 모두 히브리어 '카베드'(kabed)를 번역한 것입니다. 영어로는 '무거운'(heavy) 또는 '느린'(slow)으로 번역됩니다. 이는 말을 심하게 더듬는(stutter, stammer) 언어장애를 표현하는 용어입니다.

모세는 이집트 왕자였을 때 언변이 아주 뛰어났습니다. 그는 본래 "하는 말과 하는 일에 능력이 있었던 사람"(행 7:22, 새번역)이라고 했습니다. 그런데 지금은 말더듬이가 되었다고 고백합니다. 앞뒤 문맥을 읽어보면 이 말은 진실로 보입니다. 아마 오랫동안 고립되어 지내온 광야 생활이 모세를 그렇게 만들었을지도 모릅니다. 실제로 그와 같은 언어장애는 지도자가 되려는 사람에게는 치명적인 약점이요 결격사유입니다.

설사 그렇다고 하더라도 하나님의 부르심을 거부할 핑곗거리는 아닙니다. 왜냐면 하나님은 그 문제를 잘 아시면서 굳이 모세를 선택하셨기 때문입니다. 하나님은 이미 그 해결책까지 준비해놓고 계셨습니다.

11 여호와께서 그에게 이르시되 누가 사람의 입을 지었느냐. 누가 말 못하는 자나 못 듣는 자나 눈 밝은 자나 맹인이 되게 하였느냐. 나 여호와가 아니냐. 12 이제 가라. 내가 네 입과 함께 있어서 할 말을 가르치리라(출 4:11-12).

사실 하나님에게는 '말 잘하는 사람'이 필요하지 않습니다. 단지 하나님이 주시는 말씀을 '잘 전달하는 사람'이 필요합니다. 한 마디도 빠짐없이 정직하게 있는 그대로 전하는 사람이 필요합니다. 그래서 하나님이 직접 모세를 가르쳐주시겠다고 하십니다. 무슨 말을 어떻게 해야 할지 다 일러주시겠다는 것입니다. 이제는 빠져나갈 구멍이 없습니다. 하나님의 명령에 순종하는 길밖에 없습니다. 그런데도 모세는 마지막까지 저항합니다.

모세가 이르되 오 주여 보낼 만한 자를 보내소서(출 4:13).

히브리 원어로 읽어보면 이 문장은 기도문 형식으로 되어있습니다. "내가 당신께 기도하오니…"(I pray thee…. KJB). 그러니까 제발 나 말고 '다른 사람'(somebody else)을 보내시라고 무릎 꿇어 간구하고 있는 것입니다. 모세의 고집은 황소고집보다 더합니다. 끝까지 못 하겠다고 버팁니다. 이 세상에 모세의 고집을 꺾을 사람은 없어 보입니다.

모세의 대언자

그러나 지금 모세를 상대하고 있는 분은 하나님이십니다. 하나님의 고집을 꺾을 수 있는 사람은 이 세상에 아무도 없습니다.

> 여호와께서 모세를 향하여 노하여 이르시되 레위 사람 네 형 아론이 있지 아니하냐. 그가 말 잘하는 것을 내가 아노라. 그가 너를 만나러 나오나니 그가 너를 볼 때에 그의 마음에 기쁨이 있을 것이라(출 4:14).

마침내 하나님은 모세에게 노하십니다. 지금까지는 조용조용히 설득해오셨지만, 이제는 큰소리로 말씀하기 시작하신 것입니다. 하나님의 화난 목소리를 듣는다고 한번 상상해보십시오. 얼마나 두려울까요? 우리는 떨기나무 불꽃으로 나타나신 하나님의 임재 앞에서 두려워하여 얼굴을 가리던 모세의 모습을 기억합니다(3:6). 하나님의 임재는 그 자체로 두려운 일입니다. 그런데 하나님의 부르심에 이런저런 핑곗거리로 대응하면서 모세의 마음이 조금 느슨해진 것입니다. 하나님과 몇 마디 대화를 나누었다고 그분을 만만하게 생각하면 안 됩니다.

물론 모세의 고집불통에 목소리를 높이긴 했지만, 하나님이 말씀하시는 내용은 모세를 향한 책망이나 심판이 아니었습니다. 오히려 하나님이 준비해오신 일을 알려주십니다. 형 아론이 지금 모세를 만나려고 오고 있다는 겁니다! 하나님은 아론에 대해서 이렇게 말합니다. "그가 말 잘하는 것을 내가 안다"(I know he can speak well). 무슨 뜻입니까? 하나님은 모세가 말을 잘하지 못한다는 핑계를 댈 줄 아시고, 말 잘하는 아론을 미리 준비해놓으셨다는 것이지요.

하나님은 그런 분입니다. 우리에게 무언가를 요구하시기 전에 필요한 모든 것을 미리 준비해놓으십니다. 아브라함에게 이삭을 바치라고 명령하셨을 때, 하나님은 이삭을 대신할 숫양을 이미 그곳으로 오게 하지 않으셨습니까? 하나님은 모세에게 사명을 맡기기 전에 먼저 아론을 그곳으로 부르셨습니다. 그에게 아론이 꼭 필요하다는 사실을 잘 알고 계셨기 때문입니다. 그러니 하나님이 가라시면 그냥 가면 됩니다. 가지 못할 핑곗거리를 찾으려 하지 말고 그냥 순종하면 됩니다.

하나님은 계속해서 모세와 아론의 관계와 역할에 관해서 설명해주십니다.

> 15너는 그에게 말하고 그의 입에 할 말을 주라. 내가 네 입과 그의 입에 함께 있어서 너희들이 행할 일을 가르치리라. 16그가 너를 대신하여 백성에게 말할 것이니 그는 네 입을 대신할 것이요 너는 그에게 하나님같이 되리라(출 4:15-16).

모세가 아론에게 할 말을 주면 아론이 모세를 대신하여 백성에게 전하게 될 것입니다. 그러면서 하나님은 '모세가 아론에게 하나님같이 될 것'이라 말씀하십니다. 그런데 "하나님같이 된다"고 해서 모세가 아론보다 서열이 높다는 식으로 생각하면 안 됩니다. 이것은 역할에 대한 설명입니다. 출애굽기 7장에 보다 자세한 설명이 나옵니다.

> 1여호와께서 모세에게 이르시되 볼지어다 내가 너를 바로에게 신같이 되게 하였은즉 네 형 아론은 네 대언자가 되리니 2내가 네게 명령한 바를 너는 네 형 아론에게 말하고 그는 바로에게 말하여 그에게 이스라엘 자손을 그 땅에서 내보내게 할지니라(출 7:1-2).

여기에서 대언자(代言者)라는 말을 주목하십시오. 이에 해당하는 히브리어는 '나비'(nabi)입니다. 영어로는 '대변인'(a spokesman) 또는 '예언자'(a prophet)로 번역됩니다. 우리말 성경에 등장하는 모든 '예언자', '선지자'는 바로 '나비'입니다. 그러나 미래의 일을 말한다는 뜻의 '예언자' (豫言者)나 앞일에 대해서 안다는 뜻의 '선지자'(先知者)보다는, 대신하여 말한다는 '대언자'가 '나비'의 본래 의미를 더 잘 표현합니다.

모세는 파라오에게 신(神, 하나님)과 같습니다. 왜냐면 모세는 대언자 아론을 통해서 파라오에게 그의 뜻을 전하기 때문입니다. 그런데 모세의 말은 사실 하나님에게 받은 것입니다. 그러니까 모세는 하나님의 대언자 이고, 아론은 모세의 대언자인 셈입니다.

자, 그런데 우리 생각에는 하나님이 왜 이렇게 복잡하게 일하실까 싶 습니다. 그냥 말 잘하는 아론을 세워 일하시면 훨씬 쉬워질 걸 말입니다. 그러나 하나님이 굳이 모세를 세우시려고 하는 이유가 있습니다. 그것은 아이러니하게도 그의 고집 때문입니다. 하나님의 부르심에 끝까지 저항 했던 바로 그 고집이 필요했던 것입니다.

이제 모세는 이집트 제국의 파라오를 상대해야 합니다. 그가 얼마나 완강하게 하나님의 요구를 거부하고 저항할지 우리는 이미 잘 알고 있습 니다. 그리고 이스라엘 자손도 문제입니다. 그들은 이집트에서부터 모세 에게 협조적이지 않습니다. 이집트를 탈출한 이후에도 광야 생활 내내 불평하고 원망할 것입니다. 그들을 약속의 땅으로 인도하려면 웬만한 사 람으로는 안 됩니다.

그들을 '하나님 백성'으로 만들어가려는 하나님의 의지가 얼마나 확 고한지 아는 사람이 필요합니다. 그 적임자가 바로 모세입니다. 왜 그럴 까요? 그는 하나님의 고집을 직접 체험해보았기 때문입니다. 그 누구도 하나님의 고집을 꺾을 수 없다는 걸 잘 알기 때문입니다. 하나님이 계획 하신 일은 반드시 이루어진다는 사실을 그 누구보다 잘 알기 때문입니다. 이제야 우리는 하나님이 왜 모세를 포기하지 않으셨는지 그 이유를 알게 됩니다.

하나님의 부르심에 순종하는 것이 믿음입니다. 하나님의 뜻을 꺾을 수 있는 사람은 이 세상에 아무도 없습니다. 지금은 비록 이해하지 못한다고 하더라도 일단 순종하여 따르십시오. 언젠가 하나님의 높으신 뜻을 다 이해하게 될 날이 반드시 옵니다. 그때 믿음의 순종이 우리의 인생에 가장 잘한 선택이었음을 깨닫게 될 것입니다.

* **묵상 질문**: 나는 하나님의 부르심에 어떻게 반응하고 있는가?
* **오늘의 기도**: 하나님의 뜻에 순종하지 못할 아흔아홉 개의 이유를 찾기보다, 순종하여 따라야 할 단 한 가지의 이유를 발견하게 하옵소서. 그것이 십자가에서 보여주신 우리를 향한 하나님의 사랑이 되게 하옵소서. 그 사랑에 온전히 붙들려서 평생 하나님의 뜻을 이루며 살아가게 하옵소서. 예수님의 이름으로 기도합니다. 아멘.

피 남편 사건

읽을 말씀: 출애굽기 4:18-26

새길 말씀: 모세가 길을 가다가 숙소에 있을 때에 여호와께서 그를 만나사 그를 죽이려

하신지라. 십보라가 돌칼을 가져다가 그의 아들의 포피를 베어 그의 발에

갖다대며 이르되 당신은 참으로 내게 피 남편이로다 하니…(출 4:24-25).

모세는 떨기나무 불꽃으로 나타나신 하나님의 임재 앞에 경외심을 가집니다. 파라오에게 학대받던 히브리 사람을 구원하시려는 하나님의 계획을 들으면서 크게 감동합니다. 그러나 모세 자신을 지명하시는 하나님의 부르심에 주저합니다. 이런저런 핑곗거리를 찾아냅니다. 하나님 이름에 대한 신학적인 논쟁거리를 끄집어내기도 하고, 불신(不信)의 가정법을 사용하여 하나님 말씀에 정면으로 도전하기도 하고, 마지막에는 말을 더듬는다는 자신의 부족함을 무기 삼아 하나님의 부르심을 거절합니다.

그렇지만 하나님은 모세를 포기하지 않으십니다. 끈질기게 설득합니다. 이적을 보여주심으로 모세의 마음을 뒤덮고 있는 불신의 먹구름을

몰아내십니다. 마지막에 하나님은 목소리를 높여 가면서까지 모세를 위해 준비해오신 일들을 확인시켜줍니다. 모세의 대언자가 될 아론이 지금 이곳을 향해 오고 있음을 알립니다. 결국, 모세는 하나님의 고집 앞에 무릎 꿇을 수밖에 없었습니다.

하나님의 부르심에 주저하고 저항하는 모세의 모습은 장차 이집트를 탈출하게 될 사람들의 모습과 중복됩니다. 그들은 신학적인 논쟁거리를 끄집어내거나, 불신의 가정법을 사용하거나, 자신의 부족함을 내세워 하나님의 말씀에 순종하지 않을 것입니다. 그들을 끈질기게 설득하면서, '하나님의 지팡이'로 이적을 보여주면서, 때로는 목소리를 높여 하나님의 일하심을 확인시키면서, 그들을 약속의 땅으로 인도해 갈 수 있는 적임자는 바로 모세입니다.

그들의 불순종은 모세가 직접 시도해보았던 일이기 때문입니다. 그리고 그 무엇도 하나님의 확고한 의지를 꺾을 수 없다는 사실을 직접 경험해보았기 때문입니다. 어떻게든 그들을 '하나님의 백성'으로 만들어가실 것을 모세는 잘 알고 있었기 때문입니다.

가족의 동의

우여곡절 끝에 모세는 하나님의 부르심을 받아들였지만, 이집트로 내려가기 위해서 반드시 넘어야 할 관문이 하나 더 남아 있습니다. 그것은 바로 '가족의 동의'를 얻어내는 일입니다.

> 모세가 그의 장인 이드로에게로 돌아가서 그에게 이르되 내가 애굽에 있는 내 형제들에게로 돌아가서 그들이 아직 살아 있는지 알아보려 하오니 나로 가게 하소서. 이드로가 모세에게 평안히 가라 하니라(출 4:18).

당시 모세는 장인 이드로의 양 떼를 치고 있었습니다(3:1). 그러니까 사실상 데릴사위처럼 장인의 집에 얹혀살고 있었던 것입니다. 그렇게 살아온 세월이 40년입니다. 하나님의 부르심을 받았다고 해서 그냥 홀쩍 떠날 수 있는 형편이 아닙니다. 모세에게는 장인의 허락이 꼭 필요했습니다.

그런데 이드로에게 허락을 구하는 모세의 말속에는 하나님의 부르심을 받은 일이 쏙 빠져있습니다. 단지 이집트에 있는 형제들이 아직도 살아 있는지 궁금하다는 게 전부입니다. 파라오에게 학대받는 히브리 사람들을 구해내고, 그들을 '하나님 백성'으로 만들어서 약속의 땅으로 인도하는 하나님의 계획에 대해서는 한마디도 하지 않습니다. 자신이 그 일에 부름을 받았으며, 그 사명을 완수하기 위해서 지금 이집트로 내려간다는 이야기를 꺼내지 않습니다.

그 이유가 무엇일까요? 하나님께 받은 사명은 누구에게도 발설해서는 안 되는 일급 비밀이라 생각했기 때문일까요? 아니면 사실을 있는 그대로 이야기했다가는 장인이 못 가게 할 것이라 염려했을까요? 그것도 아니면 자신의 사명에 대해서 아직 충분한 확신이 없었기 때문일까요? 그 이유가 무엇이었든지, 분명한 사실은 모세가 자신의 사명을 밝히지 않았다는 것입니다. 가족의 동의를 구하는 일에 아직 자신이 없었다는 뜻입니다.

이드로는 모세의 요청을 흔쾌히 허락합니다. "평안히 가라." 형제들을 만나보러 가겠다는데 허락하지 못할 이유가 없지요. 장인의 허락이 떨어졌으니 이제는 이집트로 내려가기만 하면 됩니다. 그런데 어찌 된 일인지 모세는 여전히 미디안 땅에 남아 있습니다. 얼마의 시간이 흘렀는지 모르지만, 그는 하나님의 말씀을 듣고 나서야 비로소 움직이기 시작합니다.

19여호와께서 미디안에서 모세에게 이르시되 애굽으로 돌아가라. 네 목숨을 노리던 자가 다 죽었느니라. 20모세가 그의 아내와 아들들을 나귀에 태우고 애굽으로 돌아가는데 모세가 하나님의 지팡이를 손에 잡았더라(출 4:19-20).

모세가 미적거리고 있었던 이유를 하나님의 말씀에 비추어 짐작해볼 수 있습니다. 그는 이집트에서 살인죄를 저지르고 도망친 사람입니다. 아무리 많은 세월이 흘렀다고 해도 그의 죄가 사라진 것은 아닙니다. 이집트로 돌아가면 그로 인해서 어떤 벌을 받게 될지 모릅니다. 그래서 그렇게 미적거리고 있었습니다. 그런데 모세의 '목숨을 노리던 자'가 다 죽었다는 말씀을 듣게 된 것입니다.

당시에는 이른바 '동해복수법'(lex talionis)이 보편적인 사회 관례였습니다. 누군가가 죽임을 당하면 그 피해자의 가장 가까운 친척이 '피의 복수자'가 되어 가해자에게 얼마든지 보복할 수 있게 하는 법입니다. '목숨을 노리던 자'는 바로 '피의 복수자'를 가리키는 말입니다. 그들이 다 죽었으니 이제는 마음 놓고 돌아갈 수 있게 된 것입니다. 그렇습니다. 과거의 죄에 발목이 잡혀있는 한 하나님이 주신 사명을 제대로 감당할 수 없습니다. 하나님이 그 죄의 쇠사슬을 풀어주신 것이지요.

그제야 모세는 아내와 아들들을 데리고 이집트로 출발합니다. 모세의 손에는 '하나님의 지팡이'가 잡혀있습니다. 하나님을 만나기 전까지는 그저 시골 양치기 '모세의 지팡이'였지만, 이제는 아닙니다. 하나님의 놀라운 능력이 임하는 통로가 되었기 때문입니다. 그래서 '하나님의 지팡이'입니다. 아무튼, 모세의 가족은 초라하지만 호기롭게 출발합니다.

그러나 이집트로 내려가는 도중에 모세는 가족들을 되돌려보냅니다. 나중에 모세가 이집트에서 탈출한 사람들을 이끌고 '하나님의 산'에 다다랐을 때 모세의 아내와 두 아들은 장인과 함께 다시 나타납니다(출 18:2-3). 모세의 가족에게 무슨 일이 있었던 것일까요? 왜 그들은 모세와 함께 이집트로 내려가지 않았을까요? 혹시 가족의 동의를 얻어내는 일에 모세가 실패한 탓은 아닐까요?

실제로 모세는 장인에게 자신이 이집트로 내려가야 할 진짜 이유를 밝히지 않았습니다. 마찬가지로 아내나 두 아들에게도 그 이야기를 제대로 하지 않았을 것이 분명합니다. 그러니까 자신의 소명을 감춘 채로 무조건 출발한 것이지요. 만일 그것이 사실이라면, 그들이 도중에 하차한 이유와 어떤 상관관계가 있을지도 모릅니다.

하나님의 가르침

이런 물음들을 마음에 담아두고 계속해서 본문을 읽어나가겠습니다.

> 여호와께서 모세에게 이르시되 네가 애굽으로 돌아가거든 내가 네 손에 준 이적을 바로 앞에서 다 행하라. 그러나 내가 그의 마음을 완악하게 한즉 그가 백성을 보내 주지 아니하리니…(출 4:21).

하나님은 앞에서 모세에게 분명히 약속하셨습니다. 모세의 입과 함께 있어서 할 말을 가르쳐주겠다고 말입니다(4:12). 하나님은 그 약속을 지금 지키십니다. 이집트로 내려가는 도중에 하나님은 본격적으로 모세를 가르치기 시작하신 것입니다. 이집트에서 어떤 일이 벌어질지, 그때 모세가 어떤 말을 해야 할지 자세히 일러주셨습니다.

모세가 제일 먼저 해야 할 일은 파라오 앞에서 '이적'을 행하는 것입니다. 하나님은 "내가 네 손에 준 이적"(all the wonders I have given you, NIV)이라고 표현합니다. 이는 하나님이 직접 보여주신 지팡이가 뱀이 된 이적과 손에 생긴 나병이 치유된 이적 그리고 말씀으로 약속하신 나일강물이 피로 변하는 이적을 가리키는 것으로 보입니다(4:2-9).

하지만 직접적으로는 모세의 손에 잡혀있는 '하나님의 지팡이'를 가리키는 말로 이해하는 것이 더 자연스럽습니다. 모세는 그 지팡이로 홍해를 가를 것입니다. 반석에서 물이 나오게 할 것입니다. 그것은 모세가 가진 능력도 아니고, 지팡이가 가지고 있는 능력도 아닙니다. 하나님이 모세의 손에 주신 이적입니다. 이제 하나님의 명령에 순종하여 그 능력을 사용하기만 하면, 하나님의 하나님 되심을 증명하는 일을 마음껏 해낼 수 있을 것입니다.

그와 동시에 하나님은 파라오의 완악함에 대해서 경고하십니다. "그러나 나는 그를 고집불통이 되게 하여 백성을 내보내지 않게 하겠다"(21b, 메시지). 이 문장을 문자적으로 받아들이면, 하나님이 의도적으로 파라오를 고집불통(stubborn)이 되도록 만드시겠다는 뜻이 됩니다. 이런 식의 표현이 출애굽기에 자주 등장합니다(7:3; 9:12; 10:1, 20, 27). 심지어 파라오가 이스라엘 자손을 이집트에서 나가도록 허락한 것을 번복하고 다시 뒤쫓아오는 장면에서도 나옵니다(14:4).

자, 그렇다면 무엇입니까? 히브리인들이 이집트를 탈출하는 일을 어렵게 만든 장본인이 하나님 자신이라도 된다는 말인가요? 한편으로는 파라오의 마음을 완악하게 하여 히브리인들을 힘들게 만들고, 다른 한편으로는 놀라운 이적을 보여주며 그들을 구원하시는 하나님은 병 주고 약 주는 그런 분일까요? 참으로 이해하기 힘든 말씀입니다.

그러나 여기에서 우리가 놓치지 말아야 할 것이 있습니다. 그것은 파라오가 본래는 그럴 마음이 전혀 없었는데 하나님이 완악한 마음을 갖게 하신 것은 아니라는 사실입니다. 앞선 파라오들과 마찬가지로 그는 히브리인들을 계속 학대해왔습니다. 그들을 억압하고 인권을 짓밟고 경제적으로 착취하면서도 아무런 양심의 가책을 받지 않았습니다. 본래 완악한 마음을 가졌던 파라오가 히브리인들을 놓아주라는 하나님의 요구에 더욱 고집불통이 되었던 것이지요.

이것은 진흙(clay)과 왁스(wax)로 만든 두상(頭像)을 놓고 비교해 보면 쉽게 이해할 수 있습니다. 똑같은 양의 햇볕을 내리쪼이면 진흙은 점점 단단해지지만, 왁스는 점점 물러집니다. 파라오의 마음 상태는 본래 진흙이었습니다. 그랬기에 하나님을 대하면 대할수록 더욱 강경해졌던 것입니다. 멸망의 종착역에 다다를 때까지 파라오는 계속 완악해질 것입니다. 그것은 불가부득(不可不得)이 아니라 자업자득(自業自得)입니다.

계속해서 하나님은 파라오에게 해야 할 말을 가르쳐줍니다.

22녀는 바로에게 이르기를 여호와의 말씀에 이스라엘은 내 아들 내 장자라. **23내** 가 네게 이르기를 내 아들을 보내 주어 나를 섬기게 하라 하여도 네가 보내 주기를 거절하니 내가 네 아들 네 장자를 죽이리라 하셨다 하라 하시니라(출 4:22-23).

이를 요약하면, 이스라엘은 하나님의 장자(first-born)인데 만일 그를 놓아주지 않으면 파라오의 장자(first-born)를 죽이겠다는 것입니다. 실제로 이 말씀은 이집트 땅에 내린 마지막 열 번째 재앙을 통해서 그대로 이루어집니다. 하나님은 파라오가 이 재앙이 내릴 때까지 완악한 마음을 꺾지 않으리라는 사실을 이미 알고 계셨습니다. 그래서 모세에게 미리 말씀하고 계시는 것입니다.

모세의 죽음(?)

자, 여기까지는 모든 일이 순조롭게 진행되고 있는 것처럼 보입니다. 모세는 가족들과 함께 이집트로 내려가고 있었고, 하나님은 모세에게 필요한 일을 가르치셨습니다. 그런데 그다음 장면에서 우리는 도무지 이해할 수 없는 사건을 목격하게 됩니다. 하나님이 갑작스럽게 모세를 죽이려고 하신 것입니다.

> ²⁴모세가 길을 가다가 숙소에 있을 때에 여호와께서 그를 만나사 그를 죽이려 하신지라. ²⁵십보라가 돌칼을 가져다가 그의 아들의 포피를 베어 그의 발에 갖다대며 이르되 당신은 참으로 내게 피 남편이로다 하니 ²⁶여호와께서 그를 놓아주시니라. 그 때에 십보라가 피 남편이라 함은 할례 때문이었더라(출 4:24-26).

언뜻 읽어서는 어떤 일이 벌어지고 있는지 알 수 없습니다. 지금까지 하나님이 얼마나 공들여서 모세를 부르셨습니까? 그리고 이제 막 출발했습니다. 하나님은 이집트에서 모세가 해야 할 일을 가르쳐주고 계십니다. 그러다가 갑자기 돌변하여 모세를 '죽이려고' 하시는 것입니다! 참으로 이해할 수 없는 일입니다.

혹시 잘못된 번역이 아닐까 싶어 히브리 원어를 살펴보니, '무트'(muth)가 사용되었습니다. '죽다'(die)라는 뜻입니다(창 2:17). '죽이다'(kill)에 해당하는 말은 '하라그'(harag) 입니다(창 4:8). 두 단어의 뉘앙스는 아주 다릅니다. 그러니까 하나님이 칼을 들고 모세를 죽이려고 하시는 그런 상황은 아닙니다. 갑작스럽게 심장 마비가 왔다든가, 숨을 쉬지 않게 되었다든가 하는 식으로 모세의 건강에 어떤 심각한 문제가 생긴 것입니다. 아무튼, 모세는 죽음의 문턱에 다다랐고 그 원인은 하나님에게서 온 것이 분명합니다.

그런데 하나님이 왜 그러시는 것일까요? 앞서 모세를 부르시는 장면에서도 하나님이 화를 내신 적이 있으십니다. 거의 다 설득이 되었다고 생각했는데, 마지막에 모세가 "보낼 만한 자를 보내소서!"라고 하면서 뒤로 물러설 때였습니다(출 4:13-14). 이번에도 하나님은 어떤 일에 대해서 모세에게 몹시 화를 내셨고, 그 이유를 모세가 제공했을 가능성이 큽니다. 도대체 어떤 일이 있었던 것일까요? 무슨 일이기에 모세를 거의 죽음에 다다르게 할 정도로 하나님이 노하셨던 것일까요?

그 물음의 답을 찾기 위해서, 우리는 이 일이 벌어진 장소와 이 일을 수습한 사람을 주목할 필요가 있습니다. 먼저 이 일은 모세가 '숙소에 있을 때' 벌어졌습니다. 숙소는 사적(私的)인 공간입니다. 그곳에는 모세의 아내와 두 아들이 같이 있었을 것입니다. 조금 전까지 하나님은 모세가 해야 할 일에 대해서 가르치셨습니다. 그 가르침이 일어난 곳은 숙소 안이 아니었습니다. 모세는 자신의 사명에 대해서 아직 가족들에게 털어놓지 않은 상태였기 때문입니다. 그날도 숙소 밖에서 아마도 별빛 아래에서 하나님의 가르침을 들었을 것입니다. 그러다가 숙소로 들어갔는데, 그때 어떤 일이 벌어진 것이지요.

그다음에 이 일을 수습한 사람은 모세의 '아내 십보라'였습니다. 그녀는 뜬금없이 돌칼을 가져다가 아들의 포피를 벱니다. 할례를 행한 것입니다. 그러자 하나님은 모세를 놓아주십니다. 멈추었던 모세의 숨이 되돌아온 것입니다. 거의 죽을 뻔했다가 다시 살아난 것입니다. 이로 미루어보아 아들의 할례 문제를 놓고 모세와 십보라 사이에 어떤 심각한 다툼이 있었을 것으로 짐작할 수 있습니다.

그런데 왜 인제 와서 할례가 그렇게 중요한 논점이 되었던 것일까요? 사실 할례는 부수적인 문제였고, 그보다 더 중요한 문제가 있었을 것이 분명합니다. 그것이 무엇이었을까요?

사건의 전모

그날 밤 십보라는 작심한 듯 모세에게 따져 물었을 것입니다. 매일 한밤중에 밖에 나가서 한참씩 있다가 들어오는 이유가 무엇이냐고 말입니다. 모세는 어쩔 수 없이 지금까지 숨겨왔던 이야기를 모두 털어놓게 되었을 것입니다. 자신의 출생 배경이나 미디안 광야로 올 수밖에 없었던 살인 사건을 처음으로 끄집어내었을지도 모릅니다. 그가 말더듬이가 된 것도 사실은 그동안 말을 거의 하지 않은 탓이었을 가능성이 큽니다.

아무튼, 모세의 과거 이야기에 다들 놀랐을 것입니다. 그러나 그보다는 이번 여행의 목적이 하나님의 부르심 때문이라는 사실을 알고 더욱 큰 충격을 받았을 것입니다. 남편의 형제들이나 친척을 만나러 가는 줄로만 알았는데, 이집트 제국의 파라오와 대결하여 히브리 사람들을 탈출시키는 임무를 수행하기 위해서라니 어이가 없었겠지요.

게다가 앞으로 '하나님 백성'을 인도해가려면 모세의 가정부터 먼저 '하나님 백성'의 자격을 갖추어야 하겠다며, 덥석 아들의 할례를 제안했던 겁니다. 십보라가 그 말을 가만히 듣고 있었을 리가 없습니다. 그렇게 결국 사달이 나고 만 것입니다.

자, 그런 상황에서 모세가 과연 '가족의 동의'를 얻어낼 수 있었을까요? 40년 처가살이에 익숙한 사람이 하루아침에 집안을 휘어잡게 되는 일이란 벌어지지 않습니다. 오히려 모세는 아내의 등쌀에 하나님의 소명을 포기할 수밖에 없었습니다. 그리고 어쩌면 모세에게는 잘된 일이다 싶었을지도 모릅니다. 하나님의 부르심을 거절할 또 다른 핑곗거리가 생겼으니 말입니다. 그래서 하나님이 급하게 개입하셔야 했던 것입니다.

하나님께 받은 소명을 그렇게 쉽게 내팽개치는 모세에 대해서 하나님은 크게 실망하셨습니다. 하나님의 부르심을 포기하도록 남편을 몰아붙이고 있던 십보라에 대해서 하나님은 크게 진노하셨습니다. 그래서 모세를 죽이려고 하셨던 것입니다. 갑작스럽게 숨이 넘어가게 된 모세 자신이나 그것을 지켜보는 가족들 모두, 그 자리에 임하신 하나님의 무서운 분노를 직감하지 않을 수 없었습니다.

남편을 살리기 위해서 십보라는 발 빠르게 움직여야 했습니다. 돌칼을 가져다가 아들에게 할례를 행한 것입니다. 피가 뚝뚝 떨어지는 포피를 모세의 발에 갖다 대며 십보라는 "당신은 참으로 내게 피 남편이로다!"(Surely you are a bridegroom of blood to me. NIV) 라고 선포합니다. 이 말의 속뜻은 "당신이 하자는 대로 했으니 제발 살아만 주세요!"입니다. 모세는 극적으로 다시 살아났고, 십보라의 말처럼 피를 흘려서 얻은 '피 남편'이 되었던 것입니다.

이 사건 후에 십보라와 두 아들은 고향으로 되돌아가고, 모세 혼자서 이집트로 내려갑니다. 가족의 동행이 모세의 사명을 감당하는 데 도움이 되지 않을 것으로 판단했는지 모릅니다. 아무튼, 그들은 출애굽 사건 후에 '하나님의 산'에서 다시 만나게 됩니다. 그때 십보라는 하나님 백성을 이끄는 '위대한 지도자'가 되어 나타난 자신의 '피 남편'을 보게 될 것입니다.

이 이야기에서 우리는 매우 중요한 신앙적인 교훈을 얻게 됩니다. 하나님의 부르심을 받은 사람은 반드시 가족의 동의를 얻어내야 한다는 것입니다. 하나님의 계약 백성을 이끄는 지도자가 되려면 먼저 자신의 가정을 계약 백성으로 회복해야 합니다. 가정에서 하나님의 다스림을 끌어내지 못하는 사람이 신앙공동체를 이끌어갈 수 없습니다. 부르심을 받지 않았다면 모를까, 만일 받았다면 그것부터 시작해야 합니다. 그것에 목숨을 걸어야 합니다.

바울은 교회의 지도자인 감독과 집사의 자격에 대해서 이렇게 가르쳤습니다.

> (감독은) 4자기 집을 잘 다스려 자녀들로 모든 공손함으로 복종하게 하는 자라야 할지며… 12집사들은 한 아내의 남편이 되어 자녀와 자기 집을 잘 다스리는 자일지니…(딤전3:4, 12).

감독이든 집사든 먼저 자기 집을 잘 다스릴 수 있어야 합니다. 자기 일조차 제대로 처리하지 못하는 사람이 어떻게 신앙공동체를 잘 돌볼 수 있겠습니까? '피 남편 사건'은 가족의 지지와 동의를 얻는 것이 얼마나 심각하고 또한 중요한 일인지 우리에게 가르쳐줍니다.

* **묵상 질문**: 우리 가족은 모두 한 분 하나님을 섬기고 있는가?
* **오늘의 기도**: 신앙의 문제에 관한 한 우리 가정은 '다름'이나 '다툼'이 없게 해주옵소서. 오직 예수만 섬기는 우리 집이 되게 해주시고, 오직 하나님의 말씀에 순종하는 가정이 되게 해주옵소서. 예수님의 이름으로 기도합니다. 아멘.

파라오 앞에 서다

읽을 말씀: 출애굽기 4:27-5:21

새길 말씀: 그 후에 모세와 아론이 바로에게 가서 이르되 이스라엘의 하나님 여호와께서
이렇게 말씀하시기를 내 백성을 보내라. 그러면 그들이 광야에서 내 앞에
절기를 지킬 것이니라 하셨나이다. 바로가 이르되 여호와가 누구이기에 내
가 그의 목소리를 듣고 이스라엘을 보내겠느냐. 나는 여호와를 알지 못하니
이스라엘을 보내지 아니하리라(출 5:1-2).

성경에는 우리가 이해할 수 없는 이야기들이 참 많이 기록되어 있습
니다. 사람들은 그런 말씀을 묵상할 가치가 없는 것으로 생각하거나 아
니면 틀렸다고 생각합니다. 아닙니다. 하나님의 말씀은 일점일획도 없어
지지 않고 다 이루어집니다(마 5:18). 그 말씀이 기록되어 있는 이유가 분
명히 있습니다. 비록 우리의 눈에 잘 보이지 않는다고 하더라도, 그것을
불필요한 말씀이라 생각하면 안 됩니다. 그럴수록 우리는 더욱 깊이 묵
상해야 합니다. 잘 살펴보면 보입니다. 충분하지는 않다고 하더라도 말

입니다.

지난 시간에 우리가 살펴본 '피 남편 사건'이 바로 그런 이야기 중의 하나입니다. 처음 읽어보면 성경에 왜 이런 이야기가 기록되어 있나 싶지요. 그러나 다 이유가 있습니다. 이 일은 사실 모세의 인생을 근본적으로 바꾼 엄청난 사건이었습니다. 그것은 마치 한 집안의 아버지였던 '아브람'이 모든 믿는 자의 조상 '아브라함'으로 이름이 바뀐 것과 비견할 수 있습니다.

만일 이때 모세가 사명을 포기하고 주저앉았다면 물론 자신도 살아남지 못했을뿐더러, 출애굽의 역사가 완전히 달라졌을 것입니다. 이 사건을 통해서 모세는 '사명'이 '생명'보다 귀하다는 사실을 깨닫게 되었습니다. 아니 '사명' 없이는 '삶의 의미'도 없다는 사실을 확실히 알게 되었습니다. 그 죽을 뻔한 경험이 앞으로 수많은 죽음의 고비를 넘기면서 광야 생활 40년을 끝까지 견디게 한 버팀목이 될 것입니다.

그런데 한 가지 궁금한 게 있습니다. 하나님은 왜 '모세'를 죽이려고 하셨을까요? 문제를 악화시킨 장본인은 십보라처럼 보이는데 말입니다. 실제로 그녀 없이도 모세 혼자서 잘 해내지 않았습니까? 그렇다면 모세가 아니라 십보라가 벌을 받아야지요.

하나님은 그런 식으로 일하지 않으십니다. 모세가 아니라도 누구든지 하나님의 일을 할 수 있습니다. 그러나 어떤 경우에도 가족의 동의 없이는 사명을 제대로 감당할 수 없습니다. 그리고 가족의 지지를 얻어내는 건 부르심을 받은 사람의 몫입니다. 소명을 포기하도록 몰아붙인 십보라 보다, 그것을 핑계 삼아 소명을 포기하려고 했던 모세의 책임이 더 큽니다. 그래서 하나님이 모세를 죽이려고 하셨던 것입니다.

형제 재상봉

이제 출애굽 사건은 이집트로 그 무대를 옮겨 본격적으로 펼쳐지게 될 것입니다. 그에 앞서 모세는 하나님의 산에서 아론을 만납니다.

27여호와께서 아론에게 이르시되 광야에 가서 모세를 맞으라 하시매 그가 가서 하나님의 산에서 모세를 만나 그에게 입맞추니 28모세가 여호와께서 자기에게 분부하여 보내신 모든 말씀과 여호와께서 자기에게 명령하신 모든 이적을 아론에게 알리니라(출 4:27-28).

모세를 부르시는 장면에서 하나님은 형 아론이 이곳으로 오고 있다는 사실을 이미 밝혔습니다(4:14). 그러니까 지금 아론은 이집트에서 여기로 오는 중이고, 모세는 미디안 땅에서 여기로 가는 중입니다. 그런데 이곳은 크고 높은 여러 개의 산으로 이루어진 말 그대로 '하나님의 산'입니다. 사실 어디가 어디인지 알 수 없습니다. 서로 연락할 방법도 없습니다. 그곳에서 사람을 만나기로 약속하는 건 사실 어리석은 일입니다.

그러나 그들에게는 하나님이 계십니다. 하나님은 아론에게 가야 할 정확한 장소를 알려주셨습니다. 물론 모세에게도 마찬가지입니다. 그렇게 모세와 아론은 40년 만에 다시 만나게 됩니다. 그런데 왜 하필 '하나님의 산'이었을까요? 지도로 확인해 보면, 이곳은 이집트와 미디안 땅을 가로지르는 길목에 있지 않습니다. 한참 돌아가야 합니다. 그런데도 굳이 이곳에서 만나야 할 이유가 무엇일까요?

그것은 이집트에서 탈출한 히브리 사람들이 이곳에 와서 하나님과 계약을 맺고 하나님의 백성이 되어야 하기 때문입니다. 바로 그것이 처음부터 하나님이 계획해 놓으셨던 일입니다. 그 이유로 하나님은 미디안 땅에서 양을 치던 모세를 이곳까지 오게 하셔서 떨기나무 불꽃으로 만나셨던 것입니다. 그리고 아론을 이곳으로 오게 하여서 모세와 만나게 하신 것입니다. 이제 그들의 사명은 분명합니다. 이스라엘 자손을 이집트에서 탈출시키는 것이 아닙니다. 이곳 시내산에 데리고 와서 하나님과 계약을 맺는 것입니다.

모세는 자신이 받은 소명을 아론에게 이야기합니다. 하나님께 받은 말씀과 이적과 명령을 자세히 설명해줍니다. 여기에는 물론 모세와 아론이 분담하여 맡게 될 역할에 대한 말씀도 포함되어 있었을 것입니다. 그렇게 함께 이집트로 돌아갑니다.

> 29 모세와 아론이 가서 이스라엘 자손의 모든 장로를 모으고 30 아론이 여호와께서 모세에게 이르신 모든 말씀을 전하고 그 백성 앞에서 이적을 행하니 31 백성이 믿으며 여호와께서 이스라엘 자손을 찾으시고 그들의 고난을 살피셨다 함을 듣고 머리 숙여 경배하였더라(출 4:29-31).

이스라엘 자손의 장로들을 소집하는 일은 아마도 아론이 주도적으로 했을 것입니다. 아론 자신이 이집트에 살고 있던 장로였기 때문입니다. 그들에게 말씀을 전하는 것도 아론의 몫이었습니다. 처음부터 하나님은 그를 모세의 대언자로 삼으셨습니다. 하나님이 가르쳐주신 대로 그들 앞에서 이적을 보입니다. 아마도 지팡이가 뱀이 되는 이적이었을 것입니다. 그러자 백성은 '믿었다'고 합니다. 하나님이 말씀하신 그대로입니다 (4:5).

그다음이 중요합니다. 하나님께서 이스라엘 자손이 겪고 있는 일을 살피고 계셨고, 그들이 받아 온 고통을 모두 알고 계신다는 말을 듣자, 그들은 엎드려 경배합니다. 이 대목에서 우리는 '고된 노동으로 말미암아 부르짖어' 기도했던(2:23) 장본인이 바로 그들이었음을 알게 됩니다. 그동안의 간절한 기도가 드디어 이루어지는 것에 감격하여 지금 하나님께 경배하고 있는 것입니다. 이것은 기도해본 사람들만이 할 수 있는 행동입니다.

하나님의 요구

모세와 아론은 지체하지 않고 파라오에게 가서 하나님의 요구 사항을 전달합니다.

> 그 후에 모세와 아론이 바로에게 가서 이르되 이스라엘의 하나님 여호와께서 이렇게 말씀하시기를 내 백성을 보내라. 그러면 그들이 광야에서 내 앞에 절기를 지킬 것이니라 하셨나이다(출 5:1).

여기에서 우리는 이른바 '사자 양식'(使者 樣式, messenger form)을 발견하게 됩니다. "여호와께서 이렇게 말씀하시기를…"(Thus says the LORD)이 바로 그것입니다. 구약성경에 등장하는 예언자들은 하나님의 말씀을 전할 때 한결같이 이와 같은 특징적인 양식을 사용합니다(암 1:3; 렘 2:2). 모세와 아론도 자신들이 하나님의 말씀을 대신 전하는 '대언자'(代言者)라는 사실을 분명히 자각하고 있었던 것입니다.

하나님의 요구 사항은 단순명료합니다. "내 백성을 보내라!"는 것입니다. 누가 하나님의 백성인가요? 이스라엘 자손입니다. 야곱의 후손, 즉 약속의 후손입니다. 그들은 마땅히 하나님의 다스림을 받아야 하는 백성입니다. 그런데 지금은 파라오가 강압적으로 그들을 붙잡고 있습니다. 그러니 그들을 내보내라는 것입니다. 그들이 광야로 나가서 하나님 앞에 자유롭게 절기를 지킬 수 있게 하라는 것입니다.

구체적인 절기가 무엇인지, 어떻게 지켜야 하는지는 후에 시내산 계약을 맺을 때 하나님이 자세히 가르쳐주실 것입니다(출 23:14). 이 대목에서 우리가 주목해야 할 것은 하나님의 백성은 하나님 앞에서 절기를 지키는 사람들, 즉 하나님께 예배하는 사람들이라는 사실입니다. '하나님 백성'의 정체성은 바로 '예배'로 드러납니다. 이는 창세기로부터 계속 이어져 온 이야기입니다.

창세기는 이 세상에 두 종류의 사람들이 있음을 우리에게 가르쳐줍니다. '가인의 후손'과 '아벨의 후손'입니다. '가인의 후손'은 어떻게 해서든지 하나님의 얼굴을 보지 않고 살기로 작정한 사람이고, '아벨의 후손'은 어떻게 해서든지 하나님 앞에 나아와 예배하기로 작정한 사람입니다. 인류 역사를 통해서 '아벨의 후손'은 늘 소수였습니다. 세상의 부와 권력은 대부분 '가인의 후손'이 차지해왔습니다. 그들은 다수였고 지배자였습니다. 그들은 언제나 '아벨의 후손'을 억압해왔습니다. 어떤 식으로든 하나님을 예배하지 못 하게 해왔습니다.

그러나 이 세상을 창조하신 분은 하나님이십니다. 이 세상의 진정한 주인은 하나님이십니다. 이 세상의 역사를 주관하는 분은 하나님이십니다. 이제 때가 되어 하나님은 당신의 백성을 불러내기로 하셨습니다. 새로운 구원의 역사를 시작하기로 하셨습니다. 그 첫걸음이 파라오에게 학대받고 있던 이스라엘 자손을 해방하는 것이었습니다. 그들을 '나의 백성'이라 부르시며, 그들에게 하나님을 예배할 수 있는 자유를 주라고 요구하신 것입니다.

파라오의 반응

이와 같은 하나님의 요구에 파라오는 꿈쩍도 하지 않습니다. 오히려 이스라엘의 하나님 여호와가 누구냐고 되묻습니다.

> 바로가 이르되 여호와가 누구이기에 내가 그의 목소리를 듣고 이스라엘을 보내
> 겠느냐. 나는 여호와를 알지 못하니 이스라엘을 보내지 아니하리라(출 5:2).

여호와 하나님은 파라오가 알고 있던 이집트 신들의 명단에 포함되어 있지 않았습니다. 그가 "여호와가 누구냐?"고 되묻는 것은 어쩌면 당연한 일인지도 모릅니다. 그러나 그는 사실 여호와 하나님이 어떤 분인지에는 전혀 관심이 없었습니다. 단지 이스라엘을 보내라는 요구가 못마땅했을 뿐입니다. 그는 한마디로 거절합니다. 자신이 알지 못하는 신의 요구에 따를 이유가 없다는 것이지요.

그런데 파라오는 '이스라엘'이 누구인지 과연 알고나 있었을까요? 그는 '이스라엘의 하나님'을 알지도 못했을뿐더러, 사실은 '이스라엘'이 누구를 가리키는 말인지 제대로 이해하지 못했습니다. 그것을 알아차리고 모세와 아론은 이렇게 부연해서 설명합니다.

> 그들이 이르되 히브리인의 하나님이 우리에게 나타나셨은즉 우리가 광야로 사흘
> 길쯤 가서 우리 하나님 여호와께 제사를 드리려 하오니 가도록 허락하소서. 여호
> 와께서 전염병이나 칼로 우리를 치실까 두려워하나이다(출 5:3).

모세는 '이스라엘의 하나님'을 '히브리인의 하나님'으로 고쳐 말합니다. '이스라엘'이 곧 '히브리인'이라는 뜻입니다. 앞서 설명했듯이, '히브리'('ibri)는 '하피루'('Apiru 또는 Habiru)의 동의어입니다. 이들은 '유랑민'으로서 여기저기 떠돌며 살다가 때로는 용병이나 노예가 되었던 사람들입니다. 파라오가 강제노동을 시킨 사람들은 바로 이들 '히브리인'이었습니다. 그중에 야곱의 후손인 '이스라엘'이 포함되어 있었던 것입니다. 파라오는 그제야 '이스라엘'이 누구를 의미하는지 알게 되었을 것입니다.

모세는 하나님의 요구 사항도 파라오가 알아듣기 쉽게 다시 설명합

니다. 광야로 사흘 길쯤 가서 하나님을 예배할 수 있게 허락해 달라는 것이지요. 그런데 '사흘 길쯤' 가게 해달라는 것은 사실 모세가 만들어낸 이야기입니다. 그것은 마치 '일주일간의 휴가'를 요청하는 말처럼 들립니다. 하나님의 요구는 그게 아닙니다. 이스라엘의 완전한 해방입니다. 파라오가 통치하지 못하는 광야로 나가서 하나님을 자유롭게 예배하는 것입니다. 그런데 모세는 그 요구를 '일주일간의 휴가'로 축소하고 있는 것이지요.

한 걸음 더 나가서, 자신들이 하나님께 벌을 받을지도 모른다는 식으로 호소합니다. 만일 '우리'가 예배하지 않으면 하나님이 전염병이나 칼로 '우리'를 치실지도 모른다는 것입니다. 그러니까 벌 받지 않으려면 하나님께 예배해야 한다는 이야기입니다. 물론 이것은 파라오의 동의를 얻어내기 위한 '읍소(泣訴) 전략'으로 보입니다. 동정심을 유발하려는 것이지요. 그러나 하나님께 드리는 예배는 그런 식으로 타협해서 얻어낼 수 있는 게 아닙니다. 처음처럼 당당하게 요구하는 것이 맞습니다.

아니나 다를까, 파라오는 강경한 태도를 보입니다. 휴가를 달라는 모세의 요구가 오히려 역풍을 불러일으킨 것입니다. 메시지 성경으로 읽으면 아주 실감 납니다.

> 모세와 아론, 너희는 무엇 때문에 백성에게 휴일을 주어 쉬게 해야 한다는 것이냐? 돌아가서 일이나 하거라! … 내가 이자들을 빈둥거리게 했더니, 이제 너희는 그들에게 쉴 시간까지 주자는 말이냐?(출 5:4, 메시지)

파라오의 말에서 '예배의 요구'가 '휴가의 요구'로 뒤바뀌어 있는 게 보입니까? 그 빌미는 다름 아닌 모세가 제공했습니다. 파라오가 하나님의 요구에 완악한 마음으로 대응하리라는 것은 이미 예고된 사실입니다(4:21). 그렇다고 해서 '읍소 전략'이나 '휴가'를 요청하는 방식으로 그 마음을 누그러뜨릴 수 있다고 생각한다면 큰 오산입니다.

이스라엘 자손의 반응

그다음 이야기를 우리는 잘 압니다. 파라오는 히브리인에 대한 노동의 강도를 더 높였습니다. 벽돌을 만드는데 필요한 짚을 공급해주지 않았습니다. 그러면서 그동안 해오던 하루 작업량을 채우게 강요했습니다. 다 채우지 못하자 이스라엘 자손 작업반장들을 때리며 다그쳤습니다. 그러자 그들은 파라오에게 가서 작업량을 줄여 달라고 하소연합니다. 파라오는 기다렸다는 듯이 그들에게 말합니다.

> 17바로가 이르되 너희가 게으르다. 게으르다. 그러므로 너희가 이르기를 우리가 가서 여호와께 제사를 드리자 하는도다. 18이제 가서 일하라. 짚은 너희에게 주지 않을지라도 벽돌은 너희가 수량대로 바칠지니라(출 5:17-18).

그제야 그들은 알게 되었습니다. 이 모든 일이 모세와 아론에게서 비롯되었다는 사실을 말입니다. 하나님께 예배를 드릴 수 있게 해달라고 파라오에게 요구했기 때문에, 오히려 그들의 삶이 더욱 힘들게 된 것이지요. 자, 그렇다면 이럴 때 그들은 어떻게 해야 할까요? 아니 어떤 반응을 보여야 할까요?

그들은 이미 모세와 아론을 통해서 하나님의 말씀을 전해 들었습니다. 하나님의 구원 계획을 알게 되었습니다. 모세와 아론이 행하는 이적을 직접 보기도 했습니다. 그리고 그들은 분명히 '믿었다'고 했습니다. 그들의 부르짖음에 하나님이 응답하셨다는 사실을 깨닫고 감격하여 엎드려 경배하기도 했습니다. 그들은 모세와 아론이 파라오와 대면하여 하나님의 요구 사항을 전달할 것도 알았습니다. 무언가 큰 변화가 나타날 것을 기대했습니다.

그런데 그 결과가 이전보다 더 힘들어진 삶으로 나타난 것입니다. 그렇다고 하더라도 그들이 정말 모세에게 나타나신 하나님을 믿었다면, 그들을 구원하실 하나님의 일하심을 믿었다면, 조금 더 참고 기다려야 했습니다. 어떤 식으로든 하나님께서 당신의 약속을 반드시 지키실 것을 믿음으로 기다려야 했습니다. 그러나 그들은 그러지 않습니다. 오히려 모세와 아론을 공박합니다.

> 20그들이 바로를 떠나 나올 때에 모세와 아론이 길에 서 있는 것을 보고 21그들에게 이르되 너희가 우리를 바로의 눈과 그의 신하의 눈에 미운 것이 되게 하고 그들의 손에 칼을 주어 우리를 죽이게 하도다. 여호와는 너희를 살피시고 판단하시기를 원하노라(출 5:20-21).

파라오의 강경한 답변을 듣고 실망하여 나오던 그들은 때마침 모세와 아론을 만납니다. 그런데 본문은 "모세와 아론이 길에 서 있었다"고 하여, 마치 하릴없이 서성거리고 있었던 것처럼 묘사되고 있지만, 히브리 원어를 읽어보면 그렇지 않습니다. 모세와 아론은 그들을 만나기 위해 거기에 서 있었던 것입니다! 메시지 성경이 이를 잘 표현합니다. "그들은 바로 앞에서 나오다가, 자신들을 만나려고 기다리던 모세와 아론과 마주쳤다."

모세와 아론은 왜 그들을 만나려고 했을까요? 파라오의 완악한 마음을 설명해주기 위해서입니다. 파라오가 순순히 이스라엘을 내보내지 않을 것을 모세는 알고 있었습니다. 하나님이 그에게 미리 가르쳐주셨지요. 장자가 죽는 비극이 일어나기 전까지 파라오가 완악한 마음을 꺾지 않으리라는 사실을 모세는 잘 알고 있었습니다(4:23). 그러니까 이번 일로 실망하지 말고 조금 더 참고 기다리라고 말해주려고 했던 것이지요. 그런데 이를 뒤집으면, 모세가 그 이야기를 해주지 않았다는 뜻이 됩니다. 앞에서 이스라엘 자손의 장로들과 백성들을 만났을 때 파라오가 어떤 반응을 보일지 말해주지 않은 것입니다.

그 이야기를 미처 꺼내기도 전에, 그들은 모세와 아론을 공격하기 시작합니다. 파라오와 그의 신하들에게 밉보이게 했다고 타박합니다. 가뜩이나 힘들어 죽겠는데, 이제는 파라오의 손에 우리를 죽일 무기를 쥐여주었다고 비난합니다. 그러면서 하나님을 들먹거립니다. "하나님께서 당신들이 한 것을 보시고 심판해 주셨으면 좋겠소"(21b, 메시지). 실망감이 얼마나 컸으면 이런 말을 할까 싶습니다. 아무리 그렇더라도 하나님의 이름을 이런 식으로 이용하면 안 되는 겁니다.

여기에서 우리는 이스라엘 자손이 가지고 있는 믿음의 현주소를 확인할 수 있습니다. 그들은 하나님의 도움을 부르짖었습니다. 그 응답으로 모세와 아론이 등장했다는 사실을 믿었습니다. 그러나 그들의 기대는 현실적인 편안함이었지, 하나님의 백성이 되는 게 아니었습니다. 요셉 때처럼 그곳에서 잘 사는 것이었지, 약속의 땅으로 가는 것이 아니었습니다. 그래서 조금 살기 힘들어졌다고 그들의 믿음을 손바닥 뒤집듯이 뒤집었던 것입니다.

모세도 마찬가지입니다. 그는 하나님의 대언자로서 하나님이 주신 말씀을 그대로 전해야 했습니다. 파라오가 보일 반응에 대해서 분명히 말해야 했습니다. 그랬다면 그렇게 크게 실망하지 않았을지도 모릅니다. 그런데 그것을 쏙 빼놓고 장밋빛 미래만 보여준 것입니다. 그리고 파라오와 타협하지 말아야 했습니다. '일주일간의 휴가'를 요청하거나 '읍소 전략'을 펼치는 것은 하나님이 가르쳐주신 방식이 아닙니다. 어차피 파라오가 완악한 마음으로 나올 것을 알고 있었다면, 그냥 정공법으로 밀고 나가야 했습니다. 당당하게 요구하고 거절당하는 편이 더 나았습니다.

하나님의 구원을 기다리는 이스라엘 자손도, 그들을 구원하기 위해 보내심을 받은 모세도 아직은 갈 길이 멀었습니다. 그런데도 하나님은 그들을 '내 백성'이라 하십니다. 그리고 실제로 그들을 '하나님의 백성'으로 만드십니다. 충분한 자격을 갖추었기 때문이 아닙니다. 하나님의 의지와 은혜 때문입니다. 우리가 구원받은 것도 역시 마찬가지입니다.

* **묵상 질문**: '하나님 백성'의 정체성은 '예배'로 드러난다. 그런 의미에서 나는 '하나님의 백성'이라고 말할 수 있는가?
* **오늘의 기도**: 단지 현실의 어려움을 모면하기 위해서 신앙생활 하지 않게 해주옵소서. 오히려 하나님을 믿고 따르는 일로 인해서 어려움을 당할지라도, 하나님의 백성으로 빚어지기 위해서 인내하며 더욱 열심을 품고 신앙생활 하게 해주옵소서. 예수님의 이름으로 기도합니다. 아멘.

소명의 재확인

읽을 말씀: 출애굽기 5:22-6:13

새길 말씀: 그러므로 이스라엘 자손에게 말하기를 나는 여호와라. 내가 애굽 사람의 무거운 짐 밑에서 너희를 빼내며 그들의 노역에서 너희를 건지며 편 팔과 여러 큰 심판들로써 너희를 속량하여 너희를 내 백성으로 삼고 나는 너희의 하나님이 되리니 나는 애굽 사람의 무거운 짐 밑에서 너희를 빼낸 너희의 하나님 여호와인 줄 너희가 알지라(출 6:6-7).

우리 속담에 "첫술에 배부르랴"라는 말이 있습니다. 단 한 숟가락의 밥으로 배고픔을 완전히 해결할 수 없다는 뜻입니다. 정말 그렇습니다. 무엇이든 단번에 만족할 결과를 얻을 수는 없는 일입니다. 이번 경우에 꼭 맞아떨어지는 표현입니다. 모세는 하나님의 부르심에 순종하여 호기롭게 나섰지만, 첫 시도의 성적은 그리 좋지 않았습니다. 파라오의 허락을 얻어내기는커녕 이스라엘 자손의 신뢰까지 잃어버렸습니다. 처음부터 일이 꼬이는 형국입니다.

파라오의 완악한 반응은 일찌감치 예견되었던 일입니다. 그러나 갑작스럽게 싸늘해진 이스라엘 자손의 반응에 모세는 무척 당황했습니다. 물론 지난 시간에 살펴보았듯이, 초보 '대언자'로서 모세의 사역은 서툴기 그지없었습니다. 하나님의 말씀을 가감(加減)하지 않고 모두 전해야 하는데, 그는 자의적인 판단에 따라서 필요한 부분만 이야기하거나 불필요한 이야기를 보태기도 했습니다. 모세는 다른 사람을 탓할 것이 아니라, 자신의 부족함을 탓해야 마땅합니다.

이번 일을 통해서 드러난 모세의 가장 큰 약점은 사람들의 반응에 지나치게 민감하다는 사실입니다. 하나님의 부르심에 주저할 때부터 그 조짐이 보였습니다. 소명을 회피하기 위해 그가 사용한 가장 큰 핑곗거리는 '불신(不信)의 가정법'이었지요. 이스라엘 자손이 자기 말을 믿지 않을까 봐 걱정하지 않았습니까(4:1). 그런데 실제로는 어땠습니까. 그들은 모세의 말을 믿었습니다(4:31). 그래서 마음이 한껏 올라갔습니다. 그런데 그들이 하루아침에 태도를 바꾸어 그를 비난하니까, 이번에는 마음이 밑바닥으로 떨어지고 말았던 겁니다.

이렇게 사람들의 반응에 일희일비(一喜一悲)하는 것은 하나님의 일을 수행하는 영적인 지도자에게 아주 큰 약점입니다. 신앙이란 하나님의 박자에 발맞추어 나가는 것이어야 하는데, 사람들의 박자에 맞추려고 하니 무슨 일이 진행되겠습니까. 하나님의 백성은 하루아침에 만들어지지 않습니다. 하나님의 일이니까 무조건 잘 될 것으로 기대해서는 안 됩니다. 오히려 엄청난 저항이 있을 것으로 생각해야 합니다. '신앙의 조급증'은 문제를 악화시킬 뿐 아니라, 결국에는 '불신앙'을 만들어냅니다.

모세의 투정

모세는 첫 번째 사역을 마치고 돌아와서 하나님께 온갖 투정을 쏟아냅니다.

22모세가 여호와께 돌아와서 아뢰되 주여 어찌하여 이 백성이 학대를 당하게 하셨나이까. 어찌하여 나를 보내셨나이까. 23내가 바로에게 들어가서 주의 이름으로 말한 후로부터 그가 이 백성을 더 학대하며 주께서도 주의 백성을 구원하지 아니하시나이다(출 5:22-23).

이 부분을 메시지 성경으로 읽으면 모세의 투정 소리가 아주 실감 나게 들립니다.

22주님, 주께서는 어찌하여 이 백성을 이렇게도 모질게 대하십니까? 도대체 왜 저를 보내셨습니까? 23제가 바로에게 가서 주의 이름으로 말한 순간부터 이 백성의 사정이 더 악화되었습니다. 저들을 구하신다고요? 주께서는 이렇게 하는 것이 저들을 구하는 것으로 보이십니까?(출 5:22-23, 메시지)

모세는 대놓고 하나님을 비난합니다. 마치 하나님이 이번 일에 가장 큰 책임이라도 있는 듯이 말입니다. 그러나 그의 비난은 정당하지 않습니다. 하나님은 이 일이 쉽게 풀릴 것이라 말씀하신 적이 없습니다. 오히려 파라오의 완악한 마음으로 인해 어려움을 겪게 될 것을 예고하지 않으셨습니까. 게다가 모세는 하나님이 가르쳐주신 그대로 전하지 않았습니다. 그래놓고 이스라엘 자손의 비난에 상처받았다고 하면서 하나님에게 분풀이하는 겁니다.

그런데 이 대목에서 모세가 그래도 잘한 일이 하나 있습니다. 그것은 사람에게 받은 실망을 그 사람에게 갚아 주거나 혼자서 삭이려고 하지 않고, 모두 하나님에게 쏟아놓고 있다는 사실입니다. 바로 그것이 기도입니다. 물론 그 기도에 감사와 찬송의 내용이 담겨있으면 더 좋겠지만, 탄식이나 불평하는 내용일지라도 하나님께 솔직하게 털어놓는다는 게 중요합니다. 왜냐면 하나님 앞에 쏟아놓으면 문제에 대한 대답을 얻을 수 있기 때문입니다. 그러나 사람에게 쏟아놓으면 문제만 더욱 커지고 복잡해집니다.

모세의 투정에 대해서 하나님은 화를 내거나 책망하지 않으십니다. 오히려 하나님이 앞으로 하실 일에 대해서 더욱 자세히 일러주십니다.

여호와께서 모세에게 이르시되 이제 내가 바로에게 하는 일을 네가 보리라. 강한 손으로 말미암아 바로가 그들을 보내리라. 강한 손으로 말미암아 바로가 그들을 그의 땅에서 쫓아내리라(출 6:1).

하나님은 우선, 이 싸움에 대한 모세의 잘못된 생각을 바로잡아주십니다. 모세는 지금 자신이 파라오와 대결하여 싸우고 있는 줄 알지만, 이 싸움의 본질은 파라오와 하나님의 대결입니다. 아니 파라오의 배경이 되는 이집트의 신들과 진짜 하나님이 대결하는 중입니다. 이 싸움의 승패는 처음부터 이미 결정 나 있습니다. 이 세상의 어떤 권력이나 어떤 신들도 결코 천지를 창조하신 전능하신 하나님을 이길 수 없습니다.

따라서 이제부터 모세가 해야 할 일은 하나님이 파라오에게 어떻게 하시는지 지켜보는 것입니다. 하나님의 강한 손이 파라오에게 역사하실 것입니다. 그 강한 손에 떠밀려서 파라오 스스로가 이스라엘 자손을 내보낼 것입니다. 그러니 첫 술가락에 배부르지 않다고 투덜댈 일이 아니지요. 하나님의 약속이 성취될 때까지 믿음으로 인내하며 기다릴 일입니다.

하나님의 이름

하나님의 말씀에 대해서 모세는 묵묵부답입니다. 모세는 지금 자신의 화를 삭이고 있는지도 모릅니다. 정말 그랬다면 그것이야말로 적반하장(賊反荷杖)입니다. 그런데도 하나님은 모세의 등을 다독이며, 뜻밖에 하나님의 이름을 알려주십니다.

하나님이 모세에게 말씀하여 이르시되 나는 여호와이니라(출 6:2).

모세가 '하나님의 산'에서 부르심을 받을 때, 하나님의 이름이 무엇이냐 물었지요. 그때는 분명하게 대답하지 않으셨습니다. "나는 나다"가 전부였습니다(출 3:14). 하나님의 이름을 알 필요가 없다는 뜻입니다. 하나님은 어떤 이름이나 장소에 얽매어계시는 분이 아닙니다. 그러나 하나님은 모세가 요구하지 않았는데도 불구하고, 스스로 자신의 이름을 가르쳐주십니다. "나는 여호와이니라." 그 이유가 궁금합니다.

그에 앞서 '여호와'라는 이름에 대한 오해부터 먼저 풀어야 하겠습니다. 유대인들은 하나님의 이름을 직접 발음하는 것을 꺼려왔습니다. 그것은 "하나님의 이름을 망령되게 부르지 말라"(출 20:7)는 십계명의 가르침 때문입니다. 물론, 십계명을 묵상하게 될 때 자세히 설명하겠지만, 그 계명은 본래 하나님의 이름을 절대 입 밖에 내서는 안 된다는 의미가 아닙니다. 그러나 아무튼 유대인들은 하나님의 이름을 함부로 발음할 수 없다고 생각해왔습니다. 성경을 필사할 때 이 글자가 나오면, 붓을 새것으로 바꾸고 먹을 새로 갈아서 기록할 정도였습니다.

그래서 '여호와'에 해당하는 '거룩한 네 글자'(YHWH)가 나오면 대신에 '아도나이'(Adonai)로 읽었습니다. '주님'(LORD)이라는 뜻입니다. 그렇게 오랜 세월이 흐르면서 본래 발음을 잃어버리게 된 것입니다. '거룩한 네 글자'를 '여호와'로 발음하기 시작한 것은 주후 13세기의 일입니다. '거룩한 네 글자(YHWH)와 '아도나이'(Adonai)의 모음을 인위적으로 그릇되게 결합하여 만든 결과물입니다.

하나님의 이름에 관해서 연구해 온 성서학자들은 본래의 발음이 '야훼'(Yahweh)였을 것이라 주장합니다. 그러나 그것도 확실하지 않습니다. 그리고 이제 와서 하나님 이름의 본래 발음에 대해서 왈가왈부하는 건 아무런 의미가 없다고 봅니다. '여호와'이든 '야훼'이든 그 이름의 배경과 역사를 잘 알고 있으면 그것으로 충분합니다.

지금 우리의 관심은 하나님께서 당신의 이름을 왜 이 대목에서 알려주셨는지에 있습니다.

> 3내가 아브라함과 이삭과 야곱에게 전능의 하나님으로 나타났으나 나의 이름을 여호와로는 그들에게 알리지 아니하였고 4가나안 땅 곧 그들이 거류하는 땅을 그들에게 주기로 그들과 언약하였더니 이제 애굽 사람이 종으로 삼은 이스라엘 자손의 신음 소리를 내가 듣고 나의 언약을 기억하노라(출 6:3-4).

하나님은 계속해서 말씀하십니다. 창세기에 등장하는 족장들에게는 '전능의 하나님'(엘 샤다이, El Shaddai)으로 나타났지만, '여호와'라는 이름으로 자신을 알려주지는 않았다고 하십니다. 그러니까 '여호와'라는 이름은 '출애굽 사건'을 통해 처음으로 등장하게 된 것입니다. 그렇다고 해서 '전능의 하나님'과 '여호와'가 다른 분이라는 뜻은 아닙니다. '전능의 하나님'께서 족장들과 맺으신 계약을 '여호와 하나님'께서 성취하실 것입니다. 같은 하나님이기 때문입니다.

그다음 말씀이 중요합니다.

> 6그러므로 이스라엘 자손에게 말하기를 나는 여호와라. 내가 애굽 사람의 무거

운 짐 밑에서 너희를 빼내며 그들의 노역에서 너희를 건지며 편 팔과 여러 큰 심판 들로써 너희를 속량하며 7너희를 내 백성으로 삼고 나는 너희의 하나님이 되리니 나는 애굽 사람의 무거운 짐 밑에서 너희를 빼낸 너희의 하나님 여호와인 줄 너희 가 알지라(출 6:6-7).

문장이 조금 길어 보이지만 구조는 아주 단순합니다. "나는 여호와 다"(I'm Yahweh)로 시작해서 "내가 너희 하나님 여호와인 줄 알 것이 다"(You'll know I'm Yahweh your God)로 끝납니다. 그 사이에 앞으로 전개 될 '출애굽 사건'에 대한 약속으로 채워져 있습니다. 그러니까 '여호와'가 '참 신'이라는 사실은 이스라엘 자손의 구원을 약속하시고 또한 그것을 이루심으로써 증명될 것이라는 말씀입니다.

만일 약속이 이루어지지 않는다면 어떻게 될까요? 그때는 가짜라는 뜻이 됩니다. 파라오의 속박에서 그들을 해방하지 못한다면 그렇게 약속 한 신은 가짜입니다. 그러나 만일 약속한 그대로 이루어진다면 그렇게 말씀하신 그분이야말로 진짜 신이라는 사실이 확실하게 증명되는 겁니 다. 그러니까 하나님은 지금 당신의 이름, 즉 '여호와'를 걸고 모세에게 맹세하고 계시는 셈입니다.

따라서 앞으로 이스라엘 자손이 이집트를 탈출하여 약속의 땅으로 들어가느냐 마느냐에 따라서 하나님의 '자존심'과 '명예'와 '하나님 되심' 이 달렸습니다. 그만큼 그들을 '하나님의 백성'으로 삼으시겠다는 하나님 의 의지가 얼마나 확고한지 드러내신 것이지요. 말하자면 하나님은 이번 출애굽 사건에 '올인'(All in)하신 겁니다. 파라오에게 학대받던 히브리 사 람들의 엑소더스는 하나님 자신을 위해서도, 이스라엘을 위해서도 결정 적인 사건이 될 것이라는 뜻입니다.

꺾여진 용기

자, 그렇다면 하나님은 왜 이 대목에서 모세에게 당신의 이름을 알려 주신 것일까요? 그것은 모세의 사명을 재확인시키면서 동시에 그에게 흔들리지 않는 확신을 심어주기 위해서입니다. 모세의 마음이 자꾸 흔들리면 하나님의 구원 계획이 진행될 수 없기 때문입니다. 이 말씀을 듣고 모세의 투정이 이제 좀 수그러들었을까요? 다시 한번 자신의 사명을 따라 살아보기로 마음을 다잡았을까요?

> 모세가 이와 같이 이스라엘 자손에게 전하나 그들이 마음의 상함과 가혹한 노역으로 말미암아 모세의 말을 듣지 아니하였더라(출 6:9).

모세는 하나님께 받은 말씀을 즉시 이스라엘 자손에게 전했다고 합니다. 그 이야기는 하나님의 말씀에 모세가 설득되었다는 뜻입니다. 그러나 이스라엘 자손의 반응은 여전히 냉랭합니다. 모세의 말을 들으려고 하지 않습니다. 그 이유를 두 가지로 설명합니다. '마음의 상함'과 '가혹한 노역' 때문입니다.

'마음의 상함'에 해당하는 히브리어 "코체르 루아흐"(qotser ruach)를 직역하면, '영혼의 결핍'(the shortness of spirit)이 됩니다. 용기가 꺾였다는 뜻입니다. 처음 모세에게 하나님의 말씀을 들었을 때만 해도 그들은 용기백배했었는데, 이제는 그 용기가 다 사라진 것이지요. 그것은 물론 이전보다 더 가혹해진 상황 때문입니다. 그래서 모세가 전하는 하나님의 말씀이 하나도 들리지 않았던 것이지요.

이스라엘 자손의 반응에 대해서 모세는 어떤 마음이 들었을까요? 무척 실망스러웠을 것입니다. 그의 용기도 조금 꺾였을지 모릅니다. 그러나 조금 전처럼 하나님에게 대들거나 투정하지는 않습니다. 하나님은 다시 모세에게 말씀하십니다.

> 10여호와께서 모세에게 말씀하여 이르시되 11들어가서 애굽 왕 바로에게 말하여 이스라엘 자손을 그 땅에서 내보내게 하라. 12모세가 여호와 앞에 아뢰어 이르되 이스라엘 자손도 내 말을 듣지 아니하였거든 바로가 어찌 들으리이까. 나는 입이 둔한 자니이다(출 6:10-12).

모세가 전한 메시지를 이스라엘 자손이 들으려고 하지 않는다는 것을 하나님이 모르실 리 없습니다. 그런데도 하나님은 그들에게 말씀을 전했으니, 이번에는 파라오에게 가라고 하십니다. 가서 "이스라엘 자손을 내보내게 하라"는 하나님의 말씀을 전하라고 명령하십니다. 그러자 모세는 기다렸다는 듯이 반론을 제기합니다. 이스라엘 자손이 내 말을 들으려고 하지 않는데, 파라오가 어찌 내 말을 듣겠느냐는 것이지요.

모세의 말도 일리가 있습니다. 하나님의 구원을 받아야 할 당사자가 하나님의 말씀에 귀를 기울이지 않는데, 그들을 붙잡고 놓아줄 생각을 하지 않는 파라오가 뭐가 아쉽다고 모세의 말을 듣고 있겠습니까? 게다가 모세는 '입이 둔한 자'(stutter)입니다. 말을 심하게 더듬습니다. 상대방을 조리 있게 설득할 능력이 없습니다. 그런 모세의 말을 듣고 파라오가 마음을 조금이라도 바꾸겠습니까? 어림없는 일이지요.

그러나 하나님은 모세를 더는 설득하려고 하지 않습니다. 그냥 단순하게 명령하십니다.

> 여호와께서 모세와 아론에게 말씀하사 그들로 이스라엘 자손과 애굽 왕 바로에게 명령을 전하고 이스라엘 자손을 애굽 땅에서 인도하여 내게 하시니라(출 6:13).

이 구절을 주의 깊게 살펴보십시오. 먼저 '하나님'은 모세와 아론에게 말씀하십니다. 그다음에 '하나님'은 그들에게 이스라엘 자손과 파라오에게 전하게 하십니다. 그리고 '하나님'은 모세와 아론이 이스라엘 자손을 이집트 땅에서 인도하여 내게 하십니다. 자, 이 모든 일을 누가 하십니까? 처음부터 끝까지 '하나님'이 하십니다. 말씀하시는 분도 하나님이시고, 그 말씀을 이루시는 분도 하나님이십니다.

대언자의 사명

그렇다면 모세와 아론이 해야 할 일은 무엇입니까? 하나님의 명령을 그대로 전달하는 것입니다. 이스라엘 자손을 그럴듯한 말로 구슬리려고 애쓸 필요도 없습니다. 파라오의 허락을 받아내려고 노력할 필요도 없습니다. 그냥 단순하게 하나님이 주신 말씀을 전하면 그것으로 충분합니다. 그리고 그 말씀이 실제로 이루어지는 것을 보면, 그때 가서 이스라엘 자손을 이집트 땅에서 인도해 내면 됩니다. 사실상 어려울 것이 하나도 없습니다. 그것이 바로 대언자(代言者)의 사명입니다.

그런데 모세는 그 일을 어렵게만 생각했습니다. 말을 더듬는 자신이 감당하기에는 도무지 불가능한 일이라 판단했습니다. 그 이유가 무엇일까요? 이스라엘 자손을 설득하는 것을 자신의 힘으로 해결해야 할 일로 받아들였기 때문입니다. 어떻게든 자신이 능력을 발휘하여 파라오의 마음을 돌이켜야 한다고 생각했기 때문입니다. 그러니 불가능하게 보일 수밖에요.

모세와 아론을 향한 하나님의 기대는 그런 것이 아닙니다. 하나님은 어떤 방법을 사용해서라도 파라오를 설득하여 말을 듣게 만들어야 한다고 하지 않으셨습니다. 단지 하나님의 명령을 전하라고 했습니다. 그렇습니다. 대언자의 성공은 상대방을 설득할 수 있느냐의 여부에 달려 있지 않습니다. 명령을 그대로 전달하면 그것으로 대성공입니다. 그 나머지 일들은 하나님이 하십니다.

따라서 모세와 아론은 이스라엘 자손이 자기 말을 듣지 않는다고 해서 낙심할 이유가 전혀 없습니다. 그들과 말씨름할 필요도 없습니다. 그저 하나님의 말씀을 가감 없이 잘 전달하기만 하면 됩니다. 파라오를 언변으로 제압하려고 하거나, 아니면 그에게 잘 보이려고 굽신거릴 필요도 없습니다. 단지 하나님의 명령을 정확하게 전달하기만 하면 됩니다. 그러면 하나님의 말씀처럼, 파라오가 스스로 이스라엘 자손을 내보낼 때가 올 것입니다(6:1). 그때 그들을 데리고 이집트에서 탈출하면 되는 겁니다.

하나님의 일을 하도록 부르심을 받은 사람들이라면 누구나 오늘의 묵상을 마음에 새겨두어야 합니다. 특히 하나님의 말씀을 대언하는 설교자는 자신에게 주어진 사명에 대해서 정확하게 이해하고 있어야 합니다. 대언자의 사명은 성도들의 삶을 변화시키는 게 아닙니다. 상황을 더 좋게 바꾸는 것도 아닙니다. 단지 하나님이 주신 말씀을 잘 전달하기만 하면 됩니다.

그러면 하나님이 일하십니다. 말씀을 통해 그들의 삶을 변화시키십니다. 필요하다면 상황을 바꾸기도 하십니다. 비록 우리의 눈에 더디게 보일지라도 하나님은 그렇게 하나님의 백성을 만들어가십니다. 우리는 그 일에 동역자로 부르심을 받았을 뿐입니다. 하나님보다 절대로 앞서지 않고, 하나님의 주인 되심을 늘 고백하면서, 우리에게 주어진 길을 하루하루 걷다 보면, 언젠가 하나님이 약속하신 땅에 다다르게 될 것입니다.

* 묵상 질문: 나는 하나님의 말씀을 듣기 위해서 지금 어떤 노력을 하고 있는가?
* 오늘의 기도: 세상이나 사람을 바라보다가 쉽게 실망하는 어리석은 자가 되지 않게 하옵소서. 오직 하나님을 바라보게 하시고, 늘 하나님의 말씀에 귀를

기울이게 하옵소서. 하나님이 우리 삶의 주인 되심을 겸손하게 고백하면서, 하나님의 인도하심 따라서 순종하며 살게 하옵소서. 예수님의 이름으로 기도합니다. 아멘.

반복되는 습관

읽을 말씀: 출애굽기 6:14-7:7

새길 말씀: 내가 내 손을 애굽 위에 펴서 이스라엘 자손을 그 땅에서 인도하여 낼 때에야

　　　　　애굽 사람이 나를 여호와인 줄 알리라 하시매 모세와 아론이 여호와께서 자기

　　　　　들에게 명령하신 대로 행하였더라(출 7:5-6).

　"보십시오. 이스라엘 자손도 제 말을 들으려고 하지 않는데, 바로가 어찌 제 말을 듣겠습니까?"(6:12, 메시지) 파라오에게 가서 말씀을 전하라는 하나님의 명령에 모세는 이렇게 항변했지요. 실제로 이스라엘 자손은 모세가 전한 메시지를 들으려고 하지 않았습니다. 자기편이라 생각하는 사람들이 그의 말을 듣지 않는데, 그 반대편에 서 있는 파라오가 듣겠느냐는 겁니다.

　물론 모세의 말이 맞습니다. 파라오는 그가 전하는 하나님의 말씀을 듣지 않을 것입니다. 지난번처럼 우습게 여길 것이 분명합니다. 그러나 모세는 틀렸습니다. 하나님은 말씀을 잘 들을 수 있는 사람에게만 전하

라고 명령하지 않으셨습니다. 반드시 들어야 할 사람에게 전하라고 하셨습니다. 그가 실제로 듣든지 안 듣든지 상관없이 말입니다. 대언자로서 모세의 사명은 하나님의 명령에 따라서 말씀을 그대로 전하는 것입니다.

오늘날 믿음의 공동체 안에서 모세의 딜레마에 빠져있는 말씀 사역자들을 종종 목격하게 됩니다. 그들은 하나님의 말씀을 정성스럽게 준비하여 전하지만, 성도들의 삶에 아무런 변화가 나타나지 않으면 쉽게 낙심합니다. 해보아야 아무 소용없다는 생각이 일단 마음에 자리 잡으면 말씀을 준비하는 일에 소홀해질 수밖에 없습니다. 그러면 어떻게 될까요? 성도들은 말씀을 더 듣지 않게 됩니다. 그렇게 악순환이 반복되는 것이지요. 무엇이 문제일까요? 어떻게 그 문제를 풀어가야 할까요?

대언자의 사명을 재정립하는 일부터 시작해야 합니다. 말씀 사역자는 기본적으로 하나님의 말씀을 대신 전하는 사람입니다. 대언자의 성공 여부는 상대방을 얼마나 잘 설득하여 변화를 만들어낼 수 있을 것인가에 달려 있지 않습니다. 하나님의 말씀을 그대로 전달하면 그것으로 성공입니다. 그 나머지 일들은 하나님이 알아서 하십니다. 성도들의 삶을 변화시키는 것은 전적으로 하나님 몫입니다. 대언자는 하나님의 말씀을 정확하게 전달하는 일에만 집중하면 되는 것입니다.

모세와 아론의 족보

앞 장에서 우리는 모세가 다시 소명을 확인하는 이야기를 살펴보았습니다. 그다음 이어지는 말씀에는 뜬금없이 족보 리스트가 등장합니다(6:14-25). 마치 새로운 이야기로 나아가기 위해서 잠시 숨 고르기를 하는 듯한 느낌입니다. 출애굽기 저자의 관심은 야곱의 후손 모두의 족보를 여기에 기록하여 남겨두는 것이 아닙니다. 야곱의 셋째 아들인 레위의 아들들, 그중에서도 고핫과 아므람으로 이어지는 족보에만 집중합니다.

물론 그 마지막에는 아론과 모세가 나옵니다. 그러면서 다음과 같이 마무리합니다.

> 26 이스라엘 자손을 그들의 군대대로 애굽 땅에서 인도하라 하신 여호와의 명령을 받은 자는 이 아론과 모세요 27 애굽 왕 바로에게 이스라엘 자손을 애굽에서 내보내라 말한 사람도 이 모세와 아론이었더라(출 6:26-27).

우리말로는 잘 표현되지 않지만, 히브리 원어를 읽어보면 이 문장의 시작과 끝이 모두 "아론과 모세였다"라는 사실을 알게 됩니다. NIV 성경이 이를 잘 표현합니다. "It was the same Aaron and Moses... It was the same Moses and Aaron"(이 아론과 모세였고… 이 모세와 아론이었다). 그러니까 이름의 순서가 바뀐 것을 제외하고는 똑같은 문장입니다. 모세와 아론을 특별히 강조하려는 의도가 잘 드러나지요.

여기에서 우리의 시선을 끄는 것은 모세와 아론에 대해서 수식하는 말입니다. 그들은 여호와의 명령을 '받은 자'요, 또한 그 명령을 그대로 '말한 사람'이라는 것입니다. 이것은 마치 그들의 무덤에 세워놓은 비문 (碑文)과 비슷합니다. 그들의 한평생을 이렇게 요약하고 있는 것이지요. "하나님의 명령을 받아 그대로 말했다." 이것이야말로 '대언자' 인생에 대한 최고의 찬사입니다.

물론 처음부터 그랬던 것은 아닙니다. 모세는 자신이 전한 메시지를 이스라엘 자손이 듣지 않는 걸 보고서, 파라오에게 가서 굳이 그 메시지를 전해야 하는지에 대해 의구심을 품었습니다. 그래 보아야 아무 소용이 없을 것이라고 하나님에게 직접 항변하기도 했습니다. 그러나 결국에는 명령을 받은 대로 전했습니다. 그렇게 했다는 것이 중요합니다.

하나님의 말씀을 100% 확신했기 때문에 전한 것이 아닙니다. 과연 말씀대로 이루어질 것인지, 이렇게 전한다고 해서 뭐가 달라질 것인지에 대한 의구심이 완전히 사라진 것도 아니었습니다. 그런데도 그들은 하나님의 명령에 순종했던 것입니다. 그랬더니 어떻게 되었나요? 말씀대로 이루어지지 않았습니까? 그렇습니다. '자기 확신'이 믿음이 아닙니다. '순종'이 믿음입니다. 말씀을 '들은 것'이 믿음이 아닙니다. 말씀을 '따르는 것'이 믿음입니다.

반복되는 습관

아론과 모세의 족보 이후에, 출애굽 사건은 새로운 국면으로 접어듭니다. 파라오와 하나님의 대결이 본격적으로 시작되는 것입니다. 그런데 그 출발은 우리에게 아주 익숙한 내용입니다.

> 28여호와께서 애굽 땅에서 모세에게 말씀하시던 날에 29여호와께서 모세에게 말씀하여 이르시되 나는 여호와라. 내가 네게 이르는 바를 너는 애굽 왕 바로에게 다 말하라. 30모세가 여호와 앞에서 아뢰되 나는 입이 둔한 자이오니 바로가 어찌 나의 말을 들으리이까(출 6:28-30).

앞에서 살펴본 내용(6:10-12)과 거의 대동소이합니다. 그래서 마치 똑같은 문장을 불필요하게 반복해 놓은 것처럼 보입니다. 그러나 성경에 기록된 말씀 중에 불필요한 것은 하나도 없습니다. 반복되는 말씀을 통해서도 우리에게 전해지는 메시지가 있습니다. 여기에서 발견하는 메시지는 모세가 하나님의 명령을 회피하고 싶을 때마다 입버릇처럼 반복하는 핑곗거리가 있었다는 사실입니다. "저는 말을 더듬습니다. 바로가 어찌 제 말을 듣겠습니까?"(메시지)

하나님의 산에서 부르심을 받는 자리에서도 모세는 그렇게 말했고

(4:10), 이집트에서 소명을 재확인하는 자리에서도 모세는 똑같은 말을 했습니다(6:12). 그리고 지금도 같은 말을 반복합니다. 마치 말을 더듬는다는 것이 무슨 큰 자랑거리라도 되는 듯이 말입니다. 한두 번은 그럴 수 있다고 하더라도, 이렇게 세 번씩이나 똑같은 말을 계속해서 반복한다면 이야기가 달라집니다. 그것은 부정적인 말투가 모세의 습관 속에 뿌리 깊게 자리 잡고 있다는 뜻이 됩니다.

모세가 이런 말을 할 때마다 하나님은 그의 생각을 고쳐주려고 하셨습니다. 하나님의 산에서는 그의 부족한 부분을 채워줄 아론이 그를 만나러 오고 있다는 사실을 말씀하셨습니다. 아론에게 말을 하면 그를 대신하여 전할 것이라고 했습니다. 실제로 아론이 모세의 입이 되어 이스라엘 자손과 파라오에게 하나님의 말씀을 전하지 않았습니까? 파라오가 그 말씀을 우습게 여기고 거절한 것은 모세가 말을 더듬었기 때문이 아니었습니다.

그런데도 파라오에게 다시 가서 하나님의 명령을 전하라고 하자, 이번에는 모세가 뭐라고 말합니까? "이스라엘 자손이 제 말을 들으려고 하지 않는데, 바로가 어찌 제 말을 듣겠습니까? 게다가 저는 말을 더듬습니다"(6:12, 메시지). 이스라엘 자손이 모세가 전하는 말을 듣지 않은 것은 그가 말을 더듬었기 때문이 아닙니다. 그들의 마음이 상했고 노역이 혹독했기 때문입니다. 그러니 모세의 입이 둔하다는 것이 파라오에게 말씀을 전하지 못할 정당한 이유가 될 수 없습니다.

하나님의 부르심을 받고 이제는 제법 시간이 흘렀음에도 불구하고, 모세의 부정적인 버릇은 여전히 그대로입니다. 이것은 모세만의 특별한 이야기가 아닙니다. 우리에게도 쉽게 고쳐지지 않는 잘못된 버릇들이 있습니다. 평소에는 잘 보이지 않지만, 결정적인 순간에 어김없이 드러나곤 하지요. 특히 안전지대(safety zone)를 벗어나라고 요구하시는 하나님의 말씀 앞에 설 때 그렇습니다. 모세에게는 '둔한 입'이었지만, 우리에게는 온갖 것이 다 핑곗거리로 등장합니다.

그러나 결국 모세는 하나님의 명령을 받은 대로 순종했습니다. 그의 부정적인 습관이 완전히 고쳐졌기 때문일까요? 아닙니다. 하나님이 그를 포기하지 않으셨기 때문입니다. 끈질기게 다독거려 결국에는 순종하게 하셨기 때문입니다.

반복되는 말씀

하나님은 모세의 대언자로 세워주신 아론의 역할을 다시 한번 상기시켜 줍니다.

> 1 여호와께서 모세에게 이르시되 볼지어다 내가 너를 바로에게 신같이 되게 하였은즉 네 형 아론은 네 대언자가 되리니 2 내가 네게 명령한 바를 너는 네 형 아론에게 말하고 그는 바로에게 말하여 그에게 이스라엘 자손을 그 땅에서 내보내게 할지니라(출 7:1-2).

모세와 아론은 모두 하나님의 말씀을 파라오에게 전하는 '대언자'입니다. 그러나 하나님은 모세를 파라오에게 '신같이' 되게 했다고 하십니다. 그리고 아론은 모세의 '대언자', 즉 모세의 말을 파라오에게 대신 전하는 사람이라고 하십니다. 그러니까 모세가 해야 할 일은 형 아론에게 하나님으로부터 받은 명령을 전하는 것입니다. 그러면 아론이 파라오에게 그 명령을 대신 전할 것입니다. 따라서 이제부터는 말을 더듬는다는 모세의 핑곗거리가 더는 통하지 않게 됩니다.

그런데 이 말씀은 처음이 아닙니다. 하나님의 산에서 모세를 부르실 때 이미 언급된 내용입니다(4:15-16). 그것을 조금 더 자세하게 풀어서 설명하신 것이지요. 모세가 하나님의 말씀을 기억하고 있었다면, 이렇게 다시 말씀하실 필요가 없었을 겁니다. 하나님의 말씀을 평생 기억하며 살 수 있다면 얼마나 좋을까요? 그런데 그런 일은 절대로 벌어지지 않습니다. 기억력에 문제가 있어서가 아닙니다. 듣고 싶은 것만 들으려고 하는 못된 습성이 사람들에게 있기 때문입니다.

그래서 바울은 빌립보교회 성도들에게 이렇게 말했습니다.

너희에게 같은 말을 쓰는 것이 내게는 수고로움이 없고 너희에게는 안전하니라 (빌3:1).

정말 중요한 것은 자꾸 반복해야 합니다. 좋은 선생님은 학생들에게 정말 중요한 것, 꼭 알아 두어야 할 것을 반복해서 가르치는 일을 주저하지 않습니다. "지난번에 이야기했으니까 오늘은 그냥 대충 넘어가자"라고 하지 않습니다. 정말 중요한 내용은 거듭 반복하게 되어있습니다. 한 번 강조해서 가르쳤다고 충분히 이해했을 것으로 기대해서는 안 됩니다.

신앙생활도 마찬가지입니다. 우리는 매일같이 생명의 떡과 생명수가 되는 진리의 말씀을 반복하여 듣고 먹고 마셔야 합니다. 기독교 신앙의 위대한 기본적인 진리를 몇 번이고 반복하여 듣는 것을 거부해서는 안 됩니다. 바울은 그것이 "안전하다"라고 말합니다. 무슨 기발하고 새로운 것을 찾는 사람들은 안전하지 않습니다. 특히 신앙적인 진리에 관해서는 더더욱 그렇습니다.

하나님이 모세에게 같은 말씀을 반복하는 이유도 바로 그 때문입니다. 그의 반복되는 잘못된 습관을 고치기 위해서는 거듭 반복되는 하나님의 말씀이 필요한 것입니다. 한번 말해 알아듣지 못하면 두 번 세 번 반복해서 말해주어야 합니다. 언제까지 그래야 할까요? 말을 더듬는다는 핑곗거리를 포기할 때까지입니다. 하나님의 말씀에 온전히 순종하는 버릇을 가질 때까지입니다.

반복되는 완악함

파라오에게도 역시 반복되는 잘못된 습관이 있음을 발견하게 됩니다. 그것은 그의 완악한 마음입니다.

> 3 내가 바로의 마음을 완악하게 하고 내 표징과 내 이적을 애굽 땅에서 많이 행할 것이나 4 바로가 너희의 말을 듣지 아니할 터인즉 내가 내 손을 애굽에 뻗쳐 여러 큰 심판을 내리고 내 군대, 내 백성 이스라엘 자손을 그 땅에서 인도하여 낼지라 (출 7:3-4).

모세와 아론과의 첫 대면에서 파라오는 그들의 요구를 이미 단호하게 거절했습니다. 오히려 이스라엘 자손에게 더욱 혹독한 노역을 부과했습니다. 그것은 하나님이 예고하신 그대로였습니다. 하나님은 파라오의 마음을 완악하게 하실 것을 말씀하셨습니다(4:21).

그러나 이 말씀은 파라오가 자신의 의지에 반하여 어쩔 수 없이 완악한 마음을 갖도록 만드신다는 뜻이 아니라고 했습니다. 그의 마음은 본래부터 완악했습니다. 그랬기에 하나님을 대하면 대할수록 그는 더욱 고집불통이 되어갔던 것입니다. 따라서 완악한 마음은 하나님 때문에 생긴 것이 아니라, 파라오가 본래부터 가지고 있던 악한 습관이었습니다.

하나님은 그에 대해서 무서운 심판을 내리겠다고 말씀하십니다. 물론 처음부터 심판이 임하는 것은 아닙니다. 그에 앞서 '표징'(signs)과 '이적'(wonders)을 이집트 땅에 많이 행하겠다고 하십니다. 이제 앞으로 전개될 열 가지 재앙이 여기에 포함되어 있습니다. 그것을 보고도 파라오는 모세와 아론의 말을 듣지 않을 것이라 하십니다. 무엇 때문입니까? 그의 완악한 마음 때문입니다. 그러다가 마침내 하나님으로부터 '큰 심판'(great judgments)을 받게 되는 것이지요.

5내가 내 손을 애굽 위에 펴서 이스라엘 자손을 그 땅에서 인도하여 낼 때에야 애굽 사람이 나를 여호와인 줄 알리라 하시매 6모세와 아론이 여호와께서 자기들에게 명령하신 대로 행하였더라. 7그들이 바로에게 말할 때에 모세는 팔십 세였고 아론은 팔십삼 세였더라(출 7:5-7).

파라오의 완악한 마음은 단순히 고집불통의 문제가 아닙니다. 여호와 하나님을 '참 신'으로 인정하지 않는 것이 문제의 핵심입니다. 이집트 땅에는 이미 많은 신이 자리 잡고 있었습니다. 여호와 하나님은 그 신들의 명단에 끼지도 못했습니다. 그래서 지난번에 파라오가 이렇게 말하지 않았습니까. "여호와가 누구이기에 내가 그의 목소리를 듣고 이스라엘을 보내겠느냐?"(5:2) 여호와를 하나님으로 인정하지 않기에 완악한 마음이 생겨나는 것입니다.

하나님은 말씀하십니다. "내가 내 손을 펴서 이스라엘 자손을 인도하여 낼 때에야 이집트 사람이 나를 여호와인 줄 알리라"(7:5). 앞에서 이스라엘 자손에게도 같은 말씀을 해주셨지요. "내가 편 팔로써 너희를 속량하리니 나는 너희의 하나님 여호와인줄 너희가 알지라"(6:6-7). 출애굽 사건은 하나님의 하나님 되심을 증명하는 사건입니다. 그 사건을 통해서 여호와 하나님이 '참 신'이라는 사실을 모두 알게 될 것입니다. "내가 여호와인 줄 알리라!"

똑같은 사건이지만, 그 결과는 하늘과 땅만큼의 차이로 나타납니다. 파라오와 이집트 사람에게 출애굽 사건은 '큰 심판'이 됩니다. 그러나 이스라엘 자손에게는 '큰 구원'이 됩니다. 무엇이 그런 차이를 만들까요? 바로 '믿음'입니다. 하나님을 믿지 않는 자에게는 심판으로, 하나님을 믿는 자에게는 구원으로 임하는 것입니다.

사도 바울은 출애굽 사건을 언급하면서 로마서에서 이렇게 설명하고 있습니다.

¹⁷성경이 바로에게 이르시되 내가 이 일을 위하여 너를 세웠으니 곧 너로 말미암아 내 능력을 보이고 내 이름이 온 땅에 전파되게 하려 함이라 하셨으니 ¹⁸그런즉 하나님께서 하고자 하시는 자를 긍휼히 여기시고 하고자 하시는 자를 완악하게 하시느니라(롬9:17-18).

17절에 인용된 말씀은 일곱 번째 우박의 재앙을 예고하기에 앞서서 하나님께서 모세를 통해 파라오에게 하신 말씀입니다(출 9:16). 하나님은 그를 세워서 당신의 능력을 보이는 통로로 사용하시겠다고 선언하십니다. 여기에서 우리가 주목해야 하는 것은 하나님의 말씀에 대한 파라오의 반응에 따라서 결과가 달라지지 않는다는 사실입니다. 그가 하나님의 일하심에 협력하든지, 아니면 거역하든지 상관없이 하나님은 당신의 계획을 이루실 것입니다.

그런데 파라오는 후자를 선택했습니다. 하나님의 백성을 만드시려는 하나님의 뜻을 거역했습니다. 그런다고 해서 하나님의 구원 계획에 차질이 생기는 것은 아닙니다. 단지 파라오에게 하나님의 심판이 임했을 뿐입니다. 이를 통해서 바울은 하나님이 약속의 자녀를 선택하시는 기준을 설명합니다. "하나님께서 하고자 하시는 자를 긍휼히 여기시고, 하고자 하시는 자를 완악하게 하신다."

하나님의 주권을 강조하는 말씀입니다. 그렇다고 하나님은 아무런 기준도 없이 기분 내키는 대로 일하시는 분이 아닙니다. 하나님은 그의 일하심에 믿음으로 순종하는 자를 긍휼히 여기셔서 구원하십니다. 그러나 완악한 마음으로 끝까지 저항하는 자에게는 심판하십니다. 그 일을 통해서 하나님의 하나님 되심을 증명하십니다.

메시지 성경은 이렇게 설명합니다.

이 모든 이야기를 한마디로 하면, 결정권은 처음부터 하나님께 있다는 것입니다.

하나님께서 일을 주도하셨고, 우리는 그 일에서 좋은 역할이든 나쁜 역할이든 우리 역할을 할 뿐입니다(롬9:18, 메시지).

이 세상에 태어날 때부터 좋은 역할을 할 사람과 나쁜 역할을 할 사람을 하나님이 결정해놓으셨고 그래서 어쩔 수 없이 그 역할을 하게 되는 것은 아닙니다. 하나님이 주도하시는 일에 대한 반응을 통해서 자신의 정체성이 드러납니다. 파라오는 완악한 마음을 고수함으로써 스스로 나쁜 역할을 선택했습니다. 모세와 아론은 부정적인 습관을 꺾어버리고 하나님의 말씀에 순종함으로써 좋은 역할을 선택했습니다. 누가 어떤 역할을 선택하든지 하나님은 당신의 능력을 보이시고 그의 이름을 온 땅에 전파하실 것입니다.

오늘 본문은 모세와 아론의 나이가 각각 80세와 83세였음을 사족처럼 밝힙니다(7:7). 그런데 사족(蛇足)이 아닙니다. 다 이유가 있습니다. 80세와 83세는 적은 나이가 아닙니다. 인생을 정리해야 할 나이입니다. 어쩌면 평생 쌓아온 생각과 습관을 바꾸기에 너무 늦은 나이인지도 모릅니다. 그렇지만 그들은 하나님의 말씀에 순종했습니다. 100% 확신했기 때문이 아닙니다. 의구심도 있었습니다. 그런데도 순종하여 따랐습니다. 그들은 결과적으로 좋은 역할을 한 사람이 되었던 것입니다.

하나님의 말씀 앞에 설 때 우리의 반복되는 습관이 나옵니다. 말씀을 거부하는 '완악한 마음'의 습관이 말씀에 순종하는 '겸손한 마음'의 습관으로 바뀌어야 합니다. 그 습관이 '영원'을 좌우합니다. 습관을 바꾸기에 너무 늦은 나이란 없습니다.

* 묵상 질문: 하나님의 말씀을 들을 때 드러나는 나의 습관은 어떤 것인가?
* 오늘의 기도: 하나님의 말씀 앞에 설 때마다 자신도 모르게 고개 드는 잘못된

습관이 사라지게 하옵소서. 언제나 겸손한 마음으로 말씀에 순종하는 습관이 우리의 삶에 뿌리내리게 하옵소서. 그리하여 하나님이 이루어가시는 구원의 역사에 좋은 역할로 쓰임 받을 수 있게 하옵소서. 예수님의 이름으로 기도합니다. 아멘.

이집트 신들에 대한 심판

읽을 말씀: 출애굽기 7:8-8:15

새길 말씀: 바로가 모세와 아론을 불러 이르되 여호와께 구하여 나와 내 백성에게서 개구
리를 떠나게 하라. 내가 이 백성을 보내리니 그들이 여호와께 제사를 드릴
것이니라. … 그러나 바로가 숨을 쉴 수 있게 됨을 보았을 때에 그의 마음을
완강하게 하여 그들의 말을 듣지 아니하였으니 여호와께서 말씀하신 것과
같더라(출 8:8, 15).

지난 시간에 우리는 '반복되는 습관'에 대해서 살펴보았습니다. 모세
의 부정적인 말투도 습관이고, 파라오의 완악한 마음도 습관입니다. 이
집트를 탈출한 사람들이 광야 생활 내내 불평하고 원망하는 것도 다 습관
입니다. 이집트에서 나왔다고 해서 갑작스럽게 하나님의 백성이 되는 것
은 아닙니다. 불신앙적인 잘못된 습관이 신앙적인 좋은 습관으로 바뀌어
야 합니다. 하나님의 말씀에 온전히 순종하는 습관이 삶에 깊숙이 배어
야 합니다. 그래야 하나님의 백성이라 말할 수 있습니다.

이제부터 모세와 파라오의 대결이 본격적으로 펼쳐집니다. 그러나 이 대결의 당사자는 모세나 파라오가 아닙니다. 모세는 하나님의 대언자요, 대리인일 뿐입니다. 파라오 역시 마찬가지입니다. 그는 이집트 제국을 대표하는 최고의 권력자이지만, 실상은 이집트 신들의 대리인입니다. 히브리인들을 사이에 두고 벌이는 이와 같은 소유권 쟁탈전의 줄다리기를 통해서 누가 참 하나님인지 판가름 나게 될 것입니다.

탐색전: 지팡이 대결

본격적인 대결에 앞서서 지팡이가 뱀이 되는 이적으로 탐색전이 치러집니다.

> 8여호와께서 모세와 아론에게 말씀하여 이르시되 9바로가 너희에게 이르기를 너희는 이적을 보이라 하거든 너는 아론에게 말하기를 너의 지팡이를 들어서 바로 앞에 던지라 하라. 그것이 뱀이 되리라. 10모세와 아론이 바로에게 가서 여호와께서 명령하신 대로 행하여 아론이 바로와 그의 신하 앞에 지팡이를 던지니 뱀이 된지라(출 7:8-10).

하나님은 파라오가 모세에게 이적을 보이라고 요구할 걸 아셨습니다. 그런데 이적을 보이라는 말은 단순히 어떤 신기한 볼거리를 제공하라는 요구가 아닙니다. 모세와 아론이 소개하는 여호와 하나님의 존재와 그 능력을 실제로 증명해 보이라는 뜻입니다. 메시지 성경은 다음과 같이 풀이합니다. "이적을 행하여, 너희 자신을 입증해 보아라"(Prove yourselves. Perform a miracle). 어떻게 입증하는지에 따라서 요구 사항을 들어줄지 말지를 결정하겠다는 것이지요.

하나님은 파라오의 요구에 대응하는 방법을 일러주셨습니다. 지팡이가 뱀이 되는 이적을 보여주라는 것입니다. 모세는 하나님의 산에서 이미 그 이적을 경험했습니다(4:3). 아론을 처음 만났을 때도(4:28), 이스라엘 장로들과 처음 만났을 때도 같은 이적을 보였습니다(4:30). 그렇다면 이번에도 당연히 지팡이가 뱀으로 변하게 될까요? 그것은 아무도 장담할 수 없는 일입니다. 만일 하나님에 대한 믿음이 없다면 지팡이를 던지는 단순한 행동도 할 수 없습니다. 그러나 모세와 아론에게는 믿음이 있었습니다. 하나님이 명령하신 대로 순종했고 이적이 나타났습니다.

문제는 파라오의 반응입니다. 지팡이를 뱀으로 변하게 했다고 파라오가 감동할까요? 아닙니다. 그는 이집트의 '마술사들'(sorcerers)과 '요술사들'(magicians)을 불러서 똑같은 이적을 보이게 합니다(7:11). 마치 예상하였다는 듯이 말입니다. '마술'이든 '요술'이든 모두 눈속임입니다. 아론의 지팡이는 진짜 뱀으로 변했지만, 이집트 마술사들은 지팡이와 뱀을 눈속임으로 바꿔치기한 것이지요. 그러나 어쨌든 흉내 내는 데는 성공한 셈입니다.

이제 뱀으로 변한 아론의 지팡이와 이집트 마술사들의 지팡이가 서로 대결하는 진기한 장면이 펼쳐집니다. 숫자상으로는 절대 불리하지만, 아론의 지팡이가 다른 지팡이를 모두 삼켜버립니다. 진짜 이적이 속임수 이적을 이긴 것이지요. 앞에서 언급했듯이, 이집트 사람들에게 뱀은 그냥 뱀이 아닙니다. 뱀 여신 '워제트'(Wadjet)는 파라오와 이집트를 보호하는 신으로 숭배되고 있었습니다. 그런데 아론의 지팡이가 이집트 뱀 여신을 이긴 것입니다!

이는 앞으로 펼쳐질 열 가지 재앙의 성격을 미리 알게 해주는 상징적인 사건입니다. 그 재앙은 모두 이집트 신들에 대한 하나님의 심판입니다. 그 대결에서 하나님이 최후의 승자가 될 것을 미리 보여주는 예고편입니다. 그렇지만 파라오의 완악한 마음은 바뀌지 않았습니다. 오히려 자기 마술사들의 지팡이가 모두 잡아먹히자 기분이 몹시 상했습니다. 그는 모세와 아론의 말을 아예 들으려고 하지 않습니다(7:13). 그렇게 탐색전은 끝나고 말았습니다.

이 대목에서 우리는 "파라오의 마음을 완악하게 하겠다"(4:21)는 하나님의 말씀을 다시 곱씹어 보아야 합니다. 만일 하나님께서 처음부터 이집트 마술사들이 도무지 흉내 낼 수 없는 엄청난 이적을 보여주었더라면 어떻게 되었을까요? 예를 들어 '장자의 죽음'이라는 카드를 가장 먼저 사용하여 기선을 제압했다면, 그렇게 길게 시간을 끌 필요도 없지 않았을까요?

그런데 그렇게 하지 않으시고 재앙의 강도를 한 단계씩 높여가신 이유는 무엇일까요? 그것은 파라오에게 구원의 기회를 주시기 위해서입니다. 생각해 보십시오. 하나님이 마지막에 보여줄 이적을 가장 먼저 사용했다면 파라오는 물론 꼼짝없이 굴복하고 말았을 것입니다. 그러나 그로 인해 많은 사람이 구원받을 기회도 얻지 못하고 속수무책으로 파국을 맞았을 것입니다. 그것은 하나님이 원하는 일이 아닙니다.

하나님은 한쪽을 구원하기 위해 나머지를 무조건 희생시키는 그런 분이 아닙니다. 그들 모두를 구원하기 원하십니다. 베드로 사도의 말처럼, 우리 주님은 아무도 멸망하지 않고 다 회개하기에 이르기를 원하십니다(벧후3:9). 그래서 오래 참고 기다리시는 것입니다. 하나님은 학대받는 히브리인을 구원하기 원하셨지만, 그와 동시에 파라오와 이집트 사람들이 멸망에 이르는 것을 원하지 않으셨습니다. 그래서 조금씩 재앙의 강도를 더하셨던 것입니다. 안타깝게도 파라오는 그것을 회개와 구원의 기회로 삼지 않고, 고집불통과 멸망의 기회로 삼았던 것이지요.

첫째 재앙, 피

지팡이의 탐색전을 통해서 파라오와 모세는 서로의 다른 입장을 확인한 후에, 이제 본격적인 대결에 돌입합니다.

> 여호와께서 모세에게 이르시되 바로의 마음이 완강하여 백성 보내기를 거절하는
> 도다(출 7:14).

짧은 구절이지만, 이 속에는 앞으로 전개될 재앙의 속성에 대한 설명
이 모두 담겨있습니다. 이집트 땅에 내리게 될 열 가지 재앙은 마음이 더
욱 '완강해진' 파라오에 대한 하나님의 징벌입니다. NIV 성경은 '완강해
진'을 '항복하지 않는'(unyielding)으로 풀이합니다. 누구에게 항복하지 않
는 걸까요? 물론 '여호와 하나님'입니다. 그래서 "내 백성을 보내라!"는
하나님의 요구를 거절하고 있는 것입니다.

그렇다면 하나님은 언제까지 이집트 땅에 재앙을 내리실까요? 파라오
가 하나님의 뜻에 항복할 때까지입니다. 하나님의 요구대로 '그의 백성'을
내보낼 때까지입니다. 그런데 파라오는 왜 하나님에게 항복하지 않는 것
일까요? 그가 믿는 구석이 있기 때문입니다. 그것은 이집트 땅에 세워진
온갖 우상들입니다. 다다익선(多多益善)이라고, 그가 섬기는 수많은 신이
여호와라는 한 신(神)을 상대하지 못할 리가 없다고 확신했던 것이지요.

따라서 우리는 하나님의 뜻을 거부하는 파라오와 그가 믿는 이집트
의 신들에 대한 하나님의 심판을 염두에 두면서 '열 가지 재앙' 이야기를
읽어가야 합니다. 첫째 재앙은 아침 무렵 나일강 강가에서 시작됩니다.

> 15아침에 너는 바로에게로 가라. 보라 그가 물 있는 곳으로 나오리니 너는 나일
> 강가에 서서 그를 맞으며 그 뱀 되었던 지팡이를 손에 잡고 16그에게 이르기를…
> (출 7:15-16).

이집트 사람에게 나일강은 '생명의 강'이었습니다. 만일 주기적으로

반복되는 나일강의 범람이 없다면, 이집트의 비옥한 땅도 생기지 않았을 것이고, 그들이 누리는 풍요로운 삶도 없었을 것입니다. 세계 4대 문명 중의 하나인 이집트 문명이 발달한 이유도 바로 나일강 때문입니다.

그런데 파라오는 왜 아침 일찍부터 나일강에 내려가는 것일까요? 세면이나 목욕을 하기 위해서가 아닙니다. 그것은 나일강 신을 섬기는 제의와 상관관계가 있었습니다. 파라오는 이집트의 최고 권력가이면서 동시에 종교적인 의무를 수행하는 최고 제사장이었습니다. 그는 아침마다 나일강의 '하피'(Hapi) 신에게 제사를 지내야 했던 것입니다.

이집트 사람들은 온갖 곡물과 채소와 먹거리는 모두 '하피' 신이 가져다주는 것으로 믿었습니다. '생명의 열쇠'(key of life)를 상징하는 '앙크'(Ankh)가 하피의 손과 팔에 걸려있는 이유도 바로 그 때문입니다. 그들의 생명은 '하피' 신에게 달린 것입니다. 매일 아침 제사를 지내는 것은 파라오의 일과 중에 가장 중요한 일이었던 것입니다.

이집트의 모든 신은 자연을 신격화해 놓은 것입니다. '하피'는 나일강 물의 연례적인 범람 현상을 신으로 만들어놓은 것에 불과합니다. 강가에서 파라오를 기다리던 모세와 아론은 그를 만나자 단도직입적으로 하나님의 요구 사항을 거절한 것에 대한 징벌로 물이 피가 되는 재앙이 임할 것을 선포합니다.

16…히브리 사람의 하나님 여호와께서 나를 왕에게 보내어 이르시되 내 백성을 보내라 그러면 그들이 광야에서 나를 섬길 것이니라 하였으나 이제까지 네가 듣지 아니하도다. 17여호와가 이같이 이르노니 네가 이로 말미암아 나를 여호와인 줄 알리라. 볼지어다 내가 내 손의 지팡이로 나일강을 치면 그것이 피로 변하고 18나일강의 고기가 죽고 그 물에서는 악취가 나리니 애굽 사람들이 그 강물 마시기를 싫어하리라…(출 7:16-18).

모세의 선포대로 나일강은 피로 변했습니다. 그냥 붉은 빛으로 변한 게 아닙니다. 실제로 피가 되었습니다. 그 속에서 물고기가 살 수 없지요. 그 물을 사람이 마실 수 있겠습니까. 생명의 강이 하루아침에 죽음의 강으로 변한 것입니다. 말하자면 나일강의 신 '하피'가 죽은 것입니다. 아니 '하피'는 본래 생명이 없는 가짜 신이고, 자연을 다스리는 진짜 신은 여호와 하나님이라는 사실이 증명된 것입니다. 파라오가 요구한 것처럼 모세와 아론은 자신의 말을 입증한 셈입니다(7:9, 메시지).

그런데도 파라오는 버릇처럼 요술사에게 똑같이 할 수 있는지 먼저 묻습니다. 이번에도 눈속임으로 물을 붉게 만들자, 돌이켜 왕궁으로 돌아갑니다. 그리고 "그 일에 관심을 가지지 않았다"(7:23)고 합니다. 관심을 두지 않는다고 해서 문제가 해결되는 것은 아니지요. 진정한 능력은 '모방'이 아니라 '치유'와 '회복'으로 드러나야 합니다. 이집트의 요술사들이 정말 능력이 있었다면, 모세를 그대로 따라 할 것이 아니라 거꾸로 되돌려놓을 수 있어야 합니다. 그렇게 파라오는 계속해서 매를 더 벌고 있었던 것입니다.

둘째 재앙, 개구리 떼

첫째 재앙이 있은 지 일주일 만에, 하나님은 모세에게 새로운 재앙을 선포하게 하십니다.

1 여호와께서 모세에게 이르시되 너는 바로에게 가서 그에게 이르기를 여호와의 말씀에 내 백성을 보내라 그들이 나를 섬길 것이니라. 2 네가 만일 보내기를 거절하면 내가 개구리로 너의 온 땅을 치리라(출 8:1-2).

모세가 선포한 말씀대로, 그 숫자를 헤아릴 수 없는 개구리들이 물로부터 올라와서 온 땅을 덮어버렸습니다. 침실에도, 식탁에도, 솥과 냄비와 접시 속에도 개구리들이 있을 정도였습니다. 물론 개구리 때문에 죽지는 않을 겁니다. 그러나 상상만 해도 끔찍한 일입니다. 온통 개구리로 가득한 곳에 사람이 어떻게 살 수 있겠습니까?

그런데 왜 하필 개구리 재앙이었을까요? 이집트 사람들에게 개구리는 신성한 존재였습니다. 다산(多産)과 풍요(豊饒)의 여신 '헤켓'(Heqet)의 형상이었기 때문입니다. 이집트 사람들은 개구리 머리 모양을 한 '헤켓' 신이 생명의 열쇠 '앙크'를 줌으로써 이 세상에 아기가 태어난다고 믿었습니다. 당시 이집트에서 '다산'은 곧 '풍요'를 의미했습니다. 아이를 많이 낳아야 농사를 많이 지을 수 있기 때문입니다. 그런데 그렇게 축복을 가져다주는 신으로만 알고 섬겼던 개구리가 이제는 재앙의 도구가 된 것입니다.

이 재앙에 대해서 파라오는 어떤 반응을 보였을까요?

> 6아론이 애굽 물들 위에 그의 손을 내밀매 개구리가 올라와서 애굽 땅에 덮이니
> 7요술사들도 자기 요술대로 그와 같이 행하여 개구리가 애굽 땅에 올라오게 하였더라(출 8:6-7).

역시 요술사들을 시켜서 똑같은 일을 하게 했습니다. 참으로 어리석습니다. 문제를 해결할 방법은 찾지 않고, 오히려 문제를 더욱 악화시키고 있으니 말입니다. 그들이 정말 능력이 있었다면, 개구리가 물로 다시 들어가게 만들어야 했습니다. 그러나 이번에는 파라오에게 약간의 변화가 보이기 시작했습니다. 개구리가 사라지게 하는 조건으로 히브리 사람들을 보내기로 약속한 것입니다.

> 바로가 모세와 아론을 불러 이르되 여호와께 구하여 나와 내 백성에게서 개구리

를 떠나게 하라. 내가 이 백성을 보내리니 그들이 여호와께 제사를 드릴 것이니라 (출 8:8).

파라오는 '여호와께 구하여' 즉 '하나님께 기도하여' 개구리를 떠나게 해달라고 요청합니다. 그것은 개구리 재앙이 여호와 하나님으로부터 비롯되었다는 사실을 인정한다는 뜻입니다. 또한 '이 백성'을 보낼 것을 맹세합니다. 그들이 여호와께 예배할 수 있게 해주겠다는 것입니다. 그것은 모세와 아론이 처음부터 줄기차게 요구해오던 것입니다. 하나님 백성의 정체성은 '예배'에 있습니다(5:1). 파라오는 그것도 허락해주겠다고 약속한 것입니다.

자, 이제 드디어 이집트에서 나갈 수 있게 된 것일까요?

그러나 바로가 숨을 쉴 수 있게 됨을 보았을 때에 그의 마음을 완강하게 하여 그들의 말을 듣지 아니하였으니 여호와께서 말씀하신 것과 같더라(출 8:15).

모세는 약속대로 하나님께 간구합니다. 그리고 하나님은 모세의 말대로 개구리를 없애주십니다. 집과 마당과 밭에서부터 제 발로 다 나와서 죽게 만드신 것입니다(8:13). 이집트 사람들이 신으로 섬기던 개구리가 하나님의 명령에 순종한 것입니다! 그러나 파라오는 숨 쉬고 살만해지자 마음을 바꾸어 약속을 번복합니다. 그렇게 더욱 완강해집니다.

사실 처음부터 파라오는 약속을 지킬 생각이 없었습니다. 단지 위기를 모면하기 위해서 거짓 맹세를 했을 뿐입니다. 그는 본래 그런 사람입니다. 거짓 맹세로 발등의 불은 껐는지 모르지만, 파라오는 자신의 행동이 더욱 큰 재앙을 불러온다는 사실을 알지 못하고 있습니다.

셋째 재앙, 이

하나님은 곧바로 셋째 재앙을 실행하십니다.

16여호와께서 모세에게 이르시되 아론에게 명령하기를 네 지팡이를 들어 땅의 티끌을 치라 하라. 그것이 애굽 온 땅에서 이가 되리라. 17그들이 그대로 행할새 아론이 지팡이를 잡고 손을 들어 땅의 티끌을 치매 애굽 온 땅의 티끌이 다 이가 되어 사람과 가축에게 오르니…(출 8:16-17).

지금까지의 패턴은 경고의 말씀을 먼저 한 후에 그것을 시행하는 것이었습니다. 그러나 이번에는 아무런 경고 없이 곧바로 시행하게 하십니다. 약속을 지키지 않은 파라오에게 하나님께서 몹시 화를 내고 계시는 것처럼 해석할 수도 있습니다. 그러나 사실 하나님께는 새삼스러운 일이 아닙니다. 파라오가 그런 사람인 줄 이미 알고 계셨기 때문입니다.

오히려 하나님은 지금 모세와 아론을 테스트하시는 것으로 보아야 합니다. 하나님의 말씀대로 순종하는지를 알아보고 싶으셨던 것입니다. 다행스럽게 모세와 아론은 아무런 이의를 달지 않고 순종합니다. 지팡이로 '땅의 티끌'(the dust of the ground)을 치니까 그 티끌이 모두 '이'(gnat)가 되어 사람과 가축에게 오릅니다. '이'는 피를 빨아먹는 작은 곤충을 말합니다. 첫째와 둘째 재앙은 생활의 불편함 정도로 그쳤지만, 이제는 신체적으로 직접 고통을 느끼는 재앙으로 발전하고 있는 것입니다.

이 재앙을 이해하기 위해서 먼저 가족관계로 이루어진 이집트의 신화(神話)를 조금 더 이해할 필요가 있습니다. '땅의 신'(god of the earth) '겝'(Geb)과 '하늘의 여신'(goddess of the sky)인 '누트'(Nut)와 '공기의 신'(god of air) '슈'(Shu)가 바로 그들입니다. '겝'과 '누트'는 오누이 사이이고, '슈'는 아버지입니다. 이집트 사람들은 이 신들이 보호해주는 공간 속에서 살고 있다고 믿었습니다.

그런데 아론이 지팡이로 땅을 치니까 먼지가 일어났습니다. 그러니까 '겝' 신이 이가 되어 공기를 타고 사방으로 흩어져서 사람과 가축을 덮친 것입니다. 신의 보호를 받으며 안전하게 지내야 하는데, 오히려 그 신이 사람에게 고통을 주는 원인으로 작용하고 있다는 뜻입니다. 그렇게 하나님은 이집트 사람들이 믿던 신들의 무능함을 선언하고 계시는 것입니다. 이번에는 이집트의 요술사들이 똑같이 따라서 했을까요?

18요술사들도 자기 요술로 그같이 행하여 이를 생기게 하려 하였으나 못하였고 이가 사람과 가축에게 생긴지라. 19요술사가 바로에게 말하되 이는 하나님의 권능이니이다 하였으나 바로의 마음이 완악하게 되어 그들의 말을 듣지 아니하였으니 여호와의 말씀과 같더라(출 8:18-19).

앞의 두 가지 재앙은 어떻게든 눈속임으로 흉내를 낼 수 있었지만, 이번에는 달랐습니다. 그들은 파라오에게 고백합니다. "이는 하나님의 권능이니이다." 우리말 '권능'으로 번역된 히브리어 '에츠바'(etsba)는 본래 '손가락'(a finger)이라는 뜻입니다. 하나님이 증거판 돌에 친히 손가락으로 써주셨지요(출 31:18). 그러니까 사람이 할 수 있는 일이 아니라는 고백입니다. 지금 누가 그렇게 고백하고 있습니까? 이집트의 요술사들입니다! 그런데도 파라오는 꿈쩍하지 않습니다. 마음이 더욱 완악하게 되어 자신의 측근이었던 요술사들의 말도 듣지 않습니다.

이집트 땅에 내린 열 가지 재앙은 흥밋거리로만 읽으면 제대로 이해할 수 없습니다. 자연을 신격화하여 우상을 만들고, 그것을 이용하여 사람들의 자유를 억압해온 세상 권력에 대한 하나님의 엄중한 심판입니다. 아무리 그럴듯한 신화(神話)로 위장하더라도, 우상은 가짜입니다. 이 세상을 창조하신 진짜 하나님께서 열 가지 재앙을 통해서 가짜 신들의 본색을 드러내고 계시는 것입니다.

오늘날에도 이 세상에 얼마나 많은 가짜 신들이 판을 치고 있는지 모릅니다. 저마다 그럴듯한 이야기로 사람들을 현혹합니다. 실제로 가짜 신들에게 속아서 자신의 인생을 낭비하는 사람들이 적지 않습니다. 이 세상을 창조하신 하나님, 인류의 역사를 다스리는 하나님은 오직 한 분이십니다. 우리가 진짜 하나님을 섬기고 있다는 사실이 얼마나 다행스러운 일인지요!

* **묵상 질문**: 나는 진짜 하나님을 섬기고 있다는 사실을 확신하는가?
* **오늘의 기도**: 세상의 헛된 신들을 버리고 오직 하나님만 섬기게 하옵소서. 세상의 헛된 욕심에 눈이 어두워 우리의 마음이 완악해지지 않도록, 성령님 도와주옵소서. 언제나 겸손한 마음으로 하나님의 말씀에 귀를 기울이게 하시고, 그 말씀 따라 순종하며 살아가게 하옵소서. 예수님의 이름으로 기도합니다. 아멘.

파라오와의 줄다리기

읽을 말씀: 출애굽기 8:16-9:35

새길 말씀: 바로가 모세와 아론을 불러 이르되 너희는 가서 이 땅에서 너희 하나님께
제사를 드리라. 모세가 이르되 그리함은 부당하니이다. … 우리가 사흘길쯤
광야로 들어가서 우리 하나님 여호와께 제사를 드리되 우리에게 명령하시는
대로 하려 하나이다(출 8:25-27).

앞장에서 우리는 이집트 땅에 내린 세 가지 재앙에 대해서 살펴보았
습니다. 그러면서 그것은 단지 신기하고 놀라운 일 정도가 아니라는 사
실을 알게 되었습니다. 오히려 파라오가 하나님의 뜻을 거부하는 버팀목
으로 삼고 있던 이집트 신들에 대한 심판이었습니다. 그럴듯한 신화(神
話)로 위장하고 있지만, 그 신들은 기껏해야 자연현상을 신격화한 가짜
신에 불과하다는 사실을 드러내신 것입니다.

재앙의 강도는 점점 세졌고, 그와 더불어 파라오의 완악한 마음도 더
욱 강경해졌습니다. 개구리 재앙 때는 모세와 타협하는 듯했지만, 숨 쉬

고 살만해지자 곧바로 자신의 약속을 번복했습니다. 사실 처음부터 약속을 지킬 생각이 없었던 것이지요. 단지 위기를 모면하기 위해서 거짓 맹세를 했을 뿐입니다. 그는 본래 그런 사람이었습니다. 거짓 맹세는 더욱 큰 재앙을 불러온다는 사실을 알지 못하는 어리석은 사람이었습니다.

넷째 재앙, 파리떼

하나님은 파라오와 이집트에 대한 재앙을 계속 이어가십니다.

> 여호와께서 모세에게 이르시되 아침에 일찍이 일어나 바로 앞에 서라. 그가 물 있는 곳으로 나오리니 그에게 이르기를 여호와께서 이와 같이 말씀하시기를 내 백성을 보내라. 그러면 그들이 나를 섬길 것이니라(출 8:20).

하나님은 모세에게 "파라오 앞에 서라"고 하십니다. 첫째 재앙 때처럼 이번에도 아침 일찍 나일강으로 가라고 하십니다. 물이 피로 변하는 재앙이 선포된 바로 그곳입니다. 파라오는 예전과 마찬가지로 나일강의 '하피'(Hapi) 신에게 제사를 지내러 다시 나타난 것입니다(7:15). 강물이 다시 깨끗해졌다는 뜻입니다. 개구리나 이의 재앙도 역시 일시적인 현상으로 그쳤습니다. 파라오가 약속을 번복한 것도 바로 그 때문입니다.

우리 생각에는 하나님께서 재앙을 거두지 않으셨다면 더 일찍 파라오의 항복을 얻어내지 않았을까 싶습니다. 그러나 하나님의 목적은 이집트 땅을 완전히 망하게 하는 데 있지 않습니다. 오히려 하나님의 백성을 구원해내는 데 있습니다. 그래서 재앙의 강도를 조금씩 더하셨고, 그 현상도 오랫동안 지속하지 않도록 하셨습니다. 그런데 파라오는 그것을 회개의 기회가 아니라 고집불통의 기회로 삼았던 것이지요.

아무튼, 하나님은 다시 한번 "내 백성을 보내라!"는 요구를 파라오에게 전하게 하십니다. 그러면서 이번에는 파리 떼의 재앙을 경고하십니다.

네가 만일 내 백성을 보내지 아니하면 내가 너와 네 신하와 네 백성과 네 집들에
파리 떼를 보내리니 애굽 사람의 집집에 파리 떼가 가득할 것이며 그들이 사는
땅에도 그러하리라(출 8:21).

파리는 사람을 성가시게 하는 해충입니다. 그러나 파리가 떼로 몰려
온다고 해서 땅이 황폐하게(ruined) 될 수는 없습니다(8:24). 여기에 언급
되는 '파리 떼'는 우리가 알고 있는 그런 '파리'(flies)를 의미하지 않습니
다. 실제로 히브리 원어에는 '파리'라는 단어가 없고, 우리말 '떼'에 해당
하는 '아로브'(arob)만 나옵니다. KJV 성경은 그것을 '스웜즈'(swarms, 떼거리)
로 번역합니다. 그렇다면 사람에게 재앙이 될만한 곤충 떼거리는 무엇일
까요?

여덟째 재앙에 등장하는 메뚜기는 여기서 제외해야 할 것입니다
(10:4). 지금까지 살펴본 대로, 이 재앙들은 이집트 신들을 목표로 하고
있습니다. 따라서 이집트 신화에 등장하는 곤충을 찾아야 합니다. 태양
신 '라'(Ra)를 떠오르게 하는 '케프리'(Khepri) 신이 이에 가장 근접합니다.
말똥구리(dung beetles)처럼 생긴 '풍뎅이'(scarab) 신입니다. 이집트 사람
들은 마치 말똥구리가 말똥을 굴리듯이, '케프리' 신이 매일 태양을 올라
오게 한다고 믿었습니다. 여기 언급된 '파리 떼'는 바로 말똥구리를 가리
키는 것으로 보입니다.

아무튼, 그런 풍뎅이가 떼거리로 나타나서 집집에 가득하게 되었다
고 생각해 보십시오. 과연 어땠을까요? 실제로 이 재앙이 이집트에 임하
게 되었고, 그로 인해 온 땅이 황폐하게 되었습니다. 폐허가 된 것입니다.
영화 '미라'(The Mummy, 1999)에 등장하는 '살인 풍뎅이'를 보면 어느 정도
그 피해를 상상할 수 있습니다. 만일 파라오가 하나님의 요구에 순순히

따랐다면 그런 일은 일어나지 않았을 것입니다.

그런데 이때부터 이전의 재앙에서 발견할 수 없는 중요한 변화 한 가지가 감지됩니다. 이스라엘 자손이 거주하는 고센 땅을 하나님이 구별하기 시작하신 것입니다.

> 그날에 나는 내 백성이 거주하는 고센 땅을 구별하여 그곳에는 파리가 없게 하리니 이로 말미암아 이 땅에서 내가 여호와인 줄을 네가 알게 될 것이라(출 8:22).

하나님은 고센 땅에는 '파리 떼'의 재앙이 임하지 않게 하겠다고 약속하십니다. 그 이유는 '이 땅에서도 내가 하나님인 줄'(I am God in this land, MSG) 알게 하기 위해서라고 하십니다. 그렇습니다. 광야에 나가서 예배드릴 수 있게 해달라 요구했다고 해서, 하나님이 이집트에서는 힘을 쓰지 못하는 분이라 생각하면 안 됩니다. 하나님은 어디에서든 하나님이십니다.

하나님의 위대하신 능력은 고센 땅을 구별하심으로 드러납니다. 생각해 보십시오. 이 세상의 어떤 신이 과연 어느 땅을 지정하여 그곳에만 재앙이 내리지 않게 할 수 있을까요. 이집트의 요술사들이 감히 흉내라도 낼 수 있겠습니까. 게다가 그들이 신으로 섬기는 풍뎅이가 오히려 그들의 땅을 폐허로 만드는 장본인이 되었으니 더 난감할 수밖에 없지요.

협상의 줄다리기

파라오는 자기 힘으로 이 재앙을 해결할 수 없다는 사실을 비로소 깨닫습니다. 이때부터 모세와의 협상에 적극적으로 나서기 시작합니다.

> 25바로가 모세와 아론을 불러 이르되 너희는 가서 이 땅에서 너희 하나님께 제사

를 드리라. 26모세가 이르되 그리함은 부당하나이다. … 27우리가 사흘길쯤 광
야로 들어가서 우리 하나님 여호와께 제사를 드리되 우리에게 명령하시는 대로
하려 하나이다(출 8:25-27).

파라오의 제안은 예배하되 '이 땅에서'(here in this land) 예배하라는 것
이었습니다. 여호와 하나님께 예배하는 것은 허락하겠지만, 광야로 나가
는 것은 허락할 수 없다는 것이지요. 모세는 즉각 거부 의사를 밝힙니다.
이집트 땅에서 예배하다가는 그들을 미워하는 사람들의 돌에 맞아 죽을
것이라 합니다. 그러면서 또다시 "사흘 길쯤 광야로 가서 예배하겠다"고
합니다. 이미 앞에 나온 이야기입니다. 모세는 하나님의 뜻을 자의적으
로 해석하여, '일주일간의 휴가'로 축소했다가 오히려 역풍을 맞지 않았
습니까(출 5:3). 그런데도 지금 같은 이야기를 다시 꺼내고 있는 것입니다.
　모세는 그것을 협상의 기술로 생각했을지 모릅니다. 파라오가 조금
양보했으니 자신도 조금 양보하는 게 좋으리라 판단했는지 모릅니다. 그
러나 하나님께 드리는 예배는 그런 식으로 타협할 일이 아닙니다. 모세
자신의 말처럼, "하나님이 명령하신 대로" 해야 합니다. 하나님의 명령이
무엇입니까? '사흘 길쯤' 광야로 가서 한번 예배하고 이집트 땅으로 다시
돌아오는 것이었습니까? 아닙니다. 광야로 나가서 오직 하나님만 예배
하는 신앙공동체를 만들어 약속의 땅으로 들어가는 것입니다.
　이때 파라오는 하는 수 없이 모세의 제안을 받아들입니다. 그만큼 이
번 재앙을 심각하게 생각했다는 증거입니다.

바로가 이르되 내가 너희를 보내리니 너희가 너희의 하나님 여호와께 광야에서
제사를 드릴 것이나 너무 멀리 가지는 말라. 그런즉 너희는 나를 위하여 간구하라
(출 8:28).

파라오는 광야로 가서 예배하되, 너무 멀리 가지는 말라고 합니다. 너무 멀리 가지 않으려면 얼마만큼 가야 할까요? 그렇습니다. '사흘 길쯤'입니다. 모세의 제안을 그대로 수용한 셈입니다. 아마도 모세는 자신의 협상이 좋은 결과를 얻어냈다고 생각했을 것입니다. 그래서 하나님께 기도했고, 하나님은 즉시 그의 말대로 하셨습니다. 그러나 살만해지자 또다시 파라오는 다시 마음을 완강하게 하여 말을 바꿉니다. 얼마든지 예상할 수 있는 일이었습니다.

모세는 혹시 몰랐다고 하더라도, 하나님은 파라오가 그렇게 말을 바꾸리라는 걸 알고 계셨을 것입니다. 그런데도 하나님은 모세의 기도에 선뜻 응답하여 파리 떼의 재앙을 없애주셨습니다(8:31). 게다가 이번의 타협안은 하나님의 뜻에 어긋나는 일이었는데 말입니다. 왜 그러셨을까요? 바로 그것이 파라오의 마음을 완악하게 만드시는 하나님의 방식입니다. 완악한 마음을 가진 사람은 구원의 기회를 언제나 그런 식으로 날려버립니다(8:32).

그런데 이 대목에서 하나님이 주목하고 있는 사람은 사실 파라오가 아니라 모세입니다. 하나님께 드리는 예배는 어떤 식으로든 절대로 타협하려고 해서는 안 된다는 중요한 교훈을 모세에게 확실히 심어주려고 했던 것입니다. 하나님의 기도 응답이 곧 하나님의 허락을 의미하는 것은 아닙니다. 때로 하나님은 우리의 잘못을 바로잡기 위해서 기도를 들어주시기도 합니다.

돌림병, 악성 종기

초반부의 재앙은 생활의 불편함을 주는 정도로 그쳤습니다. 그러나 이제는 점점 생명의 위협으로 발전하게 됩니다. 다음에 이어지는 세 가지 재앙이 그 발전 과정을 잘 보여줍니다.

2네가 만일 보내기를 거절하고 억지로 잡아두면 3여호와의 손이 들에 있는 네 가축 곧 말과 나귀와 낙타와 소와 양에게 더하리니 심한 돌림병이 있을 것이며 4여호와가 이스라엘의 가축과 애굽의 가축을 구별하리니 이스라엘 자손에게 속한 것은 하나도 죽지 아니하리라 하셨다 하라…(출 9:2-4).

다섯째 재앙은 '가축 돌림병'이었습니다. 당시 사람들에게 말이나 낙타나 소 같은 가축들은 큰 재산이었습니다. 만일 가축에게 돌림병이 생겨서 죽게 된다면 엄청난 손해를 입게 될 것이 분명합니다. 하나님은 이번에도 이스라엘과 이집트를 구별하시겠다고 하십니다. 이스라엘 자손에 속한 가축은 하나도 죽지 않게 하겠다는 것이지요. 그리고 실제로 그렇게 되었습니다.

이 재앙은 이집트의 어떤 신들에 대한 심판이었을까요? 이집트 사람들은 가축을 신으로 만들어서 섬겼습니다. 그 대표적인 것이 바로 황소신 '아피스'(Apis)입니다. 두 뿔 사이에는 태양 판(sun disk)과 여신 '워제트'(Wadjet)를 상징한 뱀 형상이 붙어 있습니다. 그들은 특정한 외모의 소를 신성시했습니다. 그래서 '아피스' 역할을 하던 소가 죽으면 성대한 장례식까지 치러주었습니다.

그러나 아무리 그래도 소는 소입니다. 가축에 불과합니다. 가축 돌림병의 재앙에서 비껴갈 수 없습니다. 파라오는 사람을 보내어 이스라엘 자손에게 속한 가축은 하나도 죽지 않았다는 사실을 확인합니다. 그러나 완악한 마음을 바꾸지 않았습니다(9:7).

그러자 계속해서 하나님은 여섯째 재앙을 시행하십니다.

10그들이 화덕의 재를 가지고 바로 앞에 서서 모세가 하늘을 향하여 날리니 사람과 짐승에게 붙어 악성 종기가 생기고 11요술사들도 악성 종기로 말미암아 모세 앞에 서지 못하니 악성 종기가 요술사들로부터 애굽 모든 사람에게 생겼음이라 (출 9:10-11).

하나님은 화덕의 재를 날리게 하여 그 재가 사람과 들짐승에게 붙어서 '악성 종기'(boils)가 생기게 했습니다. 피부가 곪아 터지는 병입니다. 이 재앙은 특히 요술사들에게 심하게 나타났습니다. 모세 앞에 서지도 못할 정도였다고 합니다. 그런데 왜 이 재앙에서 요술사들이 특별히 강조되고 있는 것일까요?

왜냐면 그들은 마술과 치료의 여신 '이시스'(Isis)의 대리자로서 질병을 치료하는 역할을 하는 사람들이었기 때문입니다. 그런데 자기 자신의 병도 고치지 못한 것이지요. 그렇게 하나님은 그들이 믿고 있는 치료의 신 '이시스'가 가짜 신이라는 것을 증명하신 것입니다. 그런데도 바로의 마음은 더욱 완악해졌습니다(9:12).

일곱째 재앙, 우박

그러자 하나님은 일곱 번째로 '우박의 재앙'을 내리십니다.

17너가 여전히 내 백성 앞에 교만하여 그들을 보내지 아니하느냐. 18내일 이맘때면 내가 무거운 우박을 내리리니 애굽 나라가 세워진 그날로부터 지금까지 그와 같은 일이 없었더라. 19이제 사람을 보내어 네 가축과 네 들에 있는 것을 다 모으라. 사람이나 짐승이나 무릇 들에 있어서 집에 돌아오지 않는 것들에게는 우박이 그 위에 내리리니 그것들이 죽으리라 하셨다 하라 하시니라(출 9:17-19).

지금까지의 재앙은 사람의 목숨을 위협하는 것은 아니었습니다. 그러나 이제는 다릅니다. 들에 있다가 우박을 맞으면 죽게 됩니다. 하나님은 경고와 동시에 피할 길도 알려주십니다. 집으로 들어가면 살게 된다는 것이지요. 하나님은 파라오의 완악한 마음에 대해서 징계하지만, 그렇다고 이집트 사람들이 죽거나 다치는 것을 원하지 않으십니다.

이 경고를 듣고 파라오의 신하들은 두 부류로 나뉘게 됩니다.

> [20] 바로의 신하 중에 여호와의 말씀을 두려워하는 자들은 그 종들과 가축을 집으로 피하여 들였으나 [21] 여호와의 말씀을 마음에 두지 아니하는 사람은 그의 종들과 가축을 들에 그대로 두었더라(출 9:20-21).

파라오의 신하 중에 '하나님의 말씀을 두려워하는 사람들'이 생겨났습니다. 메시지 성경은 이를 '하나님의 말씀을 받아들인 자들'(who had respect for GOD's word)이라고 표현합니다. 지금까지의 재앙을 겪으면서 하나님의 말씀에 대해 존경하는 마음을 가지는 것이 마땅한 일입니다. 그들은 종들과 가축을 모두 집으로 피하게 합니다. 반면 '하나님의 말씀을 전혀 마음에 두지 않는 사람들'(who didn't take GOD's word seriously)은 종들과 가축들을 그대로 들에 두었습니다. 그들이 어떻게 되었을지 불을 보듯 뻔합니다.

자, 그렇다면 이 재앙은 특별히 이집트의 어느 신을 겨냥하고 있을까요? 바로 하늘의 여신 '누트'(Nut)입니다. '누트'는 땅의 신 '게브'(Geb)와 오누이 사이로서, 마치 지붕처럼 하늘에서 인간을 보호하는 역할을 하는 신입니다. 사람들은 매일 저녁에 누트 신이 태양을 삼켰다가 아침에 다시 태어나게 한다고 믿었습니다. 그녀의 보호 속에서 인간의 삶이 규칙적으로 영위되고 있다는 것이지요.

그러나 이집트가 세워진 이래 단 한 번도 경험해보지 못한 이번 우박의 재앙을 막아내지는 못했습니다. 만일 누트가 진짜 신이었다면 이런 일이 일어나지 않게 했었어야 합니다. 여호와 하나님께서 이스라엘 자손들이 살고 있던 고센 땅에는 우박이 내리지 않도록 하셨던 것처럼 말입니다(9:26). 이처럼 하나님은 열 가지 재앙을 통해서 이집트의 신들을 차례대로 무력화하고 계시는 것입니다.

드디어 파라오는 자신의 잘못을 인정합니다.

> 27바로가 사람을 보내어 모세와 아론을 불러 그들에게 이르되 이번은 내가 범죄하였노라. 여호와는 의로우시고 나와 나의 백성은 악하도다. 28여호와께 구하여 이 우렛소리와 우박을 그만 그치게 하라. 내가 너희를 보내리니 너희가 다시는 머물지 아니하리라(출 9:27-28).

파라오는 고백합니다. "하나님이 옳고 나와 내 백성은 그르다"(27b, 메시지). 이제야 조금 정신을 차리게 된 것일까요? 이제야 누가 참 하나님인지 깨닫게 된 것일까요? 이제야 진심으로 자신의 죄를 고백하며 회개하게 된 것일까요? 아닙니다. 우리가 지금까지 지켜 보아온 파라오는 그럴 사람이 아닙니다. 위기를 모면하기 위해서라면 어떤 거짓 맹세도 할 수 있는 사람입니다. 둔감한 모세였지만 이제는 알게 되었습니다.

> 29모세가 그에게 이르되 내가 성에서 나가서 곧 내 손을 여호와를 향하여 펴리니 그리하면 우렛소리가 그치고 우박이 다시 있지 아니할지라. 세상이 여호와께 속한 줄을 왕이 알리이다. 30그러나 왕과 왕의 신하들이 여호와 하나님을 아직도 두려워하지 아니할 줄을 내가 아나이다(출 9:29-30).

파라오의 고백이 거짓이라는 사실을 알면서도, 모세는 우박이 그치도록 하나님께 기도합니다. 그 이유가 무엇일까요? 하나님의 마음을 이제 조금씩 헤아리기 시작했던 것입니다. 하나님은 히브리 사람들을 구원하고 싶어 하는 만큼이나 이집트 사람들이 고통받는 것을 원하지 않는다는 사실을 알게 된 것입니다. 하나님이 이미 가르쳐주신 대로(4:23), '장자의 죽음' 재앙을 겪고 나서야 파라오가 허락하게 될 것을 비로소 깨닫게 된 것이지요.

파라오와 모세가 벌이는 줄다리기의 핵심 주제는 바로 '예배'입니다. 하나님의 명령대로 예배할 것인지, 아니면 세상과 적당히 타협하여 예배할 것인지의 싸움입니다. 파라오는 '이 땅에서' 예배하라고 합니다. '너무 멀리 가서' 예배하지 말라고 합니다. 그것도 얼마든지 예배가 될 수 있다고 말합니다. 아닙니다. 예배는 협상의 대상이 아닙니다. 하나님의 백성은 예배에 관한 한 절대로 세상과 타협하면 안 됩니다. 예배하더라도 '하나님이 명령하신 대로' 해야 합니다.

어떻게 예배할 것인지를 두고 벌어지는 이와 같은 치열한 영적인 싸움은 지금도 우리 가운데 계속되고 있습니다. 하나님의 '하나님 되심'과 '주인 되심'을 드러내는 일은 진정한 예배로부터 시작됩니다. 우리는 어떻게 예배하고 있습니까?

* **묵상 질문**: 나는 하나님이 명령하신 대로 예배하고 있는가?
* **오늘의 기도**: 눈에 보이는 세상의 힘에 굴복하여 마땅히 드려야 할 예배를 포기하는 일이 없게 하옵소서. 예배하더라도 하나님이 명령하신 대로 예배할 수 있게 해주옵소서. 그리하여 하나님의 하나님 되심을 드러내며 살게 하옵소서. 예수님의 이름으로 기도합니다. 아멘.

초태생의 죽음

읽을 말씀: 출애굽기 10:1-12:36

새길 말씀: 밤중에 여호와께서 애굽 땅에서 모든 처음 난 것 곧 왕위에 앉은 바로의 장자로

부터 옥에 갇힌 사람의 장자까지와 가축의 처음 난 것을 다 치시매 그 밤에

바로와 그 모든 신하와 모든 애굽 사람이 일어나고 애굽에 큰 부르짖음이

있었으니 이는 그 나라에 죽임을 당하지 아니한 집이 하나도 없었음이었더라

(출 12:29-30).

지금 우리는 이집트 땅에 내린 열 가지 재앙에 대해서 차례대로 살펴
보고 있습니다. 재앙이 계속 진행되면서, 파라오의 마음은 점점 더 고집
불통이 되어 갑니다. 그렇게 '장자의 죽음'이라는 마지막 심판으로 가는
단계를 하나씩 채워가고 있었던 것입니다. 그러는 과정에서 하나님은 이
집트 사람들이 섬기고 있던 신들의 허위(虛僞)를 하나씩 벗겨내십니다.
그들은 아무런 능력도 생명도 없는 한낱 우상에 불과하다는 사실을 적나
라하게 드러내십니다.

그 이면에는 예배하는 일을 두고 파라오와 모세의 줄다리기가 계속 이어집니다. 파라오는 자신의 약속을 거듭 번복했지만, 시간이 흐르면서 점점 더 많이 양보하는 쪽으로 타협안을 제시할 수밖에 없었습니다. 그러나 앞 장에서 말씀드렸듯이, 예배는 협상의 대상이 되어서는 안 됩니다. 하나님의 백성은 '하나님이 명령하신 대로' 예배하는 사람들입니다. 그 원칙을 끝까지 지켜나갈 때 마침내 이집트의 속박에서 완전히 풀려날 수 있습니다. 세상과 적당히 타협하는 한 아무리 세월이 흘러도 참다운 자유를 얻지 못합니다.

여덟째 재앙, 메뚜기 떼

우박의 재앙에도 파라오가 마음을 바꾸지 않자, 하나님은 더욱 심각한 재앙을 예고하십니다. 메뚜기 떼의 재앙입니다.

> 3… 내 백성을 보내라. 그들이 나를 섬길 것이라. 4네가 만일 내 백성 보내기를 거절하면 내일 내가 메뚜기를 네 경내에 들어가게 하리니 5메뚜기가 지면을 덮어서 사람이 땅을 볼 수 없을 것이라. 메뚜기가 네게 남은 그것 곧 우박을 면하고 남은 것을 먹으며 너희를 위하여 들에서 자라나는 모든 나무를 먹을 것이며…(출 10:3-5).

고센 땅을 제외한 나머지 이집트 땅은 이미 우박의 재앙으로 인해 막심한 피해를 본 상태였습니다. 그러나 파라오는 자신의 약속을 번복했습니다. 그럴 수 있었던 이유는 싹이 자라지 않은 밀과 쌀보리가 남았기 때문입니다(9:32). 그리고 그에게는 믿는 구석이 있었습니다. 곡모(穀母) 신(god of grain) '네프리'(Nepri)가 있었던 것입니다. 그 신이 마지막 남은 밀과 쌀보리를 지켜 줄 것이라 확신했던 것이지요.

그러나 하나님은 그것마저도 먹어 치울 재앙을 준비하셨습니다. 바로 메뚜기 떼였습니다. 남은 먹거리의 씨를 완전히 말려버릴 치명적인 공격이 곧 시작될 것이라는 경고에도 불구하고, 파라오는 꿈쩍하지 않습니다. 모세와 아론은 그냥 그 자리에서 나올 수밖에 없었습니다(10:6). 그러자 그 상황을 지켜보고 있던 파라오의 신하들이 나섭니다.

7바로의 신하들이 그에게 말하되 어느 때까지 이 사람이 우리의 함정이 되리이까. 그 사람들을 보내어 그들의 하나님 여호와를 섬기게 하소서. 왕은 아직도 애굽이 망한 줄을 알지 못하시나이까 하고 8모세와 아론을 바로에게 다시 데려오니…(출 10:7-8a).

신하들은 모세의 경고를 심각하게 받아들였습니다. 이집트가 지금 거의 망해가는 판인데 오직 왕만 그것을 알지 못한다고 공개적으로 비난합니다. 그리고 모세와 아론을 찾아서 다시 파라오에게 데리고 옵니다. 파라오의 권위가 얼마나 바닥으로 떨어졌는지 알게 해주는 대목입니다. 이제 파라오는 신하들의 압력에 떠밀려 모세와 타협해야 하는 상황이 된 것입니다.

8… 바로가 그들에게 이르되 가서 너희의 하나님 여호와를 섬기라. 갈 자는 누구누구냐. 9모세가 이르되 우리가 여호와 앞에 절기를 지킬 것인즉, 우리가 남녀노소와 양과 소를 데리고 가겠나이다. 10바로가 그들에게 이르되 내가 너희와 너희의 어린아이들을 보내면 여호와가 너희와 함께함과 같으니라. 보라. 그것이 너희에게는 나쁜 것이니라. 11그렇게 하지 말고 너희 장정만 가서 여호와를 섬기라. 이것이 너희가 구하는 바니라. 이에 그들이 바로 앞에서 쫓겨나니라(출 10: 8b-11).

지난번에는 예배 장소를 문제 삼더니, 이번에는 예배하러 가는 인원을 문제 삼습니다. 모세는 '남녀노소와 양과 소'를 모두 데리고 가겠다고 합니다. 그러나 파라오는 '장정'만 가서 예배하라고 합니다. 그러면서 그가 만일 어린아이들을 함께 보낸다면, "여호와가 너희와 함께함과 같다"고 하면서 "그것이 너희에게 나쁘다"고 말합니다. 이게 무슨 말인지 잘 이해가 되지 않습니다. 이에 대한 메시지 성경의 풀이가 큰 도움이 됩니다.

> 하나님의 복을 빌어 주며 너희를 보낼지언정, 너희 자녀들을 너희와 함께 보내지는 않을 것이다. 너희가 못된 짓을 꾀하고 있는 것이 빤히 들여다보인다. 어림없는 수작 마라(출 10:10, 메시지).

그러니까 하나님의 복을 빌어 주며 순순히 그들을 보낼 생각도 없지만, 아이들과 함께 보낼 생각은 더더욱 없다는 뜻입니다. 아이들을 볼모로 잡아두겠다는 그의 속셈을 드러낸 것이지요. 그렇게 협상은 결렬되었고, 이제는 재앙이 임하는 것밖에 남지 않았습니다. 하나님은 동풍을 일으켜서 메뚜기 떼를 불러들이셨습니다(10:13). 그리고 그 메뚜기는 이집트 온 땅을 삼켜버리고 말았습니다. 나무든 채소든 '푸른 것'이라곤 하나도 남지 않게 되었습니다(10:15). 말하자면 파라오가 믿고 있던 네프리(Nepri) 신이 메뚜기 떼에 보기 좋게 완패하고 만 것입니다.

다급해진 파라오는 모세와 아론을 다시 불러들입니다.

> 16 … 내가 너희의 하나님 여호와와 너희에게 죄를 지었으니 17 바라건대 이번만 나의 죄를 용서하고 너희의 하나님 여호와께 구하여 이 죽음만은 내게서 떠나게 하라. 18 그가 바로에게서 나가서 여호와께 구하매 19 여호와께서 돌이켜 강렬한 서풍을 불게 하사 메뚜기를 홍해에 몰아넣으시니 애굽 온 땅에 메뚜기가 하나도 남지 아니하니라(출 10:16-19).

파라오는 죄를 지었다고 하면서 '이번만' 용서해달라고 합니다. 참으로 얼굴이 두껍습니다. 그런데 어찌 된 일인지 모세는 두말하지 않고 하나님께 기도합니다. 그리고 하나님은 곧바로 강한 서풍을 보내서 메뚜기 떼를 모두 홍해에 수장시킵니다. 자, 이번에는 파라오가 약속을 지켰을까요? 물론 아니지요. 이번에도 그는 이스라엘 자손을 보내지 않습니다.

파라오는 모세를 자신의 속임수에 잘도 넘어가는 어리석은 사람으로 생각했을지 모릅니다. 그러나 그동안 시행착오를 겪으면서 모세는 파라오의 실체를 완전히 파악하고 있었습니다. 이번에도 그가 손바닥 뒤집듯이 약속을 번복할 걸 알고 있었습니다. '그래서' 두말하지 않고 그의 요구를 들어준 것입니다. 왜요? 그렇게 빨리 지나가야 마지막 재앙이 임하게 될 테니 말입니다. 과연 누가 어리석은 사람일까요?

아홉째 재앙, 흑암

그다음 아홉째 재앙은 아무런 예고 없이 곧바로 시행됩니다.

21여호와께서 모세에게 이르시되 하늘을 향하여 네 손을 내밀어 애굽 땅 위에 흑암이 있게 하라. 곧 더듬을 만한 흑암이리라. 22모세가 하늘을 향하여 손을 내밀매 캄캄한 흑암이 삼 일 동안 애굽 온 땅에 있어서 23그동안은 사람들이 서로 볼 수 없으며 자기 처소에서 일어나는 자가 없으되 온 이스라엘 자손들이 거주하는 곳에는 빛이 있었더라(출 10:21-23).

우리말 '흑암'에 해당하는 히브리어는 '코쉑'(choshek)입니다. 창세기에서 창조 이전의 혼돈과 무질서 상태를 설명하면서 "흑암이 깊음 위에 있었다"(창 1:2)고 했는데, 바로 그 '흑암'과 똑같은 단어입니다. 흑암이 덮고 있는 곳에서는 어떤 생명체도 생존할 수 없습니다. 그래서 하나님은 가장 먼저 빛을 창조하셨던 것입니다. 자, 그렇다면 무슨 뜻입니까? 이집트 땅이 창조 이전의 상태로 돌아갔다는 뜻입니다.

하나님이 어떤 방식으로 흑암을 만들어내셨는지 우리로서는 알 길이 없습니다. 3일 동안 계속된 것으로 미루어보아, 일식(日蝕)과 같은 일시적인 천문 현상은 아니었음이 분명합니다. 한가지 힌트를 22절에서 발견할 수 있습니다. '흑암'을 설명하는 말입니다. 우리말로는 '캄캄한'으로 번역하고 있지만, 이에 해당하는 히브리어 '아펠라'(aphelah)는 본래 '짙은'(thick)이라는 뜻입니다. 이를 통해서 우리는 모래 폭풍(a sandstorm)이 뒤덮은 그런 상황을 짐작해볼 수 있습니다.

그렇게 본다면 21절의 '더듬을 만한 흑암'의 설명도 가능해집니다. 우리말로는 손으로 더듬고 다녔다는 뜻으로 들리지만, 히브리 원어를 직역하면 '느낄 수 있는 흑암'(darkness that can be felt, NIV)입니다. 그러니까 짙은(thick) 모래 먼지가 손으로 느껴질 수 있었던 것이지요. 물론 해가 뜨지 않은 것은 아닙니다. 그렇지만 아무 소용 없게 되었습니다. 그런 어둠은 횃불로도 밝힐 수 없습니다. 그래서 사람들은 서로의 얼굴도 볼 수 없었고, 사흘 동안 꼼짝도 할 수 없었던 것입니다.

이 재앙은 이집트 최고의 신이었던 태양신 '라'(Ra)에 대한 하나님의 심판이었습니다. 사람들의 일상은 해가 떠야 시작됩니다. 마찬가지로 이집트의 모든 시스템은 역시 '라' 신을 중심으로 시작됩니다. 계속되는 흑암으로 인해 그 모든 체계가 완전히 무너져버린 것입니다.

그런데 놀랍게도 이스라엘 자손이 사는 곳은 빛이 있었습니다. 하나님이 모래 폭풍으로부터 그곳을 보호하셨던 것입니다. 그렇습니다. 혼돈에서 질서를 잡으실 수 있는 분도 하나님이시고, 질서를 혼돈으로 되돌릴 수 있는 분도 하나님이십니다. 다급해진 바로는 모세를 불러들여 더적극적인 타협안을 제시합니다.

바로가 모세를 불러서 이르되 **너희는** 가서 여호와를 섬기되 **너희의** 양과 소는 머물러 두고 **너희** 어린 것들은 **너희와** 함께 갈지니라(출 10:24).

파라오는 아이들을 볼모로 하려던 계획을 포기하고, 이번에는 마지막 수단으로 '양과 소'를 볼모로 하여 그들을 묶어두려고 합니다. '양과 소'는 야곱의 후손들이 가지고 있는 모든 재산을 의미합니다. "네 보물이 있는 곳에 네 마음도 있다"(마 6:21)는 말씀처럼, 만일 모든 재산을 이집트 땅에 남겨둔다면 잠시 나갔다고 하더라도 다시 돌아올 수밖에 없겠지요. 파라오는 그들을 포기할 생각이 전혀 없었던 것입니다. 어떻게든 자기의 소유물로 삼으려고 했습니다.

그러나 모세는 파라오의 제안을 단호하게 거절합니다.

25모세가 이르되 왕이라도 우리 하나님 여호와께 드릴 제사와 번제물을 우리에게 주어야 하겠고 26우리의 가축도 우리와 함께 가고 한 마리도 남길 수 없으니 이는 우리가 그 중에서 가져다가 우리 하나님 여호와를 섬길 것임이며 또 우리가 거기에 이르기까지는 어떤 것으로 여호와를 섬길는지 알지 못함이니이다…(출 10: 25-26).

처음과는 사뭇 달라진 모습입니다. '사흘 길쯤' 가게 해 달라고 조르던 모세가 더는 아닙니다. 예배에 관한 한 그는 조금도 타협하려고 하지 않습니다. 시행착오를 겪으면서 모세는 하나님의 뜻을 확실하게 깨닫게 되었던 것입니다. 또한, 파라오가 그의 약속을 다시 번복하리라는 것도 경험적으로 잘 알게 되었습니다. 그러니 그의 타협안을 받아들일 이유가 없는 것이지요.

아니나 다를까, 파라오는 그의 완악한 마음을 드러냅니다. 이번에는 자기 앞에 다시 나타나면 아예 죽여버리겠다고 모세를 협박합니다(10:28).

그러나 그것이 그에게 주어진 마지막 기회였다는 사실을 파라오는 알지 못했습니다. 돌이킬 수 없는 '죽음의 재앙'이 임박했다는 사실을 그는 깨닫지 못하고 있습니다.

마지막 재앙, 초태생의 죽음

흑암의 재앙은 끝났습니다. 이제 드디어 마지막 재앙이 선포됩니다.

> 4모세가 바로에게 이르되 여호와께서 이와 같이 말씀하시기를 밤중에 내가 애굽 가운데로 들어가리니 5애굽 땅에 있는 모든 처음 난 것은 왕위에 앉아 있는 바로 의 장자로부터 맷돌 뒤에 있는 몸종의 장자와 모든 가축의 처음 난 것까지 죽으리 니 6애굽 온 땅에 전무후무한 큰 부르짖음이 있으리라(출 11:4-6).

지난번에 모세는 파라오에게 다시 얼굴을 보면 죽이겠다는 협박을 받았습니다. 모세도 다시는 파라오의 얼굴을 보지 않겠다고 맹세하고 나왔습니다(10:29). 그러나 이번에는 모세가 스스로 파라오를 찾아갑니다. 생명에 대한 위협이 하나님의 말씀을 전하는 모세의 사명을 막을 수 없었던 것입니다. 이런저런 핑곗거리를 대면서 도망갈 길을 찾던 모세가 이렇게 달라진 것입니다.

마치 복음을 증언하는 사명을 자신의 생명보다 귀하게 여겼던 사도 바울의 모습을 보는 듯합니다(행 20:24). 한 가지 다른 것은, 바울은 '기쁜 소식'을 전했고 모세는 '나쁜 소식'을 전했다는 사실입니다. 당시의 문화에서 '맏아들'은 '기력의 시작'이었습니다(창 49:3). 장자의 죽음은 곧 한 집 안의 죽음을 의미했습니다. 그런 비극이 한두 집이 아니라 이집트 온 땅에 일어날 것이라는 불길한 소식을 전합니다. 파라오나 몸종이나 가축이나 그 누구도 초태생(初胎生)의 죽음이라는 이 비극을 비껴갈 수 없다고 선포합니다.

자, 그런데 파라오에게 굳이 이런 이야기를 전해줄 필요가 있었을까 싶습니다. 협상은 이미 완전히 결렬되었습니다. 마지막 재앙은 지금까지 진행되어 온 재앙들의 연장선상에 놓여 있습니다. 이런 비극이 왜 일어나게 되었는지 모를 사람은 하나도 없을 것입니다. 파라오도, 그의 신하들도 모두 다 압니다. 그러니 굳이 알릴 필요가 무엇입니까? 흑암의 재앙처럼 그냥 시행하면 그만이지요.

그러나 그것은 우리 생각입니다. 하나님의 생각은 우리와 다릅니다. 하나님은 '마지막 심판'에 앞서서 파라오에게 '마지막 한 번 더' 회개할 기회를 주려고 하십니다. 아니 파라오에게만이 아니라 이집트 사람들에게 구원의 기회를 주려고 하십니다. 그래서 모세를 보내서 초태생의 죽음이라는 엄청난 비극을 미리 경고하게 하셨던 것입니다.

그러면서 하나님은 이 재앙에서 이스라엘 자손은 예외가 될 것을 말씀하십니다.

7그러나 이스라엘 자손에게는 사람에게나 짐승에게나 개 한 마리도 그 혀를 움직이지 아니하리니 여호와께서 애굽 사람과 이스라엘 사이를 구별하는 줄을 너희가 알리라 하셨나니 8왕의 이 모든 신하가 내게 내려와 내게 절하며 이르기를 너와 너를 따르는 온 백성은 나가라 한 후에야 내가 나가리라 하고 심히 노하여 바로에게서 나오니라(출 11:7-8).

하나님은 파리 떼의 재앙부터 시작하여 이집트 사람과 야곱의 후손을 구별해 오셨습니다. '심판'의 대상과 '구원'의 대상을 나누어놓으셨던 것입니다. 그러나 이것은 '인종적인 차별'이 아니라, '신앙적인 구별'입니다. 이집트의 신들을 믿는지 아니면 히브리인의 하나님을 믿는지에 따라서 심판과 구원의 대상으로 구분되었던 것입니다. 하나님의 말씀을 두려움으로 받아들였던 파라오의 신하들이 우박의 재앙을 피할 수 있었던 것도 바로 그 때문입니다(9:20).

이번 마지막 재앙도 마찬가지입니다. 이집트 사람들도 얼마든지 구원받을 수 있는 길이 있습니다. 지금이라도 '히브리인의 하나님'을 믿으면 됩니다. 이제부터 하나님이 가르쳐주시는 명령대로 순종하여 따르면 됩니다. 그러면 누구나 구원받을 수 있습니다. 누구나 하나님의 백성이 될 수 있습니다. 바로 그 메시지를 전하기 위해서 하나님은 모세를 보내셨던 것입니다. 물론 파라오는 완악한 마음을 굽히지 않았고, 결국 모세는 몹시 화를 내며 나올 수밖에 없었습니다. 안타까움이 분노로 표출된 것이지요.

구원의 길: 유월절 규례

하나님은 모세를 통해서 야곱의 후손들에게 '초태생의 죽음' 재앙으로부터 구원받을 수 있는 길을 일러주십니다.

> 21모세가 이스라엘 모든 장로를 불러서 그들에게 이르되 너희는 나가서 너희의 가족대로 어린 양을 택하여 유월절 양으로 잡고 22우슬초 묶음을 가져다가 그릇에 담은 피에 적셔서 그 피를 문 인방과 좌우 설주에 뿌리고 아침까지 한 사람도 자기 집 문밖에 나가지 말라. 23여호와께서 애굽 사람들에게 재앙을 내리려고 지나가실 때에 문 인방과 좌우 문설주의 피를 보시면 여호와께서 그 문을 넘으시고 멸하는 자에게 너희 집에 들어가서 너희를 치지 못하게 하실 것임이니라(출 12: 21-23).

구원의 길은 의외로 아주 간단합니다. 가족의 숫자에 따라서 어린 양을 택하여 '유월절' 양으로 잡아서, 그 피를 좌우 문기둥과 상인방(上引枋)에 바르기만 하면 됩니다. 그러면 죽음의 재앙을 시행하기 위해서 하나님께서 보내신 '파괴자'(the destroyer)가 그 피를 보고 그냥 넘어간다는 것입니다. 물론 피를 바르지 않은 집은 그냥 넘어가지 않겠지요. 이 '넘어간다'는 말에서 '유월절'(踰越節, passover)이라는 말이 생겨났습니다.

그런데 이 유월절 규례는 야곱의 후손에게만 허락된 비밀이 아닙니다. 이집트 사람들을 포함한 모두에게 허락된 공공연한 비밀입니다. 마음만 먹으면 얼마든지 따라 할 수 있습니다. 하나님이 보낸 '파괴자'는 야곱의 후손 집만 골라서 넘어가지 않을 것입니다. 그 집에 사는 사람이 누구이든지 간에 문기둥과 상인방에 발라진 어린 양의 피를 확인할 것입니다. 야곱의 후손이라 할지라도 만일 어린 양의 피를 바르지 않았다면 죽음의 재앙을 피할 수 없을 것입니다.

안타깝게도 이 재앙은 모든 이집트 사람들에게 임했습니다. 그들은 결국 구원의 길을 따르지 않았던 것입니다.

29밤중에 여호와께서 애굽 땅에서 모든 처음 난 것 곧 왕위에 앉은 바로의 장자로부터 옥에 갇힌 사람의 장자까지와 가축의 처음 난 것을 다 치시매 30그 밤에 바로와 그 모든 신하와 모든 애굽 사람이 일어나고 애굽에 큰 부르짖음이 있었으니 이는 그 나라에 죽임을 당하지 아니한 집이 하나도 없었음이었더라(출 12:29-30).

이 엄청난 비극은 파라오의 완악한 마음을 완전히 깨뜨렸습니다. 그는 모세와 아론을 불러들여 마침내 이집트를 나가도 좋다고 허락해줍니다(12:32). 이집트 사람들은 이스라엘 자손들에게 은금 패물을 주면서 제발 나가 달라고 재촉합니다(12:35). 그렇게 430년 만에 이집트를 떠나게 되었던 것입니다. 바로 이때 '수많은 잡족' 즉 다른 '하피루'들이 야곱의 후손과 함께 따라서 나옵니다(12:37). 무슨 뜻입니까? 그들 역시 유월절 어린 양의 피로 구원받았다는 뜻입니다. 그러지 않았다면 지금쯤 죽은 아들 장사(葬事) 치르기에 정신없었을 테니 말입니다.

하나님이 이 세상을 구원하시는 이야기는 '구약'이든 '신약'이든 하나도 다르지 않습니다. '히브리인의 하나님'을 자신의 하나님으로 받아들이고, '어린 양의 피'로 자신과 자신의 집을 성별(聖別) 하기만 하면 됩니다. 그러면 인종이나 출신 성분이나 교육 정도와 상관없이 누구나 구원을 받을 수 있습니다. 누구든지 하나님의 계약 백성이 될 수 있습니다. 우리가 구원받은 것도 바로 그 때문입니다.

묵상 질문: 우리의 자녀와 재산이 아직도 세상에 볼모로 잡혀있지 않는가?
오늘의 기도: 하나님께 드리는 예배를 결코 세상과 타협하지 않게 하옵소서. 우리 삶의 어느 부분도 세상에 볼모로 잡혀있지 않게 하옵소서. 오직 예수 그리스도 어린 양의 피로 구원받은 하나님의 백성이 되어 살아가게 하옵소서. 예수님의 이름으로 기도합니다. 아멘.

구름 기둥과 불 기둥

읽을 말씀: 출애굽기 12:37-13:22

새길 말씀: 여호와께서 그들 앞에서 가시며 낮에는 구름 기둥으로 그들의 길을 인도하시고 밤에는 불 기둥을 그들에게 비추사 낮이나 밤이나 진행하게 하시니 낮에는 구름 기둥, 밤에는 불 기둥이 백성 앞에서 떠나지 아니하니라(출 13:21-22).

지금까지 우리는 이집트 땅에 내린 재앙에 대해서 살펴보았습니다. 만일 파라오가 완악한 마음을 가지지 않았더라면 사실 열 가지 재앙이 모두 필요하지 않았을지도 모릅니다. 그러나 마지막 '초태생의 죽음' 재앙이 임하기 전까지 자신의 고집을 꺾지 않다가, 다 잃어버리고 나서야 두 손 들어 항복합니다. 바로 이것이 어리석은 인생이 다다르게 될 결론입니다. 지혜로운 인생은 하루라도 빨리 하나님의 주인 되심을 받아들입니다.

이 말씀을 묵상해 오면서, '예배'를 두고 벌어지는 파라오와 모세의 줄다리기가 지금도 계속 벌어지고 있다는 사실을 깨닫습니다. 파라오는

"이 땅에서 예배하라"(8:25)고 합니다. 굳이 광야로 나가지 않아도, 굳이 교회에 출석하지 않아도 얼마든지 하나님을 섬길 수 있다는 것이지요. 또한, "너무 멀리 가지 말라"(8:28)고 합니다. 신앙생활에 '올인'하지 말고, 하나님 나라와 이 세상의 모호한 경계선에서 적당히 살라는 유혹입니다.

"장정만 가서 여호와를 섬기라"(10:11)고 합니다. 가족들과 상관없이 혼자서만 신앙생활 하라는 겁니다. 특히 자녀들을 세상에 볼모로 잡아두려는 속셈을 드러냅니다. 그리고 마지막에는 "양과 소는 두고 가라"(10:24)고 합니다. 물질을 드리지 않더라도 얼마든지 하나님을 섬길 수 있다고 가르칩니다. 보물은 이 세상에 놔두고 마음만 하나님께 드리라는 것이지요.

이 모두는 하나님의 백성이 되기 위해서 우리가 반드시 넘어서야 할 세상의 유혹입니다. 예배는 절대로 타협할 일이 아닙니다. 우리는 '세상이 허락해주는 만큼'만 예배하는 사람이 아닙니다. 우리는 '하나님이 명령하신 대로' 예배하는 사람입니다. 만일 모세가 적당한 선에서 파라오와 타협했더라면 어떻게 되었을까요? 출애굽 사건은 일어나지 않았을 것이고, 하나님의 백성은 만들어지지 않았을 것입니다.

하나님의 군대

드디어 야곱의 후손을 포함한 수많은 하피루가 이집트를 탈출합니다.

37이스라엘 자손이 라암셋을 떠나서 숙곳에 이르니 유아 외에 보행하는 장정이 육십만 가량이요 38수많은 잡족과 양과 소와 심히 많은 가축이 그들과 함께하였으며 39그들이 애굽으로부터 가지고 나온 발교되지 못한 반죽으로 무교병을 구웠으니 이는 그들이 애굽에서 쫓겨나므로 지체할 수 없었음이며 아무 양식도 준비하지 못하였음이었더라(출 12:37-39).

'보행하는 장정' 즉 '보병'(步兵)만 육십만 가량입니다. 그에 딸린 가족들을 모두 합하면 적어도 이백만 명은 족히 넘을 것입니다. 앞에서 설명했듯이, 야곱의 후손만으로는 이렇게 많은 숫자가 될 수 없습니다. 이것은 이집트 땅에서 파라오에게 학대받다가 탈출한 수많은 '하피루'가 더해졌기 때문에 가능한 일이었습니다. 아니 엄밀하게 말해서, 야곱의 후손도 그들 중의 하나였습니다. 이스라엘의 조상은 여기저기 '방랑하며 살던' 히브리인이었습니다(신 26:5).

그들은 파라오에게 똑같이 학대를 받으면서 서로에 대한 동질성과 끈끈한 연대감을 계속 키워왔습니다. 그러다가 모세를 통해서 '히브리인의 하나님'을 소개받습니다. 이집트 땅에 내린 열 가지 재앙을 함께 목격하면서 '히브리인의 하나님'을 '나의 하나님'으로 받아들입니다. 마지막 재앙을 앞두고 가르쳐준 모세의 지침을 따르게 됩니다. 어린 양의 피를 문기둥과 상인방에 바름으로써, '초태생 죽음'의 재앙으로부터 살아남습니다. 그리고 야곱의 후손과 함께 구원 열차에 올라타게 된 것이지요.

물론 아직은 갈 길이 멀고 멉니다. 홍해를 건너야 하고, 광야를 지나야 합니다. 시내산으로 가서 하나님과 계약을 맺어야 합니다. 그러나 중요한 것은 혈연적으로는 아무 상관이 없던 그들이 '공동의 하나님'을 경험하고 있다는 사실입니다. 그렇게 '혈연공동체'가 아닌 '신앙공동체'가 만들어지고 있는 것입니다. 같은 조상을 둔 '하나의 민족'이 아닌 같은 하나님을 섬기는 '계약 백성', 이스라엘이 빚어지고 있는 것입니다.

40 이스라엘 자손이 애굽에 거주한 지 사백삼십 년이라. 41 사백삼십 년이 끝나는 그날에 여호와의 군대가 다 애굽 땅에서 나왔은즉 42 이 밤은 그들을 애굽 땅에서 인도하여 내심으로 말미암아 여호와 앞에 지킬 것이니 이는 여호와의 밤이라. 이스라엘 자손이 다 대대로 지킬 것이니라(출 12:40-42).

이집트를 탈출한 사람들이 혈연관계로 묶이지는 않았지만, 그 중심에는 야곱의 후손이 있었습니다. 모세와 아론을 비롯하여 야곱의 아들들로 이루어진 열두 지파가 기본 골격을 이루고 있었습니다. 만일 그런 뼈대와 조직이 없었다면 그들은 이집트에서 나오는 즉시 구심력을 잃고 사방팔방으로 흩어지고 말았을 것입니다.

모세는 '조상의 하나님', 즉 아브라함의 하나님, 이삭의 하나님, 야곱의 하나님을 소개했습니다. 그들은 '조상의 하나님'을 받아들임으로써 '조상의 역사'를 또한 받아들였습니다. 동시에 그들은 조상에게 주신 '하나님의 약속'을 받아들였습니다. 그들이 시내산에서 인구를 계수할 때 열두 지파에 자연스럽게 들어갈 수 있었던 것이나, 약속의 땅으로 함께 갈 수 있었던 것은 바로 그 때문입니다.

430년 전에 이집트로 내려올 때 야곱의 후손들은 초라하기 그지없었습니다. 그들은 겨우 칠십 명에 불과했습니다. 그러나 430년이 지난 후에 이제는 자그마치 육십만 명이 넘는 '여호와의 군대'(the armies of the LORD, KJV)가 되어 나왔습니다. 그렇게 아브라함에게 주신 하나님의 약속이 성취되었습니다. 하늘의 뭇별처럼 많은 '군대'를 이끌고 나오게 되었던 것입니다(창 15:5).

이 대목에서 우리말 '군대'로 번역된 '차바'(tsaba)를 눈여겨볼 필요가 있습니다. 아브라함에게는 318명의 훈련된 부하들이 있었지만(창 14:14), 그들은 '군대'(차바)가 아니었습니다. 오히려 그와 브엘세바에서 계약을 맺었던 아비멜렉에게 '군대'가 있었습니다(창 21:32). 이삭이 계약을 맺었던 아비멜렉에게도 '군대'가 있었습니다(창 26:26). 이집트로 내려갈 때 그들은 떠돌아다니던 히브리인이었지, '군대'가 아니었습니다. 그런데 이제는 당당히 '군대'가 되어 나오게 되었던 것입니다.

물론 군대의 조직을 제대로 갖추게 된 것은, 시내산에서 체류할 때의 일입니다(민 2장). 황급하게 이집트를 탈출하던 당일에는 그 누가 보아도 무질서한 떼거리였을 것이 분명합니다. 그런데 하나님은 그들을 '군대'라고 부르십니다. 아니 열 가지 재앙을 시작하기도 전에, 하나님은 이스라엘 자손을 이미 '내 군대'(My armies, KJV)라고 부르셨습니다(출 7:4).

그런데 왜 '군대'일까요? 하나님은 왜 그들을 '군대'라고 부르시는 것일까요? 여기에는 하나님의 의도가 담겨있습니다. 그들의 목표는 이집트를 탈출하는 것이 아니라, 약속의 땅 가나안으로 들어가는 것이기 때문입니다. 그곳에는 아모리 족속들이 살고 있습니다. 아브라함에게 주신 말씀처럼, 하나님은 그들의 죄악을 '하나님의 군대'를 통해 심판하실 것입니다(창 15:16). 그리고 그곳에 하나님이 다스리는 나라, 이스라엘을 세우실 것입니다.

따라서 그들은 '하나님의 군대'로 출발했던 그 첫날을 결코 잊으면 안됩니다. 하나님은 그들을 이집트 땅에서 인도하여 내시면서 밤을 새워 지켜주셨습니다. 그렇기에 하나님의 백성은 이제 대대로 '여호와의 밤'을 지켜야 합니다. 그것이 바로 '유월절'입니다.

유월절과 부활절

'유월절'(무교절)은 단지 '출애굽 사건'을 통해서 만들어진 구약의 하나님 백성에게만 중요한 절기가 아닙니다. '십자가 사건'을 통해서 만들어진 신약의 하나님 백성에게도 똑같이 중요한 절기입니다. 왜냐면 예수 그리스도를 통한 구원 사역의 모형이기 때문입니다. 이 대목에서 우리는 두 이야기의 내용이 얼마나 일치하고 있는지 살펴볼 필요가 있습니다.

> 3… 이달 열흘에 너희 각자가 어린 양을 취할지니 각 가족대로 그 식구를 위하여 어린 양을 취하되… 6이달 열나흘날까지 간직하였다가 해 질 때에 이스라엘 회중이 그 양을 잡고…(출 12:3, 6).

유월절은 어린 양을 선택하여 잡는 일로 시작됩니다. 세례 요한은 예수님을 가리켜서 '세상 죄를 지고 가는 하나님의 어린 양'(요 1:29)이라고 말했습니다. 실제로 예수님은 '유월절 양 잡는 날'(막 14:12)에 붙잡혀서 십자가에 처형되셨습니다.

> 너희 어린 양은 흠 없고 일 년 된 수컷으로 하되 양이나 염소 중에서 취하고…(출 12:5).

희생제물은 흠 없는 어린 양이어야 합니다. 죄를 용서받고 죽음으로부터 구원받기 위해서는 '오직 흠도 점도 없는 어린 양 같은 그리스도의 보배로운 피'(벧전 1:19)가 필요합니다.

> 그 피를 양을 먹을 집 좌우 문설주와 인방에 바르고…(출 12:7).

희생제물의 피는 반드시 문 바깥에 발라야 합니다. 단지 하나님이 보내신 '파괴자'뿐만 아니라, 세상 사람들도 볼 수 있게 해야 합니다. 주님은 "누구든지 사람 앞에서 나를 시인하면 나도 아버지 앞에서 그를 시인할 것이라"(마 10:32)고 말씀하셨습니다. 그리스도인은 공개적으로 예수를 그리스도로 시인하는 사람입니다.

> 너희는 그것을 이렇게 먹을지니 허리에 띠를 띠고 발에 신을 신고 손에 지팡이를 잡고 급히 먹으라. 이것이 여호와의 유월절이니라(출 12:11).

유월절 음식은 급히 떠날 준비를 하고 먹어야 합니다. 누룩을 넣지 않은 빵과 쓴 나물을 먹는 것은 이집트 땅에 더는 미련을 두지 않겠다는 뜻입니다. 그리스도인은 이 세상에서 '거류민과 나그네'로 살아가는 사람입니다(벧전 2:11). 그러기에 이 세상에서 대접받는 안락한 삶이 아니라, 하늘을 향한 본질적인 삶을 추구합니다. 주님이 유월절 식사 자리에서 보여주셨던 섬김의 본을 따라, 수건을 허리에 동이고 서로의 발을 씻겨주며 살아갑니다(요 13:5).

너희는 이날을 기념하여 여호와의 절기를 삼아 영원한 규례로 대대로 지킬지니라(출 12:14).

죽음의 재앙으로부터 구원받은 경험은 매년 반복해서 기념되어야 합니다. 절기를 지킴으로써 구원의 역사가 후손에게 이어질 수 있기 때문입니다. 유대인이 매년 '유월절'을 기념하여 지키듯이, 그리스도인은 '세족목요일'과 '성금요일'과 '부활절'을 지키면서 주님의 대속적인 죽음과 영원한 생명을 기억합니다.

이처럼 '출애굽 사건'을 기념하는 구약의 '유월절'과 '십자가 사건'을 기념하는 신약의 '부활절'이 한 날로 겹치는 것은 우연의 일치가 아닙니다. 히브리인과 시내산 계약을 맺으셨던 하나님은 그리스도인과 새로운 계약을 맺으시고 그들과 이 세상을 구원하기 원하시는 것입니다. 구약으로부터 시작된 하나님의 일하심이 그렇게 신약으로 계속해서 이어지고 있는 것입니다.

초태생의 규례

이집트 땅에 내린 마지막 재앙은 '유월절 규례'와 함께 '초태생의 규례'를 만들어냈습니다.

1여호와께서 모세에게 일러 이르시되 2이스라엘 자손 중에서 사람이나 짐승을

막론하고 태에서 처음 난 모든 것은 다 거룩히 구별하여 내게 돌리라. 이는 내 것이니라 하시니라(출 13:1-2).

'초태생(firstborn)의 규례'는 말 그대로 처음 태어난 것은 모두 거룩하게 구별하여 하나님께 바치는 의무조항입니다. 여기에는 사람이나 짐승의 구분이 없습니다. 맨 처음 태를 열고 나온 것은 모두 하나님의 것이라 말씀하십니다. 하나님이 이렇게 초태생에 대한 자신의 권리를 주장하시는 근거는 바로 열 번째 재앙에 있습니다. 하나님은 파라오에게 경고하신 그대로 이집트 땅에 사는 모든 초태생을 치셨던 것입니다.

그러나 이스라엘 자손은 예외로 하셨지요. 아니 더 정확하게 표현하면, 그 재앙에서 구원받을 수 있는 길을 알려주셨다고 해야 합니다. 어린 양의 피를 발라둔 집은 '파괴자'가 그냥 넘어간다는 비밀을 공공연하게 가르쳐주신 것입니다. 그 말씀에 순종하여 따랐던 사람들은 누구나 죽음의 재앙을 피했습니다. 따라서 죽음의 재앙에서 살아남은 초태생은 이제부터 덤으로 사는 셈입니다. 그 삶에 대한 하나님의 권리를 선포하신 것입니다.

하나님은 거룩하게 구별하여 드리는 방법을 가르쳐주십니다.

나귀의 첫 새끼는 다 어린 양으로 대속할 것이요 그렇게 하지 아니하려면 그 목을 꺾을 것이며 네 아들 중 처음 난 모든 자는 대속할지니라(출 13:13).

짐승의 첫 새끼는 하나님께 드리는 제물로 사용하면 됩니다. 그러나 나귀는 희생제물로 드리기에 적합한 짐승이 아닙니다. 되새김질도 하지 않고 굽이 갈라져 있지도 않기 때문입니다(레 11:4). 그렇다고 해서 초태생의 규례에서 열외가 되는 것은 아닙니다. 이럴 경우는 적합한 짐승, 즉 어린 양으로 대속(代贖)하면 됩니다. 그렇게 하지 않으려면 차라리 목을 꺾어버리라고 강하게 말씀하십니다.

그렇다면 사람은 어떻게 해야 할까요? 역시 대속하면 됩니다. 이를 위해서 하나님은 레위인을 구별해 두셨습니다. 이스라엘 자손 중 모든 맏아들을 대신해서 레위인을 하나님의 것으로 따로 떼어놓으셨습니다 (민 3:41). 그러니까 레위인을 '산 제물'(living sacrifices)로 받으셔서, 살아 있는 희생제물로서 하나님의 일에 전념하게 만드신 것입니다. 이를 근거로, 사도 바울은 "너희 몸을 하나님이 기뻐하시는 거룩한 산 제물로 드리라"고 권면합니다(롬 12:1). 그것이 하나님의 은혜로 구원받은 사람들이 마땅히 해야 할 일입니다.

계속해서 하나님은 초태생의 규례를 묻는 자녀에게 대답해줄 이야기도 일러주셨습니다.

14후일에 네 아들이 네게 묻기를 이것이 어찌 됨이냐 하거든 너는 그에게 이르기를… 16이는 여호와께서 그 손의 권능으로 우리를 애굽에서 인도하여 내셨음이니라 할지니라(출 13:14-16).

이집트 땅에 임한 마지막 재앙을 이야기해주면서, 왜 초태생을 하나님께 구별하여 드려야 하는지, 또한 왜 사람의 맏아들을 대속해야 하는지 그 이유를 설명해주라는 것입니다. 그렇게 출애굽 사건을 기억하면서 하나님께 구별된 인생의 의미를 되새기라는 것이지요.

이와 같은 성경의 가르침은 세상의 가르침과 정반대입니다. 대부분 사회와 문화 속에서 사람들은 '장자권'을 당연한 권리로 인정해왔습니다. 장남으로 태어났기에 가지는 '생득권'(生得權, birthright)입니다. 야곱이 에서에게 팥죽 한 그릇을 주고 사려고 했던 '장자의 명분'(창 25:31)도 바로 이것이었습니다.

그러나 출애굽 사건을 통해서 '장자권'의 의미가 완전히 달라졌습니다다. 장남이 가진 권리가 아니라, 장남에 대해서 하나님이 가지는 권리가 된 것입니다. 장남뿐만이 아닙니다. 모든 사람에 대해서 하나님은 권리를 가지고 계십니다. 하나님이 창조하시고 구원하셨기 때문입니다. 그렇습니다. 하나님의 백성은 자신의 인생을 향한 하나님의 권리를 인정하는 사람입니다. 그런 사람이 약속의 땅에 들어갈 수 있습니다. 그런 사람에게 하나님의 기업을 상속할 영적인 장자권이 주어지는 것입니다.

하나님의 인도하심

파라오에게 학대받던 히브리 사람들의 간절한 기도가 드디어 이루어졌습니다. 강제노동에 시달리며 살아왔던 이집트 땅에서 마침내 탈출하게 된 것입니다. 그러나 자유를 얻은 것으로 끝이 아닙니다. 이제부터 어디로 가서 무엇을 할 것인가가 더욱 큰 문제입니다.

> 17바로가 백성을 보낸 후에 블레셋 사람의 땅의 길은 가까울지라도 하나님이 그들을 그 길로 인도하지 아니하셨으니 이는 하나님이 말씀하시기를 이 백성이 전쟁을 하게 되면 마음을 돌이켜 애굽으로 돌아갈까 하셨음이라. 18그러므로 하나님이 홍해의 광야 길로 돌려 백성을 인도하시매…(출 13:17-18a).

하나님은 '블레셋 사람의 땅의 길'로 인도하지 않으셨습니다. 이 길은 지도에서 확인할 수 있듯이, 이집트에서 가나안 땅으로 가는 지중해 해안 길입니다. 가장 빠르고 평탄한 지름길이긴 하지만, 곳곳에 이집트 군사들이 주둔하는 요새가 있었습니다. 그곳을 통과하려면 전쟁을 치러야 하는데, 그 핑계로 마음을 바꾸어 이집트로 되돌아가려 할지도 모릅니다. 그래서 하나님은 한참 돌아서 가야 하는 '홍해의 광야 길'로 인도하셨다고 합니다.

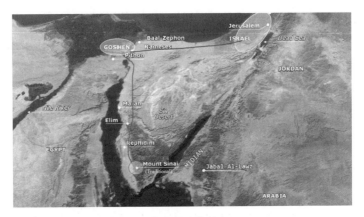

홍해의 광야 길

물론 전쟁에 대한 위험부담을 피하려는 목적도 있었지만, 하나님의 본래 계획은 그들을 '하나님의 산'으로 인도하는 것이었음을 우리는 잘 압니다. 모세에게 소명을 주신 곳도, 모세와 아론을 만나게 하신 곳도 바로 이곳 '하나님의 산'이었습니다. 이집트를 탈출한 사람들과 계약을 맺고 하나님의 백성으로 만드실 곳 역시 '하나님의 산'입니다. 그러나 그들이 지금 어디를 향해 가고 있는지 정확하게 아는 사람은 그리 많지 않았습니다.

18... 이스라엘 자손이 애굽 땅에서 대열을 지어 나올 때에 19모세가 요셉의 유골을 가졌으니 이는 요셉이 이스라엘 자손으로 단단히 맹세하게 하여 이르기를 하나님이 반드시 너희를 찾아오시리니 너희는 내 유골을 여기서 가지고 나가라 하였음이더라(출 13:18b-19).

요셉은 형제들에게 약속의 땅으로 돌아갈 때 자신의 해골을 반드시 메고 가달라고 부탁했습니다(창 50:25). 요셉의 기대는 자신의 장례식 날 모두 약속의 땅, 가나안으로 돌아가는 것이었지만, 그런 일은 벌어지지 않았지요. 요셉의 몸이 이집트의 장례법에 따라서 입관되는 것으로 창세기는 끝나버립니다(창 50:26). 오랜 세월이 흐르고 난 후에야 비로소 요셉의 유언이 이루어지게 된 것입니다.

하나님의 인도하심은 구름 기둥과 불기둥으로 나타납니다.

20그들이 숙곳을 떠나서 광야 끝 에담에 장막을 치니 21여호와께서 그들 앞에서 가시며 낮에는 구름 기둥으로 그들의 길을 인도하시고 밤에는 불 기둥을 그들에게 비추사 낮이나 밤이나 진행하게 하시니 22낮에는 구름 기둥, 밤에는 불 기둥이 백성 앞에서 떠나지 아니하니라(출 13:20-22).

구름 기둥과 불기둥은 세 가지를 상징합니다. 먼저 하나님이 그들과 '함께 계심'을 상징합니다. 하나님의 임재는 언제나 구름과 불을 동반합니다. 또한, 하나님의 '보호하심'을 상징합니다. 낮에는 태양의 열기로부터 보호해주시고, 밤에는 추위로부터 보호해주십니다. 마지막으로 하나님의 '인도하심'을 상징합니다. 여기에서 우리는 구름 기둥과 불기둥의 위치를 눈여겨볼 필요가 있습니다. 언제나 그들 '앞에서' 가시며 백성 '앞에서' 떠나지 않으셨다고 합니다.

그러니 이제부터 그들이 해야 할 일은 한 가지입니다. 구름 기둥과 불기둥에 따라서 움직이는 것입니다. 기둥이 멈추면 함께 멈추고, 기둥이 움직이면 함께 움직이면 됩니다. 그 방향이 동서남북 어디이든지, 속도가 어떻든지 간에 하나님의 인도하심을 따라가면 됩니다. 돌아가게 하시든지, 아니면 지름길로 가게 하시든지 전혀 신경 쓸 일이 없습니다. 하나님이 가자는 대로 가면 됩니다. 그러면 하나님의 약속이 이루어질 것입니다.

그런데 이것은 말처럼 쉽지 않습니다. 이제 곧 그들은 큰 시험 거리를 만나게 될 것입니다. 하나님의 인도하심을 따라가다가 막다른 골목에 다다르게 될 것입니다. 그런데도 하나님을 끝까지 신뢰할 수 있을 것인지, 믿음의 테스트를 통해서 그들의 현주소가 적나라하게 드러날 것입니다.

* **묵상 질문**: 내 인생을 향한 하나님의 권리를 인정할 수 있는가?
* **오늘의 기도**: 우리는 하나님의 은혜로 구원받은 존재임을 잊지 않게 하옵소서. 우리 인생을 향한 하나님의 권리를 언제나 인정하게 하옵소서. 우리의 몸을 산 제물로 드려 하나님의 뜻을 이루어 드리는 자가 되게 하옵소서. 하나님의 인도하심에 순종하여 따르는 자가 되게 하옵소서. 예수님의 이름으로 기도합니다. 아멘.

바닷속에 준비된 길

읽을 말씀: 출애굽기 14:1-31

새길 말씀: 여호와께서 모세에게 이르시되 너는 어찌하여 내게 부르짖느냐. 이스라엘 자손에게 명령하여 앞으로 나아가게 하고 지팡이를 들고 손을 바다 위로 내밀어 그것이 갈라지게 하라. 이스라엘 자손이 바다 가운데서 마른 땅으로 행하리라(출 14:15-16).

이스라엘 자손은 하나님의 임재와 보호와 인도를 상징하는 구름 기둥과 불 기둥을 따라서 움직이기 시작했습니다. 이백만 명 이상의 사람들이 동시에 이동하고 있으니 속도를 낼 수 없었습니다. 이집트 땅에서 나오던 첫날 그들은 라암셋(Rameses)을 떠나 숙곳(Succoth)에 이르렀습니다(12:37). 그다음 날 숙곳을 떠나서 광야 끝 에담(Etham)에 장막을 쳤습니다(13:20). 이집트의 국경선을 막 넘어선 곳입니다. 이제 본래 계획했던 대로 '홍해의 광야 길'(13:18)로 계속해서 내려가기만 하면 됩니다.

방향 수정

그런데 그다음 날 웬일인지 갑자기 진행 방향이 바뀝니다. 하나님으로부터 새로운 명령이 내려진 것입니다.

1여호와께서 모세에게 말씀하여 이르시되 2이스라엘 자손에게 명령하여 돌이켜 바다와 믹돌 사이의 비하히롯 앞 곧 바알스본 맞은편 바닷가에 장막을 치게 하라 (출 14:1-2).

우리는 본문에 등장하는 '믹돌'(Migdol)이나 '비하히롯'(Pi Hahiroth)이나 '바알스본'(Baal Zephon)의 정확한 위치를 가늠할 수가 없습니다. 한 가지 분명한 사실은 정상적인 진행 방향으로부터 '돌이켜'(turn back) 돌아갔다는 것입니다. 이집트 국경을 일단 넘어섰다가 다시 거꾸로 돌아와서 비하히롯 앞에 있는 홍해 바닷가로 내려와서 장막을 친 것으로 짐작이 됩니다.

이런 식으로 갑자기 방향을 바꾸는 것도 이해하기 힘들지만, 더더욱 이해할 수 없는 것은 그 이유에 대한 하나님의 설명입니다.

3바로가 이스라엘 자손에 대하여 말하기를 그들이 그 땅에서 멀리 떠나 광야에 갇힌 바 되었다 하리라. 4내가 바로의 마음을 완악하게 한즉 바로가 그들의 뒤를 따르리니 내가 그와 그의 온 군대로 말미암아 영광을 얻어 애굽 사람이 나를 여호와인 줄 알게 하리라 하시매 무리가 그대로 행하니라(출 14:3-4).

하나님은 파라오가 우왕좌왕하는 이스라엘 자손을 보면서 광야에 꼼짝없이 갇혔다고 생각할 것이라 하십니다. 그러면서 파라오의 마음을 완악하게 하여 따라오게 만들겠다고 하십니다. 이게 무슨 뜻입니까? 조금

하나님의 인도하심

심한 말로 표현하자면, 가만히 있는 파라오를 부추겨서 쫓아오도록 그들을 미끼로 사용하시겠다는 것 아닙니까? 그런 후에 파라오와 그의 군대로 말미암아 하나님의 영광을 드러내겠다고 하십니다. 그렇게 이집트 사람들에게 하나님의 하나님 되심을 깨닫게 하겠다는 것이지요.

물론 우리는 홍해 사건의 자초지종을 잘 알고 있습니다. 지도에서 보듯이, 이스라엘 자손은 무사히 홍해를 건넜고, 추격해오던 파라오의 군대는 그곳에 수장되고 말았지요. 그렇지만 정상적인 루트에 따라서 잘 가고 있던 이스라엘 자손을 돌이켜서 함정에 빠뜨리고, 파라오의 군사들을 쫓아오게 만들어서 수장시키는 방식으로 일하실 필요가 있었을까 싶습니다.

그러나 우리가 이해할 수 없다고 해서 하나님의 선하심에 대해서 함부로 의심해서는 안 됩니다. 하나님은 우리가 생각하는 방식으로 생각하지 않으시고, 우리가 일하는 방식으로 일하지 않으시기 때문입니다. 하나님의 생각과 길은 우리와 전혀 다르다는 사실을 인정해야 합니다. 하늘이 땅보다 높은 것같이 하나님의 생각과 길은 우리가 감히 상상할 수조차 없을 만큼 높이 있습니다(사 55:9). 그 일이 다 이루어진 후에야 비로소 그 진정한 이유를 알게 될 것입니다.

아무튼, 이스라엘 자손은 앞으로 어떤 일이 벌어지는지도 모른 채 구름 기둥과 불기둥의 뒤를 따라갔습니다. 이집트 영토로 다시 돌아가서 홍해 앞 바닷가로 내려와 장막을 쳤던 것입니다.

파라오의 추격

아니나 다를까 파라오는 이스라엘을 쫓아오기 시작합니다.

> 5그 백성이 도망한 사실이 애굽 왕에게 알려지매 바로와 그의 신하들이 그 백성에 대하여 마음이 변하여 이르되 우리가 어찌 이같이 하여 이스라엘을 우리를 섬김에서 놓아 보내었는가 하고 6바로가 곧 그의 병거를 갖추고 그의 백성을 데리고 갈새 7선발된 병거 육백 대와 애굽의 모든 병거를 동원하니 지휘관들이 다 거느렸더라(출 14:5-7).

장자의 죽음 재앙이 벌어진 직후에 파라오가 뭐라고 말했습니까? "너희는 이 땅에서 썩 나가 너희 뜻대로 하여라! 너희가 바라던 대로, 가서 하나님을 예배하여라. 그리고 나를 위해 복을 빌어다오"(12:31-32, 메시지)라고 하지 않았습니까? 실제로 이스라엘 자손은 파라오의 허락이 떨어지자마자 그 길로 이집트 땅에서 나온 것이고요.

그런데 여기에서는 몰래 도망한 것처럼 이야기합니다. "그 백성이 도망한 사실이 왕에게 알려졌다." 아마도 파라오의 허락을 받고 나갔다는 사실을 알지 못하는 신하들이 그렇게 보고한 것으로 보입니다. 파라오는 그 보고를 듣자마자 마음이 싹 바뀝니다. "우리에게 종살이하던 이스라엘을 놓아주다니, 우리가 대체 무슨 짓을 한 건가?"(5절, 메시지) 그리고 서둘러서 군대를 총동원하여 추격에 나섭니다.

자, 잘 보십시오. 파라오는 이스라엘 자손이 홍해 앞에 꼼짝없이 갇혀 있다는 사실을 알고 나서 추격을 결심한 것이 아닙니다. 부하의 보고를 받고 그의 완악한 마음이 되살아났던 것입니다. 장자의 죽음이라는 엄청난 재앙 앞에 정신을 빼앗겼을 때는 아무 생각 없이 이스라엘 자손을 나가도록 허락해주었지만, 이제는 제정신으로 돌아온 것입니다. 그리고 그렇게 파라오의 마음이 변하는 건 사실 시간문제였습니다.

하나님은 그것까지 다 보고 계셨던 것입니다. 한번 생각해 보십시오. 만일 이스라엘 자손이 본래의 루트에 따라서 계속 진행했더라면 어떻게 되었을까요? 이집트 제국의 최정예 전차부대와 기병부대가 탁 트인 광야 길에서 그들을 따라잡는 것은 말 그대로 '식은 죽 먹기'입니다. 그랬다면 모세의 말처럼 '사흘 길쯤' 광야로 갔다가 다시 이집트로 잡혀갈 뻔했습니다.

하나님은 그렇게 될 걸 미리 아시고, 파라오를 홍해 앞으로 오게 하셨습니다. 다시는 이스라엘을 추격하지 못하도록 그곳에서 마지막 일격을 준비하고 계셨던 것입니다.

공황(恐慌) 상태

여기까지 오는데 이스라엘 자손은 꼬박 사흘이 걸렸지만, 파라오의 군사들은 반나절 만에 도착합니다. 그 사실을 알아차리고 사람들은 즉시 공황 상태에 빠집니다.

> 10바로가 가까이 올 때에 이스라엘 자손이 눈을 들어 본즉 애굽 사람들이 자기들 뒤에 이른지라. 이스라엘 자손이 심히 두려워하여 여호와께 부르짖고 11그들이 또 모세에게 이르되 애굽에 매장지가 없어서 당신이 우리를 이끌어내어 이 광야에서 죽게 하느냐. 어찌하여 당신이 우리를 애굽에서 이끌어내어 우리에게 이같

이 하느냐(출 14:10-11).

파라오의 군사들은 다 이집트 사람입니다. 그들의 맏아들 역시 이번에 모두 죽임을 당했습니다. 그 비극의 원인을 제공한 이스라엘 자손에게 좋은 감정이 있을 리가 없습니다. 파라오가 군대를 소집하자 그들은 복수심에 불타서 적극적으로 참여했을 것입니다. 그 먼 거리를 쉬지 않고 달려온 것도 바로 그 때문입니다. 그들이 이스라엘 자손을 고이 데리고 갔겠습니까? 아마도 적지 않은 사람들이 그들이 휘두른 복수의 칼에 죽임을 당했을 것이 분명합니다.

이집트 군사들의 살기(殺氣)를 느낀 이스라엘 자손은 공포에 사로잡힐 수밖에 없었습니다. 그들은 처음에는 하나님께 부르짖습니다. 하나님의 도우심을 간구한 것입니다. 그것은 참 잘한 일입니다. 하나님의 백성은 마땅히 그래야 합니다. 다급한 일을 만났을 때 가장 먼저 기도해야 합니다. 문제는 그다음입니다. 기도했으면 하나님의 응답을 기다려야 하는데, 그들은 그러지 않았습니다. 기도는 잠시였고, 대뜸 모세에게 책임을 추궁합니다.

"이집트에 넓은 매장지가 없어서 이곳 광야에서 죽게 하려고 우리를 데려왔단 말입니까? 왜 우리를 이집트에서 이끌고 나와서 이 같은 일을 당하게 하는 겁니까?"(11절, 메시지) 지난 사흘 동안 그들은 어떻게 지냈습니까? 노예 생활에서 해방된 기쁨을 맛보면서 모두 감격했을 것입니다. 모세에게는 감사하다는 말을 수도 없이 했을 것입니다. 그런데 불과 사흘 만에 분위기가 급변한 것이지요.

무엇이 문제입니까? 그들을 추격해 온 파라오의 군사들이 문제가 아닙니다. 그들의 눈이 하나님을 향하지 않고 있다는 것이 더 큰 문제입니다. 그들은 '눈을 들어' 이집트 사람들을 보았습니다. 그래서 두려움과 공포에 사로잡혔습니다. 그들은 '눈을 들어' 모세를 보았습니다. 그리고 마치 모세가 파라오의 군사들을 직접 데리고 오기라도 한 듯이 몰아붙입니다. 심지어 모세가 처음부터 그들을 죽이려는 의도를 가지고 여기로 인도한 것처럼 신랄하게 비난합니다. 해방의 영웅 모세는 그렇게 하루아침에 공공의 적이 되었던 것입니다.

한술 더 떠서 이번에는 그들의 감추어둔 속내를 드러냅니다.

우리가 애굽에서 당신에게 이른 말이 이것이 아니냐. 이르기를 우리를 내버려 두라. 우리가 애굽 사람을 섬길 것이라 하지 아니하더냐. 애굽 사람을 섬기는 것이 광야에서 죽는 것보다 낫겠노라(출 14:12).

그들은 두려움 때문에 마음에도 없는 말을 내뱉고 있는 것이 아닙니다. 이것이 그들의 진정한 속내였습니다. "내 백성을 보내라!"는 요구에 파라오가 오히려 더욱 심한 노동을 부과했을 때, 그들은 뭐라고 했습니까? "하나님께서는 당신들이 한 짓을 보시고 심판해 주셨으면 좋겠소. 당신들은 바로와 그의 신하들 앞에서 우리를 역겹게 만들었소!"(출 5:21, 메시지)라고 하지 않았습니까?

그들은 오랜 세월 이집트 사람을 섬겨온 노예 생활에 익숙해 있었습니다. 그것을 자신의 운명으로 받아들였습니다. 그래서 모세가 약속의 땅에 관한 이야기를 꺼냈을 때, 그들은 여기도 살만하다고 하면서 그냥 내버려 두라고 했습니다. 열 가지 재앙과 이적을 경험하면서 하나님의 일하심을 받아들이긴 했지만, 노예의 사고방식이 완전히 사라지지 않았습니다. 이제 앞으로 어려움을 당할 때마다 다시 고개를 들 것입니다.

이들은 물리적으로나 심리적으로 아직 이집트의 속박에서 해방되지 않았습니다. 또한, 신앙적으로도 아직 하나님의 백성이 되지 못했습니다. 그래서 홍해 사건이 필요했습니다. 하나님의 하나님 되심을 고백하기 위해서 진정한 구원의 경험이 필요했습니다. 하나님은 그것까지도 보고 계셨던 것입니다. 하나님의 인도하심에 불필요한 일이란 없습니다.

모세의 지도력

지도자는 위기의 순간에 지도력을 발휘해야 합니다. 모세는 이 대목에서 어떤 지도력을 보였을까요?

> 13모세가 백성에게 이르되 너희는 두려워하지 말고 가만히 서서 여호와께서 오늘 너희를 위하여 행하시는 구원을 보라. 너희가 오늘 본 애굽 사람을 영원히 다시 보지 아니하리라. 14여호와께서 너희를 위하여 싸우시리니 너희는 가만히 있을지니라(출 14:13-14).

모세는 우선 공황 상태에 빠진 이스라엘 자손을 추슬러서 안심시킵니다. "두려워하지 마십시오. 굳게 서서, 하나님께서 오늘 여러분을 위해 행하시는 구원을 지켜보십시오"(13절, 메시지). 모세는 하나님의 구원 계획을 믿고 있었습니다. 그랬기에 이렇게 확신에 차서 말할 수 있는 것입니다.

물론 앞에는 홍해가 가로막고 있고 뒤에는 파라오의 전차부대와 기병부대가 진 치고 있는 상황에서, 하나님이 어떤 방식으로 그들을 구원하실지 모세는 알지 못했습니다. 그러나 그는 "내가 직접 나서서 이스라엘 자손을 그 땅에서 이끌어 낼 때에 내가 하나님인 것을 이집트 사람들이 알게 될 것이다"(출 7:5, 메시지)라고 말씀하신 하나님의 약속을 믿었습니다. 바로 지금 이곳에서 그 약속이 이루어질 것을 확신했습니다.

지금의 모세는 하나님의 부르심 앞에서 주저했던 그 모세가 아닙니다. 처음에 시도한 대로 되지 않았을 때 실망했던 그 모세가 아닙니다. 이제는 제법 하나님 백성을 이끌만한 지도자다운 면모가 드러나는 것 같습니다. 그러나 아직은 충분하지 않습니다. 그의 믿음은 소극적이었습니다. "하나님께서 여러분을 위해 싸우실 것입니다. 여러분은 잠자코 가만히 있기만 하면 됩니다!"(14절, 메시지)

들기에 따라서는 모세에게 대단한 믿음이 있는 것처럼 보일지도 모릅니다. 그러나 하나님의 기대에 아직은 미치지 못합니다. 하나님은 이미 그의 손에 이적을 주셨습니다(4:21). 그의 손에 '하나님의 지팡이'가 있습니다. 필요할 때마다 그것으로 이적을 보이라고 말씀하셨습니다(4:17). 지금이 바로 그때입니다. 하나님의 능력을 드러내야 할 때입니다. 그런데도 하나님이 싸우실 터이니 가만히 있으라고만 하면 어떻게 합니까?

아니나 다를까 하나님은 모세를 책망하십니다.

15여호와께서 모세에게 이르시되 너는 어찌하여 내게 부르짖느냐. 이스라엘 자손에게 명령하여 앞으로 나아가게 하고 16지팡이를 들고 손을 바다 위로 내밀어 그것이 갈라지게 하라. 이스라엘 자손이 바다 가운데서 마른 땅으로 행하리라(출 14:15-16).

모세는 물론 하나님께 기도했습니다. 이 위기에서 구원해달라고 부르짖었습니다. 그러나 하나님은 오히려 "너는 왜 내게 부르짖느냐?"고 대답하십니다. 지금은 기도하고 있을 때가 아니라, '믿음의 행동'을 보일 때라는 것입니다. 그렇다면 어떻게 해야 할까요? 먼저 이스라엘 자손에게는 홍해로 나아가게 하고, 그다음에 모세는 지팡이를 들고 바다 위로 손을 내밀어 홍해가 갈라지게 하는 것입니다. 그러면 바다 한가운데로 길이 드러나고 이스라엘 자손은 마른 땅을 밟고 지나가게 될 것이라 말씀하십니다.

영적인 지도자의 능력은 오직 순종을 통해서만 드러나게 되어있습니다. 이때 모세는 하나님의 말씀에 온전히 순종했을까요? 우리는 홍해 사건의 결말을 잘 압니다. 하나님의 말씀처럼 실제로 홍해는 갈라졌고, 그 가운데 드러난 길로 이스라엘 자손은 건넜습니다. 그리고 뒤를 따라 들어온 파라오의 군사들은 다시 합해진 바닷속으로 수장되고 말았습니다. 놀라운 구원의 역사가 완성되었고, 하나님의 하나님 되심이 증명되었습니다. 모세의 순종이 그와 같은 이적을 불러일으킨 것일까요?

불완전한 순종

아닙니다. 모세와 이스라엘 자손은 온전하게 순종하지 못했습니다.

> 21 모세가 바다 위로 손을 내밀매 여호와께서 큰 동풍이 밤새도록 바닷물을 물러가게 하시니 물이 갈라져 바다가 마른 땅이 된지라. 22 이스라엘 자손이 바다 가운데를 육지로 걸어가고 물은 그들의 좌우에 벽이 되니…(출 14:21-22).

하나님의 명령은 이스라엘 자손이 먼저 홍해를 향해 앞으로 나아가는 것이었습니다. 그러나 그들은 그러지 않았습니다. 바다가 갈라져서 마른 땅이 드러날 때까지 기다렸습니다. 모세는 밤새도록 바다 위로 손을 내밀고 있어야 했습니다. 하나님이 밤새도록 큰 동풍으로 바닷물을 물러가게 하셨다고 합니다만, 이 세상을 창조하신 전능하신 하나님께서 홍해를 가르는데 그렇게 많은 시간이 필요하지 않습니다. 한마디 말씀, 손짓 한 번으로 충분합니다.

그렇다면 무슨 뜻입니까? 하나님은 그들의 믿음의 행동을 기다리고 계셨던 것입니다. 만일 이스라엘 자손이 홍해 속으로 발을 디뎠다면, 그 즉시 하나님은 바닷속에 준비해놓으신 길을 활짝 여셨을 것입니다. 그런데 밤새도록 기다렸는데도 불구하고 움직일 생각이 없었습니다. 모세가 그들에게 해준 처음 말처럼, 그들은 아무것도 하지 않고 가만히 지켜 보고만 있었던 것이지요.

물을 건너야 하는 똑같은 상황에서 모세의 후계자인 여호수아와 '광야세대'는 전혀 다른 모습을 보입니다.

7여호와께서 여호수아에게 이르시되 내가 오늘부터 시작하여 너를 온 이스라엘의 목전에서 크게 하여 내가 모세와 함께 있었던 것같이 너와 함께 있는 것을 그들이 알게 하리라. 8너는 언약궤를 멘 제사장들에게 명령하여 이르기를 너희가 요단 물가에 이르거든 요단에 들어서라 하라(수 3:7-8).

당시의 요단강은 물이 범람하고 있었던 상태였습니다. 그 깊이를 알수도 없습니다. 물속에 발을 디디면 빠른 물살에 휩쓸릴 것이 분명합니다. 게다가 제사장들은 무거운 언약궤를 메고 있습니다. 물속에서 제 몸을 가누기도 힘듭니다. 그러나 하나님의 명령은 분명합니다. 요단에 먼저 들어서라는 것입니다. 그러면 상류에서 강물이 끊어지게 된다는 것입니다. 여호수아와 제사장들은 하나님의 말씀 그대로 순종했고, 놀라운 이적이 나타났습니다.

홍해가 갈라지는 것이나 요단강이 갈라지는 것은 모두 이적입니다. 하나님께서 행하신 일입니다. 그러나 그 앞에서 모세의 '출애굽 세대'와 여호수아의 '광야 세대'는 서로 다른 믿음의 태도를 보입니다. 불완전한 순종은 출애굽 세대의 불완전한 믿음을 드러냅니다. 하나님 백성이 되기에는 아직 멀었다는 뜻입니다. 그런데도 하나님은 그들을 구원해주셨습니다. 그들의 불완전한 믿음에도 불구하고 은혜로 구원해주셨습니다. 그렇게 그들을 하나님 백성으로 빚어가시는 것입니다.

하나님이 일부러 파라오의 마음을 완악하게 하여 이스라엘 자손을 궁지에 몰아넣으신 것이 아닙니다. 이스라엘 자손을 파라오의 손에서 완전히 구원하기 위해서, 그의 완악한 마음을 사용하셨을 뿐입니다. 때로 멀리 돌아가게 하셔도, 때로 막다른 길목에 다다르게 하셔도, 하나님께서는 다 그만한 이유가 있다는 것을 알아야 합니다. 우리의 구원을 위해 일하시는 하나님은 조금도 실수하지 않으십니다. 한편으로는 우리의 믿음을 단련시키면서, 다른 한편으로는 하나님의 하나님 되심을 드러내십니다.

바닷속에도 하나님이 준비해놓으신 구원의 길이 있습니다. 육신의 눈으로는 보이지 않아도, 믿음의 눈을 뜨면 그 길이 보입니다. 히브리서 기자는 말했습니다. "믿음은 볼 수 없는 것을 볼 수 있게 하는 단서입니다"(히 11:1, 메시지). 백 마디의 '믿음의 고백'보다 단 한 번의 '믿음의 행동'이 더 큰 이적을 만들어냅니다. 우리는 하나님의 말씀에 순종하여 우리 앞에 놓여 있는 홍해를 향해 믿음의 발걸음을 옮길 수 있겠습니까?

묵상 질문: 나는 어떤 상황에서도 하나님을 바라볼 수 있는가?

오늘의 기도: 우리 앞을 가로막고 있는 홍해가 절망스럽고, 뒤에서 쫓아오는 악한 세력이 두렵습니다. 그러나 눈을 들어 하나님을 바라보게 하시고, 그 음성에 귀 기울이게 하시고, 그 말씀에 순종함으로 구원의 기적을 체험하게 하옵소서. 예수님의 이름으로 기도합니다. 아멘.

시내산 계약
: 계약공동체의 출발

하나님의 테스트

읽을 말씀: 출애굽기 15:1-27

새길 말씀: 백성이 모세에게 원망하여 이르되 우리가 무엇을 마실까 하매 모세가 여호와께 부르짖었더니 여호와께서 그에게 한 나무를 가리키시니 그가 물에 던지니 물이 달게 되었더라. 거기서 여호와께서 그들을 위하여 법도와 율례를 정하시고 그들을 시험하실새 이르시되 너희가 너희 하나님 나 여호와의 말을 들어 순종하고 내가 보기에 의를 행하며 내 계명에 귀를 기울이며 내 모든 규례를 지키면 내가 애굽 사람에게 내린 모든 질병 중 하나도 너희에게 내리지 아니하리니 나는 너희를 치료하는 여호와임이라(출 15:24-26).

지금까지 우리는 출애굽기 제1막을 살펴보았습니다. 이집트에서 학대받던 사람들이 모세를 통해서 '히브리인의 하나님'을 소개받습니다. 이집트 땅에 내린 열 가지 재앙을 겪으면서 하나님에 대한 믿음을 키워갑니다. 초태생 죽음의 재앙 이후에 마침내 이집트 땅에서 나갈 수 있게 됩니다. 그러나 곧바로 추격해온 파라오의 전차부대와 홍해 사이에 갇혀서 옴짝달싹 못 하게 되지요. 절체절명의 순간에 하나님이 준비하신 바닷속의 길이 열리고 그들은 모두 구원을 받습니다.

이 이야기를 통해서 우리가 깨닫게 된 것은 '하나님의 백성'은 본질상 '혈연공동체'가 아니라 '신앙공동체'요 '구원공동체'라는 사실입니다. 그들을 하나로 묶은 것은 '혈연관계'가 아니었습니다. 그들은 제국의 변두리를 떠돌아다니던 잡족(雜族)이었을 뿐입니다. 그런데 이집트에 머물면서 그들은 함께 학대받았고, 함께 구원받았습니다. 그와 같은 공동의 체험이 그들을 하나로 묶었던 것입니다. 그 중심에는 물론 '히브리인의 하나님'이 계셨습니다. 역사 속에 개입하여 학대받던 사람들을 구원해내신 하나님이 아니었다면 '하나님의 백성'은 만들어지지 않았을 것입니다.

하나님의 백성, 이스라엘이 탄생하기 위해서는 구원의 하나님에 대한 공동의 체험이 있어야 하지만, 그것만으로는 부족합니다. 하나님과 공동으로 맺은 계약이 꼭 필요합니다. 출애굽기 제2막은 하나님의 백성이 '계약공동체'로 빚어지는 과정을 우리에게 보여줍니다.

구원받은 자들의 찬양

'홍해 사건'이 제1막의 절정이라는 점에 의견을 달리할 사람은 없을 것입니다. 파라오의 군사들과 홍해 사이에 갇혀서 꼼짝없이 죽게 된 히브리인들이 극적으로 구원을 받게 되는 이 장면은 구약성경에서 가장 많이 반복하여 언급되는 역사입니다. 무엇보다 이집트를 탈출한 사람들은 이 사건을 통해서 여호와 하나님을 믿을 수 있게 되었습니다. '홍해 사건'은 하나님의 '하나님 되심'을 가장 확실하게 증명한 사건이었습니다.

제1막의 결론 말씀입니다.

이스라엘이 여호와께서 애굽 사람들에게 행하신 그 큰 능력을 보았으므로 백성

이 여호와를 경외하며 여호와와 그의 종 모세를 믿었더라(출 14:31).

이스라엘은 하나님이 행하신 '큰 능력'을 직접 목격했습니다. 그 능력을 흉내 낼 수 있는 신은 이 세상에 아무도 없습니다. 오직 이 세상을 창조하시고 역사를 다스리시는 참 하나님만이 하실 수 있는 일입니다. 그 것을 보고도 하나님을 믿지 않을 사람이 어디 있겠습니까? 그들은 여호와를 경외하며 믿었다고 합니다. 지극히 당연한 일입니다.

그러나 이 말씀에는 복선(伏線)이 깔려 있다는 것을 우리는 알아야 합니다. 이스라엘이 '구원공동체'로 출발하기는 했지만, 아직은 초보적인 믿음의 단계에 있습니다. 그들은 보여주어야만 믿는 사람들입니다. 이 말을 뒤집으면, 보여주는 것이 없으면 곧 의심하고 원망하게 된다는 뜻입니다.

실제로 '하나님의 산'으로 가던 광야 길에서 그들은 자주 하나님이 어디에 있느냐고 하면서 의심하고 원망했습니다. 보여주는 것이 없었기 때문입니다. 그래서 주님은 부활을 의심하던 도마에게 이렇게 말씀하셨지요. "너는 네 두 눈으로 보고 나서야 믿는구나. 보지 않고도 믿는 사람들에게는 더 큰 복이 기다리고 있다"(요 20:29, 메시지).

그렇습니다. 불신은 불평하고 원망하게 만들지만, 믿음은 감사하고 찬양하게 만듭니다. '홍해 사건' 당일에 그들은 믿음이 충만했습니다. 따라서 그들의 입에서 자연스럽게 다음과 같은 찬송이 터져 나왔습니다.

이때에 모세와 이스라엘 자손이 이 노래로 여호와께 노래하니 일렀으되 내가 여호와를 찬송하리니 그는 높고 영화로우심이요 말과 그 탄 자를 바다에 던지셨음이로다(출 15:1).

이른바 '모세의 노래'(The Song of Moses)입니다. 성경에 기록된 가장 오래된 찬송입니다. 물론 이 노래 전체(15:1-18)를 모세의 작품으로 보기는 어렵습니다. 후대의 역사도 여기에 포함되어 있기 때문입니다. 하지만 적어도 시작하는 부분만큼은 당일에 모세가 기록한 것이 분명합니다.

재미있는 사실은 주님이 재림하시는 마지막 때에 구원받은 무리가 불이 섞인 유리 바닷가에 서서 이 '모세의 노래'와 '어린 양의 노래'를 함께 부른다는 것입니다(계 15:3). '출애굽 사건'과 '십자가 사건'이 구약성경과 신약성경이 증언하는 구원사(救援史)의 두 가지 핵심적인 내용이라는 뜻입니다.

아무튼, '모세의 노래'는 남자들이 함께 불렀던 것으로 보입니다. 그러자 그 뒤를 이어서 아론의 누이 미리암의 선창에 따라서 여인들이 함께 노래를 부릅니다.

> 미리암이 그들에게 화답하여 이르되 너희는 여호와를 찬송하라. 그는 높고 영화로우심이요 말과 그 탄 자를 바다에 던지셨음이로다 하였더라(출 15:21).

이 내용은 '모세의 노래'가 시작되는 부분과 정확하게 일치합니다. 아마도 남성들이 먼저 노래하면 여성들이 그 뒤를 따라서 후렴부를 반복하여 노래하는 형식이었을 것으로 보입니다. 하나님의 구원을 찬양하는데 굳이 노랫말이 세련되거나 길 필요가 없습니다. 표현이 조금 거칠긴 해도 홍해 사건을 통해서 보여주신 구원의 능력을 증언하기에 이보다 더 좋은 노랫말은 없을 것입니다.

그날 홍해 바닷속에 준비된 길을 건너서 기적적으로 구원받은 그 많은 사람이 함께 어울려 춤추면서 찬양하는 모습을 한번 상상해보십시오. 얼마나 감격스럽고 감동적인 장면인지 모릅니다! 그러나 구원의 감동이 불평과 원망으로 바뀌기까지 그리 오랜 시간이 걸리지 않았습니다.

마라의 쓴 물

홍해를 건넜다고 해서 그들이 가야 할 목적지에 다 도착한 것은 아닙니다. 그들 앞에 또 다른 장애물이 기다리고 있었습니다. 바로 '광야'입니다. 광야를 통과하는 것은 홍해를 지나는 것만큼이나 위험한 일이었습니다.

22모세가 홍해에서 이스라엘을 인도하매 그들이 나와서 수르 광야로 들어가서 거기서 사흘길을 걸었으나 23물을 얻지 못하고 마라에 이르렀더니 그곳 물이 써서 마시지 못하겠으므로 그 이름을 마라라 하였더라(출 15:22-23).

광야 생활의 가장 큰 어려움은 식수를 구하는 것입니다. 드문드문 오아시스가 있기는 하지만, 이백만 명이 넘는 사람들이 먹을 만큼 충분하지는 않습니다. 게다가 그들은 한곳에 머물러 있을 수 없습니다. '하나님의 산'을 향해서 계속 움직여야 합니다. 제 때에 필요한 식수를 구하지 못하면 생명이 위험할 수도 있습니다. 광야에서 물은 곧 생명입니다.

그래서 어떤 학자들은 이집트를 탈출한 사람들의 숫자에 의문을 품기도 합니다. 그 많은 사람이 광야에서 과연 살아남을 수 있었겠느냐는 것이지요. 매일 기적이 일어나지 않고서는 식수를 구할 수 없었을 것이라 주장합니다. 그런데 성경은 그들이 광야에서 살아남았다고 기록하고 있습니다. 때로는 물을 구하지 못해서 큰 어려움을 겪기도 했지만, 어쨌든지 살아남았습니다. 그것이 바로 기적입니다. 그들은 매일 광야에서 기적을 체험하며 살았던 것입니다.

홍해 사건 직후에 가장 먼저 직면한 문제도 바로 식수였습니다. 그들은 사흘 길을 걸었지만 물을 얻지 못했습니다. 그러다가 '마라'(Marah)라는 샘에 이르렀는데, 그 물이 써서 먹을 수가 없었습니다. 그런데 '쓰다'(bitter)라고 해서 몸에 해를 끼치는 독성이 있는 것처럼 생각하면 안 됩니다. 그냥 쓴맛이 강하다는 뜻입니다. 영국에서는 쓴맛이 강한 맥주를 '비터'(bitter)라고 부르는데, 사람들 사이에 아주 인기가 높다고 합니다. 그러니까 마라의 샘물은 쓴맛이 있지만 정말 못 먹을 물은 아니었던 것이지요.

그런데 물이 쓰다고 난리가 났습니다.

> 24백성이 모세에게 원망하여 이르되 우리가 무엇을 마실까 하매 25모세가 여호와께 부르짖었더니 여호와께서 그에게 한 나무를 가리키시니 그가 물에 던지니 물이 달게 되었더라…(출 15:24-25a).

그들은 대뜸 모세에게 원망을 퍼붓기 시작했습니다. "우리더러 (도대체) 무엇을 마시라는 말입니까?"(24절, 메시지) 물론 그들이 이집트에 살 때 마셔왔던 물과 비교하면 형편없습니다. 그러나 마라 인근에서 양치며 사는 베두인(Bedouin)들은 다 그 물을 먹고 삽니다. 그런다고 해서 죽는 것도 아닙니다. 당장 한 모금의 물이 아쉬운데, 그런 물이라도 만났으니 오히려 감사해야지요. 그렇게 불평할 일이 아닙니다.

그러나 그들은 모세를 원망합니다. 그들이 각각 한마디씩만 불평한다고 생각해 보십시오. 이백만 개가 넘는 불평이 한꺼번에 쏟아지는 겁니다. 모세가 얼마나 힘들었을까 충분히 짐작할 수 있습니다. 그것도 불과 사흘만입니다. 홍해 앞에서 그들은 하나님을 찬양했습니다. 하나님을 경외하며 그의 종 모세를 '믿었다'고 했습니다(14:31). 모세에게 얼마나 많은 감사의 말을 쏟아놓았겠습니까? 그런데 이렇게 돌변한 것입니다. 단지 물이 쓰다는 이유로 말입니다. 구원의 감동과 찬양이 불평과 원망으로 바뀌기까지 겨우 사흘이 걸린 것입니다.

모세는 하나님께 부르짖어 기도할 수밖에 없었습니다. 그랬더니 하나님은 아무 말 없이 한 나뭇가지를 가리키셨습니다. 모세가 그 가지를 가져다가 샘물에 던져 넣자, 물이 단물로 변했습니다. 이 대목에서 우리는 하나님의 '침묵'을 주목해야 합니다. 그것은 하나님의 '실망'을 뜻합니다. 하나님을 찬양하던 입술이 불과 며칠 사이에 원망하는 입술로 바뀐 그들에게 하나님도 실망하신 것입니다.

그러나 하나님은 그들을 책망하지 않으십니다. 그냥 문제를 해결해 주십니다. 그들이 아직은 '하나님의 백성'으로 빚어진 것은 아니기 때문입니다. 놀라운 구원의 역사를 체험했다고 해서 모든 일에 하나님의 주인 되심을 인정하는 그런 사람으로 당장에 변하게 되는 것은 아닙니다. 그렇게 되려면 훈련이 더 필요합니다. 지금 그들을 '하나님의 산'으로 인도해가시는 이유가 바로 그 때문입니다.

하나님의 가르침

하나님은 그들의 원망에 대해서 책망하지는 않으셨지만, 그렇다고 해서 가만히 계시지도 않았습니다. 그들을 본격적으로 가르치기 시작하셨습니다.

> 25 … 거기서 여호와께서 그들을 위하여 법도와 율례를 정하시고 그들을 시험하실새 26 이르시되 너희가 너희 하나님 나 여호와의 말을 들어 순종하고 내가 보기에 의를 행하며 내 계명에 귀를 기울이며 내 모든 규례를 지키면 내가 애굽 사람에게 내린 모든 질병 중 하나도 너희에게 내리지 아니하리니 나는 너희를 치료하는 여호와임이라(출 15:25b-26).

마라에서 하나님은 그들을 위해 '법도'와 '율례'를 정하시고, 그들을 시험하셨다고 합니다. 이 부분을 메시지 성경으로 읽으면 이 문장이 강조하려는 내용이 더 명확하게 드러납니다. "하나님께서 법도와 율례를 세우시고, 그들을 시험하기 시작하신 곳이 바로 그곳이다"(That's the place where GOD set up rules and procedures; that's where he started testing them).

'법도'는 '규칙'(rules)이고, '율례'는 '절차'(procedures)를 말합니다. 어느 단체이든지 규칙이 있어야 합니다. 그래야 조직을 유지할 수 있습니다. 신앙공동체도 마찬가지입니다. 구성원들이 제각기 생각나는 대로 말하고, 하고 싶은 대로 행동한다면 공동체의 통일성을 유지할 수가 없습니다. 그래서 기준이 되는 규칙이나 원칙이 있어야 하고, 그것을 시행하는 구체적인 절차도 필요한 것이지요.

이번 경우도 마찬가지입니다. 문제가 생기면 어떤 원칙에 따라서 차근차근 문제를 풀어야 합니다. 그러지 않고 서로의 목소리를 높여 불평하고 원망하기 시작하면 문제는 풀리지 않고 더욱 복잡해지기만 합니다. 예를 들어, 한 사람씩 순서에 따라 문제를 이야기하게 한다던가, 그 문제에 대한 해결책을 하나씩 찾아보게 한다거나 그래야 합니다. 그러지 않고 한꺼번에 쏟아놓으면 어떻게 되겠습니까?

그다음이 더 중요합니다. 하나님은 그곳에서부터 그들을 '시험'하기 시작하셨습니다. 우리말 '시험'에는 여러 가지 의미가 담겨있습니다. 유혹(temptation)이나 시련(trial)을 '시험'으로 표현하기도 하지요. 그러나 여기에서 우리말 '시험'으로 번역된 히브리어 '나사'(nasah)는 '테스트'(test)를 의미합니다. 하나님께서 아브라함에게 이삭을 바치라고 요구하신 것도 바로 '나사' 즉 '테스트'였습니다(창 22:1). 악한 영이 우리를 시험에 들도록 유혹하는 것과는 전혀 다른 이야기입니다.

하나님의 테스트는 아주 간단합니다. 하나님의 음성을 주의 깊게 듣는지, 하나님의 명령을 따라 순종하는지를 살피는 것입니다. 이것을 한 단어로 요약하면 '청종'(聽從)이라고 할 수 있습니다. 잘 듣고(聽) 그대로 따르는(從) 것입니다. 이것은 마치 동전의 양면 같습니다. 잘 들어야 그대로 따를 수 있습니다. 열심히 듣는 줄 알았는데 만일 들은 것과 전혀 다른 엉뚱한 일을 하고 있다면, 결국 잘 듣지 못했다는 뜻이 됩니다.

그런데 여기에서 하나님은 자세한 율법이나 규례를 가르치지는 않으십니다. 그것은 '하나님의 산'에서 계약을 맺기 전에 조목조목 가르쳐주실 것입니다. 지금은 단지 하나의 '원칙'을 세워놓으십니다. 하나님의 말씀을 잘 듣고 그대로 따르는지를 이제부터 테스트하시겠다는 것이지요. 테스트는 통과할 수도 있고 실패할 수도 있습니다. 하나님은 실패할 때 어떻게 하실지는 아직 말씀하지 않으십니다. 그러나 통과했을 때 주어지는 보상에 대해서는 분명히 말씀하십니다.

그것은 바로 '치료'입니다. 히브리어로는 '라파'(rapha)라고 합니다. 이는 단순히 질병의 치료만을 의미하지 않습니다. 모든 것이 '회복'되는 하나님의 역사를 의미합니다. 앞으로 십계명을 묵상하면서 자세히 살펴보겠지만, 하나님이 이 세상을 구원하시는 것도 '치료'요 '회복'입니다. 아무튼, 조금 전에 나뭇가지를 넣어 마라의 쓴 물을 단물로 바꾸신 상황에 이 말씀을 대입하면 그 의미가 더욱 분명하게 드러납니다.

그들이 쓴맛이라고 불평하며 먹기를 거부했던 물은 사실 조변석개(朝變夕改)하는 믿음을 가진 그들 자신의 영적인 상태를 상징합니다. 그들이 이집트에서 열 가지 재앙을 목격하고, 홍해에서 바다가 갈라지는 이적을 체험하면서 구원받기는 했지만, 아직 하나님의 백성으로 빚어지지는 못했습니다. 그래서 조금만 힘들어도 불평이 나오고 작은 문제에도 원망이 터져 나오는 것입니다. 그들 자신이 바로 '쓴 물'이었던 것입니다.

그런데 하나님은 모세에게 나뭇가지를 지목하셨습니다. 단지 가리키기만 했을 뿐인데 모세는 그것이 무슨 뜻인지 금방 알아차렸습니다. 그 가지를 마라의 샘에 집어넣었습니다. 그랬더니 어떻게 되었습니까? 쓴 물이 단물로 바뀌지 않았습니까? 새로운 물이 솟아 나온 것이 아닙니다. 단지 쓴맛이 없어진 것이지요. 마찬가지입니다. 모세가 그랬던 것처럼,

이제부터 하나님의 말씀을 잘 듣고 그대로 따른다면, 그들의 인생이 그렇게 바뀌게 될 것이라는 약속입니다.

그래서 '마라'는 이집트에서 탈출한 히브리인들이 꼭 기억하고 있어야 할 아주 중요한 장소입니다. 단지 쓴 물이 단물로 바뀌는 또 다른 놀라운 이적을 체험했기 때문이 아닙니다. 하나님이 분명한 원칙을 세워놓으시고 그들을 테스트하는 일을 시작한 곳이기 때문입니다. 하나님의 말씀에 청종하는 사람에게 치유와 회복을 약속해주신 곳이기 때문입니다.

생각해 보십시오. 만일 하나님께서 먼저 테스트한 후에 그 시험에 통과한 사람들만 이집트에서 구원하여 내셨다면 과연 어떻게 되었을까요? 아마 한 사람도 구원받지 못했을 것입니다. 다행스럽게도 하나님은 일단 구원해놓고 그다음에 테스트를 시작하셨습니다. 하나님은 이집트에서 학대받던 히브리인을 먼저 '내 백성'이라 불러 구원하셨습니다. 이제 그들을 실제로 하나님의 백성답게 빚어가려고 하시는 것입니다.

그렇습니다. 우리가 믿는 하나님은 그런 분입니다. 구원해놓고 테스트하시는 분입니다. 따라서 테스트의 목적은 '낙제'가 아니라 '성숙'입니다. 테스트를 통해서 우리를 치료하고 회복하시려는 것입니다. 하나님의 말씀에 순종하여 따르는 사람들을 '쓴 물' 인생에서 '단물' 인생으로 바꾸시려는 것입니다. 그런 하나님의 은혜가 아니었다면, 우리는 구원받을 수도 없었을뿐더러, 설혹 구원받았다고 하더라도 하나님의 백성으로 빚어질 수 없었을 것입니다.

마라에서 엘림으로

본문 마지막 부분에 사족처럼 붙여진 말씀이 있습니다.

그들이 엘림에 이르니 거기에 물샘 열둘과 종려나무 일흔 그루가 있는지라. 거기서 그들이 그 물 곁에 장막을 치니라(출 15:27).

엘림은 마라에서 그리 멀지 않은 곳에 있습니다. '엘림'(Elim)이란 본래 '나무들'(trees)이라는 뜻입니다. 이곳에 종려나무 일흔 그루가 있었다고 합니다. 물이 나오는 샘(springs)도 12개씩이나 있는 아주 큰 규모의 오아시스입니다. 마라와 비교하면 정말 낙원 같은 곳입니다. 그런데 마라의 쓴 물에 불평하던 사람들이 이곳 엘림에 와서는 진심으로 감사하게 되었을까 궁금합니다.

하나님의 인도하심에는 시행착오가 전혀 없습니다. 때로 하나님은 우리의 인생을 마라의 샘으로 인도하십니다. 거기에는 다 그럴만한 이유가 있습니다. 물론 우리는 쓴 물과 같은 상황에 대해서 불평하고 원망할 수 있습니다. 그러나 만일 그 일을 통해서 하나님으로부터 배우는 것이 있다면, 그것은 두고두고 우리에게 큰 유익이 될 것입니다. 쓴 물을 단물로 바꾸어가시는 하나님의 약속을 깨닫게 되었다면, 우리는 오히려 감사해야 할 것입니다.

'마라'에 감사하는 사람에게 '엘림'은 더욱 큰 감사의 조건이 될 것이 분명합니다. 그러나 '마라'에 불평하는 사람에게 '엘림'은 또 다른 불평의 이유가 될 가능성이 큽니다. 진정한 감사는 그렇게 상황에 따라서 변하는 것이 아닙니다. 오늘 말씀을 묵상하면서 하나님의 은혜로 구원을 받기는 했지만, 아직은 하나님의 백성이 되지 못한 우리의 초라한 모습을 발견하게 됩니다. 그렇지만 매일 하나님의 말씀에 청종하는 테스트를 통과하다 보면, 우리의 '쓴 물' 인생도 언젠가 하나님이 원하시는 '단물' 인생으로 치유될 것입니다.

* **묵상 질문**: 나는 지금 '쓴 물' 인생인가, 아니면 '단물' 인생인가?
* **오늘의 기도**: 하나님의 은혜로 구원받았지만, 우리의 인격과 삶의 태도가 여전히 바뀌지 않고 있음을 고백합니다. 이제부터 더욱 하나님의 테스트를 잘 받게 하시고, 그리하여 언젠가 단물 인생으로 회복된 우리 자신을 발견할 수 있게 하옵소서. 예수님의 이름으로 기도합니다. 아멘.

일용할 양식

읽을 말씀: 출애굽기 16:1-36

새길 말씀: 그때에 여호와께서 모세에게 이르시되 보라 내가 너희를 위하여 하늘에서
양식을 비같이 내리리니 백성이 나가서 일용할 것을 날마다 거둘 것이라.
이같이 하여 그들이 내 율법을 준행하나 아니하나 내가 시험하리라. 여섯째
날에는 그들이 그 거둔 것을 준비할지니 날마다 거두던 것의 갑절이 되리라
(출 16:4-5).

앞장에서 우리는 마라의 쓴 물이 단물로 바뀌는 이야기를 살펴보았
습니다. 그러면서 이제부터는 마라를 잊지 말고 꼭 기억하고 있어야 한
다고 했습니다. 단지 쓴 물이 단물로 바뀐 이적이 일어났기 때문이 아닙
니다. 하나님께서 어떤 분명한 원칙을 세워놓고 그들을 테스트하는 일을
시작하신 곳이기 때문입니다. 하나님의 말씀에 청종하는 원칙에 따라 살
아가는 사람에게 치유와 회복을 약속해주신 곳이기 때문입니다.

'쓴 물'은 상황에 따라서 왔다 갔다 하는 이스라엘 자손을 상징하는

것이라고 했습니다. 그들은 놀라운 이적을 통해서 구원받기는 했지만, 아직은 하나님의 백성으로 빚어지지는 못했습니다. 그래서 조그만 어려움에도 불평과 원망을 쏟아냈습니다. 그들 자신이 바로 '쓴 물'이었던 것입니다. 그러나 하나님의 말씀에 청종하며 살다 보면, 그들의 인생이 '단물'로 바뀌게 될 것이라 약속하십니다. '단물'은 하나님의 백성다움을 상징합니다. 그 일을 시작한 곳이 바로 마라였던 것이지요.

그러나 불평하고 원망하는 것은 습관입니다. 절대로 하루아침에 바뀌지 않습니다. 어떤 상황에서도 감사하고 찬양하는 신앙적인 습관을 지니려면, 그만큼의 훈련 기간이 필요한 법입니다. 매일 하나님의 말씀을 잘 듣고 그것에 순종하는 테스트를 받다 보면, 언젠가 자기도 모르는 사이에 좋은 습관을 지니게 될 것입니다. 그렇게 하나님의 백성으로 빚어지는 것이지요.

이집트에서 탈출한 사람들은 마라의 쓴 물 사건 이후에 또 다른 심각한 문제를 만나게 됩니다. 그 문제 앞에서 그들은 마라의 교훈을 기억하게 되었을까요?

원망의 재발

이스라엘 자손은 엘림 오아시스를 떠나 시내산을 향해 출발합니다.

이스라엘 자손의 온 회중이 엘림에서 떠나 엘림과 시내산 사이에 있는 신광야에 이르니 애굽에서 나온 후 둘째 달 십오 일이라(출 16:1).

그들이 다다른 곳은 엘림과 시내산 사이에 있는 '신광야'(the wilderness of Sin)입니다. 이곳은 팔레스타인 남쪽에 있는 또 다른 '신광야'(the wilderness of Zin)와 구분해야 합니다(민 20:1). 이집트에서 여기까지 도착하는

데 얼마나 걸렸을까요? 장자의 죽음 재앙이 내리던 날 그들은 첫 번째 유월절을 지켰습니다. 그때가 첫째 달 15일이었습니다(출 12:6). 그 직후 황급히 이집트를 떠났지요. 우여곡절 끝에 이곳 '신광야'에 도착한 것은 둘째 달 15일입니다. 그러니 꼭 한 달이 걸린 셈입니다. 아마도 엘림에서 제법 많은 시간 머물렀던 것으로 보입니다. 그러다가 다시 광야 길로 나선 것이지요. 어디로 가기 위해서입니까? 물론 '하나님의 산'으로 가기 위해서입니다.

> 2이스라엘 자손 온 회중이 그 광야에서 모세와 아론을 원망하여 3이스라엘 자손이 그들에게 이르되 우리가 애굽 땅에서 고기 가마 곁에 앉아 있던 때와 떡을 배불리 먹던 때에 여호와의 손에 죽었더라면 좋았을 것을 너희가 이 광야로 우리를 인도해 내어 이 온 회중이 주려 죽게 하는도다(출 16:2-3).

마라에서는 식수가 문제였는데, 이번에는 식량 부족의 문제로 모세와 아론을 원망했습니다. 이집트에서 급하게 나오느라 아마도 먹을거리를 충분히 챙기지 못했던 모양입니다. 그런데 이제 그들이 가지고 있던 식량이 바닥을 보이게 된 것이지요. 그러나 앞서 말한 대로, 불평과 원망은 습관입니다. 그 습관이 완전히 고쳐지기 전까지는 어떤 이유로든 계속 원망할 것입니다.

그런데 지난번과 달라진 것이 하나 있습니다. 문젯거리에 대한 단순한 불평을 넘어서 이제는 이집트에서 학대받으며 종살이하던 때를 미화하기 시작했다는 것입니다. 사실 그것이 더 큰 문제입니다. 그들은 이집트 땅에서 '고기 가마 곁에서 떡을 배불리 먹던 때'를 그리워합니다. 그것은 지나치게 과장된 표현입니다. 한번 생각해 보십시오. 중노동에 시달리며 학대받던 사람들이 과연 '양고기 요리와 빵'을 원하는 만큼 실컷 먹으면서 살았을까요?

게다가 이집트에서 "여호와의 손에 죽었더라면 좋았을 것이라"고 합니다. 우박의 재앙이 내렸을 때 이집트 사람들이 많이 죽었습니다. 초태생의 죽음 재앙 때에도 역시 그랬습니다. 그렇게 죽은 사람들을 오히려 부러워하고 있는 것입니다. 메시지 성경은 "하나님께서 왜 우리를 이집트에서 편안히 죽게 내버려 두지 않으셨는지 모르겠습니다"라고 합니다. 차라리 그렇게 죽는 것이 광야에서 굶주려 죽는 것보다 낫겠다는 것이지요.

그들은 하나님이 베풀어주신 구원의 은혜에 대해서는 한마디도 언급하지 않습니다. 단지 당장에라도 굶어 죽을 것처럼 아우성칩니다. 그런데 정말 그들에게 먹을거리가 하나도 없었을까요? 아닙니다. 성경은 이집트에서 나올 때 "양과 소와 심히 많은 가축이 그들과 함께했다"(12:38)라고 분명히 기록하고 있습니다. 그렇게 많은 것을 한 달 사이에 다 먹어 치우기라도 했다는 말입니까? 그럴 수는 없는 일이지요.

그런데도 그들은 모세와 아론에게 화살을 돌립니다. "너희가 이 광야로 우리를 끌고 와서 굶겨 죽이고 있다."리고 하면서 말입니다. 혹시라도 그들이 지금 어디를 향해 가고 있는지 몰라서 그런다면 이해할 수 있습니다. 그러나 그게 아닙니다. 처음부터 그들의 목표는 '하나님의 산'이었습니다. 그 사실을 알고 출발했습니다. 그리고 정말 그들의 말처럼 곡식이 떨어졌다면, 양이나 소를 잡아서 나누어 먹으면 됩니다. 자, 그렇다면 왜 이러는 것일까요? 진짜 이유가 무엇일까요?

앞에서 '지중해 해안 길'로 가지 않는 이유를 설명하면서, 하나님이 내심 걱정하신 그대로입니다. "이 백성이 마음을 돌이켜 애굽으로 돌아갈까 하셨음이라"(13:17b). 이집트를 떠나오기는 했지만, 여전히 그곳에 대한 미련이 남아 있는 겁니다. 그래서 어려운 일을 만날 때마다 의도적으로 불평과 원망을 증폭시키면서, 이집트로 다시 돌아갈 카드를 자꾸 끄집어내는 것이지요. 이 못된 버릇은 나중에 약속의 땅을 코앞에 둔 결정적인 상황에서도 나옵니다(민 14:2-3).

원망과 불평의 습관은 하나님의 은혜와 구원을 잊어버리게 합니다. 그러나 믿음의 습관은 하나님의 은혜와 구원을 늘 기억하고 감사하게 합니다. 그들은 마라의 교훈을 까맣게 잊어버렸습니다. 제대로 새겨듣지 않았다는 이야기입니다. 그래서 아직도 '쓴 물' 인생에서 벗어나지 못 하는 것입니다.

하나님의 원칙

이번에도 하나님은 그들을 책망하는 대신에, 그냥 문제를 해결해주십니다. 또다시 놀라운 이적을 보여주십니다.

> 4그때에 여호와께서 모세에게 이르시되 보라 내가 너희를 위하여 하늘에서 양식을 비같이 내리리니 백성이 나가서 일용할 것을 날마다 거둘 것이라. 이같이 하여 그들이 내 율법을 준행하나 아니하나 내가 시험하리라. 5여섯째 날에는 그들이 그 거둔 것을 준비할지니 날마다 거두던 것의 갑절이 되리라(출 16:4-5).

하나님은 모세에게 '일용할 양식'을 비같이 내려주겠다고 약속하십니다. 우리는 그것이 '만나'를 의미한다는 걸 잘 압니다. 그러나 지금 모세는 그 정체를 아직 알지 못하는 상태입니다. 하나님은 '일용할 양식'을 통해서 그들이 '내 율법을 준행하는지' 다시 말해서 '나의 가르침대로 사는지' 시험하겠다고 합니다. 마라에서 이미 말씀하신 그대로입니다. 하나님께서 세워주시는 원칙에 따라서 사는지를 테스트하시겠다는 것입니다.

자, 그런데 무엇이 하나님의 원칙일까요? 그것은 '일용할 양식'이라는 말 속에 담겨있습니다. 말 그대로 하루에 필요한 양식입니다. 그러니까 매일 하루치 양식만 거두는 것이 원칙입니다. 그러다가 여섯째 날, 즉 안식일 바로 전날에는 갑절을 거두는 것이지요. 안식일에는 일할 수 없기 때문입니다. 물론 아직 안식일 계명을 가르쳐주시지는 않았지만, 그 규례는 이미 오래전부터 불문율처럼 전해져오던 것입니다.

조금 전에 그들은 먹을 것이 없다고 불평했습니다. 그러면서 이집트에서 배불리 먹던 시절을 그리워했습니다. 물론 실제로 그렇게 살았다는 뜻은 아닙니다. 당시에는 일부 특권층이나 고기 가마 곁에서 배불리 먹을 수 있었습니다. 단지 한번 그렇게 살아보고 싶다는 욕심 섞인 희망 사항이었을 뿐입니다. 그러나 하나님은 먹을 것과 관련해서 하나의 원칙을 세워주십니다. 이제부터는 '일용할 양식'으로 만족하라는 것입니다.

이 원칙은 신약에도 그대로 이어집니다. 주님이 가르쳐주신 '일용할 양식'을 구하는 기도가 바로 그것입니다(마 6:11). 이것은 척박한 광야에서 하루하루 생존해야 하는 특수한 상황에서나 적용되는 원칙이 아닙니다. 약속의 땅에 들어간 후에도, 풍요롭게 살게 된 후에도, 하나님이 세워주신 원칙은 달라지지 않습니다. 그것이 '하나님의 백성'으로 살아가는 모습이기 때문입니다.

이제 앞으로 그렇게 살아가는지 테스트해보시겠다고 말씀하십니다. 그 테스트에 통과한다면 그들은 '하나님의 백성'입니다. 하나님은 그들에게 치료와 회복의 복을 주실 것입니다.

대언자의 감정이입

모세와 아론은 하나님의 말씀을 백성들에게 전달합니다. 그러나 그 강조점은 조금 달라집니다.

> 6모세와 아론이 온 이스라엘 자손에게 이르되 저녁이 되면 너희가 여호와께서 너희를 애굽 땅에서 인도하여 내셨음을 알 것이요 7아침에는 너희가 여호와의 영광을 보리니 이는 여호와께서 너희가 자기를 향하여 원망함을 들으셨음이라. 우리

가 누구이기에 너희가 우리에게 대하여 원망하느냐(출 16:6-7).

여기에서 우리는 모세와 아론의 감정이 대단히 격앙되어 있다는 걸 느낄 수 있습니다. 이스라엘 자손의 계속되는 불평과 원망에 마음이 많이 상한 것이지요. "우리가 누구이기에 너희가 우리에 대하여 원망하느냐?" 이 말은 마치 "우리가 누구인 줄 알고 함부로 대드느냐?"라는 뉘앙스로 들립니다. 그러면서 "하나님이 너희의 원망을 들으셨다!"고 합니다. 다시 말해서 "너희의 원망으로 인해 하나님의 심기도 지금 무척 불편하다"는 것이지요.

그러나 모세의 말은 사실이 아닙니다. 앞에서 우리가 살펴본 대로, 하나님은 그들을 책망하려고 하지 않으셨습니다. 단지 그들의 불평을 가르침의 기회로 삼아, '일용할 양식'에 대한 하나님의 원칙을 차분히 말씀해 주셨을 뿐입니다. 그런데 그 말씀을 전달하는 대언자가 오히려 자신의 불편한 심기를 드러내고 있는 것이지요. 특히 모세의 상한 감정이 여기에 더 많이 반영되고 있는 것으로 보입니다.

그래서 그런지 전달하는 내용도 조금 달라졌습니다. 하나님은 "하늘에서 양식을 비같이 내려 주겠다"고 하셨고, "백성이 나가서 일용한 것을 날마다 거두라"고 하셨습니다. 이것은 '만나'에 가장 적합한 설명입니다. 그런데 모세와 아론은 뭐라고 합니까? '저녁이 되면' 이집트에서 그들을 구원해내신 분이 하나님이라는 것을 알게 되고, '아침이 되면' 하나님의 영광을 보게 될 것이라고 말합니다. 그러니까 저녁과 아침에 각각 놀라운 이적을 보게 될 것이라는 뜻입니다.

욕심 없이 소박하게 살아가는 삶의 원칙에 대한 하나님의 가르침이 저녁과 아침에 배불리 먹게 해줌으로써 하나님의 능력을 드러낼 것이라는 말씀으로 그 강조점이 바뀐 것이지요. 한술 더 떠서 모세는 아예 구체적으로 '고기'와 '떡'을 거론합니다.

모세가 또 이르되 여호와께서 저녁에는 너희에게 고기를 주어 먹이시고 아침에는 떡으로 배불리시리니 이는 여호와께서 자기를 향하여 너희가 원망하는 그 말을 들으셨음이라. 우리가 누구냐. 너희의 원망은 우리를 향하여 함이 아니요 여호와를 향하여 함이로다(출 16:8).

하나님은 '고기'나 '떡'을 언급하지 않으셨습니다. 단지 '일용할 양식'을 주겠다고 하셨습니다. 그런데 모세는 저녁에 '고기'로 배부르게 하고 아침에 '떡'으로 배부르게 하실 것이라 선포합니다. 이는 이스라엘 자손이 이집트 땅에서 '고기 가마 곁에서 떡을 배불리 먹던 때'를 말하면서 투덜댔기 때문입니다. 모세는 그들의 코를 납작하게 해주고 싶었습니다. 그래서 이렇게 부풀려서 이야기한 것이지요.

누차 이야기해온 대로, 대언자는 하나님이 주신 말씀을 그대로 전하는 사람이어야 합니다. 자신의 개인적인 감정이 그 속에 개입되기 시작하면 메시지의 강조점이 달라질 수밖에 없습니다. 모세는 자신에게 원망하는 것은 곧 하나님에게 원망하는 것과 같다고 말합니다. 그러면서 하나님의 능력을 등에 업고, 불평하는 그들에게 본때를 보여주려고 합니다. 그래서 하나님의 본래 가르침을 상당히 왜곡하게 되었던 것입니다.

먹을 게 없다고 원망하는 이스라엘 자손이나, 자신의 상한 감정을 하나님의 뜻인 양 드러내는 모세나 하나님 백성으로 빚어지려면 아직 멀었습니다.

메추라기와 만나

이럴 때 하나님은 어떻게 하셔야 할까요?

10아론이 이스라엘 자손의 온 회중에게 말하매 그들이 광야를 바라보니 여호와의 영광이 구름 속에 나타나더라. 11 여호와께서 모세에게 말씀하여 이르시되 12 내가 이스라엘 자손의 원망함을 들었노라. 그들에게 말하여 이르기를 너희가 해질 때에는 고기를 먹고 아침에는 떡으로 배부르리니 내가 여호와 너희의 하나님인 줄 알리라 하라 하시니라(출 16:10-12).

하나님이 구름 속에 자신의 영광을 드러내며 나타나셨습니다. 그리고 모세가 백성에게 해준 말을 그대로 반복하십니다. 그들의 원망함을 들었다고 합니다. 그러나 이때 하나님은 모세의 말처럼 이스라엘 자손에게 불편한 심기를 드러내어 화를 내지는 않으십니다. 그냥 담담히 말씀하실 뿐입니다.

그러면서 저녁에는 고기를, 아침에는 떡을 먹임으로써 하나님 되심을 드러내시겠다고 하십니다. 모세의 말을 자신의 말씀으로 받아들이신 것입니다. 모세가 하나님의 뜻을 제대로 알고 선포했기 때문이 아닙니다. 모세는 자신의 감정 때문에 하나님의 메시지를 상당히 왜곡했습니다. 그런데도 하나님은 모세의 권위를 세워주십니다.

13 저녁에는 메추라기가 와서 진에 덮이고 아침에는 이슬이 진 주위에 있더니 14 그 이슬이 마른 후에 광야 지면에 작고 둥글고 서리같이 가는 것이 있는지라. 15 이스라엘 자손이 보고 그것이 무엇인지 알지 못하여 서로 이르되 이것이 무엇이냐 하니 모세가 그들에게 이르되 이는 여호와께서 너희에게 주어 먹게 하신 양식이라(출 16:13-15).

실제로 저녁에 메추라기가 날아와서 진에 덮였다고 합니다. 고기를 먹게 해주신 것입니다. 이와 비슷한 이야기가 민수기 11장에 나옵니다. 그때는 실컷 먹게 만들어 줍니다. 그러고 나서 고기를 먹게 해달라고 불평했던 백성에게 큰 재앙을 내리십니다. 이른바 '기브롯 핫다아와 사건'

입니다(민 11:31-35).

지금은 전혀 다른 상황입니다. 저녁의 고기는 그냥 맛보기로 주신 정도에 불과합니다. 말하자면 일회성 이벤트였던 것입니다. 하나님은 매일 아침에 내려주시는 만나에 더 집중하십니다. 모세의 체면을 살려주기는 하셨지만, 그것이 본래 하나님의 계획은 아니었기 때문입니다. 생각해 보십시오. 만일 하나님께서 모세가 선포한 대로 하지 않으셨다면 어떻게 되었을까요? 고기를 기대했던 사람들은 실망했을 테고, 모세의 지도력은 크게 손상되었을 것이 분명합니다.

이스라엘 자손도 만나를 신기해합니다. 지금까지 한 번도 본 적이 없던 것이었기 때문입니다. 그들은 서로 묻습니다. "이것이 무엇이냐?"(What is it?) 이에 해당하는 히브리어가 '만-후'(man-hu) 입니다. 바로 여기에서 '만나'(manna)라는 말이 나왔습니다. 그들의 이야기를 듣고 모세는 하나님이 주신 양식이라고 말해줍니다. 그러면서 비로소 하나님이 가르쳐주신 '일용할 양식'의 원칙에 관해서 설명해줍니다.

> 여호와께서 이같이 명령하시기를 너희 각 사람은 먹을 만큼만 이것을 거둘지니 곧 너희 사람 수효대로 한 사람에 한 오멜씩 거두되 각 사람이 그의 장막에 있는 자들을 위하여 거둘지니라 하셨느니라(출 16:16).

여기에서 "먹을 만큼만 거두라"는 말씀이 중요합니다. 그것이 바로 '일용할 양식'의 정의이기 때문입니다. 만일 이 세상 사람들이 욕심내지 않고 '먹을 만큼만' 거둔다면, 기아에 허덕이는 사람들이 더는 생기지 않을 것입니다. 이집트 제국에서 히브리인이 파라오의 학대에 시달렸던 것도 사실 따지고 보면 더 많이 가지려는 욕심 때문에 생긴 일입니다. 이집트 제국이나 파라오 개인의 욕심을 채우기 위해서 변두리에서 떠돌던 사회적인 약자들을 노예로 삼아 강제노동을 시켰던 것이지요.

'히브리인의 하나님'이 그들을 지명하여 '내 백성'이라고 하며 구원하신 이유가 무엇일까요? 필요한 것 이상으로 욕심부리며 다른 사람을 지배하고 착취하는 그런 세상의 구조를 바꾸시려는 것입니다. 하나님이 창조하신 세계는 본래 그런 곳이 아니었습니다. 하나님은 인간의 죄로 인해 파괴된 이 세상이 원상회복되기를 원하셨습니다. 그 출발이 바로 이집트에서 학대받던 히브리인을 구원하는 것이었습니다. 그리고 '일용할 양식'이라는 하나님의 원칙에 따라서 살아가도록 그들을 지금 훈련하고 테스트하시는 것입니다.

그들은 이 테스트에 모두 잘 통과했을까요? 순종하지 않는 사람들도 더러 있었습니다. 욕심껏 챙겨두었다가 벌레가 생기고 악취가 나기도 했습니다(16:20). 어떤 사람들은 안식일에 거두러 나갔다가 허탕을 치고 돌아오기도 했습니다(16:27). 구원받았다고 해서 하루아침에 하나님의 백성으로 변하는 것이 아닙니다. 하나님의 원칙에 따라서 살아가는 오랜 훈련이 필요합니다.

아무튼, 그 이후로 '만나'는 광야 생활 40년 내내 이스라엘 자손의 식량이 되었습니다(출 16:35). 그러다가 여호수아가 광야 세대와 함께 가나안에 들어가서 '그 땅의 소산물을 먹은 다음 날'에 만나가 그쳤지요(수 5:12). 약속의 땅에서 더는 만나를 먹을 수 없었지만, 그 속에 담겨있는 하나님의 원칙은 구약의 하나님 백성을 통해서 계속 유지되었고, 예수 그리스도의 가르침으로 이어져 지금 우리에게까지 전해진 것입니다.

하마터면 모세의 개인적인 감정이입으로 인해 이렇게 중요한 하나님의 가르침을 그르칠 뻔했습니다. 그러나 하나님은 그를 책망하지 않으셨습니다. 오히려 권위를 세워주시면서 동시에 본래의 가르침을 회복시켜 주셨습니다. 또한, 습관적으로 불평하고 원망하는 사람들을 일일이 다듬으셔서 하나님의 백성으로 세워가셨습니다. 이와 같은 하나님의 의지와 은혜가 아니었다면, 구약의 하나님 백성은 만들어지지 않았을 것입니다.

같은 하나님께서 우리를 부르셔서 하나님의 백성으로 만들어가고 계십니다. 말씀을 듣고 순종하는 하나님의 테스트를 잘 받는다면, 우리도 언젠가 신앙적인 좋은 습관을 지닌 하나님의 백성으로 빚어질 수 있을 것입니다.

* **묵상 질문:** 나는 '일용할 양식'을 구하며 살고 있는가?
* **오늘의 기도:** 하나님의 뜻보다 우리의 욕심을 앞세우지 않게 하옵소서. 개인적인 감정을 앞세우다 하나님의 테스트에 실패하지 않도록 우리를 붙들어주옵소서. 늘 겸손하게 일용할 양식을 구하며 살아가는 하나님의 백성이 되게 해주옵소서. 예수님의 이름으로 기도합니다. 아멘.

르비딤광야 사건

읽을 말씀: 출애굽기 17:1-16

새길 말씀: 여호와께서 모세에게 이르시되 백성 앞을 지나서 이스라엘 장로들을 데리고
나일 강을 치던 네 지팡이를 손에 잡고 가라. 내가 호렙 산에 있는 그 반석
위 거기서 네 앞에 서리니 너는 그 반석을 치라. 그것에서 물이 나오리니 백성
이 마시리라. 모세가 이스라엘 장로들의 목전에서 그대로 행하니라(출 17:
5-6).

앞장에서 우리는 '일용할 양식'의 원칙에 대해서 살펴보았습니다. 이
집트에서 탈출했다고 해서 당장에 생활 습관이 바뀌게 되는 건 아닙니다.
욕심이라는 죄로부터 참된 자유를 얻으려면, '먹을 만큼만 거두는' 원칙
에 따라서 테스트를 받으며 사는 훈련이 필요합니다. 이스라엘 자손은
'신광야'에서부터 그 일을 시작했던 것입니다.

이제 그들은 그곳을 떠나 시내산을 향해 움직이기 시작했습니다. 그
러다가 '르비딤광야'(the wilderness of Rephidim)에 머물게 되었습니다. 그

곳에서는 또 어떤 일이 일어나게 될까요?

식수 부족 문제

이번에도 식수 부족이 문제가 되었습니다.

> **이스라엘 자손의 온 회중이 여호와의 명령대로 신광야에서 떠나 그 노정대로 행하여 르비딤에 장막을 쳤으나 백성이 마실 물이 없는지라**(출 17:1).

이스라엘 자손은 구름 기둥과 불기둥으로 인도하시는 하나님을 따라서 움직이고 있었습니다. 구름 기둥이 움직이면 텐트를 거두어서 그 뒤를 따라가고, 구름 기둥이 서면 그 자리에 다시 텐트를 치고 머무는 식이었습니다. 신광야에서 떠나 이곳 르비딤광야까지 온 것도 그렇게 '하나님의 명령대로' 순종한 것입니다.

그런데 문제가 생겼습니다. 르비딤에 텐트를 치고 보니 그곳에 마실 물이 없었던 것입니다. 광야에서 물은 곧 생명인데, 마실 물이 없다는 것은 생존을 위협하는 아주 심각한 문제입니다. 그러나 그보다 더욱 큰 문제가 있었습니다. 그곳으로 인도해오신 장본인이 바로 하나님이시라는 사실입니다. 그것은 하나님에 대한 믿음을 흔들었습니다. 자연스럽게 이스라엘 자손의 입에서 불평이 나왔습니다.

> **백성이 모세와 다투어 이르되 우리에게 물을 주어 마시게 하라. 모세가 그들에게 이르되 너희가 어찌하여 나와 다투느냐. 너희가 어찌하여 여호와를 시험하느냐**(출 17:2).

문제가 생기면 어떻게든 그 문제를 해결하면 됩니다. 르비딤에 물이 없다는 것을 모르고 하나님이 그곳으로 인도하셨을 리가 없지요. 그렇다면 하나님에게 어떤 해결책이 있을 것으로 기대해야 마땅한 일입니다. 그것이 하나님을 믿는 사람들의 기본자세입니다. 그러나 그들은 식수 부족의 문제 앞에서 대뜸 모세와 다투기 시작합니다. 마치 그것이 모세의 잘못이라도 되는 듯이 책임을 추궁합니다.

이런 식으로 매사에 지도자와 싸우려고 덤벼드는 것은 아주 못된 버릇입니다. 문제 해결에 아무런 도움이 되지 않습니다. 그들의 말에 이번에는 모세가 발끈합니다. "너희가 어찌하여 나와 다투느냐?" 사실 당황스럽기는 모세도 마찬가지입니다. 물이 없는 르비딤광야에 머물게 된 것은 자신이 결정한 일이 아닙니다. 구름 기둥이 멈추어 섰기 때문입니다. 그런데 모세의 책임이라고 몰아붙이니 화가 날 수밖에요.

모세는 한 걸음 더 나아가서 "너희가 어찌하여 하나님을 시험하느냐?"고 하면서 그들을 책망합니다. 여기에서 '시험'으로 번역된 히브리어 '나사'(nasah)는 앞의 마라 사건에서 하나님이 이스라엘 자손을 '시험'(test)한 것과 똑같은 단어입니다. 하나님이 어떤 원칙을 세워놓고 그것을 지키는지 테스트해보겠다고 하셨지요. 그런데 이번에는 이스라엘 자손이 거꾸로 하나님을 테스트하려고 한다는 지적입니다.

그러니까 그들은 "하나님이 있다면 당연히 이래야 한다"는 어떤 원칙을 가지고 있었던 것입니다. 만일 하나님이 있다면 당연히 그들은 굶주리지 않아야 하고, 그들의 필요는 반드시 채워져야 하고, 그들은 평탄한 길로만 가야 하고, 어려운 일은 조금도 당하지 않아야 한다는 생각입니다. 만일 그들의 기대와 다르면 그때는 하나님이 없는 증거로 간주하겠다는 것이지요(출 17:7).

이와 같은 생각은 그들이 하나님의 주인 되심을 온전히 인정하지 못하고 있다는 증거입니다. 말하자면 주객(主客)이 뒤바뀌어 있는 것이지요. 하나님이 그들을 테스트해야 하는데, 오히려 그들이 하나님을 테스트하겠다고 덤벼드니 말입니다. 그와 같은 이스라엘 자손의 태도는 분명히 잘못되었습니다. 그러나 그들을 대하는 모세의 태도에도 문제가 많습니다.

신광야에서 모세는 자신의 개인적인 감정을 앞세워서 하나님의 가르침을 그르칠 뻔했습니다. 그 앙금이 아직 남아 있었던 모양입니다. 이스라엘 자손과 똑같이 이렇게 다투고 있으니 말입니다. 그것은 마치 집안의 어른이 투정하는 아이들과 함께 말싸움을 벌이는 것과 같습니다. 그래서는 문제가 해결되지 않습니다. 어른은 어른다워야 하고, 지도자는 지도자다워야 합니다.

아니나 다를까 문제는 점점 눈덩이처럼 커집니다.

거기서 백성이 목이 말라 물을 찾으매 그들이 모세에게 대하여 원망하여 이르되 당신이 어찌하여 우리를 애굽에서 인도해 내어서 우리와 우리 자녀와 우리 가축 이 목말라 죽게 하느냐(출 17:3).

그들은 본격적으로 모세를 비난하기 시작합니다. 어쩌자고 이집트에서 우리를 인도해 내어 여기에서 죽게 하느냐는 것이지요. 그들은 홍해 앞에서도 똑같은 투로 말했습니다(14:11). 신광야에서도 역시 같은 말을 했습니다(16:3). 뿌리 깊은 버릇입니다. 문제만 생기면 이집트를 들먹이며 모세와 하나님을 원망합니다. 이집트에서 살던 때가 좋았다고 합니다. 이제 조금 있으면 아예 이집트로 돌아가자고 요구할 판입니다.

문제의 해결

분위기가 심상치 않게 돌아가자 모세는 그제야 하나님의 도움을 요청합니다.

모세가 여호와께 부르짖어 이르되 내가 이 백성에게 어떻게 하리이까. 그들이 조금 있으면 내게 돌을 던지겠나이다(출 17:4).

모세는 그들이 곧 자기를 죽이려고 할 것이라 하나님께 호소합니다. 이것은 과장된 표현이 아닙니다. 지금 모세는 하나님의 명령에 따라서 그들을 이끌고 시내산을 향해 가고 있습니다. 물론 최종 목적지는 약속의 땅, 가나안입니다. 이스라엘 자손은 모세가 목적지를 변경하지 않으리라는 걸 잘 압니다. 그렇다면 가던 방향을 바꾸어 이집트로 돌아가려면 어떻게 해야 할까요? 모세를 제거하고 새로운 지도자를 세우면 됩니다.

실제로 가나안 땅에 들어가기 직전에 그들은 마음을 바꿉니다. 그리고 '한 지휘관을 세우고' 이집트로 돌아가려고 했었습니다(민 14:4). 쿠데타를 일으키려고 했던 것이지요. 그와 비슷한 분위기를 지금 모세는 감지하고 있었습니다. 그래서 다급하게 하나님께 부르짖어 기도했던 것입니다.

⁵여호와께서 모세에게 이르시되 백성 앞을 지나서 이스라엘 장로들을 데리고 나일 강을 치던 네 지팡이를 손에 잡고 가라. ⁶내가 호렙 산에 있는 그 반석 위 거기서 네 앞에 서리니 너는 그 반석을 치라. 그것에서 물이 나오리니 백성이 마시리라. 모세가 이스라엘 장로들의 목전에서 그대로 행하니라(출 17:5-6).

하나님은 또 다른 이적을 준비하고 계셨습니다. 바위에서 물이 솟구쳐 나오는 이적입니다. 그런데 그 이적을 나타내기 위해서 모세는 하나님이 가르쳐준 절차대로 철저히 따라야 했습니다. 그 절차는 모세에 대한 하나님의 테스트였습니다. 하나님은 먼저 "백성 앞을 지나 이스라엘 장로들을 데리고 가라"고 하십니다. 모세 혼자서 비밀스럽게 시도하는 것이 아니라, 반드시 공개적인 자리에서 시도해야 한다는 뜻입니다.

그다음에 장로들이 지켜보는 가운데 "지팡이로 바위를 치라"고 하십니다. 지팡이로 바위를 깨뜨린다는 것은 상식적으로 불가능한 일입니다. 하나님의 말씀처럼 바위가 깨지면 천만다행이지만, 만일 지팡이가 부러지면 그땐 어떻게 될까요? 모세는 그 자리에서 돌에 맞아 죽습니다. 어쩌다가 바위가 깨진다손 치더라도, 만일 그 속에서 물이 나오지 않는다면 역시 그 자리는 모세의 무덤이 될 것입니다.

이런 상황에서 과연 하나님의 말씀에 온전히 순종할 수 있을까요? 쉬운 일이 아닙니다. 목숨을 걸어야 하는 일입니다. 그런데 모세는 그렇게 했습니다. 이스라엘 장로들이 지켜보는 앞에서 하나님의 말씀대로 순종했습니다. 그렇게 하나님의 이적이 나타났고, 식수 부족의 문제가 해결되었습니다. 모세는 그곳을 '맛사'(Massah) 또는 '므리바'(Meribah)라고 불렀습니다(17:7). 각각 하나님을 '시험한 곳'(testing place), 하나님과 '다툼'(quarreling)이라는 의미가 담겨있습니다.

그렇습니다. 아무리 홍해에서 극적으로 구원을 받았다고 하더라도, 하나님의 '하나님 되심'과 '주인 되심'을 온전히 받아들이지 못하면, 늘 하나님을 시험하며 하나님과 다투면서 살게 됩니다. 하나님의 가르침을 겸손히 받아들이는 것이 아니라, 오히려 하나님더러 이래야 한다, 저래야 한다고 가르치려 합니다. 자신의 기대와 다른 일에 대해 늘 불평하고 원망합니다. 그 일을 책임질 희생양을 찾습니다. 그들은 아직도 '하나님 백성'으로 빚어지지 못하고 있는 것입니다.

아말렉과의 싸움

공동체의 내부적인 어려움이 수습되자마자, 이번에는 아말렉족속과 싸움에 휘말리게 됩니다.

8그때에 아말렉이 와서 이스라엘과 르비딤에서 싸우니라. 9모세가 여호수아에게 이르되 우리를 위하여 사람들을 택하여 나가서 아말렉과 싸우라. 내일 내가 하나님의 지팡이를 손에 잡고 산꼭대기에 서리라(출 17:8-9).

'아말렉족속'(the Amalekites)은 아브라함 시대에 이미 가나안 남쪽의 가데스 땅에 거주하고 있었습니다(창 14:7). 가나안 땅을 정탐하는 이야기에서는 헷, 여부스, 아모리 사람과 함께 팔레스타인에 살고 있던 주민으로 소개하고 있습니다(민 13:29). 그들은 가데스 근방의 오아시스를 근거로 시나이반도를 자신들의 영토로 주장하며 약탈을 일삼던 호전적인 족속이었습니다. 그들이 이스라엘 자손의 등장을 가장 먼저 알아차리게 된 것은 지극히 자연스러운 일입니다.

그러나 모든 일에는 하나님의 때가 있는 법입니다. 여기서 '그때'는 맛사와 므리바 사건이 일어나던 바로 그때를 가리킵니다. 공교롭게도 그때 아말렉족속이 이스라엘 자손을 습격해 온 것입니다. 그냥 우연히 일어난 일로 보기 힘든 이유입니다. 그것은 하나님이 주시는 일종의 알람이었습니다. 그렇게 서로 원망하고 서로 싸움이나 하면서 한가롭게 지낼 때가 아니라는 하나님의 경고 메시지였던 것입니다.

바로 이 장면에서 '여호수아'가 처음으로 등장합니다. 출애굽기 뒷부분에서는 그를 모세의 '부하'(aide, NIV)로 소개합니다(출 24:13). 아예 모세의 '수종자'(servant)로 묘사되기도 합니다(수 1:1). 그러니까 여호수아는 가장 근거리에서 모세를 보필하던 사람이었던 것입니다. 모세 또한 그를 오래전부터 잘 알고 있었습니다. 그랬기에 위기의 순간에 그에게 중요한 역할을 맡길 수 있었던 것입니다.

모세는 여호수아에게 장정을 뽑아서 그들과 함께 나가서 아말렉과 싸우라고 명령합니다. 그러나 말이 좋아 '장정'(壯丁)이지, 그들은 지금까지 누구와 싸워본 적이 없습니다. 그것은 여호수아도 마찬가지였습니다.

군대의 조직을 갖춘 것도 아니고, 변변한 무기도 없습니다. 싸울 준비가 되지 않은 상태에서 무조건 나가 싸우라는 명령을 받은 것입니다. 게다가 상대는 싸움 잘하기로 소문난 아말렉족속입니다. 이스라엘 자손의 숫자가 아무리 많더라도 맞상대가 되지 않을 게 분명합니다.

그러면서 모세는 '하나님의 지팡이'를 손에 잡고 산꼭대기에 서겠다고 약속합니다. 그것이 무슨 뜻인지 여호수아가 알고 있었을까요? 그냥 높은 곳에서 지켜보면서 응원하겠다는 뜻인지, 아니면 하나님께 기도하겠다는 뜻인지 그는 알지 못했을 것입니다. 그러나 지금까지 여호수아는 모세가 '하나님의 지팡이'로 수많은 이적을 보이던 모습을 가까이에서 목격했을 것이 분명합니다.

홍해를 가를 때에도 모세의 손에 지팡이가 들려 있었습니다. 조금 전에도 그 지팡이로 바위를 깨뜨려서 물이 솟아 나오게 했습니다. 그러니 어떤 방식으로든 모세가 아말렉과의 전쟁에 개입할 것을 그는 확신했습니다. 그것은 사실 모세에 대한 확신이 아니라, 모세를 통해 일하시는 하나님에 대한 확신이었습니다. 그래서 목숨을 걸고 담대히 싸우러 나갈 수 있었던 것이지요.

> 10여호수아가 모세의 말대로 행하여 아말렉과 싸우고 모세와 아론과 훌은 산꼭대기에 올라가서 11모세가 손을 들면 이스라엘이 이기고 손을 내리면 아말렉이 이기더니…(출 17:10-11).

여호수아는 모세의 말대로 순종하여 나가서 아말렉과 싸웁니다. 그리고 모세는 산꼭대기로 올라가 그의 말대로 지팡이를 듭니다. 홍해가 갈라져서 마른 땅이 드러날 때까지 손을 들었던 것처럼, 이번에도 그럴 생각이었습니다. 신기하게도 모세가 손을 들고 있는 동안에는 이스라엘이 이깁니다.

이때 모세의 나이는 80세였습니다. 지팡이를 계속 들고 있는 것은 아무래도 무리한 일입니다. 그래서 손을 내리니까 이번에는 아말렉이 이깁니다. 계속 들고 있자니 너무 힘들고, 내리자니 이스라엘이 밀리고, 이러지도 저러지도 못하는 상황입니다. 그러자 모세와 함께 있던 아론과 훌이 나섭니다.

> 모세의 팔이 피곤하매 그들이 돌을 가져다가 모세의 아래에 놓아 그가 그 위에 앉게 하고 아론과 훌이 한 사람은 이쪽에서, 한 사람은 저쪽에서 모세의 손을 붙들어 올렸더니 그 손이 해가 지도록 내려오지 아니한지라. 여호수아가 칼날로 아말렉과 그 백성을 쳐서 무찌르니라(출 17:12).

이때 아론의 나이는 83세였습니다(출 7:7). 훌(Hur)은 유대 전통에 따르면, 모세의 누이였던 미리암(Miriam)의 남편이었습니다. 그 역시 모세보다 훨씬 나이가 많았을 것입니다. 그들이 모세와 함께 산에 올랐던 것은 다른 방법으로는 도울 길이 없었기 때문입니다. 그들은 모세와 함께 하나님의 도움을 간구하기 위해서 올라갔습니다. 그런데 이제 그들이 할 수 있는 일거리가 생겼습니다. 각각 모세의 팔을 양쪽에서 붙잡아서 내려오지 않게 하는 것입니다.

모세의 손은 해가 지도록 내려오지 않았고, 마침내 여호수아는 아말렉과 그 군대를 쳐서 물리칠 수 있었습니다. 그것은 지팡이로 바위를 깨뜨려서 물이 솟아 나오게 하는 것만큼이나 놀라운 일이었습니다. 그들은 이집트에서 학대받던 사람들입니다. 늘 얻어맞으면서 살아왔지, 누구와 싸워본 적도 이겨본 적도 없습니다. 그런데 엉겁결에 나간 첫 번째 전쟁에서 멋지게 승리한 것입니다. 게다가 호전적인 아말렉족속과 싸워서 이겼으니, 그것이야말로 정말 놀라운 이적이 아닐 수 없습니다.

이 경험은 이스라엘 자손이 큰 자신감을 가지는 계기가 되었습니다.

여차하면 이집트로 돌아갈 궁리만 하던 사람들에게 앞으로 계속해서 나아갈 용기를 갖게 해주었습니다. 바로 그 이유로 인해서 하나님은 아말렉을 이스라엘 자손의 손에 붙여주셨고 이기게 하셨던 것입니다. 그들을 하나님의 백성으로 만들어가시는 하나님의 일하심에는 이렇듯 한 치의 오차도 없었던 것입니다.

여호수아를 위한 기록

아말렉과의 전쟁이 끝난 후에 하나님은 이 일을 기록으로 남겨두라고 모세에게 명령하십니다.

> 여호와께서 모세에게 이르시되 이것을 책에 기록하여 기념하게 하고 여호수아의 귀에 외워 들리라. 내가 아말렉을 없이하여 천하에서 기억도 못하게 하리라(출 17:14).

이 기록은 여호수아를 위한 것이었습니다. 하나님은 "여호수아의 귀에 외워 들리라"고 합니다. NIV 성경은 "여호수아가 그것을 들을 수 있도록 확실히 해두라"(make sure that Joshua hears it)고 풀이합니다. 그런데 왜 하필 여호수아였을까요? 이때 이미 모세의 후계자로 점지해 두셨다는 뜻일까요? 후계자로서 그 일을 기억하고 있어야 한다는 뜻일까요? 그러나 굳이 기록으로 남겨두지 않아도 여호수아가 평생 이번 일을 잊어버릴 가능성은 전혀 없습니다. 그 놀라운 경험을 어떻게 잊어버릴 수 있겠습니까?

아니면 그 뒤에 언급된 아말렉을 완전히 없애버리라는 하나님의 명령을 여호수아가 잊지 않게 하라는 뜻일까요? 그 명령은 여호수아와 아무 상관 없이, 사울 왕(삼상 15:8)과 다윗 왕(삼상 27:8) 시대를 거쳐서 히스

기야 왕 때 가서야 성취되었습니다(대상 4:43). 그렇다면 굳이 여호수아를 지목하여 이렇게 말씀하시는 이유가 무엇일까요?

그것은 앞으로 가나안 땅에 들어가서 아모리 족속의 연합군과 싸울 때 꼭 필요했기 때문입니다. 그때 여호수아는 태양과 달을 향해 멈추라고 선포하며 기도했습니다(수 10:12-13). 실제로 거의 24시간 가까이 태양과 달은 그 자리에 멈췄고, 그 밝은 빛 아래서 여세를 몰아 아모리 연합군을 완전히 무찌를 수 있었습니다.

여호수아는 그 비결을 어디에서 배웠을까요? 바로 이곳 '르비딤광야'에서 배웠습니다. 어떻게 해서든지 해가 지도록 기도의 손이 내려오지 않으면 전쟁에서 이긴다는 사실을 모세가 남겨둔 기록을 통해서 배웠던 것입니다. 그래서 아예 해가 지지 않도록 태양을 향해 "멈춰서라!"고 선포하며 기도했고, 놀랍게도 그 이적이 나타났던 것이지요(수 10:14). 하나님은 지금 그 일까지도 앞서 내다보고 계시는 것입니다.

아무튼, 모세는 승전을 기념하여 르비딤광야에서 제단을 쌓고 하나님께 감사 예배를 드립니다. 그리고 그곳 이름을 '여호와 닛시'라고 부릅니다(17:15). '여호와는 나의 깃발'(The Lord is my banner)이라는 뜻입니다. 이번 전쟁뿐만 아니라, 앞으로의 모든 전쟁은 하나님께 속한 것임을 이렇게 고백하고 있는 것입니다.

하나님은 문제와 어려움을 통해서도 그의 백성을 빚어가십니다. 식수 부족을 이유로 내부적인 갈등과 다툼이 일어났을 때, 하나님은 그 문제를 해결해주셨을 뿐만 아니라 모세의 리더십을 든든히 세워주셨습니다. 아말렉족속이 기습 공격을 해왔을 때, 오히려 그 어려움을 통해서 이스라엘 자손이 하나가 되게 하셨고, 뒤로 물러서지 않고 앞으로 나아갈 수 있는 자신감을 가지게 해주셨습니다. 그리고 모세의 뒤를 이어갈 다음 세대의 지도자를 자연스럽게 등장하게 하셨습니다.

따라서 이제부터 우리는 어떤 경우에도 '하나님의 깃발'을 높이 들기만 하면 됩니다. 모든 전쟁은 하나님께 속한 것임을 고백하면 됩니다. 우리가 하나님의 백성임을 선포하면 됩니다. 그러면 하나님이 이기게 하십니다. 우리를 향한 하나님의 약속이 반드시 이루어집니다.

* 묵상 질문: 나는 지금 어떤 깃발을 들고 살아가고 있는가?
* 오늘의 기도: 불평과 원망으로 문제를 더욱 확대재생산 하는 어리석음에 빠지지 않게 하옵소서. 어떤 경우에도 하나님보다 앞서는 일이 없게 하시고, 언제나 하나님의 깃발을 높이 들고 나아가게 하옵소서. 기도의 동역자가 되어서 이 세상을 넉넉히 이기며 살게 하옵소서. 예수님의 이름으로 기도합니다. 아멘.

이드로의 지혜

읽을 말씀: 출애굽기 18:1-27

새길 말씀: 너는 또 온 백성 가운데서 능력 있는 사람들 곧 하나님을 두려워하며 진실하며 불의한 이익을 미워하는 자를 살펴서 백성 위에 세워 천부장과 백부장과 오십부장과 십부장을 삼아 그들이 때를 따라 백성을 재판하게 하라. 큰 일은 모두 네게 가져갈 것이요 작은 일은 모두 그들이 스스로 재판할 것이니 그리하면 그들이 너와 함께 담당할 것인즉 일이 네게 쉬우리라(출 18:21-22).

앞장에서 우리는 이스라엘 자손이 르비딤광야에서 경험했던 두 가지 사건에 대해서 살펴보았습니다. 그 하나는 식수 부족을 이유로 하마터면 모세가 지도력을 상실할 뻔했던 일입니다. 하나님은 모세의 지팡이로 바위를 깨뜨려 물이 솟아나게 하심으로, 그를 든든히 세워주셨지요. 다른 하나는 아말렉족속의 기습 공격을 받게 된 일입니다. 하나님은 모세의 간절한 기도와 여호수아의 절대적인 순종으로 극적인 승리를 맛보게 하셨고, 그 이후로 이스라엘 자손은 '하나님의 깃발' 아래 뭉치게 되었습니다.

그러나 출애굽공동체는 어떤 문제가 발생했을 때 그것을 걸러내고 풀어낼 수 있는 내부적인 시스템을 아직 갖추지 못했습니다. 마라의 샘이나 신광야에서도 그랬지만, 이번 르비딤광야에서도 문제가 생기면 '이스라엘 온 회중'이 곧바로 '모세'에게 불평을 직접 쏟아놓는 구도가 만들어졌습니다. 그러다 보니까 필요 이상으로 문제가 증폭되어 지도자의 리더십 자체가 흔들리는 일이 반복되곤 했던 것입니다.

게다가 외부적인 위기에 대처할 시스템도 갖추지 못했습니다. 아말렉족속에게 기습 공격을 받았을 때, 그들은 아무런 준비가 없는 상태에서 무작정 전투에 뛰어들어야 했습니다. 물론 하나님의 도우심으로 가까스로 위기를 넘기기는 했지만, 앞으로 또다시 그런 일이 반복되지 않으려면 반드시 어떤 조치가 있어야 합니다. 그런데 진짜 문제는, 당시 출애굽공동체를 이끌던 모세나 아론에게 그에 대한 아무런 문제의식도, 그 문제를 해결할 아무런 아이디어도 없었다는 사실입니다.

미디안 제사장 이드로

바로 이때 모세의 장인 '이드로'가 등장합니다. 그의 지혜를 통해서 출애굽공동체는 새로운 조직과 면모를 갖추게 됩니다. 오늘 우리가 살펴볼 내용입니다.

모세의 장인이며 미디안 제사장인 이드로가 하나님이 모세에게와 자기 백성 이스라엘에게 하신 일 곧 여호와께서 이스라엘을 애굽에서 인도하여 내신 모든 일을 들으니라(출 18:1).

우선 모세의 장인에 대한 성경의 기록을 한번 정리할 필요가 있습니다. 왜냐면 여러 이름이 혼용되고 있기 때문입니다. 출애굽기에서 모세가 미디안으로 도피하는 장면에서는 '르우엘'로 등장합니다(2:18). 그러다가 곧바로 '이드로'로 정정됩니다(3:1). 사사기에는 '호밥'이라고 되어 있습니다(삿 4:11). 우리를 가장 혼란스럽게 만드는 것은 이 '호밥'을 '르우엘'의 아들로 소개하고 있는 민수기 본문입니다(민 10:29). 누가 진짜 모세의 장인인지 알 수 없게 만듭니다.

이 문제에 관한 성서학자들의 연구를 단순하게 정리하면, '르우엘'과 '이드로'는 이명동인(異名同人)입니다. 이름은 다르지만 같은 사람입니다. '호밥'을 '모세의 장인'으로 소개하고 있는 사사기 본문은 '모세의 처남'으로 바로 잡아야 합니다. 실제로 이드로는 이스라엘 자손과 함께 머물지 않고 르비딤광야에서 곧바로 미디안 자기 집으로 돌아갔습니다(출 18:27). 그러나 '호밥'은 모세의 아내 십보라와 함께 시내산 체류 기간 내내 계속 머물렀습니다(민 10:29). 그러다가 후에 유다지파와 함께 가나안에 정착합니다(삿 1:16).

아무튼, 여기에서 우리가 주목해야 하는 것은 바로 그의 직함입니다. 이름이 다를지는 몰라도, '르우엘'이나 '이드로' 모두 '미디안 제사장'으로 소개되고 있다는 점에서는 다르지 않습니다. 우리말 '제사장'에 해당하는 히브리어는 '코헨'(kohen)인데, 아브라함이 전쟁 포로가 되어 잡혀가던 롯을 구해내어 돌아오던 길에서 만난 살렘 왕 멜기세덱이 바로 '코헨'이었습니다. 그는 '지극히 높으신 하나님' 즉 '엘 엘리온'(El Elyon)의 제사장이었던 것입니다.

이스라엘 공동체에 제사장직이 공식적으로 도입된 것은 시내산 계약 때의 일입니다(출 28:1). 그러나 하나님(El)을 섬기는 사람들은 그 이전부터 있었습니다. 아브라함이나 멜기세덱이 바로 그들이었습니다. 하나님을 섬기려면 누군가가 제사장의 역할을 해야 합니다. 대개는 가장(家長)이 그 일을 했습니다. 따라서 가장은 그 집안의 제사장으로 불렸습니다. 이드로도 역시 마찬가지였던 것입니다.

성경은 이드로를 '겐 사람'(the Kenites)으로 소개합니다(삿 1:16). '겐 족속'은 아브라함 시대부터 이미 언급됩니다(창 15:19). 이들은 주로 아카바만(the gulf of Akabah) 주위의 산악지대에 살고 있었는데(민 24:21), 이드로의 가족은 미디안 광야로 내려갔던 것이지요.

그들이 어떻게 하나님을 섬기게 되었는지는 알 길이 없습니다. 할례 문제로 모세와 십보라가 다투었던 것으로 미루어서, 그들은 아브라함의 후손과 그렇게 가깝게 지내던 사이는 아니었던 것으로 보입니다. 그렇지만 분명한 것은 그들이 하나님을 섬기는 사람들이었다는 사실입니다. 모세가 미디안 광야에서 이드로 가족을 만난 것은 우연의 일치가 아닙니다.

이드로는 모세의 소명에 대해서 알지 못했습니다. 도중하차하고 집으로 돌아온 그의 딸 십보라를 통해서 모세가 하나님의 부르심을 받고 이집트에 있는 히브리인을 구하려 내려갔다는 사실을 비로소 알게 되었습니다. 만일 모세가 처음부터 솔직하게 알렸더라면, 장인으로부터 큰 지지와 격려를 받았을지도 모릅니다.

그 이후로 이드로는 모세의 소식에 귀를 기울였을 것입니다. 그러다가 수많은 히브리인이 이집트를 탈출하여 시내산 쪽으로 오고 있다는 소문을 듣게 되었고, 그 즉시 마중 나오게 된 것입니다. 모든 일에는 하나님의 때가 있는 법인데, 이드로는 가장 적절한 때에 등장합니다.

구원사(救援史) 증언

이드로는 모세에게 사람을 보내 그의 아내와 아들들과 함께 도착하였음을 알립니다.

> 7모세가 나가서 그의 장인을 맞아 절하고 그에게 입 맞추고 그들이 서로 문안하고 함께 장막에 들어가서 8모세가 여호와께서 이스라엘을 위하여 바로와 애굽 사

람에게 행하신 모든 일과 길에서 그들이 당한 모든 고난과 여호와께서 그들을 구
원하신 일을 다 그 장인에게 말하매…(출 18:7-8).

모세는 본래 말이 없던 사람이었습니다. 오죽했으면 말더듬이가 되
었겠습니까? 그러나 지금은 완전히 다른 사람이 되었습니다. 장인을 만
나자마자 그동안의 일들을 풀어놓기 시작하는데, 끝이 없습니다. 하나님
이 이집트 땅에 어떤 일을 행하셨는지, 그들이 홍해를 어떻게 건너게 되
었는지를 이야기합니다. 마라의 쓴 물이 단물로 바뀐 기적과 매일 아침
만나를 거두게 된 일과 바위에서 물이 터져 나온 일과 아말렉족속을 이긴
무용담까지, 그 모든 이야기를 한꺼번에 폭포수처럼 쏟아놓습니다.

이때 모세의 얼굴은 환하게 빛났을 것이고, 모세의 말에는 힘이 있었
을 것입니다. 그가 직접 목격하고 체험한 하나님의 권능에 대한 살아 있
는 증언이기 때문입니다. 만일 제삼자를 통해서 간접적으로 전해 들은
이야기라면 그렇게 말할 수 없었을 것입니다. 또한, 그 말을 듣는 사람에
게 큰 확신을 주지도 못했을 것이고, 공감을 얻어내지도 못했을 것입니
다. 모세의 생생한 증언은 이드로의 입에서 감격스러운 찬양이 터져 나
오게 했습니다.

9이드로가 여호와께서 이스라엘에게 큰 은혜를 베푸사 애굽 사람의 손에서 구원
하심을 기뻐하여 10이드로가 이르되 여호와를 찬송하리로다. 너희를 애굽 사람
의 손에서와 바로의 손에서 건져내시고 백성을 애굽 사람의 손 아래에서 건지셨
도다. 11이제 내가 알았도다. 여호와는 모든 신보다 크시므로 이스라엘에게 교만
하게 행하는 그들을 이기셨도다…(출 18:9-11).

앞서 설명했듯이, 이드로는 이미 오래전부터 하나님을 믿어오던 사
람이었습니다. 그러나 하나님의 놀라운 권능을 확인한 것은 이번이 처음

이었습니다. 그래서 그는 이렇게 고백합니다. "이제 내가 알았도다. 여호와는 모든 신보다 크시도다"(Now I know that the LORD is greater than all other gods. NIV) 이것은 욥의 고백을 연상하게 합니다. "인정합니다. 전에는 내가 주님에 대한 소문만 들었으나 이제는 내 눈과 내 귀로 직접 보고 들었습니다!"(욥 42:5, MSG)

하나님의 권능과 은혜를 확인한 사람들이 마땅히 해야 할 일이 하나 있습니다. 그것은 바로 하나님을 예배하는 것입니다.

> 모세의 장인 이드로가 번제물과 희생제물들을 하나님께 가져오매 아론과 이스라엘 모든 장로가 와서 모세의 장인과 함께 하나님 앞에서 떡을 먹으니라(출 18:12).

이드로는 본래 양치는 사람이었습니다. 이곳에 올 때도 그냥 오지는 않았을 것입니다. 그는 자신이 기르던 양들을 아끼지 않고 즉시 하나님께 번제물과 희생제물로 바쳤습니다. 그리고 이스라엘 모든 장로와 함께 하나님 앞에서 '공동식사'를 나누었습니다. 그렇게 이드로는 구원받은 하나님의 백성과 하나가 되었습니다. 후에 그의 가족들이 이스라엘 자손과 함께 가나안 땅으로 들어갈 수 있었던 것도, 바로 하나님의 구원역사를 자신의 이야기로 받아들였기 때문입니다.

그렇습니다. 하나님의 백성은 본래부터 '혈연공동체'가 아니라 '신앙공동체'입니다. 이집트에서 탈출한 히브리인들은 모두 같은 조상을 두지는 않았습니다. 그러나 같은 하나님을 통해서 구원받은 공동의 경험이 그들을 한 공동체로 묶었던 것입니다. 오직 그들만 하나님의 백성이 될 자격이 있는 것은 아닙니다. 앞으로도 그들이 경험한 구원의 역사를 자신의 이야기로 받아들인 사람들은 누구나 하나님의 백성이 될 수 있습니다. 이드로가 그랬던 것처럼, 하나님을 인정하고 '공동예배'와 '공동식사'

를 통해서 한 몸의 지체가 되어 가는 것이지요. 지금도 하나님의 백성은 이런 방식으로 계속 확장되고 있습니다.

이드로의 조언

그다음 날 이드로는 모세가 온종일 앉아서 재판하는 모습을 보게 됩니다.

13이튿날 모세가 백성을 재판하느라고 앉아 있고 백성은 아침부터 저녁까지 모세 곁에 서 있는지라. 14모세의 장인이 모세가 백성에게 행하는 모든 일을 보고 이르되 네가 이 백성에게 행하는 이 일이 어찌 됨이냐. 어찌하여 네가 홀로 앉아 있고 백성은 아침부터 저녁까지 네 곁에 서 있느냐(출 18:13-14).

우리말 '재판하다'에 해당하는 히브리어는 '샤파트'(shaphat)입니다. 여기에서 '쇼페팀'(shophetim) 즉 '사사'(土師) 라는 용어가 나왔습니다. '사사'는 이스라엘 백성들이 약속의 땅에 정착하여 살기 시작하던 초창기 약 200년 동안에만 등장하는 아주 독특한 지도자입니다. 외적이 침입했을 때는 군사 지도자로서 역할을 하고, 평상시에는 백성들 사이의 문제를 판단해주는 역할을 합니다. 지금 모세의 모습 그대로입니다. 얼마 전에는 아말렉과 전쟁을 치렀고, 이제는 백성을 재판하고 있으니 말입니다.

이집트에서 탈출한 히브리인이 하나님의 구원을 경험하고 하나의 공동체로 출발하기는 했지만, 공동체 내부적으로 아무런 문제가 없었던 것은 아닙니다. 그 많은 사람이 함께 지내다 보면 크고 작은 불편한 일들이 생기게 마련입니다. 누군가는 그 문제를 판단하고 해결해주어야 합니다. 그 일을 모세 혼자서 직접 처리하고 있었던 것입니다. 모세는 끝없이 밀려오는 민원을 처리하느라 정신이 없었고, 백성은 자기 차례가 올 때까지 한없이 기다려야 했습니다.

지금 최소한 이백만 명이 넘는 사람들이 몇 달째 함께 생활하고 있습니다. 아무리 능력이 많은 지도자라고 하더라도, 그렇게 많은 사람의 문제를 혼자서 처리한다는 것은 사실상 불가능합니다. 그러다 보니 백성들 사이에 불만의 목소리가 점점 높아질 수밖에요. 이드로는 출애굽공동체가 지닌 문제의 핵심을 파악하는 데 그리 오랜 시간이 걸리지 않았습니다. 그들에게는 공동체의 내부적인 문제를 걸러내고 풀어낼 수 있는 어떤 적절한 시스템이 필요했던 것입니다.

> 17모세의 장인이 그에게 이르되 네가 하는 것이 옳지 못하도다. 18너와 또 너와 함께한 이 백성이 필경 기력이 쇠하리니 이 일이 네게 너무 중함이라. 네가 혼자 할 수 없으리라(출 18:17-18).

이드로는 모세가 하는 것이 "옳지 못하다"고 말합니다. 그런데 "옳지 못하다" 보다는 "좋지 못하다"(not good)로 번역하는 것이 맞습니다. 지도자가 백성들의 문제에 관심을 가지고 돌보는 것은 사실 '옳은 일'입니다. 마땅히 그래야 합니다. 그러나 혼자서 모든 일을 처리하겠다고 하는 것은 지나친 욕심입니다. 절대로 '좋은 일'이 아닙니다. 얼마 지나지 않아서 지도자와 백성들이 모두 탈진하게 될 것이 분명하기 때문입니다. 올바른 의도가 얼마든지 좋지 않은 결과를 가져올 수 있다는 사실을 알아야 합니다. 그래서 지혜가 필요합니다.

이드로는 '두 트랙'으로 처리하라고 모세에게 조언합니다. 하나님께 가져올 '큰일'과 그렇지 않은 '작은 일'을 구분하라는 것입니다.

> 19이제 내 말을 들으라. 내가 네게 방침을 가르치리니 하나님이 너와 함께 계실지

로다. 너는 하나님 앞에서 그 백성을 위하여 그 사건들을 하나님께 가져오며 20그들에게 율례와 법도를 가르쳐서 마땅히 갈 길과 할 일을 그들에게 보이고…(출 18:19-20).

'큰일'이란 '어려운 일'(the difficult cases)을 의미합니다. 과거의 판례가 없는 새로운 문제가 이에 해당합니다. 그것은 모두 하나님께 가져와야 합니다. 아무리 하나님이 특별히 지명하여 세운 모세라고 할지라도 그것을 섣불리 판단하려고 해서는 안 됩니다. 어려운 문제는 먼저 하나님께 내어놓고 하나님의 판단을 받아야 마땅합니다. 그런 후에 모세는 그것을 '율례'와 '법도', 즉 '규칙'(rules)과 '지침'(instructions)으로 풀어서 가르치면 됩니다. 어떻게 살아야 하는지, 무엇을 해야 하는지 보여주라는 것입니다.

21너는 또 온 백성 가운데서 능력 있는 사람들 곧 하나님을 두려워하며 진실하며 불의한 이익을 미워하는 자를 살펴서 백성 위에 세워 천부장과 백부장과 오십부장과 십부장을 삼아 22그들이 때를 따라 백성을 재판하게 하라. 큰 일을 모두 네게 가져갈 것이요 작은 일은 모두 그들이 스스로 재판할 것이니 그리하면 그들이 너와 함께 담당할 것인즉 일이 네게 쉬우리라(출 18:21-22).

'작은 일'이란 '단순한 일'(the simple cases)을 의미합니다. 과거의 판례에 따라서 얼마든지 판단할 수 있는 그런 문제입니다. 그 일들은 천 명, 백 명, 오십 명, 열 명 단위로 사람들을 묶고 각각 지도자를 세워 책임지도록 하면 됩니다. 그러다가 정 해결하기 힘든 일이 생기면, 그때는 모세에게 가져오게 하라는 것이지요. 나머지는 그들이 알아서 처리하도록 하면, 모세가 져야 할 짐이 훨씬 가벼워질 것입니다.

물론 어떤 사람을 중간 지도자로 세울 것인가가 관건입니다. 이드로는 능력 있는 지도자의 몇 가지 기준을 제시합니다. 첫째는 '하나님을 두려워하는 사람'입니다. 둘째는 '진실한 사람'입니다. 그리고 셋째는 '불의한 이익을 미워하는 사람'입니다. '하나님 경외'와 '정직'과 '청렴', 이것이 신앙공동체를 섬기는 지도자에게 꼭 필요한 능력입니다. 앞으로 모세가 해야 할 일은 그런 사람들을 눈여겨보았다가 필요한 자리에 세워주는 것입니다.

공동체의 유익

그렇게 일을 처리함으로써 공동체가 얻게 되는 유익이 있다고 이드로는 말합니다.

> 네가 만일 이 일을 하고 하나님께서도 네게 허락하시면 네가 이 일을 감당하고 이 모든 백성도 자기 곳으로 평안히 가리라(출 18:23).

우선 지도자가 얻는 유익이 있습니다. 이 일을 감당하게 됩니다. 우리말로는 '감당하다'로 번역되었지만, 본래는 '견뎌내다'(endure)라는 뜻입니다. 부담과 압박을 잘 견뎌낼 수 있다는 것입니다. 그래서 NIV 성경은 "네가 그 부담을 견뎌낼 것이다"(You will be able to stand the strain)로 풀이합니다. 지도자가 심적인 부담을 잘 소화해내지 못하면, 본의 아니게 공동체에 손해를 끼치게 되어있습니다.

실제로 이곳 르비딤광야에서 식수 부족의 문제로 불평하는 사람들을 감정적으로 대하다가 문제가 더욱 악화되는 일을 경험하지 않았습니까. 하나님이 모세의 권위를 세워주심으로 해결되기는 했지만, 계속 그런 식으로 가다가는 언젠가 정말 큰일이 납니다. 따라서 쉽게 탈진하지 않고 끝까지 주어진 사명을 잘 감당하려면 동역자를 세워서 함께 일해야 합니다. 예루살렘교회에서 사도들이 일곱 집사에게 구제 사역을 맡기고 자신들은 기도 사역과 말씀 사역에 집중한 것도 바로 그 때문입니다(행 6:3).

또한, 백성이 얻는 유익이 있습니다. 모두 '자기 곳으로 평안히 갈 것'이라고 말합니다. "평안히 간다"는 말은 "만족하여 간다"(go home satisfied, NIV)는 뜻입니다. 모세가 혼자서 일을 처리했을 때 사람들은 자기 차례가 올 때까지 마냥 기다려야 했습니다. 문제를 충분히 이야기할 시간도 없었을 것입니다. 그러니 불만이 더 쌓일 수밖에요. 그러나 중간 지도자들이 세워지면서 더 많은 문제가 해결될 수 있습니다. 그만큼 백성들은 더욱 만족하게 되는 것이지요.

여기에는 한 가지 전제 조건이 있습니다. 그것은 바로 "하나님이 허락하시면"입니다. 아무리 좋은 계획이라도 먼저 하나님의 허락을 받아야 합니다. "사람이 마음으로 자기의 길을 계획할지라도 그의 걸음을 인도하시는 이는 여호와시니라"(잠 16:9)고 했습니다. 모든 일에 가장 먼저 하나님을 포함하는 것이 진정한 지혜입니다. 그런 의미에서 이드로는 하나님을 경외하는 참으로 지혜로운 사람이었습니다.

모세는 이드로의 조언을 받아들여 중간 지도자를 세우고 역할을 분담하여 일을 처리하기 시작했습니다. 어려운 일은 모세에게 가져오게 하고, 작은 일은 그들이 책임지고 맡아서 하게 했습니다. 물론 가장 먼저 하나님의 허락을 받았을 것입니다. 그리고 이때의 경험을 더욱 발전시켜서, 시내산 체류 후에는 야곱의 열두 지파를 기본 골격으로 하고 그 속에 '수많은 잡족'을 녹여내는 조직 개편을 합니다. 이집트에서 탈출할 때만 해도 그냥 우르르 몰려나온 히브리인들이 그렇게 육십만 명의 '여호와의 군대'(12:41)로 빚어지게 되었던 것입니다.

만남이 축복입니다. 이드로와 같은 지혜로운 사람을 만나게 된 것은 모세에게 정말 큰 축복입니다. 그런데 옆에서 이드로가 아무리 훌륭한 조언을 해주어도, 만일 모세가 그것을 받아들이지 않았다면 어떻게 되었을까요? 하나님의 백성은 만들어지지 못했을 것입니다. 진정한 지도력은 자신의 부족함을 솔직히 인정할 때 생겨납니다. 겸손한 사람만이 다른 사람의 거룩한 아이디어를 받아들일 줄 압니다. 그래서 계속해서 성장하는 것입니다.

* **묵상 질문:** 나에게는 함께 일할 동역자가 있는가?
* **오늘의 기도:** 하나님의 일을 할 때 결코 독불장군이 되지 않게 하옵소서. 혼자서 열심히 일하는 것을 헌신이라 착각하지 않게 하시고, 동역자들을 세우고 그들과 함께 힘을 모아 일하는 지혜를 가지게 하옵소서. 그리하여 더불어 행복하게 신앙생활 하며 하나님의 나라를 일구어가게 하옵소서. 예수님의 이름으로 기도합니다. 아멘.

시내산 계약의 준비

읽을 말씀: 출애굽기 19:1-25

새길 말씀: 여호와께서 모세에게 이르시되 너는 백성에게로 가서 오늘과 내일 그들을
성결하게 하며 그들에게 옷을 빨게 하고 준비하게 하여 셋째 날을 기다리게
하라. 이는 셋째 날에 나 여호와가 온 백성의 목전에서 시내산에 강림할 것임
이니 너는 백성을 위하여 주위에 경계를 정하고 이르기를 너희는 삼가 산에
오르거나 그 경계를 침범하지 말지니 산을 침범하는 자는 반드시 죽임을 당할
것이라(출 19:10-12).

르비딤광야에서 머무는 동안 출애굽공동체는 세 가지 큰 문제를 해결
했습니다. 먼저 바위에서 물이 솟아 나오는 이적을 통해서 식수 부족의
문제를 해결하면서 동시에 흔들리던 모세의 리더십을 회복했습니다. 그
다음에 아말렉족속과의 전쟁에서 승리함으로써 계속해서 앞으로 나아갈
용기를 얻었습니다. 마지막으로 이드로의 지혜로운 조언에 따라서 공동
체 내부적인 문제를 걸러내고 해결할 수 있는 시스템을 갖추게 되었습니

다. 모두 하나님의 계약 백성이 세워지는 데 필요한 과정이었습니다.

　신앙공동체의 문제나 어려움이 겉으로 드러나는 것을 두려워해서 감추려고 하면 안 됩니다. 그러면 정말 문제가 됩니다. 하나님의 방식으로 그 문제를 풀어가면 오히려 공동체적으로 한 단계 더 성숙하는 기회가 될 수 있습니다. 하나님은 당신의 백성을 세워가기 위해서 모든 상황을 사용하십니다. 그 상황에 하나님을 포함하면 약속의 땅을 향한 구원의 길이 열리게 되어있습니다. 그러나 하나님 없이 선택하다 보면 결국에는 이집트의 노예 생활로 다시 돌아가고 마는 것입니다.

하나님의 목적

이집트에서 탈출한 히브리인들은 우여곡절 끝에 드디어 시내산에 도착했습니다. 이곳에서 그들은 하나님과 계약을 맺고 '하나님의 백성, 이스라엘'로 탄생하게 될 것입니다.

> **1이스라엘 자손이 애굽 땅을 떠난 지 삼 개월이 되던 날 그들이 시내 광야에 이르니라. 2그들이 르비딤을 떠나 시내 광야에 이르러 그 광야에 장막을 치되 이스라엘이 거기 산 앞에 장막을 치니라(출 19:1-2).**

르비딤광야와 시내 광야는 사실 그렇게 멀리 떨어지지 않았습니다. 처음부터 시내 광야를 목적지로 삼았다면 굳이 르비딤광야에 머물지 않고 직접 와도 좋을 뻔했습니다. 그러나 하나님의 생각은 우리의 생각을 훌쩍 뛰어넘습니다. 르비딤광야에 머물렀다가 오게 하신 것은 마치 마라의 샘을 거쳐서 엘림 오아시스로 인도하시던 것과 똑같습니다. 하나님에게는 한 치의 오차도 없습니다. 하나님의 이끄심에는 반드시 이유가 있습니다.

아무튼, 이집트 땅을 떠난 지 꼭 3개월이 되던 날에 그들은 시내산 앞의 시내 광야에 도착했습니다. 앞으로 이곳에서 약 10개월가량 머물다가, 둘째 해 둘째 달 스무날에 약속의 땅을 향해 출발하게 될 것입니다 (민 10:11). 이곳에서 지내는 동안 이집트에서 탈출한 히브리인들은 '구원 공동체'에서부터 '계약공동체'로 한 단계 더 성장하게 될 것입니다. 그리하여 단순히 '목적 없는 해방'(freedom from)이 아니라 '목적 있는 해방'(freedom for)으로 그들을 불러내신 하나님의 뜻을 확실히 깨닫게 될 것입니다.

계약의 준비를 위해서 하나님은 먼저 모세를 따로 불러서 말씀하십니다.

> 3모세가 하나님 앞에 올라가니 여호와께서 산에서 그를 불러 말씀하시되 너는 이 같이 야곱의 집에 말하고 이스라엘 자손들에게 말하라. 4내가 애굽 사람에게 어떻게 행하였음과 내가 어떻게 독수리 날개로 너희를 업어 내게로 인도하였음을 너희가 보았느니라(출 19:3-4).

하나님은 백성에게 전해야 할 말씀을 가르쳐주십니다. 하나님과 계약을 맺기 전에, 지금까지 그들이 겪었던 사건들의 의미를 정리해볼 필요가 있었습니다. 그들이 이집트 땅에서 탈출하여 이곳까지 올 수 있었던 것은 전적으로 하나님이 하신 일임을 가장 먼저 고백해야 합니다.

그들은 하나님이 어떻게 이집트 사람들에게 행하였는지를 직접 목격했습니다. 특히 열 가지 재앙과 홍해 사건은 하나님의 하나님 되심을 만천하에 드러내신 놀라운 사건이었습니다. 그 사건은 하나님을 거부하던 파라오와 이집트 사람에게 '큰 심판'이 되었지만, 하나님의 말씀에 순종하던 사람들에게는 '큰 구원'이 되었습니다. 마치 독수리 날개로 태워 데려오듯이, 하나님이 그들을 이곳까지 인도해오신 것입니다.

5세계가 다 내게 속하였나니 너희가 내 말을 잘 듣고 내 언약을 지키면 너희는 모든 민족 중에서 내 소유가 되겠고 6너희가 내게 대하여 제사장 나라가 되며 거룩한 백성이 되리라. 너는 이 말을 이스라엘 자손에게 전할지니라(출 19:5-6).

그러나 여기에서 분명히 해두어야 할 것이 있습니다. 하나님께서 그들을 구원하셨다고 해서, 하나님을 그들만을 위한 분이라고 생각해서는 안 된다는 사실입니다. 세계가 다 하나님에게 속하였습니다. 온 세상은 모두 하나님의 소유입니다. 그런데 어찌 된 일인지 하나님은 모든 민족 중에서 그들을 특별히 선택하여 '내 소유' 즉 '내 특별한 보물'(my own special treasure, NLT)로 삼으신 것입니다.

하나님은 그들을 '제사장 나라'(a kingdom of priests)로 삼겠다고 하십니다. 다시 말해서 제사장으로만 구성된 백성의 나라를 만드시겠다는 것입니다. 제사장이 어떤 사람입니까? 하나님 앞에 가까이 나아가서 예배드리는 일을 하는 사람입니다. 다른 사람들을 위해서 중보하는 사람입니다. 하나님이 주신 말씀을 전하는 사람입니다. 그 일을 하는 '나라'가 되라고 구원해주신 것입니다.

하나님은 또한 그들을 '거룩한 나라'(an holy nation)로 삼겠다고 하십니다. '거룩'이란 구별되었다는 뜻입니다. 누구와 구별되었습니까? 다른 나라들과 구별되었습니다. 이집트 땅에서부터 하나님은 그들을 구별하셨습니다. 그들이 살던 고센 땅에는 재앙이 임하지 않게 하셨습니다. 그리하여 하나님이 그들을 특별히 여기신다는 사실을 증명하셨습니다. 그러나 그것은 '배타적인 구별'이 아닙니다. 누구든지 하나님과의 특별한 관계 속으로 들어올 수 있도록 초대하시는 '포용적인 구별'입니다.

이처럼 하나님의 특별한 소유로 남아 있으려면, 두 가지를 잘해야 합니다. 하나님의 말씀을 듣는 일과 하나님과 맺은 계약을 지키는 일입니다. 그것이 하나님을 믿지 않는 사람들과 구별된 모습입니다. 그러면 하나님과 특별한 관계를 유지하며, 제사장의 나라와 거룩한 나라로 세워질 수 있습니다. 이와 같은 하나님의 꿈은 신약의 하나님 백성을 통해서도 계속 이어지고 있습니다(벧전 2:9; 계 1:6).

모세는 그들을 구원하여 특별한 보물로 삼으신 '하나님의 목적'을 분명하게 가르쳐주어야 한다는 말씀을 듣고 내려옵니다. 하나님과 이스라엘의 계약을 성사시키기 위해서 모세는 이제 양자 사이를 바쁘게 뛰어다녀야 합니다.

계약의 준비

파라오의 압제로부터 구원을 받았다고 하더라도, 그들을 향한 하나님의 목적을 받아들이지 않고서는 그 누구도 하나님의 백성이 될 수 없습니다. 모세는 먼저 이에 대한 그들의 의지를 확인합니다.

7모세가 내려와서 백성의 장로들을 불러 여호와께서 자기에게 명령하신 그 모든 말씀을 그들 앞에 진술하니 8백성이 일제히 응답하여 이르되 여호와께서 명령하신 대로 우리가 다 행하리이다…(출 19:7-8).

모세가 하나님으로부터 받은 말씀을 그대로 전하자, 그들은 한목소리로 그렇게 하겠노라고 응답합니다. 이는 그들을 구원하신 하나님의 목적을 받아들이겠다는 의사 표현이며, 동시에 하나님의 말씀을 잘 듣고, 하나님과 맺은 계약을 잘 지키겠다는 의지 표현입니다. 바로 이것이 하나님과의 계약 관계로 들어가기 위한 첫 번째 '동의'(同意)의 단계입니다.

그들의 의사와 의지를 확인한 모세는 곧바로 하나님께 전달합니다.

9… 모세가 백성의 말을 여호와께 아뢰었으므로 10여호와께서 모세에게 이르시

되 너는 백성에게로 가서 오늘과 내일 그들을 성결하게 하며 그들에게 옷을 빨게 하고 11준비하게 하여 셋째 날을 기다리게 하라. 이는 셋째 날에 나 여호와가 온 백성의 목전에서 시내산에 강림할 것임이니…(출 19:9b-11).

백성의 말을 전하자, 하나님은 그다음 '성결'(聖潔)의 단계를 준비하게 하십니다. 옷을 깨끗하게 빨아 입고 하나님이 시내산에 강림하시는 셋째 날을 기다리라는 것입니다.

레위기에 보면 옷을 빨아야 하는 여러 가지 경우가 있습니다. 주검과 접촉했을 경우(레 11:25), 피부에 병이 생겼을 경우(레 13:6), 나병에서 정결함을 받았을 경우(레 14:8), 유출병 있는 자와 접촉했을 경우(레 15:7) 등입니다. 그러한 요구는 단지 예방의학적인 측면에서 필요하기 때문이 아닙니다. 그보다는 하나님 앞에 예배하기에 적절하지 못하기 때문입니다. 하나님과 특별한 관계에 들어가는 계약도 마찬가지입니다. 단지 깨끗한 예복을 차려입으라는 뜻이 아닙니다. 계약의 중요성을 되새기며 마음의 준비를 해야 한다는 뜻입니다.

마태복음 22장에 기록된 '혼인 잔치 비유'에서 처음에 초대된 사람들이 이런저런 핑계로 오지 않자, 왕은 길에서 만나는 사람들은 누구나 청하여 오라고 명령합니다. 종들은 왕의 명령에 순종하여 길에서 만나는 사람들을 모두 데려옵니다. 그렇지만 예복을 입지 않은 한 사람을 왕이 발견하고 그를 쫓아내지요. 그러면서 주님은 다음과 같은 말씀으로 결론을 내립니다.

청함을 받은 자는 많되 택함을 입은 자는 적으니라(마 22:14).

하나님 나라에 초대된 사람들과 그 초대에 응한 사람들은 지금까지 많이 있었지만, 마지막에 실제로 들어가는 사람들은 그리 많지 않다는 것입니다. 그러니까 '청함'이 곧 '택함'은 아니라는 뜻입니다.

이집트에서 탈출한 히브리인은 마치 '혼인 잔치 비유'에서 길에서 만나 데리고 온 어중이떠중이와 같습니다. 그들은 아무런 자격이 없지만 청함에 응하여 이 자리까지 오게 된 것입니다. 그러나 혼인 잔치에 계속 남아 있으려면 최소한의 예복을 갖추고 있어야 합니다. 그것이 바로 하나님과 계약을 맺는 것입니다. 계약을 맺지 않는다면 하나님의 백성이 되지 못합니다. 마치 예복을 입지 않은 사람이 혼인 잔치에서 쫓겨나듯이, 그들은 출애굽공동체에서 쫓겨날 수밖에 없습니다.

경계선 정하기

하나님과 계약을 맺기 위해서는 '동의'와 '성결'의 준비와 함께 '경계선'을 정하는 일이 필요합니다.

> 12너는 백성을 위하여 주위에 경계를 정하고 이르기를 너희는 삼가 산에 오르거나 그 경계를 침범하지 말지니 산을 침범하는 자는 반드시 죽임을 당할 것이라. 13그런 자에게는 손을 대지 말고 돌로 쳐죽이거나 화살로 쏘아 죽여야 하리니 짐승이나 사람을 막론하고 살아남지 못하리라 하고 나팔을 길게 불거든 산 앞에 이를 것이니라 하라(출 19:12-13).

하나님은 당신이 강림하는 산에 오르면 안 된다고 경고하십니다. 만일 그 경고를 무시하고 제 마음대로 경계선을 침범하다가는 죽임을 당할 것이라 말씀하십니다. 이는 굳이 산에 오르려고 하는 사람들이 있다는 뜻입니다. 그들은 왜 굳이 산에 오르려고 할까요? 하나님은 왜 이렇게 겁을 주면서 올라오지 못하게 하는 것일까요? 그것도 한두 번이 아니라 거듭해서 강조하여 말씀하시는 이유가 무엇일까요?

하나님께서 모세에게 말씀하셨다. 너는 내려가서, 백성에게 경고하여라. 하나님을 보겠다고 경계선을 넘어 들어오다가 많은 사람이 죽는 일이 없게 하여라(출 19:21, 메시지).

그렇습니다. 하나님을 보겠다고 경계선을 넘는 사람들이 있습니다. 그들에 대한 경고입니다. 하나님을 보고 살아남은 사람은 이 세상에 아무도 없습니다. 모세가 시내산에서 지내는 동안 하나님의 영광을 보여달라고 직접 요구한 적이 있었습니다. 그때 하나님은 이렇게 말씀하셨지요. "네가 내 얼굴을 보지 못하리니 나를 보고 살 자가 없음이니라"(출 33:20). 그런 후에 하나님은 모세에게 당신의 영광을 살짝 보여주시긴 했지만, 모세가 실제로 본 것은 하나님 '얼굴'이 아니라 '등'이었지요(출 33:23).

그런데 우리는 왜 하나님을 직접 볼 수 없을까요? 그것이 하나님과 인간의 구별됨입니다. 하나님과 계약을 맺는다고 하더라도, 둘 사이에 분명한 경계선이 있어야 합니다. 그것은 창조주와 피조물 사이의 넘지 못할 근본적인 차이입니다. 하나님과 아무리 특별한 관계에 들어간다고 하더라도 피조물은 피조물일 뿐입니다. 그 한계를 인정해야 합니다.

그것은 마치 에덴동산에 '선악을 알게 하는 나무'를 심어놓으시고 그것을 먹지 못하게 하신 이유와 똑같습니다(창 2:17). 물론 선(善)과 악(惡)을 분별하여 알게 된다는 것은 나쁜 일이 아닙니다. 어릴 적에는 무엇이 '선'인지 무엇이 '악'인지 분별하지 못하지만, 점점 자라면서 선악을 분별하게 됩니다. 그것은 자연스러운 일이고 그렇게 되어야 마땅합니다. 그런데 하나님은 선과 악을 알게 해주는 나무의 실과를 먹지 못하도록 금하셨습니다. 사탄의 말처럼 정말 사람들이 "하나님처럼 될까봐"(창 3:5) 두려워서 그러셨을까요?

아닙니다. "선악을 안다"는 말은 "선한 일과 악한 일을 구분할 줄 안다"는 뜻이 아닙니다. 오히려 "선악의 기준을 정한다"는 뜻입니다. 선악의 기준을 정하실 수 있는 분은 오직 하나님 한 분이어야 합니다. 그렇다면 어떻게 그 나무가 '선악을 알게 하는 나무'가 될 수 있을까요? 그 나무가 어떻게 선과 악을 구분하는 기준이 될 수 있을까요?

그 나무의 열매를 먹지 않는 것이 '선'이고, 따먹는 것이 '악'입니다. 다시 말해서 하나님의 명령에 순종하는 것이 '선'이고, 불순종하는 것이 '악'입니다. 그래서 선악을 알게 하는 나무입니다. 열매가 특별해서가 아닙니다. 그 나무는 창조주 되시는 하나님과 피조물인 사람 사이의 근본적인 차이를 상징하기 때문입니다. 그 영원한 차이를 인정할 때, 다시 말해서 하나님을 하나님으로 섬길 때, 피조물인 사람이 에덴에서 영원히 살 수 있었던 것입니다.

그러나 아담과 하와는 "하나님처럼 될 수 있다"는 사탄의 꼬임에 속아서 결국 그 열매를 먹고 말았습니다. 하나님의 명령에 불순종했던 것입니다. 그 결과는 에덴에서의 추방과 죽음이었습니다. 하나님과 계약을 맺는 지금 이곳 시내산에서도 역시 마찬가지입니다. 하나님과 사람 사이의 경계선이 분명해야 합니다. 그래야 계약이 성사될 수 있습니다. 하나님을 만만히 보다가는 죽음으로 끝나고 맙니다.

계약 당사자의 등장

하나님은 이집트에서 학대받던 히브리인을 구원하여 이곳으로 데려오신 목적을 분명히 말씀하셨습니다. 그들은 하나님의 목적에 전적으로 동의했습니다. 그리고 하나님의 가르침에 따라서 성결의 준비를 했습니다. 또한, 하나님의 산에 오르지 못할 경계선을 분명히 정했습니다. 이제는 계약 당사자들이 등장하여 계약을 맺는 일만 남았습니다.

16셋째 날 아침에 우레와 번개와 빽빽한 구름이 산 위에 있고 나팔 소리가 매우 크게 들리니 진중에 있는 모든 백성이 다 떨더라. 17모세가 하나님을 맞으려고 백성을 거느리고 진에서 나오매 그들이 산기슭에 서 있는데 18시내산에 연기가 자욱하니 여호와께서 불 가운데서 거기 강림하심이라. 그 연기가 옹기 가마 연기 같이 떠오르고 온 산이 크게 진동하며 19나팔 소리가 점점 커질 때에 모세가 말한 즉 하나님이 음성으로 대답하시더라(출 19:16-19).

셋째 날 아침 일찍, 하나님은 시내산으로 강림하시고 모세는 모든 백성을 거느리고 나와 산기슭에 섭니다. 이집트에서 탈출한 사람들은 보행하는 장정만 육십만 명이라고 했습니다. 그에 딸린 식구들까지 계산하면 최소한 이백만 명이 훌쩍 넘는 엄청난 숫자입니다. 남녀노소 할 것 없이 모두 함께 늘어서 있는 광경은 정말 장관이었을 것입니다. 그러나 하나님의 임재 앞에서 그들은 아무것도 아니었습니다. 하나님이 강림하시는 모습에 그들은 완전히 압도당합니다.

하나님은 '우레'(thunders)와 '번개'(lightnings)와 '빽빽한 구름'(thick cloud)으로 시내산에 나타나십니다. 거기에다 귀청을 찢는 듯한 '나팔 소리'(the voice of the trumpet)가 들립니다. 이 '나팔 소리'는 하나님의 출석을 알리는 신호입니다. 마지막 때에 우리 주님도 '하나님의 나팔 소리'로 강림하실 것입니다(살전 4:16). 또한, 용광로에서 나오는 것처럼 시뻘건 연기(smoke)가 뿜어져 나옵니다. 산 전체가 마치 지진이 난 듯이 크게 흔들리며 진동합니다. 신명기는 이때의 장면을 "그 산에 불이 붙어 불길이 충천했다"(신 4:11)고 묘사합니다. 하늘 높이 불길이 치솟았다는 것입니다.

떨기나무 불꽃 가운데서 조용히 모세를 만나주시던 그때의 모습이 아닙니다. 하나님의 임재 앞에서 백성은 두려움에 떨 수밖에 없었습니다. 모두 얼어붙어서 감히 말조차 꺼낼 수 없었습니다. 그때 모세가 하나님께 아뢰자, 하나님은 천둥소리로 대답하십니다(19절). 그리고 백성들이 보는 앞에서 모세를 산으로 부르셔서 다시 한번 경계선을 넘어서는 안 된다고 경고하십니다(21절). 모세가 하나님의 명령대로 잘 전달했다고 하자(23절), 하나님은 재차 경계선을 강조하시면서 아론과 함께 다시 올라오라고 말씀하십니다(24절).

여기까지 읽은 독자들은 그다음에 계약을 체결하는 의식이 진행될 것으로 기대하게 됩니다. 그러나 실제로 그 장면은 24장에 가서나 나옵니다. 그 사이에는 '십계명'(20:1-17)과 그에 따른 여러 가지 부수적인 계명들(20:22-23:33)이 길게 기록되어 있습니다. 이러한 구조를 우리는 어떻게 이해해야 할까요? 그것이 전형적인 계약체결의 과정입니다. 계약 당사자들이 출석한 상태에서, 먼저 계약의 구체적인 내용을 읽어 주어야 합니다. 그러고 나서 쌍방이 그 내용을 준수하기로 약속하고 서명하면 계약이 성사되는 것이지요.

따라서 이제 바야흐로 '시내산 계약'의 가장 중요한 내용이 공개되는 것입니다. 그 속에 하나님의 백성을 향한 하나님의 기대와 목적이 다 들어있습니다. 앞으로 그들과 함께 펼쳐나갈 하나님의 계획이 드러납니다. 특히 창조 질서를 회복하는 지침을 담고 있는 '십계명'은 시내산 계약의 꽃입니다. 하나님의 깊으신 뜻을 잘 헤아릴 수 있도록 열 손가락으로 요약해 놓으셨습니다. 바로 이 말씀 앞에 서게 하려고 이집트에서 박해받던 히브리인을 구원하여 여기까지 오게 하신 것입니다.

이 말씀에 따라 순종하며 사는 동안 그들은 하나님의 계약 백성으로 남게 될 것입니다. 그러나 안타깝게도 이스라엘 집과 유다 집은 그 계약을 깨뜨리지요. 그래서 새로운 계약, 즉 '신약'(the New Covenant)이 필요하게 되었던 것입니다(렘 31:31). 하지만 그들이 '옛 계약'을 깨뜨렸다고 해서 그 내용까지 파기된 것은 아닙니다. 이 세상을 향한 하나님의 뜻은 언제나 변함없습니다. 하나님의 백성과 함께 펼쳐나갈 구원 계획은 전혀 달라지지 않았습니다. 신약성경과 함께 구약성경이 우리에게 전해진 이유입니다.

하나님의 계약 백성이 되려면 먼저 계약의 내용을 잘 알아야 합니다. 사도 바울의 말처럼 "하나님의 선하시고 기뻐하시고 온전하신 뜻이 무엇인지" 분별해야 합니다(롬 12:2). 이제부터 우리는 그 일을 시작하려고 하는 것입니다.

* 묵상 질문: 나는 하나님과 계약을 맺을 준비가 되어있는가?
* 오늘의 기도: 구원받은 것이 끝이 아니라 새로운 시작임을 알게 하옵소서. 이제부터 하나님의 백성으로 살아가야 할 일이 우리에게 남아 있음을 알게 하옵소서. 매일 하나님의 말씀대로 순종하여 살아감으로 우리의 구원을 완성하는 자리에 이르게 하옵소서. 예수님의 이름으로 기도합니다. 아멘.

하나님과의 관계 회복

읽을 말씀: 출애굽기 20:1-17

새길 말씀: 너는 나 외에는 다른 신들을 네게 두지 말라. 너를 위하여 새긴 우상을 만들지

말고 또 위로 하늘에 있는 것이나 아래로 땅에 있는 것이나 땅 아래 물 속에

있는 것의 어떤 형상도 만들지 말며 그것들에게 절하지 말며 그것들을 섬기지

말라… 너는 네 하나님 여호와의 이름을 망령되게 부르지 말라…(출20:3-7).

　이집트에서 탈출한 히브리인은 3개월의 고된 여정 끝에 드디어 하나
님의 산에 도착합니다. 그리고 곧바로 하나님의 백성이 되기 위한 계약
체결 과정을 시작합니다. 여러 준비단계를 거쳐서 계약 당사자가 모두
출석한 가운데, 이제 체결 의식을 진행하기만 하면 됩니다. 바로 이 대목
에서 출애굽기 본문은 시내산 계약의 핵심적인 내용을 요약하고 있는 '십
계명'을 소개합니다. 하나님의 계약 백성이 되려면 먼저 그들을 향한 하
나님의 기대와 계획을 잘 알아야 하기 때문입니다.

　십계명에는 인간의 죄로 인해 어그러진 하나님의 창조 질서를 회복

하는 구체적인 지침이 담겨있습니다. 물론 하나님이 말씀하신 계명들이 십계명 외에도 참 많이 있습니다. 어느 성서학자에 따르면, 구약성경에 모두 613개의 계명이 기록되어 있다고 합니다. 그것을 그냥 펼쳐놓으면 아무도 기억할 수 없을 것입니다. 그런데 하나님은 열 손가락으로 헤아릴 수 있도록 요약해 놓으셨습니다. 따라서 십계명만 잘 이해하고 있다면, 나머지 계명을 이해하는 것은 그다지 어려운 일이 아닙니다.

하나님의 구원 계획

십계명은 이집트에서 학대받던 히브리인을 구원하신 하나님이 누구인지를 선포하는 말씀으로 시작됩니다.

¹하나님이 이 모든 말씀으로 말씀하여 이르시되 ²나는 너를 애굽 땅, 종 되었던 집에서 인도하여 낸 네 하나님 여호와니라(출 20:1-2).

앞에서 이미 살펴본 대로, '여호와' 하나님은 출애굽 사건을 통해 처음으로 인류 역사 속에 등장했습니다. 족장들에게는 '전능의 하나님'(엘 샤다이, El Shaddai)으로 나타났지만, '여호와'라는 이름으로 자신을 알려주지는 않으셨다고 했습니다(출 6:3). 물론 '전능의 하나님'이나 '여호와 하나님'은 같은 하나님이십니다. 그런데 하나님은 왜 하필 이때 당신의 이름을 공개하신 것일까요?

앞에서 이미 살펴보았습니다. 그 이유는 분명합니다. 이집트에서 학대받던 히브리인을 구원하심으로 '여호와' 하나님이 '참 신'이라는 사실을 증명하기 위해서입니다. 그러니까 하나님은 출애굽 사건에 당신의 '자존심'과 '명예'와 '하나님 되심'을 모두 거셨던 것입니다. 그만큼 하나님 자신에게 이 일은 중요한 의미가 있었다는 뜻입니다. 실제로 약속했던 대로 그들을 구원하심으로써, 여호와 하나님이 '참 신'이라는 사실을 스스로 증명하셨습니다.

그렇다면 하나님은 왜 당신의 이름을 걸면서까지 그들을 구원하려고 하셨을까요? 그들이 그렇게 특별한 사람들이었기 때문일까요? 아닙니다. 그들과 함께 이 세상을 구원하는 일을 펼치려고 하시는 하나님의 계획 때문입니다. 그러기 위해서 하나님으로부터 특별한 구원을 직접 체험한 사람들이 필요했던 것이지요.

여기에서 우리는 근본적인 질문 앞에 서게 됩니다. 그것은 하나님이 펼쳐가시려는 '구원'이 도대체 무엇인가 하는 질문입니다. 성경은 인류의 역사를 구원사(救援史)로 풀이합니다. 하나님께서 인류를 구원하시는 과정으로 설명하는 것이지요. 그런데 사람들은 왜 굳이 '구원'을 받아야 합니까? 어떻게 해야 '구원'을 받을 수 있습니까? 그리고 '구원'의 구체적인 내용은 도대체 무엇입니까?

이 질문에 답하기 위해서 우리는 하나님이 이 세상을 창조하신 이야기로 돌아가서, 하나님의 목적과 기대가 무엇이었는지 찾아보아야 합니다. 그 이야기는 창세기에 자세히 기록되어 있습니다. 그러나 이 대목에서 그 모든 내용을 다루는 것은 적절하지 못합니다. 단지 하나님이 창조하신 질서의 '세 가지 관계'에 대한 말씀을 설명하는 것으로 충분합니다.

모든 인간이 운명적으로 가지고 있는 세 가지 관계가 있습니다. 그것을 그림과 같이 삼각뿔로 설명할 수 있습니다. '나'를 기준으로 하여 '다른 사람과의 관계'와 '자연 또는 물질과의 관계' 그리고 '창조주 하나님과의 관계'가 그것입니다. 창세기의 설명에 따르면 이 세상에 죄가 들어오기 전에는 이 모든 관계가 조화로웠습니다. 하나님과 인간의 관계는 '막힘'이 없었고, 다른 사람과의 관계에는 '감춤'이 없었습니다. 그리고 자연과의 관계는 '자연스러움' 그 자체였습니다.

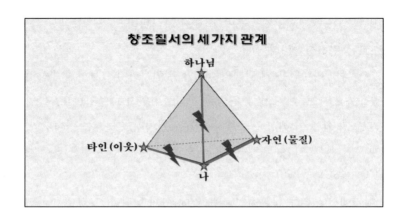

그러나 뱀의 모습을 한 사탄의 꼬임에 넘어간 후에, 인간은 하나님에게서 점점 더 멀어지기 시작했습니다. 인간 사이에는 서로를 지배하려는 욕망이 싹트기 시작했고, 자연과의 관계는 더욱 일그러져서 힘겹게 노동하지 않고서는 먹고살 수 없게 되었습니다. 에덴동산에서 추방된 이후의 인류 역사는 한마디로 '창조 질서의 파괴'라는 말로 요약됩니다. 죄로 인한 하나님과의 관계 단절이 다른 사람들과의 관계나 자연과의 관계 파괴로 이어진 것입니다.

자, 그렇다면 하나님께서 이루어가실 구원은 무엇일까요? 하나님이 계획하고 계시는 구원을 어떻게 설명할 수 있을까요? 하나님의 구원은 인간의 죄로 인해 깨진 창조의 질서를 다시금 회복하는 것입니다. 또한, 그 구원을 이루는 방법으로 하나님을 잘 섬기는 사람들, 하나님과의 관계를 회복한 사람들, 즉 '하나님 백성'과 함께 이 세상의 모든 무너진 관계들을 하나씩 세워나가는 것을 선택하셨습니다.

그러기 위해서 하나님은 아브라함과 그 후손들을 일찍이 부르셔서 당신의 꿈을 심어주셨고, 이집트에서 그들과 함께 학대받던 히브리인들을 해방하여 이곳으로 인도해 내셨습니다. 이제 그들과 계약을 맺고 이 세상을 구원하는 일을 함께 시작해보려고 하시는 것이지요.

따라서 '십계명'이란 인간의 죄로 인해 어그러진 이 세상에서 하나님의 창조 질서를 회복해 가는 구체적인 열 가지 지침을 의미합니다. 하나님은 이집트에서 탈출한 히브리인뿐만 아니라, 앞으로 하나님의 계약 백성이 되려고 하는 모든 사람에게 반드시 십계명의 지침을 요구하실 것입니다. 이 지침에 따라서 살아가는 사람에게 하나님의 구원이 이루어집니다. 마라 사건에서 약속하신 대로, '쓴 물' 인생이 '단물' 인생으로 치유되는 회복이 나타나는 것입니다.

그런데 하나님의 백성이 이 지침에 따라서 살지 않는다면 어떻게 될까요? 그때는 하나님과의 계약 관계는 깨지고, 그들은 계약 백성의 자격을 잃게 됩니다. 실제로 구약의 계약 백성이었던 '이스라엘'은 옛 계약을 스스로 깨뜨렸습니다. 그래서 하나님은 새로운 계약을 통해서 신약의 계약 백성인 '교회'를 만드셨던 것입니다.

십계명의 구조

아무튼, 십계명이 창조 질서를 회복하는 지침이라면, 이 속에는 세 가지 관계를 회복하는 구체적인 말씀들이 들어있어야 합니다. 다음의 다이어그램(diagram)이 십계명의 내용적인 구조를 잘 설명해줍니다.

십계명은 이 세상의 모든 인간이 운명적으로 맺으며 살아가야 하는 세 가지 관계의 묶음으로 되어있습니다. '하나님과의 관계 회복'을 위한 계명(제1-3계명)과 '다른 사람과의 관계 회복'을 위한 계명(제5-7계명), '자연과의 관계 회복'을 위한 계명(제8-10계명)이 그것입니다. 제4계명은 세 가지 관계를 하나로 묶는 연결고리요 공통분모의 역할을 하고 있습니다. 하나님과 다른 사람과 자연과의 관계를 모두 풀어내는 지침이 안식일 계명에 담겨있는 것입니다. 그런 의미에서 십계명 중에서도 가장 중요한 계명이라고 말할 수 있습니다.

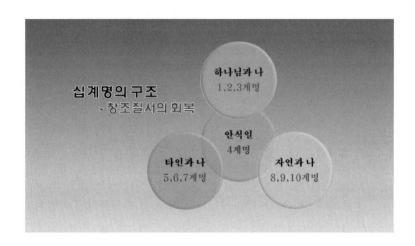

십계명의 구조
- 창조질서의 회복

하나님과 나
1,2,3계명

안식일
4계명

타인과 나
5,6,7계명

자연과 나
8,9,10계명

십계명의 구조를 이처럼 입체적으로 이해하는 것은 그 내용을 암기하는 데 도움이 될 뿐 아니라, 성경을 관통하는 구원의 메시지를 발견하는 데 참 좋은 길잡이가 됩니다. 하나님이 이루어가시는 구원은 단지 죽고 난 후에 영혼이 천국에 들어가는 정도를 의미하지 않습니다. 그보다 훨씬 더 크고 포괄적인 내용을 담고 있습니다. 하나님의 구원이 '창조 질서의 회복'이라는 사실을 이해하지 못한다면, 사도 바울이 로마서에서 설명하고 있는 '창조 세계의 구원'(롬 8:19-25)을 제대로 이해할 수 없습니다. 또한, 사도 요한이 요한계시록에서 증언하고 있는 '하나님 나라의 도래'라는 큰 그림을 파악할 수 없습니다.

이 세상을 창조하신 하나님이 족장들에게는 '전능하신 하나님'으로 나타나셨습니다. 같은 하나님이 '여호와'라는 이름으로 역사에 개입하셔서 이집트에서 학대받던 히브리인을 구원하셨고, 시내산에서 그들과 옛 계약을 맺으셨습니다. 같은 하나님이 예수 그리스도를 이 땅에 보내셨고, 십자가 사건을 통해 새로운 계약을 맺으셨습니다. 같은 하나님이 사도 바울을 선택하여 땅끝까지 복음을 전하게 하셨고, 사도 요한을 선택하여 마지막 때의 일들을 증언하게 하셨습니다. 성경 그 어디에도 하나님의 숨이 깃들지 않은 곳은 없습니다. 특별히 십계명이 중요한 것은 이 세상을 향한 구원의 청사진을 오롯이 발견할 수 있기 때문입니다.

제1계명: 다른 신 금지

오늘은 하나님과의 관계 회복을 위한 계명들을 살펴보겠습니다. 그 첫 번째 지침은 바로 '다른 신 금지'입니다.

너는 나 외에는 다른 신들을 네게 두지 말라(출 20:3).

"다른 신들을 두지 말라"고 했다고 해서, 다른 신의 존재를 인정하고 있는 것처럼 생각하면 안 됩니다. '다른 신들'(other gods)은 '참 신'(God)이 아닙니다. 여호와 하나님은 여러 신 중의 하나가 아닙니다. 이집트에 내린 열 가지 재앙을 통해서 하나님은 이미 그것을 확실하게 증명하셨습니다. 이집트 사람들이 섬기던 신들이 모두 가짜라는 사실을 적나라하게 드러내신 것입니다.

그래서 메시지 성경은 이 부분을 다음과 같이 표현합니다. "다른 신은 없다. 오직 나 뿐이다"(No other gods, only me). 그렇습니다. 이 세상에 다른 신들은 없습니다. 오직 여호와 하나님 한 분뿐입니다. 따라서 하나님의 백성은 이제부터 오직 여호와 하나님만이 참 신이라고 고백해야 합니다. 하나님 앞에 다른 신을 두어도 안 되고, 다른 신을 섬기려고 해서도 안 됩니다. 이 지침은 십계명의 처음이자 마지막입니다. 만일, 이 지침이 제대로 지켜지지 않는다면 나머지 지침은 언급할 필요조차 없습니다.

그렇지만 당시의 다신 종교(polytheism) 문화권 속에서 유일신 하나님을 섬긴다는 것은 말처럼 쉬운 일이 아니었습니다. 이집트에서 그들이 일상적으로 접하던 신들은 이제 다른 이름과 다른 모습으로 그들 앞에 등장할 것입니다. 가나안 땅에서는 바알(Baar) 신과 아세라(Asherah) 신이 그들을 기다리고 있습니다. 암몬 족속은 몰렉(Molech) 신을, 모압 족속은 그모스(Chemosh) 신을, 블레셋 사람은 다곤(Dagon) 신을 그들에게 소개할 것입니다. 더러는 문화나 전통이나 관습이라는 이름으로 그들의 삶에 슬그머니 침투해 들어올 것입니다. 그때마다 매번 단호하게 거부하기는 쉽지 않습니다.

그러나 바로 그것에 하나님 백성의 정체성이 달려있다는 걸 알아야 합니다. 다른 신들을 하나님과 나란히 두는 순간부터 그들은 하나님 백성이 아닙니다. 계약을 갱신할 때마다 특히 이 점을 반드시 상기해야 하는 이유입니다. 실제로 가나안 땅 정복을 마친 후에, 여호수아는 이스라엘 백성을 모두 세겜에 불러 모아 하나님과의 계약을 갱신합니다. 그 장면에서 다음과 같이 말했습니다.

14그러므로 이제는 여호와를 경외하며 온전함과 진실함으로 그를 섬기라. 너희의 조상들이 강 저쪽과 애굽에서 섬기던 신들을 치워 버리고 여호와만 섬기라. 15만일 여호와를 섬기는 것이 너희에게 좋지 않게 보이거든 너희 조상들이 강 저쪽에서 섬기던 신들이든지 또는 너희가 거주하는 땅에 있는 아모리 족속의 신들이든지 너희가 섬길 자를 오늘 택하라. 오직 나와 내 집은 여호와를 섬기겠노라…(수 24:14-15).

여기에서 그들의 조상들이 우상을 섬겼다는 언급이 조금은 충격적으로 다가옵니다. 실제로 아브라함의 아버지 데라는 '다른 신들'을 섬기던 우상 숭배자였습니다(수 24:2). 그런데도 하나님은 아브라함을 불러내어 '믿음의 조상'으로 삼으신 것입니다. 더욱이 이집트에서 그들은 다른 신들을 섬겼다고 합니다. 물론 야곱의 후손들은 조상의 하나님을 섬겼으리라 생각합니다. 그러나 그들만 이집트에서 탈출한 것이 아닙니다. 수많은 잡족, 온갖 하피루가 함께 탈출하여 하나님과 계약을 맺고 하나님의 백성이 되었습니다.

그들의 조상은 이집트 신들을 섬기던 사람들이었습니다. 따라서 알게 모르게 그 신들의 영향을 받아왔을 것이 분명합니다. 모세가 소개한 '히브리인의 하나님'을 받아들이지 않았다면, 그들은 아직도 이집트에서 노예로 살면서 우상들을 섬기고 있었을 것입니다. 다행스럽게 이집트를 탈출하여 '구원공동체'와 '계약공동체'에 들어오긴 했지만, 언제든지 과거로 돌아갈 가능성이 남아 있습니다.

따라서 오직 여호와 하나님 한 분만을 섬기겠다는 서약을 매번 새롭게 갱신해야 합니다. 그래야 하나님의 백성에게 허락된 약속의 땅에서 계속 살 수 있습니다. 이와 같은 여호수아의 요구에 그들은 한목소리로 고백하지요. "우리는 하나님을 버리지 않겠습니다! 우리는 절대로 다른 신을 예배하지 않겠습니다. 그분만이 우리의 하나님입니다!"(수 24:16, 메시지) 그렇게 하나님의 백성으로 남게 되었던 것입니다.

제2계명: 우상 제작 금지

두 번째 계명은 '우상 제작 금지'입니다. 하나님 앞에 다른 신을 두지 않으려면, 우상을 만들 생각을 하지 말아야 합니다.

> 4너를 위하여 새긴 우상을 만들지 말고 또 위로 하늘에 있는 것이나 아래로 땅에 있는 것이나 땅 아래 물 속에 있는 것의 어떤 형상도 만들지 말며 5그것들에게 절하지 말며 그것들을 섬기지 말라…(출 20:4-5a).

우리말 '우상'으로 번역된 히브리어 '페셀'(pesel)은 본래 '깎아서 만든 이미지'(a carved image)를 뜻합니다. 신적인 존재를 조각하여 만들어놓고 그 앞에 절하며 섬기는 것을 '우상숭배'라고 합니다. 이미 우리는 열 가지 재앙을 통해서 이집트의 신들이 어떤 모습을 하고 있는지 알게 되었습니다. 자연 세계에 등장하는 사물이나 현상이 모두 신으로 둔갑했지요. 태양을 비롯하여 개구리, 황소, 뱀, 독수리, 심지어 말똥구리까지 신이 되었습니다. 그 규모의 웅장함이나 디자인의 정교함이나 재료의 가치와 상관없이, 그 신들은 사람이 만든 우상에 불과합니다.

그런데 왜 그렇게 우상을 만들려고 할까요? 하나님은 우상을 만드는 동기를 이렇게 지적합니다. "너를 위하여…." 그렇습니다. 사람들은 자기 자신을 위해서 우상을 만듭니다. 눈에 보이는 신들이 필요해서 만들고, 자연에 대한 두려움을 이기기 위해서 만듭니다. 자신의 소원을 들어줄 대상이 필요해서 만들고, 자신의 권력을 유지하기 위한 수단으로 만듭니다. 무엇이 되었든지 '신'을 위해서가 아니라 '자신'을 위해서 우상을 만드는 것입니다.

그렇다면 이처럼 우상을 제작하여 신으로 섬기는 당시 사회의 문화 속에서 진짜 하나님은 과연 어떻게 섬겨야 할까요? 하나님의 명령은 단순합니다. "그 어떤 형상으로도 하나님을 만들려고 하지 말라!" 이것은 다른 신들을 섬기는 사람들에게 하시는 말씀이 아닙니다. 그들에게는 아무리 말해봐야 소용없습니다. 이 계명은 하나님 백성에게 주어진 지침입니다. 우상을 제작하는 방식으로 여호와 하나님을 섬기려고 해서는 안 된다는 말씀입니다. 왜냐면 이 세상의 그 어떤 피조물의 형상도 감히 창조주 하나님과 비교할 수 없기 때문입니다.

그런데 모세가 시내산에 올라가 있는 동안 불상사가 일어났지요. 백성들의 등쌀에 못 이긴 아론이 그만 우상을 만든 것입니다. 사실 아론이 '다른 신'을 제작하려고 했던 것은 아니었습니다. 아론이 금송아지 형상을 만들었더니 사람들이 이렇게 말합니다. "이스라엘아, 이는 너희를 애굽 땅에서 인도하여 낸 너희의 신이로다"(출 32:4). 이집트 땅에서 그들을 인도하여 낸 신은 여호와 하나님입니다. 그 하나님을 단지 사람들의 눈에 보일 수 있게 만들어놓았을 뿐입니다. 왜 그렇게 했습니까? 백성들이 요구했기 때문입니다(출 32:1).

그것은 세상 사람들이 우상을 섬기는 방식입니다. 아론이 그동안 이집트에 살면서 보고 배운 대로 한 것입니다. 여호와 하나님을 그런 식으로 섬기려고 해서는 안 됩니다. 하나님은 그들의 필요를 채워주기 위해서 존재하는 분이 아닙니다. 오히려 그들이 하나님의 뜻을 이루기 위해 그의 백성으로 부르심을 받았습니다. 그것을 절대로 잊으면 안 됩니다.

제3계명: 신명오용(神名誤用) 금지

세 번째 계명은 '신명오용 금지'입니다. 하나님과의 관계를 회복하기 위해서는 하나님의 이름을 잘못된 동기로 사용하지 말아야 합니다.

> **너는 네 하나님 여호와의 이름을 망령되게 부르지 말라. 여호와는 그의 이름을 망령되게 부르는 자를 죄 없다 하지 아니하리라(출 20:7).**

유대인들이 '거룩한 네 글자'(YHWH)의 본래 발음을 어떻게 잃어버리게 되었는지 앞에서 설명했습니다. 가장 큰 이유는 "하나님의 이름을 망령되게 부르지 말라"는 세 번째 계명 때문이었습니다. 그러나 그것은 유대인들의 율법주의적인 신앙 태도가 만들어낸 정말 웃지 못할 현실입니다. 우리말 '망령되게'라는 번역도 사실 그 본래의 의미를 정확하게 표현하지 못합니다. '망령'(妄靈)은 늙거나 정신이 흐려서 말이나 행동이 정상을 벗어난 상태를 의미하기 때문입니다.

이에 해당하는 히브리 '샤브'(shav)는 '헛됨'(vanity)이라는 뜻입니다.

그러니까 쓸데없는 일에 하나님의 이름을 함부로 들먹이는 것을 말합니다. NIV 성경이 가장 정확하게 풀이합니다. "너는 하나님의 이름을 잘못 사용하면 안 된다"(You shall not misuse the name of the LORD your God). 메시지 성경은 다음과 같이 바꾸어 말합니다. "너희 하나님의 이름을 저주하거나 실없이 농담하는 데 사용하지 마라"(No using the name of God in curse or silly banter).

그렇습니다. 신의 이름을 마치 주문(呪文)처럼 사용하여 자기의 사사로운 욕심을 채우려고 하는 종교들이 이 세상에 참 많이 있습니다. 출애굽 당시 고대 근동의 대부분 종교는 그런 식으로 신명을 사용해왔습니다. 하나님의 산에서 모세가 하나님의 이름을 요구한 것도, 사실 그 이유 때문입니다. 신명(神名)을 알고 있어야 필요할 때 써먹을 수 있기 때문입니다. 물론 하나님은 "나는 나다"라는 말로 모세의 요구를 단호하게 거절하셨지요.

하나님 백성은 하나님의 이름을 자신의 욕심을 채우기 위한 수단으로 사용하지 않습니다. 그것은 우상을 섬기는 사람들이 행하는 방식입니다. 그래서 주님은 제자들에게 이렇게 기도하라고 하셨습니다. "하늘에 계신 우리 아버지여, 이름이 거룩히 여김을 받으시오며…"(마 6:9). 우리가 신앙생활 하는 목표는 하나님의 이름이 존귀하게 되는 것입니다. 하나님의 이름을 이용하여 자신을 높이려고 하는 사람들이 우상을 만들기도 하고, 하나님 옆에 또 다른 신들을 놓아두는 것입니다.

진정한 구원은 하나님과의 관계 회복으로부터 시작됩니다. 우상숭배의 문제를 해결하지 않고서는 하나님과의 관계를 회복할 수 없습니다. 이 세 가지 지침은 하나님이 친히 우리에게 가르쳐주신 '오직 하나님만 섬기는' 방식입니다. 그냥 머리에 담아둘 말씀이 아닙니다. 오늘부터 우리가 당장 순종하여 실천해야 할 말씀입니다.

* **묵상 질문**: 나는 오직 하나님만 섬기고 있는가?

* **오늘의 기도**: 우상을 섬기듯이 하나님을 섬기지 않게 하옵소서. 자신의 욕심을 위해 하나님을 이용하지 않게 하옵소서. 오히려 하나님의 이름을 높이며 하나님의 뜻을 이루기 위해 신앙생활 하게 하옵소서. 예수님의 이름으로 기도합니다. 아멘.

사람과 자연의 관계 회복

읽을 말씀: 출애굽기 20:1-17

새길 말씀: 네 부모를 공경하라. 그리하면 네 하나님 여호와가 네게 준 땅에서 네 생명이 길리라. 살인하지 말라. 간음하지 말라(출 20:12-14).

지난 시간부터 우리는 '십계명'에 대해서 살펴보기 시작했습니다. '십 계명'은 하나님의 계약 백성에게 주어진 일종의 '계약서'입니다. 하나님 과의 계약 관계를 유지하기 위해서는 반드시 지켜야 하는 내용입니다. 이 말씀이 계약체결 의식에 앞서서 주어지는 이유입니다. 어떤 사람들은 '십계명'을 시대에 뒤떨어진 고리타분한 율법으로 간주하려고 합니다. 알 아도 그만 몰라도 그만인 말씀으로 취급하기도 합니다.

아닙니다! 십계명에는 이 세상을 구원하기 위한 하나님의 청사진이 새겨져 있습니다. 인간의 죄로 어그러진 창조 질서를 회복하는 구체적인 지침이 담겨있습니다. 하나님은 이 계명에 따라서 살아가는 사람들, 즉 하나님과 계약을 맺은 백성을 통해서 이 세상을 구원하려고 하십니다.

바로 그 이유로 인해서 이집트에서 탈출한 히브리인들이 이곳 시내산에 반드시 와야 했던 것입니다.

앞장에서 하나님의 창조 질서를 세 가지 관계로 설명했습니다. '다른 사람과의 관계'와 '자연과의 관계' 그리고 '하나님과의 관계'가 그것입니다. 보통 사람들은 앞의 두 가지가 전부라고 생각합니다. 다른 사람들과 원만하게 잘 지내고, 돈을 많이 벌면 성공한 인생이라고 말합니다. 그러나 성경은 그렇게 말하지 않습니다. 가장 중요한 것은 '하나님과의 관계'입니다. 이 세상에서 우리가 경험하는 모든 죄의 문제는 사실 하나님과 어그러진 관계에서 비롯된 것입니다.

따라서 하나님의 창조 질서를 회복하려면 가장 먼저 하나님과의 관계부터 회복되어야 합니다. 그 구체적인 지침이 십계명의 첫 번째 세 가지 계명에 담겨있습니다. '다른 신 금지'나 '우상 제작 금지'나 '신명오용 금지'는 모두 "오직 하나님만 섬기라!"라는 한 문장으로 요약할 수 있습니다. 다른 신들은 참 하나님이 아닙니다. 자신의 욕심을 채우기 위해 만들어놓은 우상입니다. 그 속임수에 넘어가면 안 됩니다. 하나님의 백성은 오직 하나님만 섬겨야 합니다.

'안식일 계명'은 세 가지 관계의 연결고리 역할을 하는 가장 중요한 계명입니다. 이는 다음 장에서 다루도록 하겠습니다. 오늘은 나머지 두 관계, 즉 사람과의 관계 회복과 자연과의 관계 회복에 대한 말씀을 살펴보겠습니다. 먼저 십계명의 두 번째 묶음(제5-7계명)부터 시작합니다.

제5계명: 부모공경

두 번째 묶음은 '다른 사람과의 관계 회복'을 위한 지침입니다. 그 첫 걸음은 '부모공경'의 계명입니다.

네 부모를 공경하라. 그리하면 네 하나님 여호와가 네게 준 땅에서 네 생명이 길리라(출 20:12).

우리말 "공경(恭敬)하다"는 "공손히 섬기다", 또는 "몸가짐을 조심스럽게 하여 받들어 모시다"라는 뜻입니다. 이에 해당하는 히브리어 '카바드'(kabad) 동사의 본래 뜻은 "무겁게 하다"(to be heavy)입니다. '카바드'를 대부분의 영어 성경은 '존경하다'(honor)로 번역합니다. 그러니까 부모를 가볍게 여기지 않는 마음으로부터 부모를 존경하고 귀하게 여기는 태도가 나온다는 말씀입니다.

이것은 모든 자녀에게 주시는 계명입니다. 자녀들은 마땅히 부모를 무겁게 여기고 공경해야 합니다. 그것이 하나님의 명령입니다. 왜 그래야 할까요? 부모는 자녀가 이 세상에 태어나서 만나는 최초의 인간관계요 권위이기 때문입니다. 그 권위와 바른 관계를 맺지 않고서는 다른 어떤 권위도 존중할 수 없기 때문입니다.

주님은 부모공경의 중요성을 강조하면서 다음과 같이 말씀하셨습니다.

하나님이 이르셨으되 네 부모를 공경하라 하시고 또 아버지나 어머니를 비방하는 자는 반드시 죽임을 당하리라 하셨거늘…(마 15:4).

'비방'(curse)은 '공경'의 반대말입니다. 상대방이 자신에게 잘못할 때 사람들은 '비방'하고 '저주'합니다. 부모가 자녀를 화나게 만들 때도 더러 있습니다. 그러나 그럴 때라도 자녀가 부모를 비방하거나 저주하면 큰일 납니다. 왜냐면 부모의 잘잘못과 상관없이 하나님은 부모를 저주하는 자녀를 반드시 징계하시기 때문입니다.

신명기 21장에 한 가지 구체적인 사례가 기록되어 있습니다. 어떤 사람에게 아들이 하나 있는데 부모의 말을 전혀 듣지 않고 늘 반항합니다.

그럴 때 어떻게 해야 할까요? 성경의 가르침은 그 아들을 강제로라도 성문에 있는 장로들 앞으로 끌고 가라고 합니다. 자, 그러면 어떤 일이 벌어질까요?

그 성읍의 모든 사람들이 그를 돌로 쳐죽일지니 이같이 네가 너희 중에서 악을 제하라. 그리하면 온 이스라엘이 듣고 두려워하리라(신 21:21).

하나님은 부모에게 순종하지 않는 자녀를 이처럼 심각하게 생각하십니다. 공동체가 모두 나서서 단호하게 징계해야 할 만큼 아주 무거운 죄로 여기십니다. 부모에게 순종하지 않는 자녀는 단지 부모를 거역하는 죄를 짓는 것만이 아니기 때문입니다. 하나님이 부모에게 주신 '바른 권위'를 인정하지 않는 죄를 범하고 있는 것입니다. 부모의 권위를 가볍게 여기고 우습게 여기는 사람이 하나님의 권위 앞에 순종할 수 있겠습니까?

그런데, 아무리 그렇다고 하더라도, 이렇게까지 처벌해야 하는가 싶습니다. 그런데 여기에는 그럴만한 이유가 있습니다. 부모를 거역하는 자녀는 단순히 그 가정의 문제로만 남지 않기 때문입니다. 그 죄는 다른 가정으로 퍼져나가게 되어있습니다. 그렇게 공동체 전체를 오염시킵니다. 그러면 공동체의 질서가 무너지는 것은 시간문제입니다. 따라서 그 죄를 공동체가 심각하게 다뤄야 합니다.

그러나 십계명에는 그와 같은 처벌조항이 아니라, 약속이 붙어 있습니다. "네 하나님 여호와가 네게 준 땅에서 네 생명이 길리라"는 약속입니다. 이 말씀은 단지 '장수(長壽)의 복'을 의미하지 않습니다. 아무 곳에서나 오래 산다고 해서 복이 되는 것은 아닙니다. '하나님이 주시는 땅' 즉 하나님의 백성에게 허락하시는 '약속의 땅'에서 오래오래 살아야 진짜 복입니다.

부모 세대가 신실한 신앙인이었다고 하더라도, 만일 그 자녀 세대가 부모를 공경하지 않는다면, 약속의 땅에서 쫓겨나게 되어있습니다. 부모를 공경하지 않는 사람은 하나님의 백성이 아니기 때문입니다. 따라서 부모공경이란 한 사람 개인의 윤리로 끝나는 이야기가 아닙니다. 믿음의 공동체가 약속의 땅에서 계속해서 살아남을 수 있는지가 달린 아주 심각한 문제입니다. 다른 사람과의 관계를 회복하려면 가장 먼저 부모를 공경하는 일부터 시작해야 합니다.

제6계명: 살인 금지

타인과의 관계에 대한 두 번째 계명은 바로 '살인 금지'입니다.

살인하지 말라(출 20:13).

살인(殺人)이란 다른 사람의 생명을 빼앗는 행위를 말합니다. 이는 인간관계가 파괴되는 가장 극단적인 경우입니다. 그런데 왜 살인이 일어나는 것일까요?

이 대목에서 우리는 인류 최초의 살인 사건을 살펴보아야 합니다. 가인이 그의 아우 아벨을 쳐죽인 사건입니다(창 4:8). 가장 가까운 형제 사이에서 이런 일이 벌어졌다는 사실도 충격적이지만, 그 이유가 더욱 충격적입니다. 가인은 자신이 드린 제물보다 아벨이 드린 제물을 하나님이 더 눈여겨보았다는 이유로 동생을 살해할 생각을 품게 된 것입니다(창 4:5). 가인은 하나님의 만류에도 불구하고 마음먹은 대로 실천했고, 그 벌로 추방당하여 떠돌아다니는 신세가 되었지요(창 4:12).

아무튼, 이 사건 이후로, 어떤 이유로든 어떤 관계에서든 살인이 일어나는 것은 전혀 이상한 일이 아니게 되었습니다. 실제로 가인의 6대손이었던 라멕은 단지 자신의 기분이 조금 상했다는 이유로 사람을 죽였노라고 아내들에게 자랑합니다(창 4:23). 폭력과 살인과 복수를 정당화하는 것은 하나님 없이 살아가는 가인의 후손이 다다르게 되는 결론입니다. 그런 사람들이 세상에서 성공하면 성공할수록 인간관계는 더욱 파괴될 뿐입니다.

근본적인 문제는 생명에 대한 경외심이 없다는 것입니다. 직접 사람을 죽이지는 않는다고 하더라도, 다른 사람을 함부로 취급하는 것은 살인과 크게 다르지 않습니다. 그래서 주님은 "누구든지 형제나 자매에게 화만 내도 살인을 범한 것이다"(마 5:22, 메시지)라고 말씀하시면서, 함부로 내뱉는 말이 사람을 죽일 수도 있음을 엄중히 경고하셨습니다. 그런 의미에서 집단적인 따돌림이나 언어적인 폭력도 살인을 범하는 것과 같다고 말할 수 있습니다.

자, 그렇다면 어떻게 다른 사람과의 관계를 회복할 수 있을까요? 단순합니다. 살인하지 않기로 하면 됩니다. 그 어떤 예외 규정도 두지 않고 그 어떤 경우에도 절대로 살인을 허용하지 않는 것입니다. 나아가서 더욱 적극적으로는 "원수를 갚으려고 하지 말고 원망하려고 하지 말고 이웃을 자신 같이 사랑하는 것"(레 19:18)입니다.

그 일은 다른 사람이 아닌 바로 나에게서 시작되어야 합니다. 가인 이후로 수많은 살인 사건이 가장 가까운 가족관계에서 벌어졌습니다. 지금도 그 비극은 계속 반복되고 있습니다. 서로 잘 알고 있다는 이유로, 함부로 말하고 함부로 대하다가 서로에게 상처를 주고 그로 인해 얼마나 많은 비극이 만들어지고 있는지 모릅니다. 바로 내가 그 악순환의 고리를 끊는 사람이 되어야 합니다. 그 일은 우리 가정에서부터 시작되어야 합니다.

제7계명: 간음 금지

다른 사람과의 관계에 대한 세 번째 계명은 '간음 금지'입니다.

간음하지 말라(출 20:14).

'간음'(姦淫)이란 정상적인 부부관계 밖에서 벌어지는 성관계를 의미합니다. 지금까지의 인류 역사를 통해서 인간관계를 가장 많이 파괴해온 주범이 바로 '간음'입니다. 무엇보다도 가장 기초적인 사회 질서인 가정과 가족관계를 파괴한다는 점에서 그 문제가 심각하지 않을 수 없습니다. 아브라함의 장남 르우벤도 아버지의 첩 빌하와 동침했다가 장자권을 잃어버렸지요(창 35:22).

그런데 이와 같은 가족 간의 성범죄는 당시 이집트와 가나안에서 흔하게 찾아볼 수 있었던 '풍속'(customs)이었습니다(레 18:3). 남의 아내는 물론이고, 가족관계로 얽혀진 며느리, 장모, 자매, 이모, 고모, 숙모 할 것 없이 모두 성적인 대상으로 삼았던 것입니다(레 20:10-21). 그런 잘못된 풍속을 바로잡기 위해서 하나님은 이집트에서 탈출한 히브리인을 당신의 백성으로 삼고 계시는 것입니다.

이 문제와 관련하여 주님은 더욱 엄격한 잣대를 말씀하셨습니다. "음욕을 품고 여자를 보는 자마다 마음에 이미 간음하였다"(마 5:28). 다른 사람을 자신의 성적인 쾌락을 위한 대상으로 생각하는 것 자체가 이미 간음이라는 것입니다. '살인'과 마찬가지로 '간음' 역시 생명에 대한 경외심 부족에서 비롯된 문제입니다. 다른 사람과의 바른 관계를 회복하기 위해서는 어떻게든 이 문제를 해결하지 않으면 안 됩니다.

어디에서 출발해야 할까요? 가정이 그 출발점이 되어야 합니다. 가정에서 남편과 아내가 서로를 단지 성적인 필요를 채워주는 대상이 아니라,

하나님이 붙여주신 '돕는 배필'로 인정해야 합니다(창 2:18). 서로를 존중하며 세워주는 관계를 만들어가야 합니다. 가정에서 자녀는 부모의 권위를 존중하고, 부모는 자녀를 인격적으로 사랑하는 관계를 만들어가야 합니다. 약자들을 함부로 대하지 말고, 하나님의 형상으로 창조된 가치 있는 존재로 인정하여 잘 보살펴 주어야 합니다.

그 모든 일은 어렸을 때부터 자신이 속해있는 가정에서 훈련되어야 합니다. 그렇게 가정을 회복하는 일부터 시작해야 합니다. 그것이 하나님의 백성이라는 확대된 가족관계로 나아갈 때(마 12:50), 궁극적으로는 다른 사람과의 관계를 온전히 회복할 수 있는 것입니다.

십계명의 마지막 세 번째 묶음(8-10계명)은 '자연(물질)과의 관계 회복'에 대한 지침입니다.

제8계명: 도둑질 금지

자연(물질)과의 관계를 회복하기 위한 첫 번째 계명은 바로 '도둑질 금지'입니다.

도둑질하지 말라(출 20:15).

도둑질(stealing)이란 다른 사람의 소유를 주인의 허락 없이 제 마음대로 취하는 것을 말합니다. 그 소유물에 대한 주인의 권리를 인정하고 싶지 않거나, 아니면 가지고 싶은 욕심 때문에 강제로 빼앗거나 몰래 훔치는 것이지요. 배고픔 때문에 배를 채우려고 도둑질할 수도 있습니다(잠 6:30). 물론 딱한 사정은 이해되지만, 그렇다고 도둑질이 정당화될 수는 없습니다.

문제는 그렇게 딱한 경우보다는, 단지 더 많이 가지려는 욕심으로 도둑질하는 경우가 훨씬 많다는 사실입니다. 하나님은 시내산으로 오던 길목에서 '일용할 양식'의 원칙에 대해서 가르쳐주셨지요(16:4). 하나님의 백성은 오직 '필요한 만큼'만 거두는 원칙에 따라서 살라고 하셨습니다. 그 원칙에 따른다면 도둑질할 이유가 없어질 것입니다. 이웃과 함께 나누는 일이 풍성해질 것이고, 공동체에는 배고픔 때문에 도둑질하는 그런 사람이 생기지 않을 것입니다.

사실 앞에서 언급한 타인과의 관계에서 생기는 문제들 대부분이 물질에 대한 탐욕에서 비롯된다는 사실을 우리는 기억해야 합니다. 부모의 소유를 도둑질하는 자녀(잠 28:24)가 부모를 공경할 리가 없습니다. 힘 있는 사람이 다른 사람의 소유를 강제로 빼앗으려다가 살인죄를 저지르게 되는 것입니다. 다윗을 향한 나단의 책망에서 보듯이, 간음도 결국 다른 사람의 소유에 대한 탐욕이라는 점에서 크게 다르지 않습니다(삼하 12:9).

사도 바울은 다음과 같이 권면합니다.

도둑질로 생계를 꾸렸습니까? 더 이상은 그렇게 살지 마십시오! 정당한 일로 돈을 벌어서, 일할 수 없는 다른 사람들을 도우십시오(엡 4:28, 메시지).

선한 목적을 가지면 더는 악한 방법에 의존할 수 없게 됩니다. 하나님 백성의 정체성은 도둑질하지 않는 것으로 드러납니다.

제9계명: 거짓말 금지

자연(물질)과의 관계를 회복하기 위한 두 번째 계명은 '거짓말 금지'입니다.

네 이웃에 대하여 거짓 증거하지 말라(출 20:16).

'거짓 증거'(false testimony)는 단순한 '거짓말'(lie)과는 구분되는 개념입니다. 법정에서 행해지는 공개적이고 고의적인 위증이 바로 '거짓 증거'입니다(신 19:16). 그런데 사람들은 왜 위증을 하는 것일까요? 물질에 대한 욕심 때문입니다. 이세벨이 나봇의 포도원을 탈취할 때 위증하는 사람들을 동원한 것이 가장 대표적인 예입니다(왕상 21:13). 남의 잃은 물건을 줍고도 그 사실을 부인하여 거짓 맹세하는 이유도, 사실 그것을 소유하고 싶은 욕심 때문입니다(레 6:3).

심지어 하나님의 이름으로 거짓말을 하는 사람들도 있습니다.

11너희는 도둑질하지 말며 속이지 말며 서로 거짓말하지 말며 12너희는 내 이름으로 거짓 맹세함으로 네 하나님의 이름을 욕되게 하지 말라. 나는 여호와이니라 (레 19:11-12).

하나님의 이름으로 거짓 맹세를 한다는 것은 물질에 대한 욕심이 하나님에 대한 믿음보다 더 크다는 뜻입니다. 하나님조차도 자신의 욕심을 채우기 위한 수단으로 삼고 있는 것이지요. 하나님의 백성은 절대로 그렇게 하지 않습니다. 주님도 "그러면 '그렇다', 아니면 '아니다'라고만 하라"(마 5:37, 메시지)고 가르치시면서, 그 이외의 지나치게 포장된 말들은 모두 '악'으로부터 나온 것이라고 말씀하셨습니다.

그렇습니다. 모든 거짓말의 뿌리는 물질에 대한 욕심입니다. 욕심으로부터 자유로워지지 않고서는 자연과의 관계가 회복될 수 없습니다.

제10계명: 탐욕 금지

자연(물질)과의 관계를 회복하기 위한 마지막 계명은 바로 '탐욕 금지'입니다.

네 이웃의 집을 탐내지 말라. 네 이웃의 아내나 그의 남종이나 그의 여종이나 그의 소나 그의 나귀나 무릇 네 이웃의 소유를 탐내지 말라(출 20:17).

우리말 '탐내다'에 해당하는 히브리어 '카마드'(chamad)는 본래 '~을 즐기다(take pleasure in)라는 뜻입니다. 이를 영어로는 '몹시 탐내다'(covet)로 번역합니다. 이것이 바로 탐욕(貪慾)입니다. 탐욕의 본질은 다른 사람이 가진 것을 자기 자신도 가져야 직성이 풀리는 그런 마음입니다. 이웃이 가진 집을, 이웃이 가진 모든 소유를 똑같이 가져야만 만족하는 것이지요. 그렇게 탐내어 소유하는 것을 인생의 즐거움으로 삼는 것입니다.

그러나 '탐욕'이란 결코 만족할 줄 모른다는 것이 문제입니다. 다른 사람과 똑같이 가진다고 해서 만족하게 되지 않습니다. 오히려 다른 사람의 소유를 강제로 빼앗아야 하고, 다른 사람보다 더 많이 가져야 합니다. 그러기 위해서는 어떤 수단과 방법도 가리지 않습니다. 이와 같은 인간의 탐욕이 그동안 지구의 생태계를 파괴해왔습니다. 인간이 들어가는 곳에는 언제나 환경파괴가 일어났습니다. '개발'이라는 명목으로 자연을 함부로 훼손하고, 물과 공기를 오염시켜왔습니다. 지금까지 인간의 무분별한 포획으로 인해 멸종당한 동물들이 얼마나 많이 있는지 모릅니다.

그들은 "땅을 정복하고 모든 생물을 다스리라"(창 1:28)는 하나님의 명령을 오히려 자신의 탐욕을 채우는 정당한 근거로 삼았습니다. 하나님이 창조하신 세계를 하나님의 대리자로서 책임지고 잘 돌보아야 하는 특별한 사명을, 오히려 자연을 파괴해도 좋다는 허락으로 바꾸었습니다. 그래서 인간의 탐욕으로 인해서 "하나님이 창조하신 피조물이 다 이제까지 함께 탄식하며 함께 고통을 겪고 있는 것"입니다(롬 8:22). 만일 하나님이 '자연의 복수'를 억제하지 않으셨다면(롬 8:20), 이 지구는 이미 오래전에 망하고 말았을 것입니다.

하나님의 구원은 단지 '인간의 구원'만이 아니라 '창조 세계의 구원'까지도 포함하고 있습니다. 그 일을 위해서 하나님은 '하나님의 계약 백성'을 세우셔서 자연과의 관계를 회복하려고 하시는 것입니다. 여기에는 물질에 대한 탐욕의 극복이 가장 큰 관건입니다. 도둑질이든 거짓말이든 모두 탐욕으로부터 시작됩니다. 탐욕을 극복하는 가장 좋은 지침이 있습니다. 그것은 바로 '일용할 양식'의 원칙에 따라 살아가는 것입니다.

이처럼 십계명에는 이 세상을 구원하는 하나님의 계획과 청사진이 또렷이 새겨져 있습니다. 인간의 죄로 어그러진 창조 질서를 회복하는 구체적인 지침이 담겨있습니다. 하나님의 계약 백성이 이 지침에 따라서 살아갈 때, 이 세상은 하나님의 구원을 맛보게 될 것입니다. 세 가지 관계를 회복하는 일은 다음 장에서 살펴볼, '안식일 계명'에 모두 녹아있습니다.

* **묵상 질문**: 나는 욕심에서 얼마나 자유로운가?

* **오늘의 기도**: 자녀에 대한 욕심으로 인해 오히려 자녀와의 관계가 어그러졌습니다. 돈에 대한 욕심으로 인해 만족하지 못하는 인생을 살고 있습니다. 이 모든 일에서 참다운 자유를 원합니다. 하나님의 구원을 맛보게 해주옵소서. 예수님의 이름으로 기도합니다. 아멘.

안식일 계명

읽을 말씀: 출애굽기 20:1-17

새길 말씀: 안식일을 기억하여 거룩하게 지키라. 엿새 동안은 힘써 네 모든 일을 행할
것이나 일곱째 날은 네 하나님 여호와의 안식일인즉 너나 네 아들이나 네
딸이나 네 남종이나 네 여종이나 네 가축이나 네 문안에 머무는 객이라도
아무 일도 하지 말라(출 20:8-10).

지금까지 우리는 세 묶음으로 구성된 십계명의 구조에 대해서 살펴보
았습니다. 첫 번째 묶음(제1, 2, 3계명)은 하나님과의 관계 회복을 위한 지침
이었습니다. 우상숭배의 문제를 해결하지 않고서는 하나님과의 관계를
회복할 수 없습니다. 하나님의 백성은 오직 하나님만 섬겨야 합니다.

두 번째 묶음(제5, 6, 7계명)은 다른 사람과의 관계 회복을 위한 지침이
었습니다. 이 일은 가정에서 출발하여 확대된 가족관계로 나아갈 때 가
능해진다고 했습니다. 세 번째 묶음(제8, 9, 10계명)은 자연과의 관계 회복
을 위한 지침이었습니다. 여기에는 물질에 대한 탐욕 극복이 관건입니

다. '일용할 양식'의 원칙이 필요한 이유입니다.

이제 남은 것은 '안식일 계명'입니다. 이 계명은 지금까지 우리가 이야기해 온 세 가지 묶음의 내용을 하나로 녹여내는 실천적인 지침입니다. 안식일을 잘 지켜나갈 때, 우리는 하나님과의 관계와 다른 사람과의 관계와 자연과의 관계를 동시에 회복할 수 있습니다. 그럴 때 우리는 하나님이 목표하시는 창조 질서의 회복으로 나아갈 수 있는 것입니다.

멈춤과 회복의 날

안식일의 중요성은 아무리 강조해도 결코 지나침이 없습니다. 그러나 유대인들처럼 '율법주의적인 태도'로 안식일 준수를 강조한다거나, 아니면 안식일에 어떤 일을 해야 하는지 말아야 하는지, 또는 토요일에 지켜야 하는지 일요일에 지켜야 하는지의 '논쟁거리'로 삼아서는 안 됩니다. 오히려 이 세상을 구원하는 하나님의 청사진과 그 일을 위해 부르심을 받은 하나님 백성의 정체성을 드러내는 기준으로써 안식일의 중요성을 강조해야 합니다.

안식일 계명은 이렇게 시작됩니다.

안식일을 기억하여 거룩하게 지키라(출 20:8).

우선 '안식일'(安息日)이라는 용어부터 정리해보아야 합니다. 이를 영어로는 '사바스 데이'(Sabbath day)라고 합니다. '사바스'는 히브리어 '샤바트'(shabbat)에서 왔습니다. '안식일'을 히브리어로 '욤 핫샤바트'(yowm hash-shabbat)라고 하는데, 이는 '샤바트의 날'(the day of shabbat)이라는 뜻입니다. 자, 그렇다면 이 '샤바트'가 무슨 뜻일까요?

'샤바트'는 '멈춘다'(to cease, to stop)는 뜻입니다. 하나님이 태초에 천지를 창조하실 때, 하시던 모든 일을 일곱째 날에 '그치셨고' '안식하셨다'고 합니다(창 2:2). 두 단어 모두 '샤바트'를 번역한 것입니다. '안식'이란 '그치는 것'입니다. 하던 일을 멈추는 것입니다. 그런데 하나님이 너무 피곤해서 쉬셨다고 생각하면 안 됩니다. 일주일의 하루를 멈추는 날로 '창조'하신 것이지요.

따라서 우리말 '안식일'로 번역된 '욤 핫샤바트'는 사실 '멈춤의 날'(the day of cessation)이라고 해야 합니다. 단지 일만 멈추는 것이 아닙니다. 노는 것도 멈추고, 오락하는 것도 멈추어야 합니다. 왜 그래야 할까요? 안식일은 '우리 날'이 아니라 우리의 하나님 '여호와의 날'이기 때문입니다.

또한, 안식일은 '기억하는 날'입니다. NIV 성경은 이렇게 번역합니다. "안식일을 기억하라, 그것을 거룩하게 지킴으로…"(Remember the Sabbath day by keeping it holy). 이것이 히브리 원어에 가장 가까운 풀이입니다. 하나님은 우리가 안식일을 잊어버리지 않고 기억하기를 원하십니다. 어떻게 기억할 수 있을까요? '거룩하게 지키면' 됩니다.

여기에서 '거룩하다'는 말은 '구별하다'(set apart)라는 뜻입니다. 즉 일주일에 하루는 하나님의 시간으로 따로 떼어놓으라는 것입니다. 그것은 마치 십일조와 같습니다. 우리의 소득 중에서 십분의 일을 하나님의 것으로 구별하여 떼어 놓듯이, 우리의 시간 중에서 일주일의 하루를 하나님의 것으로 떼어 놓아야 합니다. 그것이 바로 안식일입니다.

그렇다면 안식일에 우리는 무엇을 기억해야 할까요?

9엿새 동안은 힘써 네 모든 일을 행할 것이나 10일곱째 날은 네 하나님 여호와의 안식일인즉 너나 네 아들이나 네 딸이나 네 남종이나 네 여종이나 네 가축이나 네 문안에 머무는 객이라도 아무 일도 하지 말라(출 20:9-10).

여기에서 '네 모든 일'은 우리 자신을 위해서 하는 모든 일입니다. 6일

동안은 우리를 위해서 열심히 살면 됩니다. 그러나 일곱째 날은 다릅니다. 그날은 '우리 날'이 아니라 '하나님의 날'입니다. 그렇기에 우리 자신은 물론이고 우리의 아들, 딸, 남종, 여종, 가축, 심지어 객일지라도 '아무 일'도 하면 안 됩니다. 여기에서 말하는 '아무 일'이란 앞에서 언급한 '자신을 위해서 하는 일'을 말합니다.

우리는 안식일이 하나님의 날이라는 사실을 기억해야 합니다. 그리고 하나님의 날에는 오직 하나님이 원하시는 일에 온전히 시간을 사용해야 합니다. 하나님이 원하시는 일에 모든 에너지를 집중해야 합니다. 그렇게 함으로써 우리가 세상살이에 분주해서 잊어버리고 살던 '삶의 본질'을 회복하는 것입니다. 하나님이 왜 우리를 창조하셨는지, 우리를 향하신 하나님의 뜻이 무엇인지를 다시 상기해야 합니다.

하나님께 예배하는 날

그런데 '삶의 본질'을 회복해야 한다고 했을 때, 그 말은 본래 무엇인가가 있었는데 그것이 망가지고 깨지고 훼손되었다는 뜻입니다. 그것이 무엇입니까? 지금까지 이야기해 온 세 가지 관계들(relationships)입니다. 하나님은 인간의 죄로 인해 어그러진 관계들을 회복하려고 하십니다. 이집트에서 학대받던 히브리인을 구원하셔서 그들을 하나님의 계약 백성으로 삼으시는 이유입니다.

'삶의 본질'을 회복하기 위해서 안식일에 가장 먼저 해야 할 일이 있습니다. 바로 '예배'입니다. 하나님 앞에 나와서 예배함으로써 하나님과의 관계를 회복하는 것입니다. 하나님 백성은 '혈연공동체'가 아니라 '신앙공동체'요 '예배공동체'입니다. 하나님께 예배하지 않으면서 하나님의 백성이 될 수 없습니다.

앞으로 우리가 살펴보겠지만, 모세가 시내산에서 하나님으로부터 증거의 두 돌판을 받아서 내려온 후에 가장 먼저 '안식일 규례'(출 35:1-3)를 가르칩니다. 그리고 그다음에 '성막 제작 명령'(출 36:8-39:43)을 전달합니다. 무슨 뜻입니까? '안식일'은 하나님께 예배하는 날이요, '성막'은 하나님께 예배하는 장소였습니다. '계약 백성'에게 가장 중요한 것은 '예배'라는 뜻입니다. 예배를 통해서 하나님 백성의 정체성이 드러나기 때문입니다.

우리가 매 주일 하나님께 예배하는 것도 바로 그 때문입니다. 사실 그리스도인들이 '주일'(主日)을 안식일로 지키게 된 것도 바로 '예배' 때문이었습니다. 안식일 다음 날 예수님이 부활하셨기에, 그리스도인들은 매번 안식일 다음 날 함께 모여서 부활하신 주님을 기억하고 찬양하면서 예배했습니다(행 20:7; 고전 16:2). 그러다 보니까 이제는 교회에 다니지 않는 사람들까지도 모두 '주일'을 공휴일로 지키게 된 것이지요.

어느 날을 안식일로 지켜야 하는지를 가지고 '논쟁거리'로 삼는 함정에 빠지지 말아야 합니다. 중요한 것은 일주일에 하루를 멈추어 서서 하나님 앞에 나와 예배하는 것입니다. 우리에게 '예배'가 중요한 이유는 분명합니다. 예배 없이는 하나님과의 관계 회복이 없기 때문입니다. 하나님과의 관계가 회복되지 않고서는 다른 사람과의 관계도, 자연과의 관계도 회복되지 않기 때문입니다.

하나님께 예배하지 않으면서 스스로 그리스도인이라고 생각하는 사람들이 더러 있습니다. 속지 마십시오. 기독교에 대해서 호의적인 생각을 하고 있다고 해서 그 사람을 그리스도인이라고 말할 수 없습니다. 예수를 그리스도로 믿기 때문에 그리스도인이요, 하나님 앞에 나와서 예배하기 때문에 하나님 백성인 겁니다. 하나님의 계약 백성은 적어도 일주일에 하루는 세상일을 멈추고 하나님 앞에 나와서 예배해야 합니다.

그런데 율법주의적인 관심으로 이 말씀을 대하면 안 됩니다. '주일 성수'하지 않으면 당장에라도 지옥에 떨어질 것처럼 말하는 것은 안식일의 정신과 전혀 어울리지 않는 태도입니다. 그러나 하나님과의 관계 회복을 위해서 과연 우리가 무엇을 하고 있는지는 물어보아야 합니다. 자기 자신을 위해서 하던 모든 일을 멈추고, 하나님 앞에 나와서 온전히 하나님의 뜻에 집중하는 그런 시간이 있는지 물어보아야 합니다.

사람들은 너무 바빠서 일주일에 한 번 하나님과 만날 시간이 없다고 합니다. 정말 그럴까요? 하나님께 예배하는 것이 그다지 중요한 일이 아니기에 다른 일들에 우선순위를 빼앗기는 것입니다. 정말 중요하다면 어떻게든지 하나님 앞에 나와서 예배하게 되어있습니다. 삶의 본질을 회복하려면 가장 먼저 예배가 회복되어야 합니다. 그 일을 위해서 하나님은 우리에게 멈춤의 날, 안식일을 창조해주신 것입니다.

종들과 함께 예배하는 날

안식일은 다른 사람과의 관계를 회복하는 날입니다. 이 대목에서 우리는 십계명이 기록되어 있는 출애굽기 20장과 신명기 5장을 비교해 볼 필요가 있습니다. 먼저 출애굽기 본문입니다.

일곱째 날은 네 하나님 여호와의 안식일인즉 너나 네 아들이나 네 딸이나 네 남종이나 네 여종이나 네 가축이나 네 문안에 머무는 객이라도 아무 일도 하지 말라 (출 20:10).

이 말씀을 염두에 두면서 신명기 5장의 평행 본문을 계속해서 읽어보지요.

일곱째 날은 네 하나님 여호와의 안식일인즉 너나 네 아들이나 네 딸이나 네 남종이나 네 여종이나 네 소나 네 나귀나 네 모든 가축이나 네 문안에 유하는 객이라도 아무 일도 하지 못하게 하고 네 남종이나 네 여종에게 너 같이 안식하게 할지니라 (신 5:14).

신명기 본문은 "남종과 여종에게 안식하게 하라"고 하면서 특별히 '너 같이'를 강조합니다. 이게 무슨 뜻일까요? 안식일에 아랫것들에게는 이런저런 일을 하라고 시켜놓고 자기 혼자서 하나님 앞에 나와 예배드린다고 해서 안식일을 제대로 지키는 게 아니라는 뜻입니다. 왜냐면 안식일에 회복되어야 할 것이 바로 '다른 사람과의 관계'이기 때문입니다.

비록 내가 마음대로 부리는 종이라고 할지라도, 본래는 그들도 나와 똑같이 '하나님의 형상'으로 창조된 가치 있는 존재입니다. 그렇기에 평상시에는 내가 마음대로 그들을 부릴 수 있지만, 최소한 안식일에는 그들도 본래의 인격을 회복할 수 있게 해주어야 합니다. 그러기 위해서 그들도 나와 똑같이 안식하게 해야 합니다. 그렇게 함으로써 그들과의 관계를 회복하는 것이지요. 그게 안식일을 지키는 바른 태도입니다.

이러한 관심은 안식일을 지켜야 하는 당연한 근거로 제시하는 부분에서 확연하게 구분됩니다. 출애굽기 본문에는 이렇게 되어있습니다.

이는 엿새 동안에 나 여호와가 하늘과 땅과 바다와 그 가운데 모든 것을 만들고 일곱째 날에 쉬었음이라. 그러므로 나 여호와가 안식일을 복되게 하여 그 날을 거룩하게 하였느니라(출 20:11).

출애굽기 본문에서는 안식일 준수의 당연한 근거로 하나님의 천지창조 사건을 제시합니다. 하나님이 일곱째 날에 쉬셨기 때문에, 너희들도 당연히 안식일을 거룩하게 지킴으로 복을 받아야 한다는 것입니다. 이 말씀은 하나님과의 관계를 회복하는 일, 즉 '예배'를 강조하는 말씀으로 보입니다. 이에 비해서 신명기 본문은 전혀 다른 근거를 제시합니다.

너는 기억하라. 네가 애굽 땅에서 종이 되었더니 네 하나님 여호와가 강한 손과 편 팔로 거기서 너를 인도하여 내었나니 그러므로 네 하나님 여호와가 네게 명령하여 안식일을 지키라 하느니라(신 5:15).

여기에서는 안식일을 지켜야 하는 당연한 근거로 '출애굽 사건'을 언급합니다. '출애굽 사건'이 무엇입니까? 이집트에서 학대받던 히브리인이 구원받아 해방된 사건 아닙니까? 그 출애굽 사건과 안식일이 무슨 상관관계가 있다는 말일까요? 그렇습니다. 안식일에는 종들이 구원받고 해방되는 일들이 또다시 경험되어야 한다는 말씀입니다. 그게 하나님의 백성을 만드신 하나님의 뜻입니다.

그렇기에 앞에서 말한 것처럼, 안식일에는 남종이나 여종도 '너 같이' 즉 '주인같이' 안식하게 해야 합니다. 그것이 하나님의 계약 백성으로서 다른 민족과 구별되는 점이요, 하나님의 백성이 만들어가는 하나님 나라의 아름다운 모습입니다. 이처럼 안식일 계명에는 다른 사람과의 관계를 회복할 수 있게 하는 하나님의 뜻이 담겨있습니다.

이는 또다시 첫 번째 관계, 즉 하나님과의 관계 회복과 연결이 됩니다. 단순히 종들을 안식일에 쉬게 해주었다고 해서 그들과의 관계가 온전히 회복되는 것은 아니지요. 그 종들도 하나님 앞에 나와서 주인인 나와 동등한 자격으로 하나님께 예배할 수 있게 해야 합니다. 예배하는 동안에는 그들과 나는 하나님 앞에서 똑같은 사람입니다. 그 진실을 적어도 일주일에 하루는 확인할 수 있어야 한다는 겁니다. 그래야 일상적인 생활에서도 그들을 비인격적으로 취급하지 않게 되는 것입니다.

자연을 쉬게 하는 날

또한, 안식일은 자연과의 관계를 회복하는 날입니다. 안식일은 사람들만 쉬는 날이 아닙니다. '소'나 '나귀'나 모든 '가축'이 안식하는 날입니다(출 20:10; 신 5:14). 그 가축들은 물론 내 소유이기 때문에 평상시에는 내 마음대로 부릴 수 있습니다. 그렇지만 적어도 안식일에는 그들을 쉬게 함으로써 '소나 나귀'가 대표하는 '자연과의 관계'를 회복해야 한다는 것입니다.

단지 자연과 동물을 쉬게 할 뿐만 아니라, 자연으로부터 얻은 소득을 하나님께 예배하며 드림으로써 이 모든 자연의 진정한 주인이 하나님임을 확인해야 합니다. 그래야 자연을 단지 착취의 대상으로 생각하여 파괴하는 죄를 짓지 않게 되고, 하나님께서 우리에게 맡겨주신 자연을 잘 돌보는 선한 청지기가 될 수 있는 것입니다.

이와 같은 '안식일'의 정신은 '안식년' 계명에도 그대로 나타납니다. 안식년에 대한 말씀이 성경 여러 곳에 기록되어 있지만, 그 가장 단순한 본문은 출애굽기 23장에서 찾아볼 수 있습니다.

> 10너는 여섯 해 동안은 너의 땅에 파종하여 그 소산을 거두고 11일곱째 해에는 갈지 말고 묵혀두어서 네 백성의 가난한 자들이 먹게 하라. 그 남은 것은 들짐승이 먹으리라. 네 포도원과 감람원도 그리할지니라(출 23:10-11).

'안식년'이란 쉽게 말해서 칠 년마다 땅을 안식하게 하는 것입니다. 마치 일곱째 날에 사람도 종들도 가축들도 안식하게 하는 것과 마찬가지입니다. 그런데 땅을 쉬게 한다고 해서 그것이 전부가 아닙니다. 그렇게 함으로써 지금까지 말해온 세 가지의 관계를 회복하는 것입니다.

먼저 그 땅의 진정한 주인이신 하나님과의 관계를 회복하는 것입니다. 약속의 땅은 하나님의 백성에게 허락해주신 땅입니다. 그 땅에서 농사짓고 산다고 해서 그 땅이 내 소유가 되는 것이 아닙니다. 칠 년에 한해는 땅의 농사를 포기함으로써 이 땅의 진정한 주인은 하나님이시라는 사실을 확인해야 한다는 것입니다.

또한, 안식년을 지킴으로써 다른 사람과의 관계를 회복할 수 있습니다. 안식년에 농사를 짓지 않는다고 하더라도 자연스럽게 맺히는 열매가 있지 않습니까? 그것은 내 소유가 아닙니다. 가난한 백성들과 함께 나누어 먹어야 할 것들입니다. 그뿐만이 아닙니다. 그렇게 나누어 먹은 후에도 남은 것들이 있습니다. 그것은 들짐승이 먹도록 배려해 주어야 합니다. 그렇게 함으로써 자연과의 관계도 회복해 가는 것입니다.

'안식일'과 '안식년'으로 이어지는 계명의 절정은 바로 '희년'입니다.

> 너희는 오십 년째 해를 거룩하게 하여 그 땅에 있는 모든 주민을 위하여 자유를 공포하라. 이 해는 너희에게 희년이니 너희는 각각 자기의 소유지로 돌아가며 각 각 자기의 가족에게로 돌아갈지며…(레 25:10).

'희년'(禧年)은 말 그대로 '기쁨의 해'입니다. 안식년이 일곱 번 지난 50년마다 돌아오는 해로, 모든 것들이 '원상회복'되어야 합니다. 남의 밑에서 종살이하던 사람들은 모두 자유를 얻어 각각 자기의 가족에게로 돌아가야 합니다. 땅들도 하나님이 처음 공평하게 나누어주신 상태로 돌아가야 합니다. 그렇게 함으로써 인간이 맺고 살아가는 모든 관계가 본래 하나님께서 의도하신 대로 회복되는 것입니다. 그것이 바로 '안식일'과 '안식년'과 '희년'을 통해서 이루려고 하셨던 하나님의 계획이었습니다.

인간의 현실

문제는 이 '희년'이 단 한 번도 제대로 지켜지지 못했다는 사실입니다. 아니 '희년'은 고사하고 '안식년'도 제대로 지키지 못했습니다. 안식년에 땅을 쉬게 하지 못하다가 아예 나라가 망하고 말았던 것입니다. 나라가 망하고 난 다음에 비로소 "땅이 안식년을 누림 같이 안식하여 칠십 년을 지냈다"(대하 36:21)고 합니다. 그들이 안식년을 지키지 않으니까, 하나님이 나라를 망하게 함으로써 강제적으로 안식년을 지키게 하신 것입니다.

이 모두는 사실 안식일을 제대로 지키지 못한 것으로부터 시작되었습니다. 일주일에 하루도 온전히 멈추지 못하고, 하나님께서 원하시는 본질적인 관계의 회복에 집중하지 못했던 것입니다. 이 문제는 이미 광야 생활에서부터 감지되었습니다. 신광야에서 '일용할 양식'의 원칙을 가르쳐주시면서, 여섯째 날에는 갑절을 거두라고 하셨지요(출 16:5). 일곱째 날은 안식일이기 때문입니다. 안식일에는 모든 일을 멈추고 하나님의 일에만 집중해야 하기 때문입니다.

그런데 그들 중에는 하루에 필요한 '일용할 양식'이 아니라, 욕심껏 만나를 거두는 사람들이 있었습니다. 어떤 사람들은 안식일에도 만나를 거두러 나갔지요. 그들이 가나안 땅에서 농사지으며 살게 되면서, '일용할 양식'의 원칙을 까맣게 잊어버렸습니다. 남들보다 열심히 일하면 더 잘 살 수 있다는 '경제 논리'가 앞서기 시작하면서, 안식일을 제대로 지키지 못하게 된 것입니다.

하나님의 백성답게 살라고 약속의 땅을 허락해주셨는데, 그 땅에서 안식일도 제대로 지키지 않아요. 안식년도 희년도 지키지 않아요. 그러면 하나님이 어떻게 하셔야 할까요? 그래서 아예 그 나라를 망하게 하여 약속의 땅에서 그들을 쫓아내신 것입니다. 그렇게 함으로써 그 땅이 안식을 누리게 되었던 것이지요.

안식일 계명 준수에 하나님 백성의 정체성이 달려있습니다. 안식일 계명에는 이 세상을 구원하는 하나님의 청사진이 새겨져 있습니다. 하나님의 계약 백성은 하나님이 명령하신 대로 안식일을 지키는 일부터 시작해야 합니다. 그럴 때, 이 세상에 하나님의 창조 질서가 회복되는 구원이 완성될 것입니다.

* **묵상 질문:** 나는 안식일을 잘 지키고 있는가?
* **오늘의 기도:** 안식일 계명에 담겨 있는 놀라운 비밀을 깨닫게 하시니 감사합니다. 하나님을 예배하면서, 또한 이웃과 사랑을 나누면서 또한 자연과 하나가 되어 창조의 질서를 회복해나가는 이 신비를 평생 맛보며 살아갈 수 있도록 우리의 삶을 다스려주옵소서. 예수님의 이름으로 기도합니다. 아멘.

하나님에 관한 부속법

읽을 말씀: 출애굽기 20:18-26; 22:18

새길 말씀: 너희는 나를 비겨서 은으로나 금으로나 너희를 위하여 신상을 만들지 말고 내게 토단을 쌓고 그 위에 네 양과 소로 네 번제와 화목제를 드리라. 내가 내 이름을 기념하게 하는 모든 곳에서 네게 임하여 복을 주리라(출 20:23-24).

앞에서 우리는 십계명의 구조와 내용을 자세히 살펴보았습니다. 십계명에는 인간의 죄로 인해 어그러진 창조 질서를 다시 회복함으로써 이 세상을 구원하려는 하나님의 계획과 청사진이 일목요연(一目瞭然)하게 정리되어있다는 사실을 알게 되었습니다. 이제부터 하나님의 백성이 해야 할 일은 분명합니다. 이 지침에 따라서 사는 것입니다. 하나님의 말씀을 잘 듣고 계약을 잘 지키는 것입니다(19:5). 그러면 하나님이 그들에게 약속한 복을 주시고, 그들을 통해서 하나님은 이 세상을 구원하실 것입니다.

그런데 이날 산기슭에 서서 하나님의 말씀을 듣고 있던 사람들이 이와 같은 십계명의 내용을 분명히 알아듣고 정확하게 이해했을까요? 아마도 그러지는 못했을 것입니다. 지금까지 우리가 분석하고 묵상해 온 것처럼, 하나님의 임재에 대한 두려움에 벌벌 떨고 있던 사람들이 출애굽기 본문에 기록된 십계명의 구조나 내용을 차분히 이해했을 리가 없습니다. 그들에게는 단지 '우렛소리'와 '나팔소리'로만 들렸을지도 모릅니다. 그래서 하나님이 나중에 두 개의 '증거판'에 친히 십계명을 써주셨던 것이지요(출 31:18).

그러나 분명한 것은 바로 이날 십계명이 선포되었다는 사실입니다. 비록 당시에는 제대로 이해하지 못했을지라도, 그들이 하나님과 어떤 내용으로 계약을 맺었는지 나중에라도 알게 되었을 것입니다. 그리고 십계명에 대한 그들의 이해를 돕기 위해서 하나님은 모세를 통해서 여러 보충 설명을 덧붙여 주셨습니다. 오늘부터 우리가 살펴보려고 하는 '계약법'(the covenant code)이 바로 그 내용을 담고 있습니다.

하나님의 현현

실제로 그들은 하나님의 현현(theophany) 앞에 벌벌 떨고 있었습니다.

18뭇 백성이 우레와 번개와 나팔소리와 산의 연기를 본지라. 그들이 볼 때에 떨며 멀리 서서 19모세에게 이르되 당신이 우리에게 말씀하소서. 우리가 들으리이다. 하나님이 우리에게 말씀하시지 말게 하소서. 우리가 죽을까 하나이다(출 20:18-19).

하나님은 '우레'와 '번개'와 '나팔소리'와 '연기'로 나타나셔서 그들에게 말씀하셨습니다. 그러나 그들은 하나님의 현현(顯現)을 보기는 했지만, 말씀을 제대로 듣지는 못했습니다. 나중에 하나님도 이런 사실을 모세에게 확인해주십니다.

여호와께서 모세에게 이르시되 너는 이스라엘 자손에게 이같이 이르라. 내가 하늘로부터 너희에게 말하는 것을 너희 스스로 보았으니…(출 20:22).

하나님이 하늘로부터 '말하는 것'을 그들은 '보았다'고 하십니다. 하나님의 말씀은 '들어야' 마땅합니다. 그런데 그들은 보기만 했습니다. 하나님의 현현을 나타내는 우렛소리나 번갯불이나 빽빽한 연기나 하늘로 솟아오르는 불길에 시선이 사로잡혀서, 온통 정신을 빼앗기다 보니 정작 들어야 할 하나님의 말씀을 제대로 듣지는 못했던 것입니다.

그래서 메시지 성경은 이 부분을 "내가 하늘에서부터 너희와 이야기하는 것을 너희는 직접 경험했다"(You've experienced firsthand how I spoke with you from Heaven)고 바꾸어 말합니다. 물론 하나님의 음성을 직접 듣는 경험이 우리에게 필요합니다. 그러나 처음부터 그 말씀을 다 이해하리라 기대할 수는 없습니다. 처음에는 그저 보기만 할 뿐입니다. 그러다가 점점 귀가 열리게 되는 것이지요.

아무튼, 처음으로 경험한 하나님의 말씀에 대한 그들의 반응은 두려움이었습니다. 그래서 그들은 하나님이 자신들에게 직접 말씀하지 않도록 해달라고 모세에게 사정합니다. 하나님이 직접 말씀하시면 두려워서 죽게 될지도 모른다는 것입니다. 그러면서 모세가 하나님의 말씀을 듣고 대신 전해주면, 그 말씀을 잘 듣겠노라고 합니다.

이에 대해서 모세는 다음과 같이 대답합니다.

모세가 백성에게 이르되 두려워하지 말라. 하나님의 임하심은 너희를 시험하고 너희로 경외하여 범죄하지 않게 하려 하심이니라(출 20:20).

모세는 하나님이 이렇게 현현하시는 두 가지 이유가 있다고 말합니다. 첫째는 '시험'(test)하기 위해서입니다. 이미 하나님은 마라에서부터 그들을 테스트하기 시작하셨습니다(15:26). 하나님이 가르쳐준 원칙에 따라서 순종하는지를 살펴보시고, 그들의 '쓴 물 인생'을 치료하여 '단물 인생'으로 바꾸어주겠다고 약속하셨지요. 하나님이 시내산에 나타나신 것도 그때와 다르지 않습니다. 십계명의 지침에 따라서 살아가는지를 앞으로 시험해보시겠다는 말씀입니다.

둘째는 '경외'(fear)하게 하기 위해서입니다. 메시지 성경은 '깊은 경외심'(a deep and reverent awe)이 '스며들게'(instill) 하기 위해서라고 풀이합니다. 인간에게는 하나님에 대한 깊은 경외심이 있어야 합니다. 하나님은 함부로 근접할 수 없는 분이요, 인간의 눈으로 직접 볼 수 없는 분이라는 사실을 인정해야 합니다. 피조물이 넘어설 수 없는 경계선이 있다는 사실을 고백해야 합니다. 그래야 죄를 짓지 않습니다. 그래야 하나님의 말씀을 소홀하게 여기지 않고 무겁게 받아들일 수 있습니다.

계약법의 내용

아무튼, 모세는 백성들의 요청에 따라서 하나님의 말씀을 받기 위해서 가까이 갑니다.

백성은 멀리 서 있고 모세는 하나님이 계신 흑암으로 가까이 가니라(출 20:21).

신명기 평행 본문에 따르면, 이때 나머지 백성들은 하나님의 허락을 받고 각기 장막으로 돌아갔습니다(신 5:30). 모세는 하나님으로부터 십계명에 대한 보충 설명을 듣고 그들에게 전해줍니다. 그 내용이 바로 출애굽기 23장까지 기록된 '계약법'(The Covenant Code)입니다. 그러고 나서 계약체결 의식(24장)이 진행되는 것이지요.

자, 그런데 그들이 약속한 것처럼 과연 모세가 전하는 말씀을 무겁게 받아들이게 될까요? 하나님의 현현이 눈에 보이지 않더라도, 모세의 말을 하나님의 말씀으로 인정하여 따르게 될까요? 눈에 보여주면 두렵다고 도망가고, 보여주지 않으면 가볍게 여기는 것이 보통입니다. 성경에 기록된 하나님의 말씀을 소홀히 여기는 것도 바로 그 때문입니다. 멀리 서 있으면 안 됩니다. 하나님의 임재 앞으로 나아가는 것이 두렵고 떨리는 일이지만, 모세처럼 가까이 가야 합니다.

앞에서 언급했듯이, 앞으로 한동안 우리가 살펴볼 '계약법'은 십계명에 따르는 부속법입니다. 그러니까 십계명에 대한 보충 설명인 셈입니다. 물론 일목요연하게 정리되지는 않았지만, 다루고 있는 내용은 세 가지 관계의 회복에 대한 말씀으로 설명할 수 있습니다. 다시 말해서, 하나님과의 관계와 다른 사람과의 관계와 자연 또는 물질과의 관계 회복에 대한 말씀을 구체적인 상황에 어떻게 적용할지에 대해서 다루고 있는 것입니다.

실제로 계약체결 의식을 진행할 때 모세가 '언약서'(the Book of the Covenant)를 가져다가 백성에게 낭독하여 듣게 하는 장면이 나오는데 (24:7), 이 '언약서', 즉 '계약서'에 담겨있는 내용이 바로 십계명에 대한 보충 설명을 적어놓은 '계약법'입니다. '십계명'은 나중에 증거판 돌에 새겨집니다(31:18). 따라서 우리가 이미 정리한 대로, 십계명의 구조에 따라서 계약법을 풀어나가는 것이 그 내용을 이해하는 데 큰 도움이 될 것입니다.

부어만든 우상

하나님과의 관계에 관한 내용을 살펴보겠습니다. 가장 먼저 우상 제작에 대한 말씀입니다.

너희는 나를 비겨서 은으로나 금으로나 너희를 위하여 신상을 만들지 말고…(출 20:23).

하나님은 이미 십계명에서 그 어떤 형상으로도 '새긴 우상'을 만들지 말라고 했습니다(20:4). 그와 비교하여 여기에서는 우상을 만드는 재료에 강조점을 두고 있습니다. '은'이나 '금'으로 만들지 말라고 하십니다. 이것은 '깎아서 만드는 우상'(a carved image)이 아니라 '부어서 만드는 우상'(a molten image)을 의미합니다.

이집트의 신들은 대부분 돌이나 나무를 깎아서 만든 우상이었습니다. 엄청난 규모로 만들어 사람을 압도하려고 했지요. 그러나 그들이 앞으로 들어가서 살게 될 가나안 땅에서는 부어서 만드는 우상이 대부분입니다. 아론이 '금송아지'를 부어 만든 이후로(32:4), 이스라엘 사람들은 주로 금이나 은을 부어 만든 우상에 쉽게 현혹되곤 했습니다.

북이스라엘의 여로보암 왕이 만들어 벧엘과 단에 세운 것도 부어만든 '금송아지'였습니다(왕상 12:28). 가나안 사람들이 섬기던 '바알들의 우상'도 모두 부어만들었습니다(대하 28:2). 아스다롯(Ashtaroth)이나 그모스(Chemosh), 몰록(Moloch) 신들도 역시 마찬가지였습니다. 전체를 금이나 은을 녹여서 만들기도 했고, 아니면 나무나 철 재료로 우상을 만들고 그 위에 금이나 은을 덧입히기도 했습니다.

재미있는 사실은 이스라엘 사람들이 가나안 땅에 살면서 더는 이집트의 신들에 유혹되어 넘어가는 일이 없었다는 것입니다. 아마도 이집트 땅에 내린 열 가지 재앙을 통해서 그 신들이 가짜라는 사실을 생생하게 목격했기 때문으로 보입니다. 그러나 가나안에 들어온 후에 그들은 금이나 은으로 만든 우상에는 쉽게 넘어갔습니다. 그 이유가 무엇일까요? 우상 자체보다는 값나가는 재료에 현혹된 것입니다. 탐욕의 우상에 속아 넘어간 것이지요.

사람들이 우상을 제작하는 진짜 동기는 그들이 섬기는 '신'을 위해서가 아니라고 했습니다. 그들 자신을 위해서 우상을 만듭니다. 여기에서도 하나님은 분명히 말씀하십니다. "너희를 위하여 신상을 만들지 말라."

그런데 이것은 '다른 신'(other gods)을 가리키는 말씀이 아닙니다. '나를 비겨서', 즉 하나님(God)의 모습을 우상으로 제작하는 것을 말합니다. 그런데 왜 그렇게 할까요? 사람들이 하나님의 모습을 비겨서 우상으로 만들려고 하는 이유가 무엇일까요?

하나님을 위해서가 아닙니다. 그들 자신을 위해서입니다. 다시 말해서, 하나님을 그들의 필요를 채워주는 분으로 만들고 싶은 것입니다. 단지 그들의 소원을 들어주고, 그들의 문제를 해결해주고, 그들의 부귀영화와 편안한 삶을 보장해주는 그런 신으로 만들고 싶은 것입니다. 그러니까 하나님의 뜻을 이루기 위해서 하나님을 섬기는 것이 아니라, 자기 뜻을 이루기 위해서 하나님을 섬기는 것입니다.

더는 금이나 은으로 우상을 부어만들지는 않아도, 이러한 유혹은 지금도 생생하게 살아 있습니다. 금이나 은으로 가득 채워진 탐욕의 동기로 자신을 위해 부어만든 하나님을 섬기는 사람들이 생각보다 많이 있습니다. 물질만능주의가 기승을 부리면 부릴수록 그런 사람들이 믿음의 공동체 안에 점점 더 많아질 것입니다. 그래서 우리는 조심해야 합니다. 하나님에 대한 깊은 경외심으로 그런 유혹을 단호하게 물리쳐 이겨내야 합니다.

소박한 제단

그다음에는 하나님 앞에 제물을 바치는 제단(altars)에 대한 말씀입니다.

> 24내게 토단을 쌓고 그 위에 네 양과 소로 네 번제와 화목제를 드리라. 내가 내 이름을 기념하게 하는 모든 곳에서 네게 임하여 복을 주리라. 25네가 내게 돌로 제단을 쌓거든 다듬은 돌로 쌓지 말라. 네가 정으로 그것을 쪼면 부정하게 함이니라(출 20:24-25).

십계명에는 하나님께 드리는 예배의 장소나 형식에 대한 언급이 나오지 않습니다. 그러나 제단을 쌓아서 희생제물을 바치는 것은 이미 오래된 관례였습니다(창 8:20; 12:7). 아브라함이 이삭을 제물로 바치는 장면에서 우리는 당시의 제단 형태를 짐작할 수 있습니다. 그는 제단을 쌓고 나무를 벌여 놓고 이삭을 결박하여 제단 나무 위에 놓습니다(창 22:9). 희생제물을 태우기 좋도록 흙이나 돌을 아궁이 같은 모양으로 쌓아서 제단을 만들었던 것으로 보입니다.

하나님은 그것으로 충분하다고 말씀하십니다. 그러면서 오히려 돌로 제단을 쌓을 때 '다듬은 돌'(dressed stones, MSG)을 사용하지 말라고 하십니다. 정으로 다듬으면 그 돌을 '부정하게' 만드는 것이라고 하십니다. 여기에서 '부정'이란 깨끗하지 못하다는 뜻이 아니라, 하나님께 예배드리기에 적절하지 못하다는 뜻입니다. 이는 당시 돌을 깎아서 우상을 만들던 관습과 연결해서 이해해야 합니다. 정성을 들이다 보면 이런저런 형상이 새겨질 것이고, 그것은 곧 우상숭배로 연결될 게 뻔하기 때문입니다. 아무튼, 제단은 모양이 중요하지 않습니다. 희생제물이 잘 타기만 하면 됩니다.

또한, 특별히 제단을 쌓아야 하는 정해진 장소는 없습니다. 하나님의 이름을 기념하는 곳이면 어디나 제단을 쌓을 수 있습니다. 여기에서 중요한 것은 '번제'와 '화목제'를 드리라는 말씀입니다. '번제'(burnt offerings)는 죄를 대속하기 위한 의식입니다. 드려진 제물은 완전히 태워야 합니다. 그러나 '화목제'(peace offerings)는 완전히 태우지 않습니다. 그 예배에 참여한 사람들과 함께 나누어 먹어야 하기 때문입니다. 이는 각각 하나님과의 관계 회복과 다른 사람과의 관계 회복을 위해서 드리는 제물입니다. 그 의미를 잘 살리기만 하면 소박한 제단으로도 충분합니다.

게다가 굳이 제단을 높이 쌓으려고 애쓰지 않아도 됩니다.

너는 층계로 내 제단에 오르지 말라. 네 하체가 그 위에서 드러날까 함이니라(출
20:26).

당시 우상의 제단들은 모두 높이 쌓았습니다. 그래야 그들이 섬기는
신이 더욱 위대해지고, 그 신을 섬기는 사람의 위상도 같이 높아진다고
생각했습니다. 그러나 하나님의 생각은 다릅니다. 그런다고 가짜 신이
참 신이 되는 건 아닙니다. 아니 그것은 오히려 가짜 신임을 스스로 드러
내는 일입니다. 참 하나님을 섬기는 사람이 높아질 이유가 없습니다. 겸
손하게 하나님을 섬기면 그만입니다. 스스로 높아지겠다고 그러다가는
'벌거벗은 몸'이 드러날 뿐입니다.

물론 오랜 세월이 지난 후에 솔로몬이 예루살렘에 아름답고 화려하
게 성전을 지었습니다. 그렇게 성전을 건축할 수 있는 경제력과 여건이
갖추어졌기 때문입니다. 그러나 아무리 큰 성전을 짓고 근사하게 제단을
만들어 제물을 드린다고 하더라도, 하나님은 다듬지 않은 돌과 흙으로
쌓은 소박한 제단에서 드린 제물보다 더 귀하게 여기지는 않습니다. 그
것을 잊지 말아야 합니다. 겉으로 드러나는 모습에 치중하다가, 결국에
는 우상숭배의 함정에 빠지게 되는 겁니다.

무당에 관하여

'계약법' 중에서 하나님을 섬기는 일과 관련하여 우리가 주목해야 할
말씀이 뒤에 나옵니다. 그것은 바로 '무당'에 관한 언급입니다.

너는 무당을 살려두지 말라(출 22:18).

'무당'(a sorcerer)은 악한 영의 힘을 빌려서 액운(厄運)을 점치는 사람

입니다. 이집트에서는 아예 파라오의 공식적인 신하로 자리 잡고 있었습니다(출 7:11). '마술사' 또는 '요술사'로 언급되는 사람들입니다. 대부분은 속임수로 사람들을 현혹하지만, 어떤 경우에는 죽은 영혼을 불러내기도 합니다. 사울 왕이 엔돌에 있던 '신접한 여인'을 찾아가서 죽은 사무엘의 영혼을 불러오게 했지요(삼상 28:11). 하나님이 '꿈'으로도, '우림'으로도, '선지자'로도 그에게 대답하지 않았기 때문입니다(삼상 28:6). 하나님은 이미 그를 버렸던 것입니다.

하나님 없이 살아가는 사람들은 그런 식으로 귀신의 힘이라도 의지하려고 합니다. 하지만 하나님의 백성은 어떤 경우에도 귀신 놀음에 마음을 빼앗기면 안 됩니다. 오히려 단호하게 제거해야 합니다. 레위기에 무당과 관련된 법이 여러 군데 나옵니다.

> 너희는 신접한 자와 박수를 믿지 말며 그들을 추종하여 스스로 더럽히지 말라. 나는 너희 하나님 여호와이니라(레 19:31).

> 남자나 여자가 접신하거나 박수 무당이 되거든 반드시 죽일지니 곧 돌로 그를 치라. 그들의 피가 자기들에게로 돌아가리라(레 20:27).

신접한 자는 귀신의 조종을 받는 사람입니다. 그의 말은 곧 귀신의 말입니다. 그런데 이상하게도 귀신의 말을 믿고 따르는 사람들이 있습니다. 악한 영이 무슨 좋은 일이라도 생기게 해줄 것이라는 착각이야말로 정말 귀신에 씌운 겁니다. 바울도 빌립보에서 귀신 들린 여종을 만났습니다(행 16:16). 그 여종은 귀신의 힘으로 사람들에게 점을 쳐주었고, 주인들에게 짭짤한 수익을 안겨주었습니다. 그런데 바울이 귀신을 쫓아내는 바람에, 소동이 벌어지고 옥에 갇히게 되었지요.

귀신의 힘을 의지하는 것은 우상숭배와 마찬가지로 하나님에 대한 큰 반역입니다. 그에 대한 처벌은 단 하나, 죽음입니다. 무당을 돌로 쳐 죽이면, 그 피가 '자기에게로' 돌아간다고 합니다. 이게 무슨 뜻일까요? 아벨이 죽임을 당했을 때는 그의 핏소리가 땅에서 하나님께 호소했다고 했습니다(창 4:10). 그러나 무당의 죽음에 대해서는 하나님께서 그 누구에게도 책임을 묻지 않겠다는 말씀입니다.

예수님이 병을 고치고 귀신을 내쫓는 이적을 보이자, 예루살렘에서 내려온 서기관들이 예수님에게 "바알세불이 지폈다"고 하면서 비방했습니다(막 3:22). 귀신의 왕을 힘입어서 귀신을 쫓아낸다는 것이지요. 그러자 주님은 그들에게 이렇게 선포하셨습니다. "누구든지 성령을 모독하는 자는 영원히 사하심을 얻지 못하고 영원한 죄가 되느니라"(막 3:29).

그들은 성경에 관해서 내로라하는 전문가였음에도 불구하고, 하나님이 가장 싫어하시는 무당을 들먹거리며 주님을 비난했던 것입니다. 누가 보아도 분명한 하나님의 역사를 악령의 역사로 평가절하했던 것입니다. 다른 것이라면 몰라도, 그런 식으로 성령을 모독하는 죄는 결코 용서받지 못합니다.

귀신의 힘을 의지하려고 하는 사람도 마찬가지입니다. 하나님의 백성이 되었다고 하면서, 신접한 무당을 찾아다니는 사람은 하나님을 대놓고 모독하고 있는 것입니다. 귀신을 팔아먹고 사는 무당도, 그의 말을 믿고 따르는 사람도 하나님께 용서받지 못합니다. 하나님이 다스리는 나라에서는 이런 일들이 있어서는 안 됩니다. 하나님의 백성은 오직 하나님만 섬기는 사람이어야 합니다.

금으로 부어만든 우상을 섬기든, 신접한 무당을 찾아다니든, 공통점이 하나 있습니다. 무언가 자신의 눈에 보이는 것을 기대한다는 사실입니다. 높은 계단의 제단을 만드는 사람도 마찬가지입니다. 보이는 것에 목숨을 겁니다. 그것이 전부인 줄 압니다. 그들은 사람의 외모가 아니라 중심을 보시는 참 하나님을 섬기는 사람이 아닙니다.

하나님의 계약 백성은 자신의 욕심을 위해 하나님을 이용하지 않습니다. 오히려 하나님의 뜻에 겸손하게 순종하여 따릅니다.

* **묵상 질문**: 나는 하나님의 뜻을 이루기 위해서 하나님을 섬기는가?
* **오늘의 기도**: 말로는 하나님을 섬긴다고 하면서, 실제로는 자신의 욕심을 이루기 위해서 하나님을 이용하지 않게 해주옵소서. 눈에 보이는 것만 추구하다가 우상숭배의 함정에 빠지지 않게 해주옵소서. 언제나 어디서나 오직 하나님만 겸손하게 섬기게 해주옵소서. 예수님의 이름으로 기도합니다. 아멘.

사람에 관한 부속법

읽을 말씀: 출애굽기 21:1-36; 22:21-24

새길 말씀: 사람을 쳐죽인 자는 반드시 죽일 것이나 만일 사람이 고의적으로 한 것이

아니라 나 하나님이 사람을 그의 손에 넘긴 것이면 내가 그를 위하여 한 곳을

정하리니 그 사람이 그리로 도망할 것이며 사람이 그의 이웃을 고의로 죽였으

면 너는 그를 내 제단에서라도 잡아내려 죽일지니라(출 21:12-14).

우리는 지금 '계약법'(the covenant code)을 십계명이 가지고 있는 세 가

지 묶음의 구조에 따라서 하나씩 풀어가는 중입니다. 지난 시간에 '하나

님에 관한 부속법'을 살펴보면서, 계약 백성은 우상 숭배자들처럼 자신

의 욕심을 위해 하나님을 이용하지 않는다는 결론에 다다랐습니다. 그와

동시에 탐욕의 동기로 하나님을 섬기는 유혹은 오늘날의 신앙공동체 안

에 여전히 남아 있으며, 그것을 극복하지 않고서는 하나님과 바른 관계

를 회복할 수 없다는 사실도 알게 되었습니다.

구약의 계명은 이미 시효가 끝나버린 고리타분한 율법이 아닙니다.

이 세상을 구원하시려는 하나님의 목표와 그에 따른 구체적인 지침은 변

함없이 생생하게 살아 있습니다. 하나님은 그 지침을 실천하는 당신의 백성을 통해서 지금도 이 세상을 구원하시는 일을 계속하고 계십니다. '교회'도 신약의 하나님 백성으로서 그 일에 참여하고 있는 것입니다.

오늘은 '사람에 관한 부속법'에 대해서 살펴보겠습니다.

히브리 종에 대한 법

하나님은 가장 먼저 '노예제도'에 대해서 말씀하십니다.

> **2**네가 히브리 종을 사면 그는 여섯 해 동안 섬길 것이요 일곱째 해에는 몸값을 물지 않고 나가 자유인이 될 것이며 **3**만일 그가 단신으로 왔으면 단신으로 나갈 것이요 장가들었으면 그의 아내도 그와 함께 나가려니와…(출 21:2-3).

하나님의 계약 백성이 되려고 하는 그들은 본래 이집트에서 학대받던 '히브리인'이었습니다. 그런데 그들에게 '히브리 종'을 돈 주고 사는 경우를 가정한 말씀을 듣는 것은 아주 어색한 일입니다. 여기에서 우리가 먼저 이해해야 할 것은 노예제도가 당시의 사회를 구성하고 지탱하는 기본적인 경제 체제였다는 사실입니다. 하나님은 그 제도를 다른 나라에서는 찾아볼 수 없는 새로운 방식으로 적용하십니다.

우선 사람들이 종으로 팔리게 되는 경우들을 살펴볼 필요가 있습니다. 도둑질하다가 잡혔는데 배상할 것이 없는 경우에 몸을 팔아서라도 갚아야 했습니다(출 22:3). 가난한 사람이 빚을 갚을 길이 없을 때도 종으로 팔렸습니다(레 25:39; 왕하 4:1). 심지어 아버지가 자녀를 종으로 파는 경우도 있었습니다(느 5:5). 그러니까 노예제도는 경제적인 부채를 갚게 하는 방법이었던 셈입니다.

주변의 다른 나라에서는 그 이유가 어쨌든, 한번 노예가 되면 영원히 노예로 살아야 했습니다. 그러나 이스라엘은 근본적으로 다릅니다. 길어야 6년 동안 종살이를 하고 나면 그다음에는 몸값을 물지 않고 자유인이 되어 나갈 수 있었습니다. 기한을 채우고 나갈 때는 종이 되기 전과 똑같은 조건으로 나가면 됩니다. 만일 혼자서 들어왔다면 혼자서 나가고, 가족과 함께 들어왔다면 가족과 함께 나가면 됩니다.

신명기에서는 여기에서 한 걸음 더 나아갑니다.

13그를 놓아 자유하게 할 때에는 빈 손으로 가게 하지 말고 14네 양 무리 중에서와 타작마당에서와 포도주 틀에서 그에게 후히 줄지니 곧 네 하나님 여호와께서 네게 복을 주신 대로 그에게 줄지니라. 15너는 애굽 땅에서 종 되었던 것과 네 하나님 여호와께서 너를 속량하셨음을 기억하라. 그것으로 말미암아 내가 오늘 이같이 네게 명령하노라(신 15:13-15).

6년간의 종살이를 마치고 나갈 때 절대로 '빈손'으로 보내지 말라고 합니다. 오히려 기르던 양도 몇 마리 보태주고 빵과 포도주와 기름도 넉넉히 내어주라고 합니다. 그렇게 경제적인 부채를 해결하고 새롭게 출발할 수 있도록 도와주라는 것입니다. 그런데 왜 그래야 할까요? 왜냐면 그들도 한때 이집트에서 종살이하던 히브리인이었지만, 하나님께서 그들을 구원하여 내셨기 때문입니다. 따라서 히브리 종들에게 은혜를 베푸는 것이 그들에게는 마땅한 일이라는 것이지요.

더러는 그렇게 도와주는 것을 '손해'라고 생각했을 것입니다. 다른 나라 사람에게는 '어리석은 일'로 보였을 것입니다. 그러나 하나님의 백성은 다릅니다. 그들은 이 세상을 구원하는 일에 부름을 받은 사람들입니다. 하나님의 구원에는 다른 사람과의 관계를 회복하는 일도 포함되어 있습니다. 경제적인 필요 때문에 내게 몸 붙여 종살이한다 해서 그를 평생 마음대로 부려먹을 노예로 생각하여 함부로 취급하면 안 됩니다. 오히려 다시 일어나서 힘있게 살아갈 수 있도록 회복시켜 주어야 합니다. 그것이 바로 하나님이 이루어가시는 구원입니다.

물론, 궁극적으로 노예제도는 폐지되어야 합니다. 그러나 사회제도를 급진적으로 바꾼다고 해서 진정한 개혁이 일어나는 것은 아닙니다. 다른 사람들에 대한 삶의 태도와 방식이 달라지는 것이 진정한 개혁입니다. 다른 사람과 맺고 살아가는 관계가 하나님이 창조하신 본래의 모습으로 회복되는 것이 구원입니다. 하나님은 그 일을 계약 백성과 함께 이곳 시내산에서부터 시작하고 계시는 것입니다.

도피성 제도

십계명에 분명히 "살인하지 말라"(20:13)고 되어있습니다. 살인은 그 어떤 경우에도 정당화될 수 없습니다. 그러나 문제는 고의적인 살인만 있는 것은 아니라는 사실입니다. 살인이라는 결과는 같더라도, 그 일이 벌어지게 된 사정은 여러 가지일 수 있습니다. 그럴 때 어떻게 할 것인지 하나님은 가르쳐주십니다.

> 12사람을 쳐죽인 자는 반드시 죽일 것이나 13만일 사람이 고의적으로 한 것이 아니라 나 하나님이 사람을 그의 손에 넘긴 것이면 내가 그를 위하여 한 곳을 정하리니 그 사람이 그리로 도망할 것이며 14사람이 그의 이웃을 고의로 죽였으면 너는 그를 내 제단에서라도 잡아내려 죽일지니라(출 21:12-14).

계획적이고 의도적인 흉계에 의한 살인이라면, 반드시 죽음으로 징계해야 합니다. 심지어 하나님의 제단으로 피해 있더라도 끌어내어 사형에 처하라고 하십니다. 실제로 솔로몬 왕은 여호와의 장막으로 도망해서 제단 뿔을 잡고 있던 요압을 끌어내어 처형했습니다(왕상 2:28). 하나님은 사람의 생명을 경시하여 고의로 저지른 살인까지 용납하지는 않으십니다.

그러나 전혀 의도하지 않게 살인죄를 저지를 수도 있습니다. 그것을 본문은 "나 하나님이 사람을 그의 손에 넘긴 것"이라고 합니다. NIV 성경은 "하나님이 그것을 일어나게 했다"(God lets it happen)고 표현합니다. 어쩔 수 없이 발생한 우발적인 사고를 뜻합니다. 예를 들어서, 아무 원한 없이 어쩌다 사람을 밀쳤는데 그만 넘어져 죽게 되었다거나, 사람이 있는 줄 모르고 망치 같은 연장을 실수로 떨어뜨려서 죽게 한 경우입니다 (민 35:22-23).

물론 사람이 죽었으니 그 일에 누군가 책임을 져야 합니다. 그러나 그런 실수로 인해서 똑같이 죽임을 당한다면 너무 억울한 일이지요. 그럴 때는 하나님이 정해놓은 곳으로 도망가서 정식 재판을 받고 목숨을 구하라고 하십니다. 이른바 '도피성 제도'에 대한 말씀입니다. 출애굽기 본문에는 '한 곳'으로 되어있지만, 민수기 본문에는 요단 동쪽의 세 곳과 요단 서쪽의 세 곳에 '도피성'을 지정하게 하셨습니다(민 35:9-15). 어디에서든 쉽게 접근할 수 있도록 배려한 것입니다.

이것은 당시의 일반적인 관례였던 '동해복수법'(lex talionis)이 만들어내는 불필요한 복수와 죽음에 대한 해결책이었습니다. 비극이 또 다른 비극을 낳지 않도록 피할 길을 만들어놓으신 것이지요. 본래 "눈은 눈으로, 이는 이로"(출 21:23)라는 원칙은 사사로운 감정에 치우쳐 더 큰 보복으로 발전하지 못하게 하려는 인도적인 제어장치였습니다. 그러나 복수에 눈이 어두운 사람들은 전후 사정을 살피지도 않고 무조건 가해자를 사형(私刑)하는 정당한 이유로 삼았던 것입니다.

물론 어떤 경우에도 살인하지 말아야 합니다. 그러나 처벌이 능사는 아닙니다. 고의로 살인하는 사람을 처벌하는 것은 또 다른 살인을 막기 위해서입니다. 실수로 살인죄를 저지른 사람에게 새로운 삶의 기회를 주는 것이 하나님의 백성이 해야 할 일입니다. 우리 주님은 "오른편 뺨을 치거든 왼편도 돌려대라"고 하셨습니다(마 5:39). 복수는 복수를 낳지만, 용서는 어그러진 관계를 회복합니다. 이 세상을 구원하는 것은 서슬 퍼런 '정의'가 아니라 따뜻하게 품어주는 '사랑'입니다.

폭력에 관한 법

살인을 아무렇지 않게 생각하는 이유는 생명에 대한 경외심이 없기 때문입니다. 사람들에게 함부로 주먹을 휘두르는 것 역시 마찬가지입니다. 계약법은 다른 사람과의 관계를 파괴적으로 몰고 가는 '폭력'에 대해서 큰 관심을 보입니다.

우선 자녀가 부모에게 폭력을 행사하는 경우부터 다룹니다. 하나님은 십계명을 통해서 다른 사람과의 관계를 회복하기 위해서 가정에서 부모를 공경하는 일부터 시작해야 한다고 가르치셨습니다. 이 일이 얼마나 중요한지, '약속의 땅'에서 오래오래 사는 복의 약속을 붙여놓았습니다. '부모공경'은 하나님 백성의 정체성을 결정짓는 가장 중요한 척도 중의 하나입니다.

그러나 실제로는 부모의 권위를 인정하지 않고, 오히려 부모에게 함부로 주먹을 휘두르는 패륜아도 있습니다. 그들을 어떻게 해야 할까요?

자기의 아버지나 어머니를 치는 자는 반드시 죽일지니라(출 21:15).

자기의 아버지나 어머니를 저주하는 자는 반드시 죽일지니라(출 21:17).

이 말씀을 주의 깊게 살펴보십시오. 부모를 '죽인 자'가 아닙니다. 부모를 '때린 자', 부모를 '저주한 자'입니다. 그들은 반드시 죽음으로 처벌해야 한다고 말합니다. 다른 사람과의 관계와 비교하면 지나치게 엄격한 법 적용입니다. 옆집 사람에게 주먹을 휘둘렀다고 사형에 처하지는 않지요. 그러나 부모에게 폭력을 행사하는 경우에는 가차 없이 처벌해야 한다고 합니다. 왜 그래야 할까요?

왜냐면 부모는 자녀가 이 세상에 태어나서 만나는 최초의 인간관계요 권위이기 때문입니다. 그 권위와 바른 관계를 맺지 않고서는 다른 어떤 권위도 존중할 수 없습니다. 따라서 자녀들은 마땅히 부모를 무겁게 여기고 공경해야 합니다. 그런데 공경하기는커녕 도리어 부모에게 손찌검하거나 저주하는 사람은 희망이 없습니다. 부모를 우습게 여기는 사람이 다른 사람을 어떻게 여기겠습니까? 평생 이웃에게 해를 끼치면서 살아갈 것이 불을 보듯 뻔합니다. 그러니 일찌감치 불행의 싹을 없애야 한다는 것입니다.

사람을 납치하는 것도 아주 심각한 범죄입니다.

사람을 납치하는 자가 그 사람을 팔았든지 자기 수하에 두었든지 그를 반드시 죽일지니라(출 21:16).

계약법에 따르면, 힘이 없는 사람을 잡아다가 팔아넘기는 약취유괴죄(略取誘拐罪)는 살인죄와 크게 다르지 않습니다. 그 사람의 생명을 도둑질하는 것이기 때문입니다. 그 죄를 죽음으로 다스려야 하는 이유입니다. 그런데 대부분은 이런 범죄가 아는 사람에 의해서 일어난다는 데 문제의 심각성이 있습니다.

사람이 자기 형제 곧 이스라엘 자손 중 한 사람을 유인하여 종으로 삼거나 판 것이 발견되면 그 유인한 자를 죽일지니 이같이 하여 너희 중에서 악을 제할지니라(신 24:7).

형제에 의해서 납치되어 종으로 팔린 대표적인 예가 성경에 나옵니다. 바로 요셉입니다. 그를 시기한 배다른 형제들에 의해서 요셉은 아는 사람이 하나도 없는 이집트로 팔려가야 했습니다. 물론 그 일조차도 하나님께서 히브리인을 구원하기 위해 사용하셨지만, 엄밀하게 따지면 요셉을 팔아넘긴 형제들은 모두 사형감입니다. 그런 일이 하나님의 백성 중에서 더는 생겨서는 안 됩니다.

또한, 당시 사회에서 폭력에 가장 많이 노출되는 사람들은 바로 종들입니다.

20사람이 매로 그 남종이나 여종을 쳐서 당장에 죽으면 반드시 형벌을 받으려니와 21그가 하루나 이틀을 연명하면 형벌을 면하리니 그는 상전의 재산임이라(출 21:20-21).

앞에 언급한 '히브리 종'에 대한 법에서, 6년간 섬기면 자유를 주어야 한다고 했습니다. 그러나 만일 종이 그 집에 더 있기를 원한다면 재판장의 허락을 받아 송곳으로 귀를 뚫고 종신토록 그 상전을 섬길 수 있게 했습니다(21:6). 그것은 사실 종을 인격적으로 대해주는 특별한 경우의 이야기이고, 대개는 주인의 부당한 폭력에 시달리곤 했습니다. 노예는 그 주인의 소유물이었기 때문입니다. 어떻게 하든지 주인의 마음이요 권리였습니다.

그러나 하나님의 백성은 종을 대하는 태도에 있어서 세상 사람들과 달라야 합니다. 그 종도 하나님이 창조하신 가치 있는 존재이기 때문입니다. 만일 남종이나 여종이 당장에 죽을 정도로 체벌했다면, 아무리 주인이라도 그 일에 마땅히 책임을 져야 합니다. 만일 종들의 신체에 상해를 입혔다면 어떻게 해야 할까요?

26사람이 그 남종의 한 눈이나 여종의 한 눈을 쳐서 상하게 하면 그 눈에 대한 보상으로 그를 놓아 줄 것이며 27그 남종의 이나 여종의 이를 쳐서 빠뜨리면 그 이에 대한 보상으로 그를 놓아 줄지니라(출 21:26-27).

그때는 자유를 줌으로써 보상해야 합니다. 지혜로운 주인이라면 그런 손해를 감수하면서까지 종들에게 폭력을 행사하지는 않을 것입니다. 물론 노예제도는 반드시 폐지되어야 합니다. 그러나 제도의 개혁보다 더 중요한 것은 다른 사람들에 대한 태도의 개혁입니다. 아무리 노예라고 하더라도 하나님의 형상으로 창조된 인간으로서 그들이 가지고 있는 권리를 인정하고 보장해주어야 합니다.

힘이 있다고 해서 함부로 주먹을 휘두르는 사람은 이 세상을 구원하시려는 하나님의 일에 방해가 될 뿐입니다. 하나님의 백성은 남보다 조금이라도 더 많이 가진 것이 있다면, 그것으로 연약한 사람을 도와주고 세워주는 사람입니다.

약자 보호법

하나님 백성의 가장 큰 특징은 '나그네'나 '과부'나 '고아'와 같은 사회적 약자들을 돌보는 것입니다.

너는 이방 나그네를 압제하지 말며 그들을 학대하지 말라. 너희도 애굽 땅에서 나그네였음이라(출 22:21).

우리말 '이방 나그네'로 번역된 히브리어는 '게르'(ger)입니다. 모세가 아들에게 붙여준 이름 '게르솜'에 들어있는 바로 그 단어입니다. '게르솜'은 '타국에서 나그네'(a stranger in a foreign land)라는 뜻입니다. 그러니까 자신의 고향이 아닌 낯선 땅에서 몸 붙여 살아가는 사람이 바로 '게르'입니다. 아브라함도 자신을 '게르'라고 불렀습니다(창 23:4). 우리말 성경에는 '객'(客)이나(출 20:10; 신 5:14; 14:29) '거류민'으로 번역되기도 합니다(레 16:29; 19:34).

언약법은 '게르'를 압제하거나 학대하지 말라고 말합니다. 메시지 성경은 이 부분을 "나그네를 학대하거나 착취하지 마라"(Don't abuse and take advantage of strangers)라고 풀이합니다. 나그네의 약점을 이용하여 이익을 취하지 말라는 겁니다. 타국에서 살아가는 나그네는 영원한 약자일 수밖에 없습니다. 하나님의 백성은 그들을 괴롭히거나 억울하게 만들어서는 안 됩니다.

왜냐면 과거에 그들도 이집트 땅에서 '게르'였기 때문입니다. 하나님께서 그들을 구원하지 않으셨다면, 지금도 그들은 여전히 학대받는 '게르'로 살고 있었을 것입니다. 하나님이 그들을 구원하신 이유는 분명합니다. 학대받는 나그네가 없는 세상을 만들기 위해서입니다. 이와 같은 하나님의 비전은 '이웃 사랑'의 계명으로 더욱 구체화합니다.

> 원수를 갚지 말며 동포를 원망하지 말며 네 이웃 사랑하기를 네 자신과 같이 사랑하라. 나는 여호와이니라(레 19:18).

예수님이 이 말씀을 인용하심으로 더욱 유명해졌지요(막 12:31). 그런데 '네 이웃'은 가까이 사는 '옆집 사람'(neighbor)을 의미하는 말이 아닙니다. 그들과 함께 있는 '게르'를 가리킵니다.

> 너희와 함께 있는 거류민을 너희 중에서 낳은 자같이 여기며 자기같이 사랑하라. 너희도 애굽 땅에서 거류민이 되었었느니라. 나는 너희의 하나님 여호와이니라 (레 19:34).

여기에서 '거류민'이 바로 '게르'입니다. 그들을 '너희 중에서 낳은 자 같이' 여기라고 하십니다. 다시 말해서 '외국인'으로 취급하지 말고 '같은 동족'으로 여기라는 것입니다. 그것이 바로 "네 자신과 같이 사랑하라"는 말씀의 의미입니다.

그러면서 "나는 여호와다"라는 말씀을 반복하십니다. 우리는 신명(神名) '여호와'가 출애굽 사건을 통해서 처음으로 계시 되었음을 잘 압니다. '여호와'는 이집트에서 학대받던 히브리인을 구원하여 하나님의 백성으로 만드신 바로 그 하나님입니다. 다시 말해서 하나님 백성의 정체성은 '게르'를 자기같이 받아들여 사랑함으로써 드러난다는 점을 강조하시는 것입니다.

과부나 고아와 같은 경제적인 약자들에 대한 돌봄도 그 연장선상에서 이해해야 합니다.

> 22너는 과부나 고아를 해롭게 하지 말라. 23네가 만일 그들을 해롭게 하므로 그들이 내게 부르짖으면 내가 반드시 그 부르짖음을 들으리라. 24나의 노가 맹렬하므로 내가 칼로 너희를 죽이리니 너희의 아내는 과부가 되고 너희 자녀는 고아가 되리라(출 22:22-24).

남편이나 부모가 있었다면 평범한 행복을 누리면서 살 수 있었지만, 과부나 고아는 그들의 필요를 책임져줄 사람이 없는 약자 중의 약자입니다. 그렇다면 누가 그들을 돌보아야 합니까? 옆에 사는 사람들이 돌보아주어야 합니다. 그런데 대개는 어떻게 합니까? 도와주기는커녕 오히려 그들을 해롭게 하려고 하지요. 그것이 세상입니다. 그러나 하나님의 백성은 그러면 안 됩니다. 경제적인 약자들이 잘 세워지도록 도와주어야 합니다. 그 일 하라고 하나님께서 그들을 구원해주셨기 때문입니다.

하나님과의 관계가 회복된 사람이 다른 사람과의 관계를 회복하는 일을 해낼 수 있습니다. 그들을 구원하신 하나님의 뜻이 무엇인지 알기 때문입니다. 하나님의 백성은 부모를 공경함으로 자신의 정체성을 드러냅니다. 또한, 사회적인 약자들을 돌봄으로 자신의 가치를 증명합니다. 그런 사람들이 많아지면 많아질수록 이 세상은 더욱 하나님이 창조하신 본래의 모습을 회복하게 될 것입니다. 그렇게 하나님의 구원이 점점 완성을 향해 나아가는 것입니다.

* **묵상 질문:** 나는 약한 사람들을 돕기 위해서 무엇을 하고 있는가?
* **오늘의 기도:** 우리가 아무것도 아니었던 시절이 있었음을 잊지 않게 하옵소서. 하나님이 우리를 구원해주신 것은 과거의 우리와 똑같은 약자들을 세워나가기 위해서임을 잊지 않게 하옵소서. 그들을 잘 돌봄으로써 하나님이 이루어가시는 구원에 쓰임 받는 하나님의 백성이 되게 하옵소서. 예수님의 이름으로 기도합니다. 아멘.

물질에 관한 부속법

읽을 말씀: 출애굽기 22:1-23:9

새길 말씀: 네가 만일 너와 함께한 내 백성 중에서 가난한 자에게 돈을 꾸어 주면 너는 그에게 채권자같이 하지 말며 이자를 받지 말 것이며 네가 만일 이웃의 옷을 전당 잡거든 해가 지기 전에 그에게 돌려보내라. 그것이 유일한 옷이라. 그것이 그의 알몸을 가릴 옷인즉 그가 무엇을 입고 자겠느냐. 그가 내게 부르짖으면 내가 들으리니 나는 자비로운 자임이니라(출애굽기 22:25-27).

'계약법'(the covenant code)은 십계명에 딸린 '부속법'입니다. 십계명의 선언적인 내용을 조금 더 구체적인 사례에 적용하여 풀어낸 것이라 할 수 있습니다. 지금까지 우리는 십계명이 가지고 있는 세 가지 묶음의 구조에 따라서 '하나님에 관한 부속법'과 '사람에 관한 부속법'의 내용을 살펴보았습니다. 그러면서 당시 주변 나라들의 일반적인 관습들이 하나님의 백성 안에서 어떻게 달라졌는지 알게 되었습니다.

하나님의 관심은 창조 질서의 회복에 있습니다. 하나님의 백성은 탐욕의 동기로 종교 생활하는 우상숭배의 관습에서 벗어나, 오직 하나님만 섬기는 공동체가 되어야 합니다. 그렇게 하나님과 바른 관계를 회복해야 합니다. 하나님의 백성은 그들 안에 있는 노예들과 사회적인 약자들을 괴롭히거나 이용하려고 해서는 안 됩니다. 오히려 그들을 돌보고 세워줌으로써, 다른 사람과의 바른 관계를 회복해야 합니다. 그것이 이집트에서 학대받던 히브리인을 구원하여 당신의 백성으로 삼으신 이유입니다.

물질에 관한 부속법을 살펴보겠습니다.

도둑질에 관하여

제8계명인 '도둑질 금지'에 대한 구체적인 적용사례입니다.

> 사람이 소나 양을 도둑질하여 잡거나 팔면 그는 소 한 마리에 소 다섯 마리로 갚고 양 한 마리에 양 네 마리로 갚을지니라(출 22:1).

목양을 생업으로 삼던 사람들에게 양은 전 재산이었습니다. 농사짓는 사람들에게 소는 재산일 뿐만 아니라 가장 중요한 생계 수단이었습니다. 소나 양을 도둑질한다는 것은 주린 배를 채우려고 빵을 훔치는 것과는 전혀 다른 차원입니다. 그것은 '일용할 양식'으로 만족하지 못하고 다른 사람의 소유를 빼앗아서라도 더 많이 가지려는 탐욕에서 비롯된 것이기 때문입니다. 그런 경우 어떻게 처리해야 할까요?

만일 훔친 가축을 잡거나 팔았다면, 소는 다섯 배로 양은 네 배로 배상하게 해야 합니다. 소에게 더 많은 배상을 물리는 이유는 농사에 꼭 필요한 도구이기 때문입니다(잠 14:4). 그렇다면 소나 양이 살아 있는 상태로 발견되면 어떻게 할까요? 그때는 갑절을 배상하게 하면 됩니다(출 22:4). 여전히 적지 않은 배상금입니다. 만일 배상할 돈이 없다면 어떻게 할까요? 자신의 몸을 팔아서라도 반드시 갚게 해야 합니다(출 22:3b). 다시 말해서, 경제적인 부채를 해결하기 위해서 노예가 되는 것이지요.

그런데 이미 우리가 살펴본 대로, 히브리 종은 6년 동안 섬기게 되어 있습니다. 그러다가 7년째에는 몸값을 물지 않고 다시 자유를 얻을 수 있었습니다(출 21:2). 그리고 나갈 때 빈손으로 보내지 않도록 배려하게 했습니다. 한편으로는 도둑질한 죄에 대해 엄중한 책임을 물으면서, 동시에 다른 한편으로는 새로운 삶의 기회를 주는 것이지요.

이것은 주변의 다른 나라에서는 찾아볼 수 없는 아주 독특한 사법 체계입니다. 도둑질하다 잡히면 평생 도둑놈 낙인이 찍혀서 사는 것이 보통인데 말입니다. 미국의 서부 개척 시대에는 양을 도둑질하다가 잡히면 '양 도둑'(sheep thief)을 의미하는 'ST' 글자를 실제로 몸에 낙인찍었다고 하지요. 그러나 한 번의 잘못으로 인생을 돌이킬 수 없게 만든다면, 너무나 가혹한 처벌이 아닐 수 없습니다.

죄를 지으면 물론 첫값은 치러야 하지만, 다시 일어설 수 있도록 기회를 주어야 합니다. 이와 같은 하나님의 관심은 도둑에 대한 과잉방어를 경계하는 말씀에서도 잘 드러납니다.

2도둑이 뚫고 들어오는 것을 보고 그를 쳐죽이면 피 흘린 죄가 없으나 3해 돋은 후에는 피 흘린 죄가 있으리라…(출 22:2-3a).

만일 도둑이 밤중에 어느 집에 몰래 침입했다가 맞아 죽었다면 어떻게 될까요? 그 일에는 살인죄가 성립되지 않습니다. 그것은 가족들의 생명을 지키기 위한 '정당방위'로 여겨지기 때문입니다. 그러나 만일 '해 돋은 후에' 다시 말해서 '밝은 대낮에' 같은 일이 벌어진다면 어떻게 될까요? 그것은 '과잉방어'가 됩니다. 얼마든지 다른 방법으로 문제를 해결할 수도 있기 때문입니다. 따라서 사람의 생명을 빼앗은 일에 대해서 무거운 책임을 져야 합니다.

여기에서 우리는 "죄는 미워하되 죄인은 미워하지 말라"는 성경의 원칙을 발견하게 됩니다. 도둑질은 미워해도 도둑을 미워하여 죽이려고 하지 말라는 것입니다. 이 원칙은 레위기 말씀에 더 잘 설명되어 있습니다.

너는 네 형제를 마음으로 미워하지 말며 네 이웃을 반드시 견책하라. 그러면 네가 그에 대하여 죄를 담당하지 아니하리라(레 19:17).

도둑질에 대해서는 마땅히 견책(rebuke)해야 합니다. 바늘 도둑이 소도둑 된다고, 죄를 견책하지 않고 그냥 덮어주면 더 큰 죄가 만들어집니다. 그러나 그렇다고 해서 그 죄인을 함부로 취급하거나 마음대로 미워해도 좋을 권리가 다른 사람에게 생기는 건 아닙니다. 그냥 모른 척 덮어두는 것도 잘못이지만, 증오심에 불타서 죽이려고 덤벼드는 것은 더 큰 잘못입니다. 그 책임을 벗을 수 없습니다.

예수님은 간음하던 현장에서 잡힌 여자를 돌로 치려고 하는 사람들에게 "너희 중에 죄 없는 자가 먼저 돌로 치라"(요 8:7)고 말씀하셨습니다. 그 여인이 죄를 지었다고 해서 그녀의 생명을 빼앗을 권리가 다른 사람에게 생기는 것은 아닙니다. 그런데 사람들은 그렇게 생각하려고 합니다. 그래서 심지어 국가대항 축구 경기에서 승부차기를 실축하여 졌다고 해서, 그 선수를 총으로 죽이는 일이 벌어지기도 합니다.

도둑질은 분명한 죄입니다. 탐욕의 죄에 상응하는 값을 치러야 합니다. 그래야 같은 죄를 반복하지 않을 것입니다. 그러나 그 사람이 다시 일어설 수 있도록 도와주어야 합니다. 회복의 기회를 주어야 합니다. 그것이 하나님의 백성이 만들어가는 신앙공동체의 모습이요, 하나님이 그의 백성과 함께 이루어가고 싶어 하시는 구원의 내용입니다.

배상(賠償)에 관하여

이웃에게 손해를 끼친 일에 대한 적절한 배상에서도 '하나님 백성다
움'이 드러나야 합니다.

사람이 밭에서나 포도원에서 짐승을 먹이다가 자기의 짐승을 놓아 남의 밭에서
먹게 하면 자기 밭의 가장 좋은 것과 자기 포도원의 가장 좋은 것으로 배상할지니
라(출 22:5).

먼저 이 말씀이 담고 있는 상황을 잘 파악해야 합니다. 어떤 사람이
자기 밭과 포도원에 짐승을 풀어놓아 풀을 뜯어 먹게 했는데, 그 짐승이
남의 밭으로 넘어가서 농작물을 훼손했습니다. 얼마든지 일어날 수 있는
일처럼 보입니다. 그런데 문제는 어쩌다가 넘어간 것이 아니라는 사실입
니다. 의도적으로 남의 밭에서 먹게 했습니다. 물론 처음부터 그렇게 훼손
할 의도로 시작한 일은 아니겠지만, 결과적으로 그렇게 되었던 것이지요.
  그렇습니다. 남의 집에 들어가서 물건을 훔쳐야만 도둑질이 아닙니
다. 꽃 도둑도 도둑이요, 풀 도둑도 도둑입니다. 그 정도쯤이야 하면서
가볍게 생각하는 것은 분명 잘못입니다. 자, 이럴 때 어떻게 해야 할까
요? "자기 밭의 가장 좋은 것과 자기 포도원의 가장 좋은 것"으로 배상해
야 합니다. 다시 말해서, 이웃이 피해 본 만큼만 갚아 주려고 해서는 안
된다는 겁니다. 자신이 할 수 있는 최선으로 배상해야 합니다. 그래야 이
웃과의 관계가 회복될 수 있습니다.
  실화(失火)에 대한 배상도 마찬가지입니다.

불이 나서 가시나무에 댕겨 낟가리나 거두지 못한 곡식이나 밭을 태우면 불 놓은
자가 반드시 배상할지니라(출 22:6).

예전에는 음력 정월 '첫 쥐날'(上子日)이 되면 논두렁이나 밭두렁에 불을 놓는 쥐불놀이를 하곤 했습니다. 잡초를 태워서 해충이나 쥐를 없애버리면서 동시에 한 해의 풍작을 기원하는 행사입니다. 가나안 땅에도 그와 비슷한 관습이 있었다고 합니다. 여기에서 '가시나무'(thorn bush)는 포도원이나 밭의 '울타리'를 가리킵니다(사 5:5). 다음 해의 농사를 앞두고 불을 놓아 잡초를 정리하곤 했는데, 이 불이 번져서 남의 낟가리나 밭의 곡식을 태우는 일이 벌어진 것이지요.

말 그대로 실화(失火)입니다. 실수로 인해서 생긴 사고입니다. 그러나 '실수였다'라는 말로 그냥 넘어갈 일은 아닙니다. 자기 땅에 불을 놓았다고 하더라도, 이웃에게 막대한 피해를 주었기 때문입니다. 그 손해에 대해서 배상하는 게 마땅합니다. 그리고 엄밀한 의미에서 그것은 '실수'(mistake)가 아니라 '부주의'(carelessness)라고 해야 합니다. 충분한 주의를 기울이지 못한 잘못이 있습니다. 자기의 편의만 생각했지, 다른 사람이나 공동체에 대한 배려가 부족했던 것이지요.

여기에서 우리는 의도했든지 의도하지 않았든지 남에게 손해를 끼친 일에 대해서는 반드시 책임을 지는 개인적인 의무가 있을 뿐 아니라, 더 나아가 그런 일이 생기지 않도록 더욱 세심하게 살펴야 할 공동체적인 의무가 있다는 사실을 알게 됩니다. 자기만 생각하는 이기주의가 신앙공동체 안에 들어오지 않도록 해야 합니다. 이기주의는 물질에 대한 탐욕과 공동체의 파괴로 이어지기 때문입니다.

그 대표적인 예가 바로 '아간의 범죄'입니다. 가나안 땅에 들어간 이스라엘이 여리고 성을 정복한 후에 벌어진 일입니다. 어떤 물건이든지 손대지 말라는 하나님의 명령이 주어졌음에도 불구하고(수 6:18), 아간은 전쟁에서 얻은 물건을 몰래 감추어두었습니다. 그런데 그가 취한 물건은 기껏해야 '외투 한 벌'과 '은 이백 세겔' 그리고 '오십 세겔 되는 금덩이 하나'가 전부였습니다(수 7:21).

그러나 도둑질한 물건이 많고 적은 것이 문제가 아닙니다. 그는 하나님께 '온전히 바친 물건'을 도둑질했습니다. 하나님께 바친 물건에 '탐심'(貪心)을 품었다는 것이 문제입니다. 그것은 결국 아이 성 전투의 패배로 이어졌고, 하나님은 그 책임을 물어 아간과 그의 가족을 처벌하셨습니다(수 7:24). 한 사람의 탐심이 한 가족을 넘어서서 공동체 전체로 전염되는 것은 시간문제입니다. 마치 메마른 들판에 불이 번지듯이 그렇게 빠른 속도로 번져나갈 것입니다. 하나님이 그 죄를 심각하게 다루셔야 했던 이유입니다.

하나님의 백성다움은 신앙공동체에 대한 세심한 배려로 드러납니다. 자신만을 생각하는 이기주의는 신앙공동체 안에 발을 못 붙이게 해야 합니다. 이웃과의 관계를 회복하기 위해서는 자신의 부주의로 일어난 피해에 대해서 그 어떤 배상도 아끼지 말아야 합니다.

채무(債務)에 관하여

돈을 빌려주는 문제에서도 '하나님 백성다움'이 드러나야 합니다.

> 네가 만일 너와 함께한 내 백성 중에서 가난한 자에게 돈을 꾸어 주면 너는 그에게 채권자같이 하지 말며 이자를 받지 말 것이며…(출 22:25).

누군가에게 돈을 꾸어 주면 채권자와 채무자의 관계가 만들어집니다. 돈을 꾸어 주었다는 것은 그 돈을 반드시 갚아야 한다는 뜻입니다. 따라서 채권자는 자연스럽게 채무자에게 빚을 독촉하게 되지요. 그런데 하나님은 "채권자같이 하지 말라"고 하십니다. 고리대금업자가 그러듯이 빚을 돌려받으려고 심하게 독촉하지 말라는 뜻입니다. 게다가 아예

"이자를 받지 말라"고 하십니다. 이익을 창출하는 기회나 수단으로 삼지 말라는 뜻입니다.

그런데 이것은 사실 오늘날 경제 체제의 뿌리를 뒤흔드는 말씀입니다. 현대 자본주의 사회에서는 개인이나 금융권으로부터 돈을 빌리고 이자와 원금을 갚는 것으로 경제가 운용되고 있기 때문입니다. 이자를 받지 않고 빌려주는 사람은 그 어디에서도 찾아볼 수 없습니다. 그렇다면 우리는 성경의 가르침대로 살지 못하고 있는 것일까요?

다행스럽게도 이자를 받아도 된다는 말씀이 신명기에 나옵니다.

> 19네가 형제에게 꾸어 주거든 이자를 받지 말지니 곧 돈의 이자, 식물의 이자, 이자를 낼 만한 모든 것의 이자를 받지 말 것이라. 20타국인에게 네가 꾸어 주면 이자를 받아도 되거니와 네 형제에게 꾸어 주거든 이자를 받지 말라. 그리하면 네 하나님 여호와께서 네가 들어가서 차지할 땅에서 네 손으로 하는 범사에 복을 내리시리라(신 23:19-20).

'형제'에게 꾸어 주었을 때는 어떤 형태로든 이자를 받아서는 안 되지만, '타국인'에게 꾸어 주었을 때는 이자를 받아도 된다고 합니다. 그러나 이 말씀은 우리를 더 혼란스럽게 만듭니다. 이방인에 대한 배타적인 차별대우처럼 느껴지기 때문입니다. 하나님이 이집트에서 학대받던 히브리인을 구해내셔서 하나님 백성으로 만드신 것은 이 세상 모든 사람을 구원하시려는 목표를 이루기 위해서입니다. 그런데 이런 식으로 차별하면서 어떻게 그 목표를 이룰 수 있을까 싶습니다.

이 문제에 관해서 우리는 레위기 말씀의 도움을 받을 필요가 있습니다.

> 35네 형제가 가난하게 되어 빈손으로 네 곁에 있거든 너는 그를 도와 거류민이나 동거인처럼 너와 함께 생활하게 하되 36너는 그에게 이자를 받지 말고 네 하나님

을 경외하여 네 형제로 너와 함께 생활하게 할 것인즉 ³⁷녀는 그에게 이자를 위하
여 돈을 꾸어 주지 말고 이익을 위하여 네 양식을 꾸어 주지 말라(레 25:35-37).

여기에서 우리는 지금까지 살펴본 '이자'에 대한 성경의 가르침은 가
난하게 된 형제를 구제하기 위한 특별한 지침이라는 사실을 알게 됩니다.
일상적인 경제활동에서 돈을 빌리고 빌려주는 일까지 이 말씀을 확대해
석하여 적용할 필요는 없다는 것이지요.

또한, "거류민이나 동거인처럼 생활하게 하라"는 말씀에서 우리는 타
국인에 대한 차별을 허락하는 것이 아님을 알게 됩니다. 왜냐면 '거류민'
(게르, ger)이나 '동거인'(토사브, tosab)은 모두 타국인이기 때문입니다. 형
제가 가난하게 되어 빈손으로 있거든 '그들처럼' 생활할 수 있게 도와주
라 했습니다. 그러니까 하나님의 백성과 함께 살고 있던 가난한 타국인
에게도 역시 이자를 받지 않았다는 뜻이 됩니다.

그렇다면 신명기에서 이자를 받아도 된다고 언급한 '타국인'은 누구
일까요? 그들은 '노크리'(nokri)입니다. 하나님의 백성과 함께 사는 가난
한 '게르'나 '토사브'와 달리, '노크리'는 상업을 목적으로 온 이방인입니
다. 생활이 어려워서가 아니라 더 많은 이윤을 남기려고 자본을 빌리려
고 하는 사람들입니다. 그들에게 이자를 받는 것은 지극히 정당한 일입
니다.

그와 마찬가지로 가난하게 된 형제가 아니라면, 오히려 이자를 받는
것이 더 자연스러운 일입니다. 그래야 경제 체제가 운용될 수 있기 때문
입니다. 그러나 가난하게 된 형제에게까지 이자를 받으려고 해서는 안
된다는 것이지요. 그들의 경제적인 어려움을 돈벌이의 수단으로 삼으려
고 해서는 안 됩니다. 그들을 자립할 수 있도록 도와주고 세워주는 것이
하나님의 백성다움입니다.

그런데 이 세상은 하나님의 가르침과 정반대로 돌아갑니다. 돈 많은

사람은 싼 이자로 더 많은 돈을 쉽게 빌릴 수 있지만, 가난한 사람은 비싼 이자를 물고도 돈을 빌리기가 쉽지 않습니다. 그래서 부자는 더 부자가 되고 가난한 사람은 더 가난하게 됩니다. 하나님은 당신의 백성과 함께 이와 같은 부조리한 세상을 바로 잡으려고 하십니다. 경제적인 약자를 돌보는 것은 바로 그 일의 출발입니다.

담보(擔保)에 관하여

누군가에게 돈을 빌리려면 담보가 필요합니다. 그 문제에 관해서도 말씀하십니다.

> 26네가 만일 이웃의 옷을 전당 잡거든 해가 지기 전에 그에게 돌려보내라. 27그것이 유일한 옷이라. 그것이 그의 알몸을 가릴 옷인즉 그가 무엇을 입고 자겠느냐. 그가 내게 부르짖으면 내가 들으리니 나는 자비로운 자임이니라(출 22:26-27).

집이나 땅이 있는 사람들은 그것을 담보로 많은 돈을 빌릴 수 있을 것입니다. 그러나 가난한 사람에게는 기껏해야 겉옷이 전부입니다. 겉옷을 담보로 잡는 것은 그것에 무슨 대단한 가치가 있어서가 아닙니다. 겉옷은 그 사람의 자존심을 상징합니다. 비굴하게 구걸하지 않고 겉옷을 맡기고라도 당당하게 돈을 빌릴 수 있게 하려는 배려입니다. 그런데 겉옷마저도 그날 저녁에는 다시 돌려주어야 합니다. 왜냐면 가난한 사람에게는 겉옷이 곧 덮고 잘 이불이기 때문입니다.

그렇게 하루하루 근근이 살아가는 가난한 사람들이 과연 채무를 갚을 수 있을까요? 단지 이자를 받지 않는 정도로 그들에게 얼마나 도움이 될까요? 바로 이 대목에서 우리는 '면제년 규례'에 대해서 이야기하지 않을 수 없습니다.

1매 칠 년 끝에는 면제하라. 2면제의 규례는 이러하니라. 그의 이웃에게 꾸어준 모든 채주는 그것을 면제하고 그의 이웃에게나 그 형제에게 독촉하지 말지니 이는 여호와를 위하여 면제를 선포하였음이라(신 15:1-2).

하나님은 안식년마다 빚을 면제해주라고 명령하십니다. 그런데 '면제'가 단지 안식년 일 년 동안의 이자를 받지 말라는 뜻인지, 아니면 부채를 완전히 '탕감'해주라는 뜻인지 정확하지 않습니다. 만일 전자를 의미한다면, 빚을 진 사람이 자립하는 일은 거의 불가능할 것입니다. 여전히 갚아야 할 부채가 남아 있기 때문입니다.

그러나 만일 모든 것이 원상회복되는 '희년'을 전제로 한다면, 부채를 탕감해주라는 말씀으로 받아들여야 합니다. 그도 저도 아니면 "독촉하지 말라"는 말씀의 문자적인 의미처럼, 언제까지든 빚을 독촉하지 않음으로써 실제적으로는 빚을 탕감한 것과 같게 하라는 말씀으로 이해할 수 있습니다. 무엇이 되었든지, 가난한 형제에게 돈을 빌려주는 사람은 아예 그 돈을 되돌려받을 생각을 하지 말아야 합니다. 예수님의 말씀처럼 말입니다.

너희가 받기를 바라고 사람들에게 꾸어 주면 칭찬받을 것이 무엇이냐. 죄인들도 그만큼 받고자 하여 죄인에게 꾸어 주느니라(눅 6:34).

이에 대한 메시지 성경의 풀이가 마음에 와닿습니다.

너희가 받을 것을 바라고 베푼다면 그것을 베풂이라 할 수 있겠느냐? 아주 인색한 전당포 주인도 그 정도는 한다(눅 6:34, 메시지).

정말 그렇습니다. 담보로 받아둔 겉옷을 당일에 돌려주고 나면, 그다음 날 다시 받을 수 있겠습니까? 아닙니다. 그것으로 끝이지요. 만일 어떻게든 빚을 받아낼 생각이라면 그렇게 선뜻 돌려주면 안 됩니다. 그러나 하나님의 백성은 받기를 바라지 않고 주는 사람입니다. 하나님이 그에게 '누르고 흔들어 넘치도록' 안겨주실 것입니다(눅 6:38). 그런 사람들을 통해서 하나님은 이 세상을 구원해가실 것입니다.

* 묵상 질문: 나는 받기를 바라지 않고 줄 수 있는가?
* 오늘의 기도: 우리의 마음 깊이 남아 있는 탐욕의 쓴 뿌리가 뽑히게 해주옵소서. 이미 충분히 가지고 있으면서도 더 가지려고 하는 욕심에서 해방되게 해주옵소서. 누군가에게 흘러가서 생명을 살리는 일로 만족하는 삶이 되게 하옵소서. 예수님의 이름으로 기도합니다. 아멘.

안식일에 관한 부속법

읽을 말씀: 출애굽기 23:10-19

새길 말씀: 너는 매년 세 번 내게 절기를 지킬지니라. 너는 무교병의 절기를 지키라.

내가 너게 명령한 대로 아빕 월의 정한 때에 이레 동안 무교병을 먹을지니

이는 그달에 네가 애굽에서 나왔음이라. 빈 손으로 내 앞에 나오지 말지니라.

맥추절을 지키라. 이는 네가 수고하여 밭에 뿌린 것의 첫 열매를 거둠이니라.

수장절을 지키라. 이는 네가 수고하여 이룬 것을 연말에 밭에서부터 거두어

저장함이니라. 네 모든 남자는 매년 세 번씩 주 여호와께 보일지니라(출애굽

기 23:14-17).

　지금까지 우리는 '계약법'(The Covenant Code)을 '십계명'의 세 가지 묶
음의 구조에 따라서 하나씩 풀어왔습니다. 십계명이 창조 질서를 회복하
는 선언적인 지침을 담고 있다면, 계약법은 그것을 구체적인 상황에 적
용하여 설명하는 형식으로 되어있습니다. 그렇게 함으로써 일상적인 삶
속에서 십계명의 정신을 구현하려는 것이지요. 그런 의미에서 토라(오경)

의 나머지 책들, 즉 레위기나 민수기나 신명기에 기록되어 있는 율법은 모두 십계명을 풀어내는 부속법이라고 할 수 있습니다.

'하나님에 관한 부속법'에서는 자신의 욕심을 위해서 하나님을 이용하려는 잘못된 신앙 태도에 빠지지 않도록 일깨워주십니다. 금으로 부어 만든 우상을 섬기든지, 소박한 제단이 아니라 높은 계단으로 올라가는 제단을 만들든지, 신접한 무당을 찾아다니든지, 모두 자기 뜻을 이루기 위한 탐욕의 동기에서 비롯되는 것입니다. 하나님의 백성은 자신의 욕심을 위해 하나님을 이용하지 않습니다. 오직 하나님의 뜻에 순종하여 따릅니다.

'사람에 관한 부속법'에서는 사회적인 약자를 돌봄으로 다른 사람과의 관계를 회복하는 일을 강조하십니다. 히브리 종에 관한 법, 도피성 제도, 폭력에 관한 법, 약자 보호법을 통해서 어떻게 사회적인 약자를 돌볼 수 있을 것인지 가르쳐주셨습니다. 하나님의 백성은 자신의 욕심을 채우기 위해 다른 사람을 이용하지 않습니다. 오히려 그들을 잘 돌보고 세워줌으로 하나님의 구원을 완성해갑니다.

'물질에 관한 부속법'에서는 도둑질이나 피해에 대한 배상 문제나 이자와 담보의 문제에 이르는 구체적인 사례에서 어떻게 돈을 사용하는 것이 옳은지 가르쳐주십니다. 자기 욕심만 채우는 이기주의는 물질에 대한 탐욕과 공동체의 파괴로 이어집니다. 그러나 '일용할 양식'의 원칙에 따라 살면서 나머지를 흘려보내면, 사람들은 생명을 얻게 되고 이 세상을 향한 하나님의 뜻이 이루어지는 것입니다.

오늘은 계약법을 마무리하는 '안식일에 관한 부속법'에 대해서 살펴보겠습니다. 이것은 십계명의 안식일 계명과 마찬가지로, 지금까지 이야기해 온 모든 계명을 하나로 묶어줍니다.

안식일 계명에 대해서는 이미 앞에서 자세히 설명했습니다. '안식일' 정신이 '안식년'과 '희년'으로 이어지고 있다고 했습니다. 그러나 실제로 그들은 가나안 땅에 들어가 살면서 안식년이나 희년을 제대로 지키지 못했습니다. 그 이유는 일주일에 하루도 온전히 멈추지 못했기 때문입니다. 안식일 계명이 얼마나 중요한지 깨닫지 못했던 것입니다.

하나님이 특별히 강조하지 않아서일까요? 아닙니다. 하나님은 기회가 있을 때마다 안식일 계명의 중요성에 대해서 누누이 말씀하셨습니다. 그들이 몰라서 지키지 못한 것이 아니라는 이야기입니다. 배운 대로 살아가는 게 그만큼 힘든 일입니다. 배우지 못해서 망하는 것이 아닙니다. 배운 대로 살아가지 못해서 망하는 것입니다. 그들의 실패를 반복하지 않기 위해서 우리는 또다시 안식일과 안식년에 대한 말씀 앞에 섭니다.

안식년 준수

먼저 안식년에 대한 말씀부터 시작됩니다.

10너는 여섯 해 동안은 너의 땅에 파종하여 그 소산을 거두고 11일곱째 해에는 갈지 말고 묵혀 두어서 네 백성의 가난한 자들이 먹게 하라. 그 남은 것은 들짐승이 먹으리라. 네 포도원과 감람원도 그리할지니라(출 23:10-11).

여기에서 우리는 '안식년'이 담고 있는 몇 가지 근본적인 질문을 발견합니다.

우선 '땅의 가치'가 무엇인지 우리는 진지하게 물어보아야 합니다. 하나님은 여섯 해 동안은 땅에 파종하여 소산을 거두라고 말씀하십니다. 다시 말해서 땅은 곡물과 채소를 생산함으로써 그 가치를 증명해야 한다는 것입니다. 곡물과 채소는 사람이 먹고 사는 양식입니다. 인간의 생명은 땅이 내어주는 소산에 달려있습니다. 우리가 땅에 대해서 겸허한 마음을 품어야 하는 이유입니다.

그런데 언제부터인가 땅은 인간이 착취하는 대상이 되었습니다. 더 많은 소산을 얻기 위해서 땅을 학대하기 시작했고, 점점 땅은 생명력을 잃어가게 되었습니다. 게다가 본래의 용도와 다르게 땅을 단지 돈을 버는 수단으로 생각하는 사람들이 생겼습니다. 부를 창출하는 투기의 대상으로 삼았던 것입니다. 그러다 보니 파종하는 땅은 점점 줄어들고 그에 따라 소산도 줄어들게 되었습니다. 모두 땅이 내어주는 '일용할 양식'으로 만족하지 못하는 인간의 탐욕이 만들어내는 결과입니다.

그다음에 우리는 '땅의 주인'이 누구인지 물어보아야 합니다. 하나님은 일곱째 해에는 땅을 갈지 말고 묵혀 두라고 말씀하십니다. 농사를 짓지 말라는 것입니다. 그렇게 함으로써 그 땅의 진정한 주인이 하나님이심을 인정하라는 요구입니다. 가나안은 하나님이 그들에게 주시겠다고 약속해주신 땅입니다. 하나님의 소유입니다. 사실 지구상의 모든 땅은 본래 창조주 하나님의 소유입니다. 그중에서 일부를 내어주어 살게 하신 것이지요.

그렇다면 땅 주인의 요구대로 살아야 합니다. 칠 년마다 땅을 쉬게 하라고 하면, 그대로 따라야 합니다. 그것이 바로 하나님을 땅의 주인으로 인정하는 태도입니다. 만일 그대로 따르지 않고 계속해서 땅을 학대한다면 어떻게 될까요? 그것은 하나님을 땅의 주인으로 인정하지 않겠다는 뜻입니다. 말로는 하나님의 백성이요 선민이라고 하면서, 실제로는 하나님의 뜻에 거스르며 사는 것이지요. 그러다가 약속의 땅에서 쫓겨나고 마는 것입니다.

마지막으로 우리는 '땅의 소산'이 누구를 위한 것인지 물어보아야 합니다. 땅은 단지 파종하는 사람만을 위해서 소산을 내어주지 않습니다. 농사짓지 않는 사람들, 땅을 가지지 못한 사람들 그래서 가난하게 사는 사람들도 충분히 먹을 수 있도록 내어줍니다. 심지어 들짐승도 먹을 수 있을 만큼 내어줍니다. 그 소산을 나누어줄 책임이 누구에게 있습니까?

땅을 경작하는 사람에게 있는 것입니다.

그래서 칠 년에 한 해는 파종하지 말라는 겁니다. 그렇게 사람과 땅이 함께 안식을 얻는 것이지요. 그래도 자연스럽게 맺히는 열매는 가난한 사람들과 함께 나누고, 그러고도 남는 것은 들짐승이 먹도록 배려해 주어야 합니다. 그러면 약속의 땅에서 오래오래 살 수 있습니다. 모두가 행복하게 살 수 있습니다. 그러나 인간의 탐욕은 하나님이 만들어놓으신 선순환의 고리를 파괴했고, 이 세상은 더 많은 땅을 차지하기 위해서 싸우는 피비린내 나는 전쟁터가 되고 말았습니다.

하나님이 창조하신 본래의 질서로 돌아가려면 '안식년'을 지켜야 합니다. 우리가 두 발 딛고 살아가고 있는 이 땅의 진정한 주인이 하나님이심을 인정해야 합니다. 그리고 다른 사람과의 바른 관계를 회복하고, 자연과 조화롭게 살기 위해서 하나님의 명령대로 따라야 합니다. 그것이 이 세상을 구원하는 지름길입니다.

안식일 준수

그다음은 안식일에 대한 말씀입니다.

12너는 엿새 동안에 네 일을 하고 일곱째 날에는 쉬라. 네 소와 나귀가 쉴 것이며 네 여종의 자식과 나그네가 숨을 돌리리라. **13**내가 네게 이른 모든 일을 삼가 지키고 다른 신들의 이름은 부르지도 말며 네 입에서 들리게도 하지 말지니라(출 23: 12-13).

'안식년'이 '땅'에 대한 질문을 담고 있다면, '안식일'은 '시간'에 대한 질문을 담고 있습니다. 우선 '시간의 가치'는 무엇으로 드러나는지 물어보아야 합니다. 하나님은 엿새 동안에 '네 일'을 하라고 말씀하십니다. 우리 자신을 위해서 일하라는 것입니다. 무엇보다 일용할 양식을 얻기 위해서 많은 시간을 써야 할 것입니다. 가족을 돌보는 일을 위해서도, 건강하게 살기 위해서도 시간을 투자해야 합니다. 파괴적이거나 쓸모없는 일이 아니라 생산적인 일을 할 때 시간의 가치는 드러납니다.

그다음에 우리는 '시간의 주인'이 누구인지 물어보아야 합니다. 하나님은 엿새 동안은 우리를 위해서 살더라도, 일곱째 날에는 '쉬라'고 하십니다. 그동안 열심히 일했으니 하루 정도 휴식을 취하라는 뜻이 아닙니다. 지금까지 해오던 모든 일을 '멈추라'는 것입니다. 왜냐면 일곱째 날은 '우리의 날'이 아니라 '하나님의 날'이기 때문입니다.

아니 엄밀한 의미에서, 우리에게 주어진 날은 모두 '하나님의 날'입니다. 단지 하나님께서 우리 자신을 위해 일하도록 배려해 주셨을 뿐입니다. 그런데 만일 안식일에도 하나님 앞에 멈추어 서지 않는다면 어떻게 될까요? 그것은 하나님의 주인 되심을 인정하지 않겠다는 뜻입니다. 하나님과 상관없는 사람으로 살겠다는 뜻입니다.

마지막으로 우리는 '시간의 소산'에 관하여 물어보아야 합니다. 하나님 앞에 멈추어 서는 시간을 통해서 어떤 열매를 얻게 될 것인지에 관한 질문입니다. '쉬라'고 해서 아무것도 하지 말고 가만히 있으라는 뜻이 아닙니다. 일주일의 하루는 '우리의 일'을 멈추고 '하나님의 일'을 하라는 뜻입니다. 무엇보다 하나님 앞에 나와 예배함으로써, 우리를 향한 하나님의 관심과 기대를 되새기는 일에 집중해야 합니다. 그러면 어떤 결과를 얻을 수 있을까요?

오직 하나님을 섬길 수 있게 됩니다. 다른 신들의 이름을 찾을 필요가 없어집니다. 게다가 이웃과의 관계가 회복됩니다. 자연과의 관계도 덩달아 회복됩니다. 인간의 죄로 인해 어그러진 하나님의 창조 질서가 그렇게 회복되는 것입니다. 그 출발은 안식일 준수입니다. 안식일이 온전히 회복되면 그다음에 안식년과 희년의 회복으로 나아갈 수 있는 것입니다.

세 절기 준수

안식일 준수가 안식년 준수로 이어지기 위해서는 매년 하나님의 은혜를 되새기는 세 가지 절기를 지켜야 합니다.

너는 매년 세 번 내게 절기를 지킬지니라(출 23:14).

우리말 '절기'에 해당하는 히브리어 '카가그'(chagag)는 본래 "순례하다"(to make a pilgrimage)라는 뜻입니다. 절기를 지키기 위해서 하나님이 정해놓으신 곳으로 가야 한다는 뜻입니다. 그렇게 보면 "내게(to me) 절기를 지키라"는 말씀이 이해됩니다. 하나님에게 가서 예배해야 합니다. 그것이 바로 예배의 본질입니다. 하나님 앞에 직접 나아가지 않고서는 진정한 의미의 예배를 드릴 수 없습니다. 하나님은 매년 '세 번' 그렇게 절기를 지키라고 하십니다.

그 첫 번째 절기는 바로 '무교절'(유월절)입니다.

너는 무교병의 절기를 지키라. 내가 네게 명령한 대로 아빕 월의 정한 때에 이레 동안 무교병을 먹을지니 이는 그달에 네가 애굽에서 나왔음이라. 빈손으로 내 앞에 나오지 말지니라(출 23:15).

'무교병'(無酵餠)은 말 그대로 '누룩을 넣지 않은 빵'(unleavened bread)입니다. 빵을 만들 때 보통은 누룩을 넣고 발효시킵니다. 그래야 부드럽고 맛이 있습니다. 그런데 이집트에서 탈출하던 당일에는 그렇게 할 시간이 없었습니다. 그들은 허리에 띠를 띠고 발에 신을 신고 손에 지팡이를 잡고 불에 구운 양고기와 무교병과 쓴 나물을 급하게 먹어야 했습니다(출 12:8,11).

'장자 죽음의 재앙' 이후에 그들은 누룩을 넣지 못하여 '부풀지 않은 빵 반죽 덩어리'를 그릇에 담아 외투에 싸서 어깨에 둘러메고 이집트를 서둘러 떠나야 했습니다(출 12:34). 그 빵을 적어도 일주일 동안은 먹었을 것입니다. 그래서 그때의 일을 회상하며 일주일 동안 무교병을 먹으며 지내는 '무교절'(the Festival of Unleavened Bread)을 지키는 것이지요.

'무교절'에 대한 규례는 이집트에서 나오던 당일에 이미 하나님이 정해주셨습니다.

> 8너는 그 날에 네 아들에게 보여 이르기를 이 예식은 내가 애굽에서 나올 때에 여호와께서 나를 위하여 행하신 일로 말미암음이라 하고 9이것으로 네 손의 기호와 네 미간의 표를 삼고 여호와의 율법이 네 입에 있게 하라. 이는 여호와께서 강하신 손으로 너를 애굽에서 인도하여 내셨음이니 10해마다 절기가 되면 이 규례를 지킬지니라(출 13:8-10).

무교병은 그냥 누룩을 넣지 않은 맛없는 빵이 아닙니다. 그것은 "이집트에서 나올 때 하나님께서 나를 위해 행하신 일"(what God did for me when I came out of Egypt)을 상징합니다. 그들은 매년 무교병을 먹으며 그들을 이집트에서 인도하여 내신 하나님의 강하신 손을 기억하면서, 동시에 그들을 하나님의 백성으로 불러내신 감격을 마음에 되새겼던 것입니다. 이것은 우리 그리스도인들이 성만찬 예식을 거행하는 이유와 똑같습니다. 하나님의 백성은 어떤 경우에도 하나님의 은혜를 잊지 않는 사람입니다.

두 번째와 세 번째 절기는 각각 '맥추절'과 '수장절'입니다.

> 맥추절을 지키라. 이는 네가 수고하여 밭에 뿌린 것의 첫 열매를 거둠이니라. 수장절을 지키라. 이는 네가 수고하여 이룬 것을 연말에 밭에서부터 거두어 저장함

이니라(출 23:16).

'맥추절'(麥秋節, The Festival of Harvest)은 말 그대로 한 해 농사의 첫 수확으로 밀을 추수하며 지키는 절기입니다. '칠칠절'(七七節) 또는 '오순절'(五旬節)이라고도 합니다(출 34:22). 유월절로부터 50일째 되는 날 지키는 절기이기 때문입니다. '수장절'(收藏節, The Festival of Ingathering)은 한 해 농사를 마무리하고 추수한 곡식을 창고에 모두 저장한 후에 지키는 감사의 축제입니다. 초막절(草幕節) 또는 장막절(帳幕節)이라고도 합니다 (레 23:34).

'무교절'이 이집트에서 그들을 구원해내신 하나님의 은혜를 기억하는 절기라면, '맥추절'과 '수장절'은 약속의 땅에서 얻은 소출로 하나님의 은혜에 감사하는 절기입니다. 이 세 가지 절기는 따로 분리되어 있지 않습니다. 그들을 하나님의 백성으로 불러주신 하나님의 은혜를 기억하고 감사하는 하나의 연결된 과정입니다.

무교절 규례에서 하나님은 "빈손으로 내 앞에 나오지 말라"고 하셨지요. 그러나 광야에서 지내는 동안 그들은 하나님 앞에 드릴 것이 별로 없었습니다. 그들이 하나님께 무언가를 제대로 드릴 수 있었던 것은 가나안 땅에 들어간 후였습니다. 40년간의 광야 생활을 마무리하고 가나안에 정착하여 살면서 처음 추수한 곡식을 가지고 하나님께 예배했던 것입니다. 그 감격스러운 장면을 짐작하게 하는 이야기가 신명기 26장에 자세히 기록되어 있습니다.

그들은 소산의 만물을 거두어서 하나님께 가지고 와서 드리면서 이렇게 고백했습니다.

5… 내 조상은 방랑하는 아람 사람으로서 애굽에 내려가 거기에서 소수로 거류하였더니 거기에서 크고 강하고 번성한 민족이 되었는데 6애굽 사람이 우리를 학대

하며 우리를 괴롭히며 우리에게 중노동을 시키므로 7우리가 우리 조상의 하나님 여호와께 부르짖었더니 여호와께서 우리 음성을 들으시고 우리의 고통과 신고와 압제를 보시고 8여호와께서 강한 손과 편 팔과 큰 위엄과 이적과 기사로 우리를 애굽에서 인도하여 내시고 9이곳으로 인도하사 이 땅 곧 젖과 꿀이 흐르는 땅을 주셨나이다. 10여호와여 이제 내가 주께서 내게 주신 토지 소산의 맏물을 가져왔나이다 하고 너는 그것을 네 하나님 여호와 앞에 두고 네 하나님 여호와 앞에 경배할 것이며 11네 하나님 여호와께서 너와 네 집에 주신 모든 복으로 말미암아 너는 레위인과 너희 가운데에 거류하는 객과 함께 즐거워할지니라(신 26:5-11).

이 말씀은 물론 '맥추절'에 가장 잘 어울립니다. 그러나 하나님 앞에 빈손으로 나오지 않고 무언가를 가지고 나와서 드린다는 점에서 모든 절기에 적용될 수 있습니다. 그들이 하나님께 감사하는 이유는 분명합니다. 이집트에서 학대받던 그들을 하나님께서 구원해주셨기 때문입니다. 그 은혜에 대하여 감사를 표현하고 싶었지만, 그동안은 하나님께 들고 갈 것이 없었습니다. 그런데 이제 무언가 들고 갈 것이 생긴 겁니다. 그래서 만물을 추수하자마자 제일 먼저 하나님께 달려가는 겁니다. 그리고 가장 어려운 이웃과 함께 나누는 것입니다.

이렇게 '무교절'의 감격이 '맥추절'과 '수장절'의 감사로 이어지고 있습니다. 무교절 없이 다른 절기를 지킨다는 것은 무의미합니다. 또한, 맥추절과 수장절을 지키지 않으면서 무교절만 지킨다는 것은 앞뒤가 맞지 않는 일입니다. 구원받은 '감격'은 구체적인 '감사'로 이어져야 합니다. 그럴 때 하나님 백성으로서의 정체성과 가치가 더욱 분명하게 드러납니다. 오늘 본문은 이렇게 마무리합니다.

네 모든 남자는 매년 세 번씩 주 여호와께 보일지니라(출 23:17).

여기에서 '남자'만 언급했다고 해서 '여자'는 하나님께 예배할 필요가 없다는 식으로 해석하면 안 됩니다. 당시 남자가 올라간다면 모든 가족이 함께 올라간다는 뜻이기 때문입니다. 그래서 한나는 매년 남편 따라서 실로에 올라가서 절기를 지켰습니다(삼상 1:3). 또한 "매년 세 번씩 보이라"고 했다고 해서, 일 년에 몇 차례 특별한 경우에만 교회에 나오는 이른바 '절기 신자'를 정당화하는 말처럼 이해하면 안 됩니다.

도표에서 보듯이, 예수님의 오심으로 교회력의 절기가 완성되었습니다. 우리는 유월절을 지키지 않습니다. 그러나 유월절의 정신과 뜻이 없어진 것은 아닙니다. 예수님이 유월절 어린 양이 되어서 단 한 번의 희생으로 모든 인류를 구원하셨기 때문에, 우리는 '유월절'이 아니라 '부활절'을 지키고 있는 것입니다.

'수장절'은 '감사절'(Thanksgiving Day)이라는 이름으로 지키고 있습니다. 이스라엘 사람들은 9월 중순경에 수장절을 지켰지만, 오늘날 대부분 교회는 11월 셋째 주일에 감사절을 지킵니다. 그것은 추수를 마치는 시

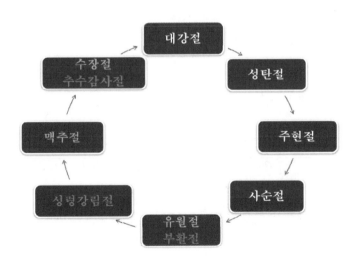

현대 교회력의 절기

기의 차이로 생겨난 자연스러운 결과입니다. 구약의 '맥추절'은 본래 신약의 '성령강림절'과 겹칩니다. 그러나 우리나라에서는 햇보리를 추수한 후에 맥추절을 지키면서 자연스럽게 두 절기가 나누어지게 되었습니다.

이 모든 절기의 기본은 '안식일'입니다. 일주일에 하루를 하나님의 날로 떼어 놓는 일부터 시작해야 합니다. 그렇게 '시간의 주인'이 하나님임을 고백하면서, 하나님이 원하시는 삶의 본질을 회복하는 것이지요. 또한, 매년 교회력의 '절기'에 따라서 우리를 구원해주신 하나님의 은혜에 감사해야 합니다. 칠 년마다 '안식년'을 지킴으로써 하나님이 이 땅의 주인임을 고백해야 합니다. 일곱 번의 안식년 후에는 '희년'을 지킴으로써 모든 것이 원상회복되는 것을 경험해야 합니다. 그렇게 하나님이 창조하신 본래의 질서를 회복해나가는 것입니다.

하나님의 백성은 일주일에 하루를 멈추어 하나님께 예배하면서, 절기 때마다 하나님께 감사를 드리면서, 우리에게 주어진 시간과 우리가 발 딛고 살아가는 이 땅의 주인이 하나님임을 고백하면서 신앙생활 하는 사람입니다. 그렇게 이 세상을 구원하는 하나님의 일하심에 참여하는 것이지요. 우리도 그 일에 부름을 받았습니다. 그 사실이 참으로 감격스럽습니다.

* 묵상 질문: 나는 하나님의 주인 되심을 인정하고 있는가?
* 오늘의 기도: 우리의 시간과 소유는 모두 하나님의 것임을 고백합니다. 우리는 하나님으로부터 왔다가 하나님에게 돌아가는 존재임을 고백합니다. 이 땅에 사는 동안 하나님의 뜻을 이루어 드리는 일에 쓰임 받는 귀한 인생이 되게 하옵소서. 예수님의 이름으로 기도합니다. 아멘.

시내산 계약 체결

읽을 말씀: 출애굽기 23:20-24:11

새길 말씀: 모세가 피를 가지고 반은 여러 양푼에 담고 반은 제단에 뿌리고 언약서를
가져다가 백성에게 낭독하여 듣게 하니 그들이 이르되 여호와의 모든 말씀을
우리가 준행하리이다. 모세가 그 피를 가지고 백성에게 뿌리며 이르되 이는
여호와께서 이 모든 말씀에 대하여 너희와 세우신 언약의 피니라(출애굽기
24:6-8).

드디어 출애굽기 제2막의 끝자락에 다다랐습니다. 이집트에서 탈출
한 히브리인들은 홍해 사건을 통해서 '구원공동체'로 탄생했습니다. 그
이후에 3개월간의 광야 생활을 거쳐서 시내산에 도착했습니다. 여기까
지 오는 동안 이런저런 어려움을 겪으면서 출애굽공동체의 내부적인 문
제가 드러났지요. 그러나 그 과정을 통해서 하나님은 그들을 시험하시고
빚으셨습니다. 마라의 쓴 물도, 신광야의 만나도, 르비딤광야의 여러 가
지 일들도 모두 하나님의 백성이 되는 데 필요한 과정이었습니다.

그들은 계약 체결을 위한 준비를 마치고, 하나님의 두려운 현현 앞에 서서 십계명을 받습니다. 그러나 하나님의 말씀 듣기를 두려워했고, 모세 혼자서 하나님 앞에 가까이 나아가서 십계명에 딸린 부속법인 '계약법'(The Covenant Code)을 받습니다. 지난 시간까지 우리가 살펴본 내용입니다. 계약법의 말씀은 시내산 계약이 체결되는 장면에서 그들에게 공식적으로 선포될 것입니다(출 24:7). 이제 바야흐로 '구원공동체'가 '계약공동체'로 탈바꿈하기 직전에 다다른 것이지요.

그러나 아직은 아닙니다. 하나님은 계약법과는 별도로 '약속'의 말씀을 주십니다. 이 말씀은 '십계명'과 '계약법'에 따라 살아가는 하나님의 백성에게 덤으로 주시는 보너스입니다.

하나님의 약속

하나님은 먼저 당신의 사자(使者)를 그들 앞에 보내시겠다고 약속하십니다.

> 20내가 사자를 네 앞서 보내어 길에서 너를 보호하여 너를 내가 예비한 곳에 이르게 하리니 21너희는 삼가 그의 목소리를 청종하고 그를 노엽게 하지 말라. 그가 너희의 허물을 용서하지 아니할 것은 내 이름이 그에게 있음이니라. 22내가 그의 목소리를 잘 청종하고 내 모든 말대로 행하면 내가 네 원수에게 원수가 되고 네 대적에게 대적이 될지라(출 23:20-22).

우리말 '사자'(使者)에 해당하는 히브리어는 '말라크'(malak)입니다. 하나님은 지금까지 당신의 '사자'를 보내어 일해오셨습니다. 소돔 성에 내려갔던 두 천사도(창 19:1), 아브라함이 이삭을 바치려고 했을 때 나타난 사자도(창 22:11), 야곱이 사닥다리 환상에서 보았던 사자들도(창 28:12),

모세가 떨기나무 불꽃 안에서 보았던 사자도(출 3:2) 모두 '말라크'였습니다. 여호수아가 여리고 성 앞에서 보았던 군대 대장 역시 하나님의 '말라크'였습니다(수 5:14).

어떤 모습으로 등장하든지 '말라크'는 하나님을 대신하는 존재입니다. 하나님은 그에게 당신의 '이름'을 주셨다고 합니다. 따라서 그가 말하는 것은 곧 하나님의 말씀이요, 그가 명령하는 것은 곧 하나님의 명령입니다. 그의 목소리를 잘 듣고 그대로 행하면 하나님이 약속하신 일들이 이루어집니다. 하나님의 사자는 그들을 '보호'하며 약속의 땅으로 '인도'할 것입니다. 그들의 대적에게 '대적'이 될 것입니다. 그들을 대신하여 싸워주실 것입니다.

> 내가 왕벌을 네 앞에 보내리니 그 벌이 히위 족속과 가나안 족속과 헷 족속을 네
> 앞에서 쫓아내리라(출 23:28).

하나님은 '말라크'와 함께 '왕벌'을 보내시겠다고 약속하십니다. 이에 해당하는 히브리어는 '치르아'(tsirah)인데, 구약성경에서 여기를 포함하여 꼭 세 군데에 나옵니다(신 7:20; 수 24:12). 그중에서도 여호수아가 가나안 정복을 마치고 세겜에서 계약갱신을 하는 장면을 눈여겨볼 필요가 있습니다. 그는 '왕벌'을 보내시겠다는 하나님의 약속을 언급하면서, 아모리 왕들과의 전쟁에서 이길 수 있었던 것은 그들의 칼이나 활이 아니었음을 강조합니다.

그렇다면 '왕벌'은 구체적으로 무엇을 의미할까요? 마치 이집트에 내렸던 파리의 재앙처럼, 왕벌 떼거리를 보내어 그들을 물리치겠다는 말씀일까요? 그런 일은 성경에 기록되지 않았습니다. 여리고 성에 살던 기생 라합의 말에서 우리는 '왕벌'이 무엇을 의미하는지 짐작할 수 있습니다. 라합은 두 정탐꾼을 숨겨주면서 이렇게 말합니다.

9··· 여호와께서 이 땅을 너희에게 주신 줄을 내가 아노라. 우리가 너희를 심히 두려워하고 이 땅 주민들이 다 너희 앞에서 간담이 녹나니 10이는 너희가 애굽에서 나올 때에 여호와께서 너희 앞에서 홍해 물을 마르게 하신 일과 요단 저쪽에 있는 아모리 사람의 두 왕 시혼과 옥에게 행한 일 곧 그들을 전멸시킨 일을 우리가 들었음이니라(수 2:9-10).

그렇습니다. 하나님이 보낸 왕벌은 바로 '두려움'이었습니다. 하나님이 행하신 일에 대한 두려운 소문이 그들의 간담을 녹게 했고 그들을 벌벌 떨게 했습니다. 그래서 메시지 성경은 왕벌을 '공포'(Terror)와 '절망'(Despair)으로 풀이합니다. 하나님은 시내산 계약을 맺는 자리에서 분명히 약속해주셨습니다. 이 약속을 믿고 가나안 땅으로 들어가기만 하면 됩니다. 그러면 얼마든지 그 땅을 차지할 수 있습니다.

그러나 이스라엘 백성은 40년의 세월이 흐른 후에야 이 사실을 확인합니다. 하나님의 본래 계획은 그렇게 오랜 시간이 걸릴 일이 아니었는데 말입니다.

29그러나 그 땅이 황폐하게 됨으로 들짐승이 번성하여 너희를 해칠까 하여 일 년 안에는 그들을 네 앞에서 쫓아내지 아니하고 30네가 번성하여 그 땅을 기업으로 얻을 때까지 내가 그들을 네 앞에서 조금씩 쫓아내리라(출 23:29-30).

하나님은 가나안 땅이 잡초로 무성하게 되고 들짐승이 번성하게 될까 봐, 가나안 원주민을 서서히 몰아내겠다고 하십니다. 그러면서 '일 년 안에는' 그들을 쫓아내지 않겠다고 하십니다. 이 말씀이 지금부터 시작해서 '일 년 안에' 하나님의 백성이 가나안 땅으로 들어가게 하겠다는 뜻인지, 아니면 가나안 땅에 들어간 후 '일 년 안에' 그들을 모두 쫓아내겠다는 뜻인지 정확하지 않습니다. 저는 두 가지 의미를 모두 담고 있다고 봅니다.

실제로 그들은 시내산에서 10개월 정도 머무르다가 '둘째 해 둘째 달 스무날에' 약속의 땅을 향해 출발합니다(민 10:11). 세일 산을 지나 가나안 땅 남쪽의 가데스 바네아까지는 겨우 '열 하룻길'이었습니다(신 1:2). 거기에서 정탐꾼을 보내 '40일' 동안 가나안 땅을 정탐하게 했지요(민 13:25). 그다음에 곧바로 가나안 땅에 들어갔다면 꼭 '일 년'입니다. 하나님의 약속대로 '일 년 안'에 들어갈 수 있었습니다. 만일 그랬다면 가나안 족속을 몰아내고 그 땅을 완전히 차지하는 것도, 그리 오랜 시간이 걸리지 않았을 것입니다.

물론 광야 생활 40년이 전혀 무의미한 시간은 아니었습니다. 그 과정을 통해서 약속의 땅에 들어갈 수 있는 하나님의 백성이 빚어졌으니 말입니다. 그러나 하나님의 약속을 믿고 그대로 순종하여 따랐다면 그렇게 먼 길을 돌아갈 필요가 없었는데, 참으로 아쉽습니다.

그런데 이게 남의 일이 아닙니다. 우리의 인생길에서 같은 일들이 반복되고 있습니다. 하나님의 세밀한 말씀에 귀를 기울이고 약속에 따라 순종하며 살면 될 것을, 그러지 않아서 불필요하게 잃어버리는 세월이 우리에게 얼마나 많은지 모릅니다. 이제라도 정신 차리고 하나님 말씀 앞에 정직하게 반응해야 하겠습니다. 그러라고 이 말씀이 지금 우리에게까지 전해진 것입니다.

두 가지 계약 전승

이제 드디어 시내산 계약을 체결하는 대목(출 24:1-11)입니다. 그런데 본문을 주의 깊게 살펴보면, 계약이 일관되게 진행되지 않는다는 느낌을 받게 됩니다. 먼저 모세와 장로 칠십 명이 산으로 올라가는 것으로 시작됩니다(1절). 그중에서도 모세만 하나님께 더 가까이 가지요(2절). 그러다가 갑자기 모세가 산 밑으로 내려와서 이번에는 모든 백성에게 하나님의 말씀을 전달합니다(3절). 산 아래에 제단을 쌓고 피를 뿌리면서 계약을 체결합니다(4-8절). 그 후에 다시 장로들과 함께 산으로 올라가서 하나님을 뵈면서 식사를 나눕니다(9-11절).

계약의 장면이 이렇게 자꾸 바뀌는 이유를 성서학자들은 두 가지 전승의 편집으로 설명합니다. 시내산 계약을 기록하여 전해왔던 두 가지 문서가 하나로 편집되는 과정에서 생긴 일이라는 것입니다. 창세기에 두 가지 창조 이야기가 나란히 놓여 있는 것이나, 신약성경의 4복음서가 기록된 것도 같은 이유입니다. 강조점이 조금씩 다르지만 서로 충돌하지도 모순되지도 않습니다. 오히려 서로 보완하여 하나님의 뜻을 잘 드러내고 있습니다.

본문을 시작하는 부분(1-2절)과 끝나는 부분(9-11절)은 'J문서'(Jawhist Documents)에 해당합니다. 기원전 950년경 남유다에서 만들어졌습니다. 토라(Torah) 즉 오경을 구성하는 가장 오래된 문서입니다. 그리고 중간 부분(3-8절)은 'E문서'(Elohist Documents)입니다. 북이스라엘에서 만들어졌습니다. 각각의 강조점에 따라서 J문서가 담고 있는 시내산 계약을 우리는 '식사 계약'이라고 부르고, E문서가 담고 있는 계약을 '피의 계약'이라고 부릅니다. 그러니까 '식사 계약' 가운데에 '피의 계약'이 들어가 있는 구조입니다.

중요한 것은 이 문서들이 서로 다른 사건을 기록한 게 아니라는 사실입니다. 같은 사건을 기록했지만, 그것을 바라보는 시각이 조금 다를 뿐입니다. 지금까지 시내산 계약이 진행되어온 과정에 비추어보면, '피의 계약'이 '식사 계약'보다 앞섰던 것으로 보입니다. 그것이 하나님께 드리는 예배의 일반적인 진행이기도 합니다. 먼저 번제를 드리고 나서 화목제를 드리듯이, 하나님과 계약을 맺고 나서 그다음에 식사 교제를 나누는 것이 더 자연스럽습니다.

피의 계약

시내산에 도착한 이후 지금까지의 진행 과정을 살펴보면, 동의와 성결과 경계선을 정하는 준비과정을 거쳐서 셋째 날, 계약맺는 날이 되었습니다. 하나님은 시내산에 현현하셨고, 백성들은 모두 산기슭에 서 있습니다. 하나님은 그들에게 '십계명'을 직접 선포하셨고, 그 이후에 모세는 하나님께 가까이 가서 '계약법'을 받았습니다. 이제 그것을 백성에게 전달하는 일이 남았습니다. 그다음 이야기는 '피의 계약'으로 잘 연결됩니다.

3모세가 와서 여호와의 모든 말씀과 그의 모든 율례를 백성에게 전하매 그들이 한목소리로 응답하여 이르되 여호와께서 말씀하신 모든 것을 우리가 준행하리이다. 4모세가 여호와의 모든 말씀을 기록하고…(출 24:3-4a).

백성은 하나님의 말씀 듣는 것을 두려워했습니다. 그래서 모세에게 대신 듣고 전해달라고 요청했지요(20:19). 그들의 말처럼 모세가 하나님께 받은 말씀을 전하자, 백성은 한목소리로 응답합니다. "하나님께서 말씀하신 모든 것을 우리가 행하겠습니다." 그러고 나서 모세는 하나님의 말씀을 기록합니다.

모세는 아말렉과의 전쟁에서 이긴 후에도 그 일을 책에 기록하여 여호수아에게 전해주었지요(출 17:14). 모세가 하나님으로부터 계약법에 대한 말씀을 들었을 때 이미 간단한 메모 형식으로 기록해 두었을 것입니다. 그러지 않고 단지 기억에 의존하여 그 많은 내용을 모두 전달할 수는 없었을 것입니다. 그러나 이제는 그것을 공식적인 '계약서'(24:7)로 만들어야 했습니다. 아마도 밤을 새워 그 작업을 했겠지요.

그다음 날 드디어 계약을 체결합니다.

4… 이른 아침에 일어나 산 아래에 제단을 쌓고 이스라엘 열두 지파대로 열두 기둥을 세우고 5 이스라엘 자손의 청년들을 보내어 여호와께 소로 번제와 화목제를 드리게 하고…(출 24:4b-5).

제단은 하나님을 상징하고, 열두 기둥은 야곱의 후손 열두 지파를 상징합니다. 그렇게 계약의 당사자가 그 자리에 모두 출석한 것입니다. 후에 여호수아는 요단강을 건너는 장면에서 제사장들이 언약궤를 들고 서 있던 강 한복판에 돌 열두 개를 세웁니다(수 4:9). 하나님의 계약 백성으로서 말씀대로 순종하여 따랐다는 증거를 그렇게 남겨둔 것입니다. 이 또한, 시내산 계약을 체결하는 장면에서 여호수아가 모세로부터 배운 것이었습니다.

그런데 이 대목에서 우리가 눈여겨보아야 할 것은 '청년들'이 시내산 계약에 주체적으로 참여하고 있다는 사실입니다. 레위기에 기록된 제사법에 따르면 번제물을 가져온 당사자가 하나님 앞에서 그 제물의 머리에 손을 얹어 안수한 후에 직접 잡게 되어 있습니다(레 1:4). 그렇게 죄 사함을 받는 것이지요. 하나님과 계약을 맺는 장면에서는 공동체를 대표하여 '청년들'이 바로 그 중요한 역할을 감당하고 있는 것입니다.

그 경험은 그들의 평생에 잊지 못할 거룩한 기억으로 남게 될 것입니다. 여기에서 우리는 한 가지 중요한 교훈을 얻습니다. 하나님께 드리는 예배에 있어서 다음 세대를 어른들의 들러리로 세우면 안 된다는 것입니다. 어떤 형태로든 중요한 역할을 맡겨주어야 합니다. 그럴 때 '믿음이 다른 세대'가 아니라 '믿음의 다음 세대'를 세워갈 수 있는 것입니다.

6 모세가 피를 가지고 반은 여러 양푼에 담고 반은 제단에 뿌리고 7 언약서를 가져다가 백성에게 낭독하여 듣게 하니 그들이 이르되 여호와의 모든 말씀을 우리가 준행하리이다. 8 모세가 그 피를 가지고 백성에게 뿌리며 이르되 이는 여호와께

서 이 모든 말씀에 대하여 **너희와 세우신 언약의 피니라**(출 24:6-8).

모세는 희생제물의 피 절반을 먼저 제단에 뿌립니다. 제단은 하나님을 상징한다고 했습니다. 그리고 계약법을 기록한 '언약서' 즉 '계약서'를 낭독하게 합니다. 그러고 나서 나머지 절반의 피를 백성에게 뿌리면서 선포합니다. "이것은 주님이 너희와 맺은 계약의 피다!"(This is the blood of the covenant that the LORD has made with you!) 이 예식을 통해서 이집트에서 탈출한 히브리인들이 마침내 '하나님의 백성'이 된 것입니다.

여기에서 가장 중요한 순서는 바로 '피 뿌림'입니다. 희생제물의 피와 접촉해야 하나님과 계약 관계 속으로 들어갈 수 있습니다. 이것은 구약의 계약 백성뿐 아니라 신약의 계약 백성에게도 결정적으로 중요합니다. 그래서 히브리서 기자는 이렇게 말합니다.

> 13염소와 황소의 피와 및 암송아지의 재를 부정한 자에게 뿌려 그 육체를 정결하게 하여 거룩하게 하거든 14하물며 영원하신 성령으로 말미암아 흠 없는 자기를 하나님께 드린 그리스도의 피가 어찌 너희 양심을 죽은 행실에서 깨끗하게 하고 살아 계신 하나님을 섬기게 하지 못하겠느냐(히 9:13-14).

옛 계약이든, 새로운 계약이든 반드시 피 뿌림이 있어야 합니다. 피 뿌림을 통하지 않고서는 하나님의 계약 백성이 될 수 없습니다. 이것은 계약을 성사하기 위해 흘린 희생제물의 피와 접촉해야 한다는 의미와 함께, 이제부터는 계약의 당사자가 자신의 피 곧 생명을 걸고 하나님과의 계약을 지켜야 한다는 의미를 담고 있습니다. 그래서 '피의 계약'입니다.

식사 계약

'피의 계약'은 산 아래에서 체결되었습니다. 모든 백성이 이 계약에 참여했습니다. 그러나 그 후에 이어진 '식사 계약'은 산 위에서 진행됩니다. 여기에는 공동체의 대표들만 참여합니다.

> 1 또 모세에게 이르시되 너는 아론과 나답과 아비후와 이스라엘 장로 칠십 명과 함께 여호와께로 올라와 멀리서 경배하고 2 너 모세만 여호와께 가까이 나아오고 그들은 가까이 나아오지 말며 백성은 너와 함께 올라오지 말지니라(출 24:1-2).

'피의 계약'이 체결되던 때와는 분위기가 사뭇 다릅니다. 하나님은 모세를 비롯한 아론과 그의 두 아들 그리고 장로 칠십 명을 따로 구분하여 산으로 올라오게 합니다. 물론 백성은 올라올 수 없습니다. 아론과 두 아들은 종교적인 지도자를, 나머지 칠십 명의 장로는 행정적인 지도자를 의미하는 것으로 보입니다. 그중에서도 하나님은 모세를 구별하여 더 가까이 나아오게 합니다. 그렇게 서열이 정해지는 것이지요.

> 9 모세와 아론과 나답과 아비후와 이스라엘 장로 칠십 인이 올라가서 10 이스라엘의 하나님을 보니 그의 발 아래에는 청옥을 편 듯하고 하늘같이 청명하더라. 11 하나님이 이스라엘 자손들의 존귀한 자들에게 손을 대지 아니하셨고 그들은 하나님을 뵙고 먹고 마셨더라(출 24:9-11).

그런데 하나님은 왜 그들을 따로 부르셨던 것일까요? 그들과 식탁 교제를 나누기 위해서입니다. 이드로가 르비딤에서 하나님께 번제물과 희생제물을 바쳤을 때도, 이스라엘 모든 장로와 함께 식사를 나누었지요. 그것을 이렇게 표현합니다. "하나님 앞에서(in the presence of God) 떡을 먹으니라"(18:12). 그렇습니다. 하나님께 드리는 예배는 '하나님 앞에서' 나누는 공동식사로 완성됩니다.

모세는 하나님의 의도를 즉시 알아차렸습니다. 장로들과 함께 공동 식사를 하면서 계약을 완성하기를 원하신다는 것을 깨달았습니다. 그러려면 필요한 음식을 준비해야 합니다. 어디에서 그 음식을 준비해야 할까요? 물론 산 아래에서 준비해서 가지고 올라가야 합니다. 장로들이 산 위로 올라가서 '하나님 앞에서' 식사를 나누는 동안, 산 아래에 있던 나머지 백성들은 무엇을 하고 있었을까요? 물론 그들도 '하나님 앞에서' 공동 식사를 했습니다. 그렇게 시내산 계약이 완성되었던 것입니다.

한 가지 다른 점이 있습니다. 산 위에서는 단지 '하나님 앞에서' 공동 식사를 한 것이 아니라, 직접 '하나님을 보면서' 식사를 나누었다는 사실 입니다. 하나님의 임재를 느낀 정도가 아니라, 실제로 보았던 것입니다. 이는 시내산 계약을 준비하면서 경계선을 정하게 하시던 장면과 아주 다릅니다. 그때 "하나님을 보겠다고 경계선을 넘어 들어오다가 사람들이 죽는 일이 없게 하라"(출 19:21)고 엄중히 경계하셨지요.

그런데 지금은 장로들에게 손을 대지 않으셨습니다. 그리고 그들은 죽음에 대한 그 어떤 공포나 두려움 없이, 하나님의 포근하고 따뜻한 사랑을 느끼면서 식탁을 나누었습니다. 이것은 마치 주님이 재림하실 때 새 예루살렘의 모습을 보는 것 같습니다.

3··· 하나님과 그 어린 양의 보좌가 그 가운데에 있으리니 그의 종들이 그를 섬기며 4그의 얼굴을 볼 터이요 그의 이름도 그들의 이마에 있으리라(계 22:3-4).

새 예루살렘 한가운데에는 하나님과 어린 양의 보좌가 있습니다. 어디에 있더라도 그 보좌에 앉으신 하나님을 볼 수 있게 되어있습니다. 죄인들은 하나님의 얼굴을 보고 아무도 살아남을 수 없습니다(출 33:20). 그런데 새 예루살렘에 들어간 사람들은 모두 그 이마에 하나님의 이름이 새겨져 있습니다. 그들은 어린 양의 피로 인침을 받은 사람들입니다. 그래서 아무 두려움 없이 하나님의 얼굴을 직접 보면서 그를 섬길 수 있는 것입니다.

새 예루살렘은 하나님이 꿈꾸던 구원이 완성된 곳입니다. 새 예루살렘은 인간의 죄로 인해 어그러진 창조 질서가 완전히 회복된 곳입니다. 그 일을 이루시려고 하나님은 이집트에서 학대받던 히브리인을 구원하여 당신의 백성으로 삼으셨습니다. 그들과 계약을 맺는 이 뜻깊은 자리에서, 하나님은 앞으로 완성될 하나님의 나라를 그들에게 미리 보여주고 계시는 것입니다. 하나님과의 관계가 완전히 회복되어서 아무런 두려움 없이 하나님과 교제하는 가능성을 실제로 맛보게 해주신 것입니다.

지금은 출애굽공동체의 대표들과 식사를 나누고 계시지만, 장차 하나님은 어린 양의 피로 구원받은 모든 사람과 식사를 나누실 것입니다. 그래서 '피의 계약'과 '식사 계약'이 모두 필요합니다. '피 뿌림'과 '식탁 교제'가 우리에게 모두 필요합니다. 그래서 우리가 일상적인 신앙생활을 통해서 경험하는 '공동예배'와 '공동식사'가 꼭 필요합니다. 장차 완성될 하나님의 나라를 미리 맛보는 것이기 때문입니다.

구약의 하나님이 곧 신약의 하나님이십니다. 시내산 계약을 맺으신 하나님이 예수 그리스도를 통해 새로운 계약을 맺으셨습니다. 같은 하나님께서 마지막 때 구원을 완성하실 것입니다. 그 하나님이 지금 우리를 당신의 백성으로 삼으려고 하십니다. 하나님의 부르심에 믿음으로 순종하여 따를 수 있겠습니까?

* **묵상 질문:** 나는 공동예배와 공동식사에 잘 참여하는가?
* **오늘의 기도:** 한 치의 오차도 없는 하나님의 섭리 앞에 우리는 그저 감탄할

뿐입니다. 이집트에서 학대받던 히브리인을 불러내어 당신의 백성으로 삼으신 하나님께서, 지금 우리를 똑같이 불러주시니 정말 감사합니다. 이제부터는 오직 하나님의 말씀에 순종하며 믿음의 길을 걸을 수 있도록 우리를 다스려주옵소서. 예수님의 이름으로 기도합니다. 아멘.

성막 제작
: 예배공동체의 출발

| 출애굽기 25-40장 |

성막 제작 명령

읽을 말씀: 출애굽기 24:12-25:30; 36:2-7; 37:1-16

새길 말씀: 여호와께서 모세에게 말씀하여 이르시되 이스라엘 자손에게 명령하여 내게 예물을 가져오라 하고 기쁜 마음으로 내는 자가 내게 바치는 모든 것을 너희 는 받을지니라. … 내가 그들 중에 거할 성소를 그들이 나를 위하여 짓되 무릇 내가 네게 보이는 모양대로 장막을 짓고 기구들도 그 모양을 따라 지을지니라 (출애굽기 25:1-2, 8-9).

　이집트에서 탈출한 히브리인들이 이곳 시내산에 온 것은 그들을 구원 하신 하나님과 계약을 맺고, 그의 백성이 되기 위해서였습니다. 마침내 그 목표가 달성되었습니다. 그들은 십계명과 계약법을 받고 피 뿌림과 식 탁 교제를 통해서 하나님과 계약을 맺었습니다. 그들을 부르신 하나님의 뜻과 목적이 무엇인지 알았고, 하나님의 백성으로서 어떻게 살아가야 하 는지도 알았습니다. 자, 그렇다면 이제 약속의 땅을 향해 가면 될까요?

　아닙니다. 정말 중요한 한 가지 일이 아직 남았습니다. 출애굽공동체가 '구원공동체'로 출발하여 '계약공동체'로 발전하기는 했지만, 마지막으로 내디뎌야 할 한 걸음이 남았습니다. 그것은 바로 '예배공동체'가 되는 일입니다. '예배'는 하나님 백성의 정체성을 드러내는 첫걸음이자 마지막 걸음입니다. 하나님은 이미 '안식일' 계명을 통해 예배의 중요성에 대해 분명히 가르쳐주셨습니다. 삶의 본질을 회복하려면 가장 먼저 예배가 회복되어야 한다고 하셨습니다.

일상적인 삶에서 예배가 강조되어야 하는 실제적인 이유가 있습니다. 그것은 인간이 가지고 있는 '죄'라는 한계입니다. 하나님의 뜻이 무엇인지 배워서 안다고 하더라도, 인간의 죄성(罪性)이 하나님의 뜻대로 살지 못하게 하기 때문입니다. 그것을 극복하지 않고서는 십계명이나 계약법의 가르침이 모두 허울 좋은 그림의 떡이 되고 맙니다. 만일 배운 대로살지 못한다면 그 귀한 가르침이 무슨 소용이 있겠습니까.

그래서 예배가 필요합니다. 하나님의 뜻대로 살지 못하는 죄를 회개하고, 하나님의 도움으로 다시 모든 관계를 회복하고, 새로운 마음으로 다시 출발하는 예배가 필요합니다. 문제는 하나님 앞에 나아갈 방법을 사람들이 잘 모른다는 사실입니다. 물론 지금까지 개인적으로 하나님께 예배를 드려왔습니다. 나름대로 번제도 바치고 화목제도 드렸습니다. 그러나 공동체적으로 어떻게 함께 예배해야 할지 알지 못합니다. 분명한 기준과 원칙이 없으면 조만간 큰 혼란에 빠질 게 뻔한 일입니다. 그러다가 결국에는 계약공동체가 분열되고 말 것입니다.

이집트를 탈출한 잡다한 히브리인을 하나의 예배공동체로 만드는 것은 말처럼 쉬운 일이 아닙니다. 우상숭배의 방식에 익숙해 있던 그들에게 참 하나님을 섬기는 길을 보여주어야 합니다. 하나님 앞에 나아가는 방법과 그 속에 담겨있는 의미를 일일이 가르쳐주어야 합니다. 또한, 그 일을 집례할 지도자들을 세워야 합니다. 하나님을 만나는 특별한 장소가 필요하고, 예배의 진행을 위한 기구들을 제작해야 합니다. 그 모든 일을 위해서 하나님은 또다시 모세를 부르십니다. 이번에는 장시간 동안 시내산에 머물러야 할 것입니다.

사십 일, 사십 야

여호와께서 모세에게 이르시되 너는 산에 올라 내게로 와서 거기 있으라. 내가 그들을 가르치도록 내가 율법과 계명을 친히 기록한 돌판을 네게 주리라(출 24:12).

지금 모세는 시내산 위에서의 식사 계약을 마치고 산 밑으로 내려와 있습니다. 얼마 지나지 않아서 하나님은 그를 또다시 부르십니다. 하나님께서 친히 기록한 '돌판'을 주시겠다고 하십니다. 물론 그 돌판에는 십계명이 새겨질 것입니다(출 34:28). 그러나 그것을 새기는 데 많은 시간이 필요하지는 않을 것입니다. 하나님이 직접 새겨주실 것이기 때문입니다. 그보다는 예배와 관련된 가르침에 더 많은 시간이 필요할 것입니다.

한동안 시내산에 머물러야 할 것을 직감한 모세는 자신의 빈자리를 대신할 사람을 세워놓습니다.

13모세가 그의 부하 여호수아와 함께 일어나 모세가 하나님의 산으로 올라가며 14장로들에게 이르되 너희는 여기서 우리가 너희에게로 돌아오기까지 기다리라. 아론과 훌이 너희와 함께 하리니 무릇 일이 있는 자는 그들에게로 나아갈지니라…(출 24:13-14).

여호수아는 아말렉과의 전투에서 모세의 눈에 확실하게 도장을 찍었던 것으로 보입니다. 그 후로 모세는 늘 여호수아를 가장 가까이에 두었습니다. 이번에 시내산에 올라갈 때도 그를 데리고 갑니다. 산 밑에서 백성들이 금송아지를 만들어놓고 요란한 잔치를 벌이는 소리를 모세에게 알려준 사람이 여호수아입니다(출 32:17). 모세가 회막에서 하나님을 만나고 돌아간 후에도 그는 그곳을 떠나지 않고 남아 있었습니다(출 33:11). 가나안을 정탐할 때도 그는 참여했습니다(민 13:16).

여호수아는 모세의 '부하'(aide, assistant)였습니다. 모세가 가는 곳이라면 어디든 따라갔습니다. 모세의 말이라면 절대 순종했습니다. 그렇게 할 수 있었던 것은 모세가 하나님께 절대 순종하는 사람이라는 걸 곁에서 보고 배웠기 때문입니다. 여호수아가 모세에게 순종하는 것은 곧 하나님께 순종하는 것이었습니다. 마침내 그는 하나님의 명령에 따라 모세의 후계자로 세워집니다(민 27:18). 이번 산행은 장차 여호수아의 운명을 결정하게 될지도 모르는 중요한 기회입니다.

산 밑에 남겨진 백성들을 위해서 모세는 아론과 훌을 세웁니다. 아주 자연스러운 선택입니다. 그들은 언제나 모세의 든든한 지지자였습니다. 르비딤광야에서는 기도의 동역자였습니다. 그 누구보다도 모세의 마음을 잘 헤아리는 사람들이었습니다. 그동안 모세가 어떤 식으로 문제를 처리해왔는지 가장 가까이에서 목격해온 사람들이었습니다. 모세가 없는 동안 출애굽공동체를 잘 이끌 수 있는 적임자로 보입니다. 물론 결과적으로는 모세의 기대에 미치지 못했지만 말입니다.

그렇게 모세는 여호수아와 함께 산 위로 올라갑니다.

> 17산 위의 여호와의 영광이 이스라엘 자손의 눈에 맹렬한 불같이 보였고 18모세는 구름 속으로 들어가서 산 위에 올랐으며 모세가 사십 일 사십 야를 산에 있으니라(출 24:17-18).

성경에서 40이라는 숫자는 아주 오랜 시간을 의미합니다. 왜 그렇게 오랜 시간이 걸렸을까요? 예배와 관련된 세밀한 가르침이 필요했기 때문입니다. 이때 모세는 아무것도 먹지 않고 완전히 금식했다고 합니다 (신 9:9). 그는 식음을 전폐하고 오직 하나님으로부터 가르침을 받는 일에만 전념했습니다. 출애굽공동체를 예배공동체로 빚어가시는 하나님의 계획과 방법을 배우는 일에만 집중했던 것입니다.

성소 건축 명령

하나님은 모세에게 성소를 건축할 것을 명령하십니다.

> 1 여호와께서 모세에게 말씀하여 이르시되 2 이스라엘 자손에게 명령하여 내게 예물을 가져오라 하고 기쁜 마음으로 내는 자가 내게 바치는 모든 것을 너희는 받을 지니라(출 25:1-2).

하나님은 가장 먼저 성소 건축에 필요한 '예물'을 가져오라고 명령하게 하십니다. 우리말 '예물'(禮物)에 해당하는 히브리어는 '테루마'(ter-umah)입니다. 이것은 하나님이 요구하시는 거룩한 목적을 위해서 드리는 헌물(獻物)과 헌금(獻金)을 모두 포함하는 말입니다. 금이나 은을 가져와도 좋고(25:3), 실이나 가죽, 조각목, 기름, 향유, 보석을 가져와도 좋습니다(25:4-7). 모두 '성소'(a sanctuary)를 세우는 데 필요합니다.

그러나 여기에는 한 가지 조건이 붙어 있습니다. 그 예물을 바치는 사람이 반드시 '기쁜 마음으로' 내야 한다는 것입니다. 하나님은 자원(自願)하여 드리는 예물을 받으십니다. 억지로 바치거나 인색하게 바치는 것은 '예물'이 아니라 '세금'입니다. 자신에게 돌아올 반대급부를 계산하여 바치는 것은 '예물'이 아니라 '뇌물'입니다. 그런 종류의 예물은 아무리 많이 드려도 하나님이 기뻐하지 않습니다.

그리고 하나님께 드려진 예물은 반드시 하나님이 원하시는 목적에 사용되어야 합니다.

> 8내가 그들 중에 거할 성소를 그들이 나를 위하여 짓되 9무릇 내가 네게 보이는
> 모양대로 장막을 짓고 기구들도 그 모양을 따라 지을지니라(출 25:8-9).

'성소'(聖所)는 말 그대로 '거룩한 장소'(a sacred place)입니다. 이에 해당하는 히브리어 '미크다쉬'(miqdash)가 의미하는 그대로입니다. 그런데 왜 '거룩한 장소'입니까? 하나님이 거하시는 곳이기 때문입니다. 아니 더 정확하게 표현하면 '하나님이 그들 중에 거하는 장소'이기 때문입니다. 이 세상을 창조하신 하나님을 어디에 감히 모셔둘 수 있을까요? 예루살렘 성전을 봉헌하면서 솔로몬 왕은 이렇게 고백했습니다.

> 하나님께서 참으로 우리가 사는 곳에 오셔서 거하시겠습니까? 우주조차도 주께
> 서 편히 숨 쉴 만큼 넓지 못한데, 제가 지은 이 성전이야 더 말할 것도 없습니다(대
> 하6:18, 메시지).

정말 그렇습니다. 아무리 웅장하게 성전을 지어도 하나님을 모시기에 그곳은 턱없이 부족합니다. 그런데 하나님은 지금 모세에게 '장막'을 지으라 하십니다. '장막'은 임시로 지내는 '텐트'입니다. 크게 지을 수도 없고 아름답게 지을 수도 없습니다. 하나님이 거하시는 장소로는 너무나 초라합니다.

그러나 하나님은 당신이 거할 '성막'(聖幕)을 지으라고 하십니다. 그 이유가 무엇일까요? 당신의 백성을 만나주시기 위해서입니다. 아니 그들이 하나님을 만나서 예배할 수 있는 길을 열어주시기 위해서입니다. 마치 선생님이 아이들의 눈높이에 맞추어 쪼그려 앉듯이, 그렇게 백성들의 눈높이에 맞추어 주시겠다는 겁니다.

그러나 아무리 소박한 모습이라 하더라도, 성막은 하나님이 보여주시는 모양(design)대로 지어야 합니다. 사람의 생각이 그 속에 들어가면 안 됩니다. 성막에 필요한 기구들도 마찬가지입니다. 하나님이 가르쳐주시는 디자인에 따라서 제작해야 합니다. 왜냐면 그 모든 것에는 하나님의 특별한 의도가 담겨있기 때문입니다. 게다가 사람의 눈으로는 보이지 않는 하나님의 계획이 그 속에 포함되어 있기 때문입니다.

모세가 성소 건축에 대한 하나님의 명령을 백성들에게 전달했을 때, 정말 놀라운 일이 벌어졌습니다.

> 3… 그러나 백성이 아침마다 자원하는 예물을 연하여 가져왔으므로 4성소의 모든 일을 하는 지혜로운 자들이 각기 하는 일을 중지하고 와서 5모세에게 말하여 이르되 백성이 너무 많이 가져오므로 여호와께서 명령하신 일에 쓰기에 남음이 있나이다(출 36:3b-5).

백성들은 너도나도 자원하는 예물을 가져왔습니다. 더 가져오지 말라고 말려야 했을 정도였습니다. 그렇습니다. 하나님이 우리를 만나려고 하신다는데, 그것을 마다할 하나님의 백성이 어디에 있겠습니까? 성소 건축을 위해 드리는 예물을 부담스러워하는 사람은 진정한 의미에서 하나님의 백성이 아닙니다. 아무리 구원받고 계약을 맺은 백성이 되었다고 하더라도 그의 소유는 아직도 이집트의 파라오에게, 아니 자신의 탐욕에 볼모로 잡혀있다는 뜻이기 때문입니다.

증거궤 제작

하나님은 성막을 '지성소'(the Most Holy Place)와 '성소'(the Holy Place)로 구분하여 디자인하면서, 하나님의 보좌를 상징하는 '증거궤'를 지성소에 두게 하셨습니다(출 26:33). 그리고 그 증거궤부터 만들라고 하십니다. 하나님이 당신의 백성을 만나주시는 성소의 의미를 가장 잘 드러내는 중요한 상징이기 때문입니다. 증거궤가 없이는 성소가 될 수 없습니다.

> 10그들은 조각목으로 궤를 짜되 길이는 두 규빗 반, 너비는 한 규빗 반, 높이는 한 규빗 반이 되게 하고 11너는 순금으로 그것을 싸되 그 안팎을 싸고 위쪽 가장자리로 돌아가며 금테를 두르고…(출 25:10-11).

'궤'(櫃)는 물건을 넣을 수 있도록 나무로 네모나게 만든 보관함 같은 것을 말합니다. 영어로는 '아크'(an ark)라고 합니다. 따라서 '증거궤'는 '증거판'(the Testimony)을 넣어둔 보관함입니다(출 25:21). 증거판은 물론 하나님이 십계명을 써주신 돌판을 가리킵니다. '증거궤'(the ark of the testimony)를 성경 다른 곳에서는 '법궤'(the Ark)라고도 하고(레 16:2), '언약궤'(the ark of the covenant)라고도 합니다(민 10:33).

증거궤를 만드는 재료는 '조각목'입니다. 이 나무는 히브리어로 '싯딤'(shittim)이라고 부르는데, 영어로는 '아카시아'(acacia)로 번역합니다. 이는 광야에서 흔하게 발견되는 나무입니다. 싯딤 나무의 모양새가 중국의 조각자(早角刺)나무와 비슷해 한자로는 조각목(早角木)으로 번역했지만, 사실은 전혀 다른 식물입니다. 따라서 그냥 '싯딤 나무'라고 하던가 '아카시아'라고 하는 것이 더 정확합니다.

아무튼, 증거궤를 만드는 데 사용된 나무는 특별할 것이 하나도 없습니다. 거기에 금을 씌웠다고 해도 마찬가지입니다. 증거궤의 가치는 재료가 아니라 그것이 보관하고 있는 내용, 즉 증거판에 있습니다. 바울의 말처럼, 질그릇 같은 우리는 예수 그리스도라는 보배를 담을 때에 진정한 가치가 생기는 것과 같습니다(고후 4:7).

증거궤를 더욱 소중하게 만드는 것은 그것을 덮고 있는 '속죄소'입니다.

¹⁷순금으로 속죄소를 만들되 길이는 두 규빗 반, 너비는 한 규빗 반이 되게 하고 ¹⁸금으로 그룹 둘을 속죄소 두 끝에 쳐서 만들되… ²⁰그룹들은 그 날개를 높이 펴서 그 날개로 속죄소를 덮으며… ²¹속죄소를 궤 위에 얹고 내가 네게 줄 증거판을 궤 속에 넣으라. ²²거기서 내가 너와 만나고 속죄소 위 곧 증거궤 위에 있는 두 그룹 사이에서 내가 이스라엘 자손을 위하여 네게 명령할 모든 일을 네게 이르리라(출 25:17-22).

'속죄소'(贖罪所)는 말 그대로 '죄를 용서해주는 장소'를 뜻합니다. 영어 성경은 '속죄의 덮개'(an atoning cover, NASB)라고 하거나 '자비의 자리'(a mercy seat, KJB)라고 번역하기도 합니다. 하나님이 좌정하셔서 인간의 죄를 용서해주시는 은혜로운 자리라는 뜻입니다. 속죄소 양쪽 끝에는 날개를 편 두 그룹을 붙여놓는데, 그룹(cherubim)은 하나님의 수종을 드는 천상의 존재입니다. 창세기에는 에덴동산의 생명 나무를 지키는 천사들로 등장하기도 합니다(창 3:24).

아무튼, 속죄소를 증거궤의 덮개로 만들게 하신 두 가지 의미가 있습니다. 첫째는 하나님이 그곳에 임재하셔서 백성들을 만나 주신다는 뜻이고, 둘째는 그들을 향한 하나님의 말씀을 주신다는 뜻입니다. 그러니까 하나님의 백성들이 그곳에서 죄의 문제를 해결하고 하나님으로부터 말씀을 받게 된다는 뜻입니다. 그것이 바로 예배의 본질입니다.

이제부터 증거궤는 하나님의 백성과 함께 이동하게 될 것입니다. 궤에 만들어놓은 고리에 채를 꿰어둔 이유입니다(출 25:14). 그들이 어디로 가든지 증거궤도 함께 갈 것입니다. 하나님은 속죄소를 그의 '발등상'(footstool)으로 삼아 임재하셔서(시 132:7), 그의 백성을 만나주시고 그들에게 필요한 말씀을 주실 것입니다. 그렇게 날마다 하나님의 백성으로 빚어주실 것입니다.

진설병 상 제작

지성소는 '증거궤'가 있어야 하는 곳이라면, 성소에는 세 가지 기구들이 있어야 합니다. '진설병 상'(the Table of Shewbread)과 '등잔대'(the Golden Lampstand)와 '분향대'(the Alter of Incense)가 바로 그것입니다. 이 기구들은 하나님의 보좌 앞으로 가까이 나아가는 세 가지 방법을 상징하고 있습니다.

먼저 진설병 상을 제작하라는 명령입니다.

> 23너는 조각목으로 상을 만들되 길이는 두 규빗, 너비는 한 규빗, 높이는 한 규빗 반이 되게 하고 24순금으로 싸고 주위에 금테를 두르고 25그 주위에 손바닥 넓이만한 턱을 만들고 그 턱 주위에 금으로 테를 만들고…(출 25:23-25).

'진설병'(陳設餅)이란 '진열해놓은 빵'이라는 뜻입니다. 진설병 상을 제작하는 재료는 증거궤와 다르지 않습니다. 빵을 올려놓도록 넓은 테이블 모양으로 만들면 됩니다. 진설병을 만드는 규례는 레위기에 자세히 기록되어 있습니다.

> 5너는 고운 가루를 가져다가 떡 열두 개를 굽되 각 덩이를 십분의 이 에바로 하여 6여호와 앞 순결한 상 위에 두 줄로 한 줄에 여섯씩 진설하고… 8안식일마다 이 떡을 여호와 앞에 항상 진설할지니 이는 이스라엘 자손을 위한 것이요 영원한 언약이니라(레 24:5-6, 8).

열두 지파를 상징하는 열두 개의 빵을 한 줄에 여섯 개씩 위로 쌓는 방식으로 상위에 두 줄로 펼쳐놓습니다. 안식일마다 매번 새로운 빵을 놓아야 하는데, 지난 빵들은 제사장들이 성소에서 먹게 되어있습니다(레

24:9). 아마도 진설병은 누룩이 포함되지 않은 무교병이었을 것으로 보입니다.

여기에서 우리가 눈여겨보아야 할 것은 열두 개의 빵을 각각 '십 분의 이 에바'로 만들어야 한다는 규례입니다. 이것은 신광야에서 매일 만나를 거둘 수 있도록 허락한 '두 오멜'과 정확하게 일치하는 양입니다(출 16:36). 그러면서 이 빵을 항상 진열해놓아야 하는 이유를 이렇게 설명합니다. "이는 이스라엘을 위한 것이요, 영원한 언약이니라"(8절). 언뜻 보면 일용할 양식의 원칙을 영원히 기억해야 한다는 말처럼 들리기는 합니다.

그러나 그것이 하나님의 보좌 앞에 나아가는 예배와 무슨 상관이 있을까요? 일용할 양식의 원칙을 지키지 않는다면 하나님 앞에 나아갈 수 없다는 뜻일까요? 만일 그렇다면 그것은 '이스라엘을 위한 것'이라 할 수 없습니다. 오히려 하나님 앞에 나아갈 수 없게 하는 걸림돌로 작용할 가능성이 큽니다. 게다가 여기에 '영원한 계약'(an everlasting covenant)이라는 말을 군이 사용하실 필요가 없습니다. '지침'이나 '규칙' 정도로 표현해도 충분합니다.

아무튼, 지금으로서는 진설병을 성소에 항상 진열해놓아야 하는 의미와 이유가 무엇인지 우리는 잘 알지 못합니다. 그리고 보면 증거궤에 대한 말씀에서도 하나님이 어떻게 그의 백성을 만나주신다는 것인지, '속죄소'에서 사람들의 죄를 어떻게 용서해주신다는 것인지에 대한 설명을 찾아볼 수 없습니다. 단지 무언가 중요한 하나님의 계획이 이 규례들 속에 담겨있을 것이라 짐작할 뿐입니다.

그래서 히브리서 기자는 이렇게 말했습니다.

> 그들이 섬기는 것은 하늘에 있는 것의 모형과 그림자라. 모세가 장막을 지으려 할 때에 지시하심을 얻음과 같으니 이르시되 삼가 모든 것을 산에서 네게 보이던 본을 따라 지으라 하셨느니라(히 8:5).

모세가 하나님의 명령에 따라 지은 성막은 단지 '하늘에 있는 것'의 모형(a copy)과 그림자(a shadow)일 뿐입니다. 하나님의 뜻이 하늘에서 이루어진 것같이, 땅에서도 완전히 이루어질 때야 우리는 비로소 그 모든 의미를 총체적으로 파악할 수 있게 됩니다. 구약(the Old Covenant)은 신약(the New Covenant)의 빛을 통해서 보아야만 그 진정한 가치가 드러나게 되어있습니다. 성막 예배 또한, 신약의 빛으로만 그 진정한 의미가 드러납니다.

지금 충분히 이해가 되지 않는다고 조급하게 생각할 필요가 없습니다. 오히려 더욱 큰 기대를 하면서 조금 더 참고 기다려볼 일입니다.

* 묵상 질문: 나는 지금 하나님이 원하시는 대로 예배하는가?
* 오늘의 기도: 세상에서 죄의 종노릇 하던 우리를 구원하여 하늘 백성으로 삼으신 하나님을 찬양합니다. 우리를 또한 예배하는 공동체로 부르셨음을 감사합니다. 언제나 하나님의 마음에 흡족한 예배를 드릴 수 있도록 우리를 가르쳐주시고 선한 길로 인도하여 주옵소서. 예수님의 이름으로 기도합니다. 아멘.

성막에서 십자가로

읽을 말씀: 출애굽기 25:31-27:21; 히 9:1-15

새길 말씀: 너는 조각목으로 길이가 다섯 규빗, 너비가 다섯 규빗의 제단을 만들되 네모
반듯하게 하며 높이는 삼 규빗으로 하고 그 네 모퉁이 위에 뿔을 만들되 그
뿔이 그것에 이어지게 하고 그 제단을 놋으로 싸고 재를 담는 통과 부삽과
대야와 고기 갈고리와 불 옮기는 그릇을 만들되 제단의 그릇을 다 놋으로
만들지며…(출애굽기 27:1-3).

　　지금 우리는 성막과 그에 딸린 여러 기구를 제작하라는 하나님의 명
령에 대해서 살펴보고 있습니다. 성막은 하나님이 당신의 백성을 만나주
시는 장소입니다. 성막은 인간이 하나님 앞에 나아가 예배하는 장소입니
다. 성막 예배는 참 하나님을 섬기는 방법입니다. 그 모두는 하나님이 친
히 일러주셨습니다. 하나님의 지시 없이 만들어진 것은 하나도 없습니
다. 그 속에는 이 세상을 구원하시려는 하나님의 원대한 계획과 섭리가
담겨있습니다.

하나님은 성막 예배를 통해 '구원공동체'와 '계약공동체'를 '예배공동체'로 세워가기를 원하셨습니다. 그 일을 위해 모세를 산 위로 부르셨고, 장시간에 걸쳐서 그에게 성막 제작과 관련된 기본 계획을 자세히 가르쳐 주셨습니다. 그 계획에 따라서 모세는 성막을 제작했던 것입니다.

앞 장에서 우리는 지성소에 두어야 할 '증거궤'와 성소에 두어야 할 '진설병 상'에 대해서 살펴보았습니다. 그렇지만 하나님이 증거궤에서 어떻게 그의 백성을 만나주시는지, 하나님께 나아가는 예배에 왜 진설병이 필요한지에 대한 충분한 설명을 아직 발견하지 못했습니다. 궁금증을 일단 마음에 담아두고, 계속 나아가 보겠습니다.

등잔대 제작

성소에 필요한 또 다른 기구는 바로 '등잔대'(the Golden Lampstand)입니다.

> [31]너는 순금으로 등잔대를 쳐 만들되 그 밑판과 줄기와 잔과 꽃받침과 꽃을 한 덩이로 연결하고 [32]가지 여섯을 등잔대 곁에서 나오게 하되 다른 세 가지는 이쪽으로 나오고 다른 세 가지는 저쪽으로 나오게 하며… [39]등잔대와 이 모든 기구를 순금 한 달란트로 만들되 [40]너는 삼가 이 산에서 네게 보인 양식대로 할지니라(출 25:31-40).

순금 한 달란트는 약 34kg 정도의 무게라고 합니다. 그것을 해머로 두들겨서 한 덩이의 등잔대를 만들라고 하십니다. 살구꽃의 가운데 줄기를 기준으로 하여 양쪽으로 세 가지씩 서로 대칭을 이루고 있는 모양새입니다. 그러니까 등잔대에 모두 7개의 등잔을 올려놓을 수 있는 것입니다. 등잔대의 등불을 관리하는 규례가 뒤에 나옵니다.

20너는 또 이스라엘 자손에게 명령하여 감람으로 짠 순수한 기름을 등불을 위하여 내게로 가져오게 하고 끊이지 않게 등불을 켜라. 21아론과 그의 아들들로 회막 안 증거궤 앞 휘장 밖에서 저녁부터 아침까지 항상 여호와 앞에 그 등불을 보살피게 하라. 이는 이스라엘 자손이 대대로 지킬 규례이니라(출 27:20-21).

성소는 출입문을 제외하고는 창문 하나 없이 꼭 막혀있는 구조라서 반드시 등불이 있어야 합니다. 그러나 등잔대가 단지 조명의 용도로만 사용된 것은 아닐 겁니다. 하나님 앞에 나아가는 예배에 꼭 필요한 어떤 의미가 있었을 것이 분명합니다.

특별히 '저녁부터 아침까지' 등불을 보살피는 책임은 아론과 그의 아들들에게 주어졌습니다. 그들은 후에 제사장 직분을 받게 되지요. 그러니까 제사장들은 밤새도록 성소에서 지내면서 등불이 꺼지지 않도록 관리해야 했던 것입니다. 매일 밤 그렇게 깨어 있으면서 등불을 관리한다는 것은 여간 힘든 일이 아닙니다.

실제로 사무엘 당시의 제사장이었던 엘리와 그의 아들들은 이 직무에 태만했습니다. 엘리는 나이가 많이 들었고(삼상 3:2) 그 아들들은 제사장의 직분과 전혀 어울리지 않게 타락한 생활을 했기 때문입니다(삼상 2:12). 그래서 제사장들을 대신하여 소년 사무엘이 밤새도록 등잔대의 등불을 돌보는 일을 했습니다. 그러다가 하나님의 음성을 듣게 되었지요.

아무튼, 제사장에게 주어진 가장 중요한 일은 등잔대의 등불을 보살피는 것이었습니다. 그런데 왜 그래야 할까요? 그렇게 하는 것이 회막(會幕)에서 드리는 예배와 어떤 상관관계가 있는 것일까요? 새로운 궁금증이 더해집니다.

분향단 제작

성소에는 '진설병 상'과 '등잔대'와 함께 마지막으로 '분향단'(the Altar of Incense)이 필요했습니다.

> 1너는 분향할 제단을 만들지니 곧 조각목으로 만들되 2길이가 한 규빗, 너비가 한 규빗으로 네모가 반듯하게 하고 높이는 두 규빗으로 하여 그 뿔을 그것과 이어지게 하고… 6그 제단을 증거궤 위 속죄소 맞은 편 곧 증거궤 앞에 있는 휘장 밖에 두라. 그 속죄소는 내가 너와 만날 곳이며 7아론이 아침마다 그 위에 향기로운 향을 사르되 등불을 손질할 때에 사를지며 8또 저녁 때 등불을 켤 때에 사를지니 이 향은 너희가 대대로 여호와 앞에 끊지 못할지며…(출 30:1-2, 6-8).

하나님이 성소를 지을 예물을 가져오라고 명령하셨을 때, '분향할 향을 만들 향품'(25:6)을 언급하셨습니다. 향을 분향하는 것은 당시 대부분 종교에서 발견되는 의식입니다. 그렇다고 해서 사용하지 못할 이유는 없습니다. 그 제의 속에 어떤 의미가 담겨있느냐가 더 중요한 일이기 때문입니다.

여기에서 하나님은 분향단의 위치를 특별히 강조하십니다. '속죄소 맞은 편' 휘장 밖에 분향단을 두라고 하십니다. 그러니까 휘장을 사이에 두고 증거궤와 분향단이 서로 마주 보는 형국입니다. 성소의 오른쪽에 있는 '진설병 상'과 왼쪽에 있는 '등잔대' 보다 '분향단'이 지성소에 더 가까이에 있는 셈입니다. 그러면서 속죄소를 '내가 너와 만날 곳'이라고 하십니다. 분향하는 것이 하나님을 만나는 일과 직접적인 관계가 있다는 뜻으로 들립니다.

분향은 역시 제사장의 책임입니다. 매일 아침과 저녁에 향을 사르라고 합니다. 특히 저녁에는 '등불을 켤 때' 분향해야 한다고 하는데, 이로 미루어서 낮에는 등불을 켜두지 않았던 것으로 보입니다(삼상 3:3). 그러니까 제사장의 사역은 저녁에 등불을 켜면서 분향하는 것으로 시작하여 아침에 등불을 끄면서 분향하는 것으로 마쳤던 것이지요. 이는 매일 아침저녁으로 번제를 드리는 일과도 연결된 것으로 보입니다(출 29:39). 아무튼, 분향하는 일은 대대로 중단해서는 안 된다고 말씀하십니다.

자, 이렇게 해서 성소에 두어야 할 세 가지 기물이 모두 갖추어졌습니다. 지성소와 성소를 구분하는 휘장 바로 앞에는 '분향단'이 놓여 있고, 그 오른쪽에는 '진설병 상'이 왼쪽에는 '등잔대'가 놓여 있습니다. 제사장은 분향단에서 매일 아침저녁으로 향을 살라야 합니다. 진설병 상에는 안식일마다 매번 새로운 빵을 만들어 쌓아두어야 합니다. 그리고 매일 저녁에 등불을 켜서 다음 날 아침까지 꺼지지 않도록 잘 보살펴야 합니다.

이것이 하나님 앞에 나아가서 하나님을 만나고 하나님의 말씀을 듣는 예배라는 가르침입니다. 아직은 예배와 관련하여 각각의 기물이 상징하는 의미와 기능을 충분하게 이해할 수는 없지만, 하나님께 드리는 예배의 진행 과정에 대한 밑그림을 어느 정도 그려볼 수는 있게 되었습니다.

번제단과 물두멍 제작

이번에는 성소 밖의 성막 뜰에 두어야 할 기구들, 즉 '번제단'과 '물두멍'에 대해서 살펴보겠습니다. 먼저 번제단(the Altar of Burnt Offering)을 제작하라는 명령입니다.

> 1너는 조각목으로 길이가 다섯 규빗, 너비가 다섯 규빗의 제단을 만들되 네모 반듯하게 하며 높이는 삼 규빗으로 하고 2그 네 모퉁이 위에 뿔을 만들되 그 뿔이 그것에 이어지게 하고 그 제단을 놋으로 싸고… 4제단을 위하여 놋으로 그물을 만들고 그 위 네 모퉁이에 놋 고리 넷을 만들고 5그물은 제단 주위 가장자리 아래

곧 제단 절반에 오르게 할지며… 8제단은 널판으로 속이 비게 만들되 산에서 네게 보인 대로 그들이 만들게 하라(출 27:1-8).

계약법에서 이미 하나님은 흙과 다듬지 않은 돌로 쌓은 소박한 제단에 대해서 말씀하셨는데(출 20:22-26), 그 말씀과 번제단을 제작하라는 명령이 서로 상충하는 것처럼 느껴집니다. 그러나 놋으로 싼 싯딤 나무와 놋 그물로 구성되어 있는 이 '번제단'은 엄밀한 의미에서 '제단'(an altar)이라고 하기보다는 '제단 케이스'(an altar-case)라고 해야 합니다. 광야에서 이동하기에 좋도록 제작된 것입니다.

세마포 휘장으로 구분된 성막의 뜰에 들어서면 가장 먼저 이곳 번제단에서 희생제물을 드리게 되어있습니다. 그러니까 번제를 드리면서 자신의 죄를 용서받는 것이 하나님께 드리는 예배의 첫걸음인 셈입니다. 실제로 희생제물을 드리는 과정에 대해서 레위기가 자세히 기록하고 있습니다. 예를 들어 소의 번제를 드릴 때, 먼저 번제물의 머리에 안수하고 난 후에 직접 잡으면 아론의 자손 제사장들이 그 피를 가져다가 제단 사방에 뿌리게 되어있습니다(레 1:4-5). 그렇게 하는 이유를 다음과 같이 설명합니다.

육체의 생명은 피에 있음이라. 내가 이 피를 너희에게 주어 제단에 뿌려 너희의 생명을 위하여 속죄하게 하였나니 생명이 피에 있으므로 피가 죄를 속하느니라 (레 17:11).

"피는 곧 생명이기에 피가 죄를 속할 수 있다"는 것은 하나님이 이미 오래전부터 품어오셨던 생각입니다. 바로 그 이유로 인해 하나님은 아벨이 양의 첫 새끼로 드린 제물을 눈여겨보셨습니다(창 4:4). 그리고 아브라함이 그의 외아들 이삭을 바치는 순종의 제사를 보시면서, 하나님은 당신의 독생자를 이 세상을 구원할 '하나님의 어린 양'으로 내어주시기로 작정하셨습니다(창 22:14). '여호와 이레', 즉 '그것까지 보시는 하나님' (God-Sees-To-It)께서 이집트에서 학대받던 히브리인을 구원하여 계약을 맺으셨습니다. 그리고 그들을 예배공동체로 세우시면서 '피로 죄를 속하는' 번제단을 만들게 하셨던 것입니다.

하나님의 구원 계획은 언제나 한결같으십니다. 한 치의 오차도 없으십니다. 바로 이 대목에서 우리는 지금까지 품어왔던 궁금증에도 반드시 어떤 해답이 있을 것이라는 기대를 하게 됩니다. 진설병 상과 등잔대와 분향대가 왜 그 자리에 놓여 있어야 하는지, 그것이 증거궤의 속죄소에 임하신 하나님께 예배하기 위해 나아가는 일에 어떤 의미가 있는지 조만간 알게 될 것입니다.

성소의 뜰에는 '번제단' 외에 또 다른 기구가 놓여 있습니다. 그것은 바로 '놋으로 만든 물두멍'(the Bronze Laver)입니다.

17여호와께서 모세에게 말씀하여 이르시되 18너는 물두멍을 놋으로 만들고 그 받침도 놋으로 만들어 씻게 하되 그것을 회막과 제단 사이에 두고 그 속에 물을 담으라. 19아론과 그의 아들들이 그 두멍에서 수족을 씻되 20그들이 회막에 들어갈 때에 물로 씻어 죽기를 면할 것이요 제단에 가까이 가서 그 직분을 행하여 여호와 앞에 화제를 사를 때에도 그리할지니라(출 30:17-20).

우리말 '물두멍'은 물을 길어 부어놓고 사용하는 큰 독을 의미합니다. 영어로는 '레이버'(laver)라고 표현합니다. '놋대야'라는 뜻입니다. 하나님은 세수용의 위 물두멍(upper bowl)과 세족용의 아래 받침(lower bowl)으로 디자인해주셨습니다. 물두멍이 놓인 자리는 회막과 번제단 사이입니다. 번제단에서 희생제물을 드린 제사장이 회막, 즉 성소에 들어갈 때 물로 씻을 수 있도록 해놓으신 것입니다.

만일 물로 씻지 않고 성소로 들어가면 죽을 수도 있습니다. 죽지 않으려면 반드시 씻어야 합니다. 그러니까 하나님께 가까이 나아가기 위해서는 번제단에서 죄 사함을 받아야 하고, 물두멍에서 정결하게 해야 합니다. 이것은 단지 구약의 제사장들에게만 적용될 이야기가 아닙니다. 우리의 신앙생활에도 매우 중요한 상징입니다. 번제단은 '십자가 사건'을, 물두멍은 '세례'를 의미한다고 할 수 있습니다.

성막의 뜰로 들어오지 않고서는 하나님의 임재를 체험할 수 없습니다. 죄의 문제를 해결하지 않고서는 하나님께 가까이 갈 수 없습니다. 구약 시대에는 희생제물의 피로 사함을 받았지만, 신약 시대에는 십자가의 보혈로 사함을 받을 수 있습니다. 죄 사함이 끝이 아닙니다. 하나님과 더욱 밀접한 관계 속으로 들어가야 합니다. 그러기 위해서는 반드시 세례를 받아야 합니다. 마치 시내산 계약의 피 뿌림을 통해서 계약 관계에 들어가듯이, 세례를 통해서 하나님과 특별한 관계로 들어가야 합니다.

성막 예배의 완성

이제 우리는 참 하나님을 섬기는 방법으로 출애굽공동체에 가르쳐주신 '성막 예배'가 어떻게 예수 그리스도의 구원 사역을 드러내는 계시가 되었는지 설명해야 할 때가 되었습니다. 모세가 지은 성막은 단지 '하늘에 있는 것'의 모형(a copy)과 그림자(a shadow)일 뿐이라고 했습니다. 하나님의 뜻이 예수 그리스도를 통하여 이 땅에 이루어질 때야 우리는 비로소 그 모든 의미를 파악할 수 있게 됩니다. 신약(the New Covenant)의 빛에서만 구약(the Old Covenant)의 진정한 의미가 드러나는 것입니다.

히브리서 기자가 이를 가장 탁월하게 설명해줍니다.

1첫 언약에도 섬기는 예법과 세상에 속한 성소가 있더라. **2**예비한 첫 장막이 있고 그 안에 등잔대와 상과 진설병이 있으니 이는 성소라 일컫고 **3**또 둘째 휘장 뒤에 있는 장막을 지성소라 일컫나니…(히 9:1-3).

성막이 성소와 지성소로 구분되어 있음을 잘 알려줍니다. 히브리서 기자는 성소를 '첫 장막'으로 지성소를 '둘째 장막'으로 표현합니다. 성소에 '등잔대'와 '상'과 '진설병'이 있다고 합니다. 여기에서 '상'은 '분향대'를, '진설병'은 '진설병 상'을 의미합니다. 제사장들이 항상 성소에 들어가서 예식을 행할 수 있었지만, 지성소에는 일 년에 단 한 차례만 들어갈 수 있었습니다(히 9:6-7).

성령이 이로써 보이신 것은 첫 장막이 서 있을 동안에는 성소에 들어가는 길이 아직 나타나지 아니한 것이라(히 9:8).

히브리서 기자는 '첫 장막'을 통해서는 백성이 성소로 들어갈 수 없었다는 사실을 성령님이 시각적으로 보이셨다고 말합니다. 실제로 하나님의 임재를 상징하는 증거궤에 아무나 접근할 수 없었습니다. 일반 백성들이 갈 수 있었던 곳은 겨우 성막 입구에 있는 번제단까지입니다. 그 이후로는 특별히 선택된 제사장들에게만 접근이 허용되었습니다. 지성소에는 '속죄일'에 대제사장만 대표로 들어갈 수 있었습니다.

11그리스도께서는 장래 좋은 일의 대제사장으로 오사 손으로 짓지 아니한 것 곧 이 창조에 속하지 아니한 더 크고 온전한 장막으로 말미암아 **12**염소와 송아지의 피로 하지 아니하고 오직 자기의 피로 영원한 속죄를 이루사 단번에 성소에 들어가셨느니라(히 9:11-12).

그러나 예수님이 십자가에서 돌아가셨을 때, 성소 휘장이 위로부터 아래까지 찢어져 둘이 되었지요(마 27:51). 성소와 지성소의 구분이 사라지고 이제는 누구나 '은혜의 보좌' 앞에 담대히 나아갈 수 있게 되었다는 뜻입니다(히 4:16).

> 19그러므로 형제들아 우리가 예수의 피를 힘입어 성소에 들어갈 담력을 얻었나니 20그 길은 우리를 위하여 휘장 가운데로 열어 놓으신 새로운 살 길이요 휘장은 곧 그의 육체니라(히 10:19-20).

예수 그리스도의 십자가 사건으로 인해서 우리가 하나님께 담대히 나아갈 수 있는 새로운 길이 열렸습니다. 그러나 그렇다고 해서 구약의 '성막 예배'가 완전히 폐기되었다고 생각하면 안 됩니다. 오히려 그동안 우리가 이해할 수 없어서 궁금하게 생각해왔던 모든 것들의 의미가 분명하게 드러납니다.

매일 드리는 예배

구약의 '성막 예배'는 제사장 나라의 백성으로서 우리가 매일 드리는 예배의 모형이라는 사실을 비로소 알게 됩니다.

> 38네가 제단 위에 드릴 것은 이러하니라. 매일 일 년 된 어린 양 두 마리니 39한 어린 양은 아침에 드리고 한 어린 양은 저녁 때에 드릴지며… 42이는 너희가 대대로 여호와 앞 회막문에서 늘 드릴 번제라. 내가 거기서 너희와 만나고 네게 말하리라(출 29:38-39, 42).

앞에서 살펴본 대로, 제사장은 분향단에서 매일 아침저녁으로 분향하고, 매일 저녁에 등불을 켜서 다음 날 아침까지 꺼지지 않도록 잘 보살 피는 사람입니다. 게다가 아침저녁으로 번제를 드려야 합니다. 그럴 때 하나님께서 그들을 만나주시고 말씀해주시겠다고 약속하십니다. 그러 니까 번제단에서 매일 번제를 드리고, 성소로 들어가기 위해 매일 물두 멍에서 손발을 씻고, 분향단에서 매일 향을 사르고, 등잔대의 불을 매일 밝히고, 안식일마다 진설병 상에 새로운 떡을 놓아야 합니다. 그것이 바 로 '성막 예배'입니다.

문제는 그동안 이것을 어떤 특별한 사람, 즉 제사장의 몫이라고 생각 해왔다는 사실입니다. 일반 백성들은 가끔 희생제물을 가져오는 것으로 그들의 종교적인 의무를 다했다고 생각해온 것이지요. 그런데 하나님은 시내산 계약을 맺기 전에 분명히 말씀하셨습니다.

5세계가 다 내게 속하였나니 너희가 내 말을 잘 듣고 내 언약을 지키면 너희는 모든 민족 중에서 내 소유가 되겠고 6너희가 내게 대하여 제사장 나라가 되며 거룩 한 백성이 되리라. 너는 이 말을 이스라엘 자손에게 전할지니라(출 19:5-6).

하나님은 그들 모두를 '제사장 나라'(a kingdom of priests)로 삼겠다고 하 셨습니다. 다시 말해서 제사장으로만 구성된 백성의 나라를 만드시겠다 는 것입니다. 제사장이 어떤 사람입니까? 하나님 앞에 가까이 나아가서 예배드리는 사람입니다. 다른 사람들을 위해서 중보하는 사람입니다. 하 나님이 주신 말씀을 전하는 사람입니다. 하나님의 백성을 제사장으로 삼 으시는 게 본래 하나님의 뜻이었습니다. 그런데 그 일을 특정인의 몫으로 떠넘겨왔습니다. 그래서 하나님의 임재를 경험하지 못했던 것입니다.

그런데 예수 그리스도의 십자가 사건으로 비로소 모두가 제사장이 되어 은혜의 보좌로 담대히 나아갈 수 있게 되었습니다. 매일 하나님께 예배하는 사람이 된 것입니다. 진정한 '성막 예배'가 회복된 것입니다.

매일 하나님께 가까이 나아가는 예배는 언제나 '회개'로 시작됩니다(번제단). 매일 예배할 때마다 우리는 '세례'와 '거듭남'의 의미를 되새겨야 합니다(물두멍). 매일 하나님께 향기로운 '기도'를 올려드려야 합니다(분향단). 그리고 매일 '말씀의 등불'(시 119:105)이 꺼지지 않도록 해야 합니다(등잔대). 안식일에는 '성만찬 떡'을 나누어야 합니다(진설병 상).

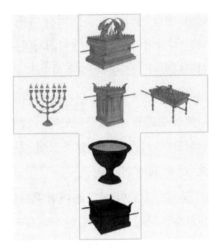

성막 예배와 십자가

진설병을 가리켜서 '영원한 계약(an everlasting covenant)'이라고 한 것은 장차 예수님이 몸을 찢으심으로 '새로운 계약'을 세울 것을 예고한 말씀입니다. 그렇게 은혜의 보좌 앞에 담대히 나아갈 때 하나님은 우리를 직접 만나 주시고 말씀해주시는 것입니다.

따라서 우리는 희생제물로 번제를 드리지는 않습니다. 우리는 예배할 때마다 손발을 씻지는 않습니다. 우리는 분향하지도 않고, 등잔대의 불을 밝히지 않습니다. 우리는 매 주일 진설병을 만들지도 않습니다. 그러나 우리는 예수 그리스도의 몸을 나누는 성만찬을 거행합니다. 일상의 예배를 통해서 모든 것을 녹여냅니다. 매일 하나님 앞에 가까이 갑니다. 매일 하나님을 만납니다. 그렇게 예배하는 공동체를 만들어가기 위해서 하나님은 모세를 통해 우리에게 '성막 예배'를 가르쳐주신 것입니다.

이제라도 그 의미를 알게 되었으니 참으로 감사한 일입니다. 이제부터 매일 은혜의 보좌 앞으로 담대히 나아가는 예배를 드려야 하겠습니다. 우리 교회가 그렇게 매일 예배하는 공동체로 빚어지기를 간절히 소망합니다.

* **묵상 질문:** 나는 매일 하나님께 예배하며 나아가고 있는가?

* **오늘의 기도:** 우리를 제사장의 나라로 삼으시려 구원해주셨음을 진심으로 감사합니다. 매일 하나님께 가까이 나아가는 예배를 드릴 수 있게 하시고, 매일 하나님을 만나는 기쁨을 맛볼 수 있게 하옵소서. 그리하여 이 땅을 향한 하나님의 뜻을 전하는 통로로 마음껏 쓰임 받게 하옵소서. 예수님의 이름으로 기도합니다. 아멘.

제사장 직분 위임

읽을 말씀: 출애굽기 28:1-29:46

새길 말씀: 아론과 그의 아들들에게 띠를 띠우며 관을 씌워 그들에게 제사장의 직분을 맡겨 영원한 규례가 되게 하라. 너는 이같이 아론과 그의 아들들에게 위임하여 거룩하게 할지니라(출애굽기 29:9).

앞 장에서 우리는 모세를 통해서 가르쳐주신 '성막 예배'가 어떻게 예수 그리스도의 구원 사역을 드러내는 계시가 되었는지 살펴보았습니다. 특히 성소에서 가장 중요한 상징인 '증거궤'에 이어서 왜 '진설병 상'을 제작하라고 하셨는지, 안식일마다 새롭게 만들어 올려놓는 떡을 가리켜서 왜 '영원한 계약'(레 24:8)이라고 말씀하셨는지, 그 이유를 이제 조금 이해할 수 있게 되었습니다.

그것은 장차 예수님이 몸을 찢으심으로 '새로운 계약'을 세울 것을 예고하신 말씀이었습니다. 진설병은 단지 하나님 앞에 가만히 전시해두었다가 나중에 제사장들이 처리해야 하는 맛없는 빵이 아닙니다. 그것은 모든 사람을 구원하기 위해서 내어주신 예수 그리스도의 몸을 상징합니다. 그리스도께서 몸을 찢으심으로 누구든지 은혜의 보좌 앞에 담대히 나아갈 수 있게 하려는 구원의 계획을 그렇게 미리 계시하신 것이지요.

하나님은 당신의 백성이 모두 제사장이 되기를 원하셨습니다. 그들을 '제사장 나라'로 삼겠다고 약속하신 것도 바로 그 때문입니다(출 19:6). 번제단에서 시작하여 물두멍을 거쳐 매일 기도의 향기를 올리는 분향단과 매일 말씀의 등불을 밝히는 등잔대와 성찬을 나누는 진설병 상을 통해 은혜의 보좌인 증거궤로 나아가는 이 '성막 예배'는 하나님의 백성이 매일 하나님 앞에 가까이 나아가서 하나님을 만나도록 하기 위한 가르침이었습니다.

그러나 구약의 하나님 백성은 그 일을 자신의 몫으로 삼지 않고 특정인의 책임으로 떠넘겨왔던 것입니다. 그 이유는 아이러니하게도, 하나님께서 아론과 그의 아들들에게 제사장 직분을 위임했기 때문이었습니다. 한편으로는 당신의 백성 모두를 제사장으로 삼겠다고 말씀하시면서, 다른 한편으로는 아론의 가족에게만 제사장 직분을 위임하신 것입니다. 왜 그러셨을까요? 우리가 이해하지 못하는 어떤 의도가 거기에 숨어있는 것일까요? 아니면 하나님의 본래 의도와는 다르게 적용된 것일까요?

말씀을 묵상하면서 함께 찾아보겠습니다.

제사장 직분

하나님은 이미 아론과 그의 아들들에게 등잔대의 등불을 보살피는 책임을 맡기셨습니다(출 27:20-21). 그러고 나서 곧바로 그들에게 제사장 직분을 주십니다.

너는 이스라엘 자손 중 네 형 아론과 그의 아들들 곧 아론과 아론의 아들들 나답과 아비후와 엘르아살과 이다말을 그와 함께 네게로 나아오게 하여 나를 섬기는 제사장 직분을 행하게 하되…(출 28:1).

우리가 앞에서 살펴보았듯이, 지금까지는 집안의 가장이 제사장 역할을 해왔습니다. 아브라함이나 살렘 왕 멜기세덱이나 모세의 장인 이드로가 모두 제사장이었습니다. 그러나 이제는 '성막 예배'가 도입되면서, 공동체를 대표하여 전문적으로 그 일을 맡아서 할 사람들이 필요했습니다. 이미 하나님은 아론과 그의 아들들에게 등불 관리를 맡겨놓은 상태입니다. 그 참에 아예 그들에게 '제사장 직분'(priesthood)을 맡기기로 하신 것입니다.

그렇다고 해서 '제사장 나라'를 만드시려는 하나님의 계획이 후퇴한 것은 아닙니다. 하나님의 백성은 모두 제사장이 되어야 합니다. 그러나 그들이 모두 나서서 성소를 관리할 수는 없는 일이지요. 그래서 하나님은 아론과 그의 네 아들을 지명하여 "나를 섬기는 제사장 직분을 행하게 하라"(so they may serve me as priests. NIV)고 말씀하신 것입니다. 말하자면 성막을 관리하고 예배를 집례하는 전문 사역자로 그들을 세우신 것이지요.

그러면서 아론에게는 특별한 옷을 지어 입히라고 명령하십니다.

2네 형 아론을 위하여 거룩한 옷을 지어 영화롭고 아름답게 할지니 3너는 무릇 마음에 지혜 있는 모든 자 곧 내가 지혜로운 영으로 채운 자들에게 말하여 아론의 옷을 지어 그를 거룩하게 하여 내게 제사장 직분을 행하게 하라(출 28:2-3).

'거룩한 옷'이란 일반 사람들이 입는 복장과 '구별되는 옷'을 의미합니다. 그렇게 입히려고 하는 의도는 두 가지입니다. 하나는 그들을 '영화롭게'(for glory) 하려는 것입니다. 그들이 하는 일을 다른 사람들이 귀하게 여겨 존경할 수 있도록 해주려는 것입니다. 다른 하나는 '아름답게'(for beauty) 하려는 것입니다. 그 대상은 제사장 직분을 감당하는 '사람'이 아니라 '성막 예배' 자체입니다. 그렇게 함으로써 하나님께 예배드리는 일을 귀하게 여기게 하려는 것이지요.

> 그들이 지을 옷은 이러하니 곧 흉패와 에봇과 겉옷과 반포 속옷과 관과 띠라. 그들이 네 형 아론과 그 아들들을 위하여 거룩한 옷을 지어 아론이 내게 제사장 직분을 행하게 하라(출 28:4).

'거룩한 옷'을 구성하는 리스트가 자세히 나옵니다. 흉패(판결 가슴받이, a breastplate)와 에봇(an ephod), 겉옷(a robe)과 속옷(a woven tunic) 그리고 관(두건, a turban)과 띠(a sash)입니다. 하나님은 각각의 제작 방법과 그 의미에 대해서 이제부터 하나씩 일러주십니다.

에봇과 가슴받이 제작

제사장 복장에서 가장 눈에 띄는 것은 바로 '에봇'(an ephod)입니다.

> 6그들이 금 실과 청색 자색 홍색 실과 가늘게 꼰 베 실로 정교하게 짜서 에봇을 짓되 7그것에 어깨받이 둘을 달아 그 두 끝을 이어지게 하고… 9호마노 두 개를 가져다가 그 위에 이스라엘 아들들의 이름을 새기되 10그들의 나이대로 여섯 이름을 한 보석에, 나머지 여섯 이름은 다른 보석에 새기라. … 12그들의 이름을 그 두 어깨에 메워서 기념이 되게 할지며…(출 28:6-12).

에봇은 두 조각의 천을 멜빵으로 연결하여 앞치마 형태로 만들고 허리띠로 매게 되어있습니다. 에봇에서 가장 중요한 부분은 야곱의 열두 아들의 이름을 나이 순서대로 새겨넣은 '호마노'(onyx stone)입니다. 두 개의 보석에 각각 여섯 이름을 새겨서 좌우 멜빵에 달아놓는 것이지요. 그렇게 함으로써 제사장은 하나님의 백성을 대표하여 하나님 앞에 서는 직분이라는 사실을 분명히 하고 있습니다.

판결 가슴받이(a breastplate)도 마찬가지입니다.

> 15너는 판결 흉패를 에봇 짜는 방법으로 금실과 청색 자색 홍색 실과 가늘게 꼰 베실로 정교하게 짜서 만들되 16길이와 너비가 한 뼘씩 두 겹으로 네모반듯하게 하고 17그것에 네 줄로 보석을 물리되… 20다 금테에 물릴지니 21이 보석들은 이스라엘 아들들의 이름대로 열둘이라. 보석마다 열두 지파의 한 이름씩 도장을 새기는 법으로 새기고…(출 28:15-21).

에봇과 같은 방법으로 짠 천을 네모반듯하게 정사각형 주머니 형태로 만듭니다. 12개의 보석에 야곱의 열두 아들의 이름을 새겨서 3개씩 4줄로 배치하여 달고 난 후에, 가슴받이를 에봇에 단단히 붙여서 떨어지지 않게 합니다(28:28). 그리고 그 주머니 안에는 판결할 때 사용하는 '우림과 둠밈'(Urim & Thummim)을 넣어둡니다(28:30).

아론은 이제부터 하나님 앞에 설 때마다 이 가슴받이를 항상 붙이고 있어야 합니다(28:31). 왜냐면 제사장은 모든 백성을 위해 하나님 앞에 나아가 중보하면서, 동시에 하나님의 뜻을 알고 난 후에는 그것을 백성에게 전달하는 역할을 해야 하기 때문입니다. 그러니까 제사장은 백성을 대표하여 하나님께 나아가며, 또한 하나님을 대신하여 백성에게 나아가는 직분입니다. 그와 같은 제사장의 역할을 구별된 옷을 통해서 표현하고 있는 것이지요.

그러나 제사장이 백성을 대표하게 했다고 해서 백성이 하나님 앞에 나아가지 않아도 된다는 것은 아닙니다. 그들은 적어도 매년 세 번 절기를 지킬 때 반드시 하나님께 보이게 되어있습니다(출 23:17). 하나님은 그들을 '제사장 나라'로 삼으셨습니다. 그의 백성에 대한 하나님의 기대는 매일 아침저녁으로 하나님께 나아가 예배하는 것입니다(출 29:38-39). 지금은 제사장이 대신에 그 일을 하고 있을 뿐입니다.

그런데 제사장 직분은 점점 권력화되기 시작했고, 그와 더불어 백성의 신앙적인 나태함이 더해졌습니다. 그러면서 하나님 앞에 나아가는 일이 점점 줄어들었습니다. 만일 예수 그리스도의 십자가 사건을 통해서 성소의 휘장이 찢어지지 않았다면, 하나님의 백성이 은혜의 보좌 앞에 담대히 나아가는 길이 열리지 못했을 것입니다. 예수 그리스도의 사역으로 성막 예배가 회복되었다고는 하지만, 전문 사역자를 세워놓고 뒤로 물러서는 버릇이 완전히 없어진 것은 아닙니다. 우리가 스스로 그 함정에 빠지지 않도록 조심해야 하는 까닭입니다.

겉옷 제작

에봇이나 판결 가슴받이에 보석을 붙이게 한 것은 제사장 직분을 '영화롭게' 하면서 동시에 성막 예배를 '아름답게' 하기 위해서입니다. 그러나 제사장을 화려하고 영광스러운 직분으로만 생각해서는 안 됩니다. 때로는 목숨을 걸어야 하기 때문입니다. 그것은 겉옷의 제작을 통해서 드러납니다.

31너는 에봇 받침 겉옷을 전부 청색으로 하되 32두 어깨 사이에 머리 들어갈 구멍을 내고 그 주위에 갑옷 깃같이 깃을 짜서 찢어지지 않게 하고 33그 옷 가장자리로 돌아가며 청색 자색 홍색 실로 석류를 수놓고 금방울을 간격을 두어 달되… 35아론이 입고 여호와를 섬기러 성소에 들어갈 때와 성소에서 나올 때에 그 소리가 들릴 것이라. 그리하면 그가 죽지 아니하리라(출 28:31-35).

말로는 '겉옷'이라고 하지만 사실은 에봇이나 판결 가슴받이의 받침이 되는 옷입니다. 겉옷의 디자인 중에서 가장 눈에 띄는 것은 옷의 밑부분 가장자리에 달아놓은 '금방울'입니다. 방울을 달아놓았으니 움직이면 당연히 소리가 나겠지요. 아론이 여호와를 섬기러 성소에 들어가고 나올 때 그 소리가 들리면 죽지 않는다고 말씀하십니다. 그런데 사실은 이 말씀을 거꾸로 이해해야 합니다. 하나님을 섬기러 들어갔다가 방울 소리가 들리지 않으면 죽었다는 증거입니다.

실제로 아론의 아들 나답과 아비후가 하나님이 명령하지 않으신 다른 불을 담아 각기 분향하다가 그만 여호와 앞에서 불이 나와 죽는 비극적인 사건이 벌어집니다(레 10:1-2). 그 일은 아마도 지성소에서 일어난 것으로 보입니다(레 16:1-2). 지성소에서의 분향은 본래 대제사장 혼자서 해야 할 일이었는데, 무슨 이유에서인지 아론의 두 아들이 서로 하겠다고 나섰습니다. 게다가 분향에 사용되는 향품은 하나님이 가르쳐주신 대로 만들어야 하는데, 자기들 나름대로 만들어서 사용하다가 그만 화를 당한 것입니다(출 31:38).

저는 이 대목에서 제사장직의 권력화가 이미 시작되고 있음을 의심합니다. 아론의 제사장 직분을 놓고 나답과 아비후 사이에 다툼이 벌어지고 있었던 것이지요. 하나님의 백성을 대표하여 하나님을 섬기는 '제사장 직분'을 무슨 대단한 권력이나 되는 듯이 생각하여, 서로 차지하겠다고 각기 향로를 들고 경쟁적으로 분향하다가 하나님으로부터 심판을 받은 것입니다. 아무튼, 그들은 하나님을 섬기러 들어갔다가 죽었고 방울 소리는 들리지 않았습니다.

하나님께서 제사장 직분을 영화롭게 하신 이유는 '성막 예배'를 아름답게 만들기 위해서였는데, 인간의 탐욕은 그 직분까지도 권력으로 바꾸어놓았습니다. 아이러니한 것은 나답과 아비후의 죽음이 제사장직을 더욱 공고하게 했다는 사실입니다. 백성은 하나님 앞에 나오는 일을 더 두려워하게 되었고, 제사장 직분은 점점 더 배타적인 특권으로 자리 잡게 되었던 것입니다.

두건 제작

제사장 직분을 더욱 근사하게 보이게 만든 것은 머리에 쓰는 두건이 었습니다.

> 36너는 또 순금으로 패를 만들어 도장을 새기는 법으로 그 위에 새기되 '여호와께 성결'이라 하고 37그 패를 청색 끈으로 관 위에 매되 곧 관 전면에 있게 하라. 38이 패를 아론의 이마에 두어 그가 이스라엘 자손이 거룩하게 드리는 성물과 관련된 죄책을 담당하게 하라. 그 패가 아론의 이마에 늘 있으므로 그 성물을 여호와께서 받으시게 되리라(출 28:36-38).

제사장직을 수행하는 동안 아론은 머리에 '터번'(a turban) 모양의 두건을 써야 했습니다. 그러나 그것은 사람들에게 근사하게 보이기 위해서가 아니었습니다. 터번의 전면에 순금 패를 붙였는데, 거기에 '여호와께 성결'이라는 글자를 새겨넣었습니다. 우리말 '성결'(聖潔)에 해당하는 히브리어는 '코데쉬'(qodesh)입니다. '구별됨'(apartness), '성스러움'(sacredness)으로 번역됩니다.

그런데 제사장이 두건을 써야 하는 이유가 있습니다. 그것은 백성들이 드리는 '성물과 관련된 죄책'을 담당하기 위해서입니다. 여기에는 조금 더 설명이 필요합니다. 백성들이 드리는 '성물'(holy things)이란 그들이 하나님께 가져오는 희생제물을 가리킵니다. '죄책'(iniquity)이란 결격사유를 의미합니다. 본래 하나님께 드리는 제물은 아무런 '흠'이 없는 것이어야 합니다(출 12:5; 레1:3).

제물도 그렇지만 그것을 바치는 사람의 동기(動機)에도 아무런 흠이 없어야 합니다. 왜냐면 하나님은 제물과 그것을 바치는 사람을 함께 받으시기 때문입니다. 하나님은 '아벨과 그의 제물'은 받으셨지만, '가인과 그의 제물'은 받지 않으셨습니다(창 4:4-5). 물론 최선이라 생각하여 하나님께 가져온 것이지만, 하나님이 받으시기에는 합당하지 못한 사람이나 제물이 많이 있습니다. 만일 그에 대한 책임을 묻는다면 아론의 목숨이 수천 개가 있어도 부족할 것입니다. 아론 자신도 불완전한 사람이기 때문입니다.

그런데 비록 흠 있는 제물이요 불완전한 사람일지라도 '하나님께 성결'이라는 패를 붙인 제사장이 드린다면, 더는 죄책을 묻지 않고 그대로 받아주시겠다는 것입니다. 이와 같은 하나님의 은혜가 아니었다면 그 누구도 구원받지 못했을 것이고, 하나님 앞에 감히 나올 생각도 하지 못했을 것입니다. 그렇습니다. 우리가 어떤 식으로 예배를 드리든지 하나님은 당연히 받으신다고 생각하면 안 됩니다. 부족함을 눈감아주시는 하나님의 은혜가 있기에 우리가 감히 예배할 수 있는 것입니다.

사람들의 눈에는 제사장의 두건이 근사하게 보였을지도 모릅니다. 그 앞에 붙여놓은 순금 패를 부러워했을지도 모릅니다. 그래서 서로 그 자리를 차지하려고 다툼을 벌였을지도 모릅니다. 그러나 그것은 사실 장차 오실 메시아의 사역에 대한 예고였습니다. 예수 그리스도가 오심으로 '하나님께 성결'이라는 패 없이도 은혜의 보좌 앞에 나아갈 수 있게 하시려는 뜻이 그 속에 담겨있었습니다.

26이러한 대제사장은 우리에게 합당하니 거룩하고 악이 없고 더러움이 없고 죄인에게서 떠나 계시고 하늘보다 높이 되신 이라. 27그는 저 대제사장들이 먼저 자기 죄를 위하고 다음에 백성의 죄를 위하여 날마다 제사 드리는 것과 같이 할 필요가 없으니 이는 그가 단번에 자기를 드려 이루셨음이라. 28율법은 약점을 가진 사람들을 제사장으로 세웠거니와 율법 후에 하신 맹세의 말씀은 영원히 온전하게 되신 아들을 세우셨느니라(히 7:26-28).

구약의 '성막 예배'는 하나님이 제정해주신 본래의 목적과는 달리, 오히려 하나님 앞에 감히 나아가지 못하는 핑곗거리가 되었습니다. 그러나 그것까지도 보고 계셨던 하나님은 때가 차자 진정한 대제사장이신 예수 그리스도를 이 땅에 보내셨고 마침내 '성막 예배'를 완성하셨습니다. 그리하여 누구든지 예수 그리스도를 통하여 은혜의 보좌 앞에 담대히 나아갈 수 있게 하셨던 것입니다.

제사장 직분 위임

그런데 그 어디에도 제사장의 신발에 대한 언급이 나오지 않습니다. 그 이유는 분명합니다. 하나님은 모세에게 "네 발에서 신을 벗으라"(출 3:5)고 하셨지요. 그것은 하나님을 주인으로 인정하고 섬길 수 있겠느냐는 질문이었습니다. 제사장은 하나님을 섬기는 종입니다. 하나님 앞에서 신발이 필요하지 않습니다. 그렇게 제사장을 위한 복장이 완성되었습니다. 이제 제사장 직분의 위임식을 거행합니다.

4너는 아론과 그의 아들들을 회막 문으로 데려다가 물로 씻기고 5의복을 가져다가 아론에게 속옷과 에봇 받침 겉옷과 에봇을 입히고 흉패를 달고 에봇에 정교하게 짠 띠를 띠게 하고 6그의 머리에 관을 씌우고 그 위에 거룩한 패를 더하고 7관유를 가져다가 그의 머리에 부어 바르고 8그의 아들들을 데려다가 그들에게 속옷을 입히고 9아론과 그의 아들들에게 띠를 띠우며 관을 씌워 그들에게 제사장의 직분을 맡겨 영원한 규례가 되게 하라. 너는 이같이 아론과 그의 아들들에게 위임하여 거룩하게 할지니라(출 29:4-9).

여기에서 우리는 위임식의 순서를 눈여겨볼 필요가 있습니다. 제일 먼저 물로 씻깁니다. '정결'하게 하는 예식입니다. 그다음은 제사장 의복을 입힙니다. 의복이 상징하는 '직분'을 수여하는 예식입니다. 그리고 머리에 하나님의 영을 상징하는 '기름'을 붓습니다. 이것이 바로 '위임'(委任)의 예식입니다.

우리말 '위임하다'를 히브리어로는 '말레'(male) 동사로 표현하는데, 이는 본래 '채우다'(to filll)라는 뜻입니다. 그런데 무엇으로 채운다는 것일까요? 똑같은 단어가 제사장의 옷을 만들게 하는 장면에 나옵니다. "지혜로운 영으로 채운 자들에게 말하여 아론의 옷을 지어 제사장 직분을 행하게 하라"(28:3). 여기에서 '채운'으로 번역된 말이 바로 '말레'입니다.

조금 전에 아론을 제사장으로 위임하기 전에 먼저 기름을 부었지요. 그러니까 그 사람에게 근사한 옷을 입혀서 모든 책임을 떠맡기는 것을 '위임'이라고 생각하면 안 됩니다. 오히려 하나님의 영으로 그를 채우는 것이 '위임'입니다. 그래야 제사장의 직분을 제대로 감당할 수 있게 되는 것입니다.

이는 '제사장'에게만 허락되는 일이 아닙니다. '왕'이나 '대언자'도 역시 마찬가지입니다. 사울 왕도, 다윗 왕도 모두 기름 부음을 받았습니다 (삼상 10:1; 16:13). 이것은 예수 그리스도에게 그대로 적용됩니다. 예수님은 이사야 선지자의 말을 인용하여 메시아로서 자신의 사역을 '기름 부음'으로 설명했습니다(눅 4:18). 실제로 '메시아', 즉 '그리스도'는 '기름 부음을 받은 자'(the anointed one)라는 뜻입니다. 예수님이 장막 예배를 완성하는 대제사장이 될 수 있었던 것도 바로 그 때문입니다.

처음에 제사장 직분은 예배공동체를 위한 전문 사역자의 필요성으로 도입되었습니다. 성막을 관리하고 예배를 집례하도록 그들을 구별하여 따로 세우신 것이지요. 그러나 인간의 탐욕이 거룩한 직분을 권력으로 변질시켰고, 구약의 하나님의 백성은 나태함의 함정에 빠져서 자신들이 마땅히 감당해야 할 몫을 모두 제사장에게 떠넘기고 말았습니다. 그리하여 그들을 '제사장 나라'로 만드시려는 하나님의 뜻을 제대로 구현하지 못했습니다.

그러나 신실하신 하나님께서 제사장 직분에 담아놓으셨던 본래의 계획을 예수 그리스도를 통해서 다시 회복시키시고 마침내 완성하셨습니다. 따라서 우리는 제사장을 세우시고 그들에게 직분을 위임하는 이 장면에서 저 멀리 당신의 독생자 예수 그리스도의 사역을 향하고 있는 하나님의 시선을 깨달을 수 있어야 합니다.

'성막 예배'는 매일 하나님 앞에 가까이 나아가서 하나님을 만나도록 하기 위한 가르침이었습니다. 이와 같은 하나님의 기대는 지금도 여전히 모든 시대의 '하나님 백성'을 향하여 계속되고 있습니다. 앞으로의 예배 생활이 하나님의 마음과 기대를 만족하게 해드리는 것이 되기를 간절히 소망합니다.

* **묵상 질문**: 나는 매일 성령의 기름으로 채워져서 예배하고 있는가?
* **오늘의 기도**: 사람의 탐욕이 아무리 하나님의 뜻을 구부린다고 해도, 마침내 하나님의 뜻이 이루어짐을 믿습니다. 제사장 직분을 세워주신 하나님의 마음이 무엇인지 잘 헤아리게 하시고, 먼저 우리 자신부터 매일 하나님께 예배하는 제사장으로 세워지게 하옵소서. 예수님의 이름으로 기도합니다. 아멘.

금송아지 제작 사건

읽을 말씀: 출애굽기 31:18-32:14

새길 말씀: 아론이 그들에게 이르되 너희의 아내와 자녀의 귀에서 금 고리를 빼어 내게로
가져오라. 모든 백성이 그 귀에서 금 고리를 빼어 아론에게로 가져가매 아론
이 그들의 손에서 금 고리를 받아 부어서 조각칼로 새겨 송아지 형상을 만드
니 그들이 말하되 이스라엘아 이는 너희를 애굽 땅에서 인도하여 낸 너희의
신이로다 하는지라(출애굽기 32:2-4).

앞 장에서 우리는 '성막 예배'가 매일 하나님 앞에 나아가서 예배하는
공동체를 세워가시려는 하나님의 뜻과 계획으로 주어진 것임을 잘 알게
되었습니다. 이집트에서 학대받던 히브리인들을 구원하여 그들과 계약
을 맺으신 하나님께서, 이제는 그들을 '제사장 나라'로 빚으려고 하시는
것입니다. '구원공동체'를 '계약공동체'로, '계약공동체'를 '예배공동체'로
만들어가시는 이 과정이 눈에 보이지 않습니까? 그것이 출애굽기가 우
리에게 전해주는 이야기입니다.

그렇습니다. 하나님은 그의 백성이 매일 하나님 앞에 예배하는 공동체가 되기를 바라셨습니다. 바로 그 이유로 하나님은 처음부터 파라오에게 "내 백성을 보내라!"고 요구하셨던 것입니다. "그러면 그들이 광야에서 내 앞에 절기를 지킬 것이니라"(출 5:1). 하나님 앞에 나아가서 예배하기 위해서 그들은 구원받아야 했고, 매일 함께 예배하는 공동체가 되기 위해서 그들은 하나님과 계약을 맺어야 했던 것입니다.

여기에는 이 세상을 구원하시려는 하나님의 원대한 꿈이 담겨있습니다. 그 꿈이 완성되는 장면을 하나님은 사도 요한에게 미리 보여주셨습니다.

9이 일 후에 내가 보니 각 나라와 족속과 백성과 방언에서 아무도 능히 셀 수 없는 큰 무리가 나와 흰옷을 입고 손에 종려 가지를 들고 보좌 앞과 어린 양 앞에 서서 10큰 소리로 외쳐 이르되 구원하심이 보좌에 앉으신 우리 하나님과 어린 양에게 있도다…(계 7:9-10).

주님의 재림과 더불어 이 땅에 하나님의 나라가 완성되는 그때, 하나님의 은혜로 구원받은 사람들, 하나님과 특별한 계약 속에서 살던 사람들, 매일 주어진 자리에서 예배하던 사람들이 사방에서 나아와 함께 하나님을 찬양하는 감격스러운 장면입니다. 이 무리 속에는 구약의 하나님 백성과 신약의 하나님 백성이 모두 포함되어 있습니다. 바로 이 장면을 바라보며 하나님은 지금 모세에게 '성막 예배'를 가르치고 계시는 것입니다.

그러나 '예배공동체'를 만들어가시려는 하나님의 계획이 미처 선포되기도 전에, 하나님의 '계약공동체'에 심각한 문제가 발생했습니다. 모세의 부재(不在)를 참아내지 못한 사람들이 성급하게 금송아지를 만들어낸 것입니다.

백성의 요구

모세는 지금 시내산에 장기간 머물고 있습니다. 그곳에서 모세는 '장막 예배'를 통해서 제사장 나라와 예배공동체를 만들어가시려는 하나님의 계획에 대해서 배우는 중입니다. 이제 그 일도 거의 끝나가고 있었습니다.

> 여호와께서 시내산 위에서 모세에게 이르시기를 마치신 때에 증거판 둘을 모세에게 주시니 이는 돌판이요 하나님이 친히 쓰신 것이더라(출 31:18).

증거판에 하나님이 친히 새겨주신 내용은 '십계명'이었습니다. 단지 그 일 때문이라면 그렇게 긴 시간이 필요하지 않았을 것입니다. 게다가 십계명에 대한 자세한 풀이를 담고 있는 부속법은 이미 계약을 맺을 때 '계약법'으로 선포되었습니다(24:7). 모세가 40일씩이나 시내산에 머물러야 했던 이유는 '장막 예배'에 대해서 하나님으로부터 가르침을 받아야 했기 때문입니다. 그것은 하나님에게도, 하나님의 백성에게도 매우 중요한 일이었습니다. 그래서 그렇게 오랜 시간이 필요했던 것입니다.

문제는 산 밑에서 모세를 기다리고 있는 백성이었습니다. 그들은 지금 산 위에서 어떤 일이 벌어지고 있는지 전혀 모릅니다. 모세가 언제 내려올지도 모릅니다. 아니 살았는지 죽었는지도 모릅니다. 그들은 점점 초조해지기 시작했습니다.

> 백성이 모세가 산에서 내려옴이 더딤을 보고 모여 백성이 아론에게 이르러 말하되 일어나라 우리를 위하여 우리를 인도할 신을 만들라. 이 모세 곧 우리를 애굽 땅에서 인도하여 낸 사람은 어찌 되었는지 알지 못함이니라(출 32:1).

그들은 모세가 내려올 준비가 되었다는 사실을 알지 못합니다. 40일이 다 되어가도록 내려오지 않자 더는 기다릴 수 없다고 판단합니다. 이 부분을 메시지 성경은 이렇게 표현합니다. "백성은 모세가 영원히 산에서 내려오지 않을 것이라 생각하고 아론에게 몰려가 말했다." 얼마든지 그럴 수 있습니다. 하루 이틀도 아니고 거의 40일이 되었으니 말입니다. 게다가 그들은 모세가 먹을 것을 준비하지 않고 올라갔다는 사실을 잘 알고 있었습니다. 그러니 영원히 내려오지 않으리라 판단할 수 있습니다.

그러나 그들이 아론에게 가서 요구하는 내용에 심각한 문제가 있습니다. 그들은 이렇게 요구합니다. "일어나라. 우리를 위하여 우리를 인도할 신을 만들라." 그렇게 가만히 있지만 말고 무엇이라도 해보라(Do something!)는 것입니다. 그런데 그들은 이미 나름대로 아론이 무엇을 해야 할지 답을 가지고 있습니다. 그들을 인도할 신을 만들어 주면 된다는 것입니다.

그러면서 '이 모세'(this Moses), '그 사람'(the man)이 도대체 어찌 되었는지 모르겠다고 합니다. 이런 식의 표현은 사람을 업신여기는 뒷말에 주로 등장합니다. 불과 40일 전만 해도 모세를 하늘같이 떠받들던 그들입니다. 그런데 지금 눈에 보이지 않는다는 이유로 그들의 태도가 하루 아침에 바뀐 것입니다. 눈에 보이는 것, 눈에 보이지 않는 것에 그렇게 쉽게 속는 것이 인간입니다.

모세에 대해서는 그렇다손 칩시다. 그런데 모세가 보이지 않는다고 해서 신을 만들어달라는 게 무슨 말입니까? 하나님은 십계명에서 "너를 위해서 새긴 우상을 만들지 말라"(출 20:4)고 하셨습니다. 계약법에서 "나를 비겨서 은으로나 금으로나 너희를 위하여 신상을 만들지 말라"(출 20:23)고 가르쳐주셨습니다. 그 말씀대로 순종하겠다고 약속하고 하나님과 계약을 맺지 않았습니까? 그렇게 계약을 체결한 지 얼마나 지났다고, 그들은 모세의 부재(不在)를 핑계로 삼아 신을 만들어달라고 요구하고 있는 것입니다.

백성의 상황 판단은 분명히 잘못되었습니다. 그들은 아론에게 잘못된 요구를 했습니다. 그러나 그에 대한 아론의 대응은 더욱 잘못되었습니다.

아론의 대응

모세가 시내산으로 올라가면서 아론과 훌에게 자신의 빈자리를 메우라고 부탁했지요. 그들은 모세의 든든한 후원자였고 기도의 동역자였습니다. 모세의 마음을 누구보다 더 잘 알았습니다. 충분히 모세의 빈자리를 메울 자격이 있습니다. 그러나 지금 훌은 어디로 갔는지 보이지도 않습니다. 아론 혼자서는 그 많은 사람을 상대하기에 벅찹니다. 과연 어떻게 대응했을까요?

> 아론이 그들에게 이르되 너희의 아내와 자녀의 귀에서 금 고리를 빼어 내게로 가져오라(출 32:2).

아론이 왜 이런 식으로 대응했는지 잘 이해가 되지 않습니다. 그 역시 하나님의 가르침을 들었을 텐데 말입니다. 어떤 신이라도 절대로 만들어서는 안 되고, 더욱이 하나님을 비겨서 금을 부어 만들어서는 안 된다는 걸 그 또한 잘 알고 있었을 것입니다. 그런데도 왜 아론은 그들에게 뜬금없이 금 고리를 가져오라고 요구했을까요?

사실 그것은 아론이 취할 수 있는 소극적인 방어책이었습니다. 나름대로 머리를 써서 '아내와 자녀'의 귀에서 금 고리를 빼어 가져오라고 했습니다. 아론은 아내와 자녀의 저항을 기대했던 것입니다. 금귀걸이는 물론 값비싼 보물이지만, 개인적으로 특별한 사연이 있는 물건입니다. 아무리 남편이 요구한다고 해도 아내가 그것을 선뜻 포기하고 내줄 리가 없습니다. 아론은 그렇게 빠져나갈 구멍을 찾은 것입니다. 그런데 아론의 기대와 전혀 다른 놀라운 일이 일어났습니다.

> 3모든 백성이 그 귀에서 금 고리를 빼어 아론에게로 가져가매 4아론이 그들의 손에서 금 고리를 받아 부어서 조각칼로 새겨 송아지 형상을 만드니 그들이 말하되 이스라엘아 이는 너희를 애굽 땅에서 인도하여 낸 너희의 신이로다 하는지라(출 32:3-4).

아론은 단지 '아내와 자녀'의 귀걸이만 요구했는데, '모든 백성'(all the people)이 자신의 귀걸이를 가져온 것입니다. 말하자면 '금 모으기 운동'이 불 일 듯이 일어난 것이지요. 이는 아론이 전혀 예상하지 못했던 결과였습니다. 우상을 만드는 일에 사람들이 이렇게 뜨거운 반응을 보이리라 그 누가 상상이나 했겠습니까? 이제 아론은 선택의 여지가 없었습니다. 그는 금 고리를 녹여서 송아지 형상을 만듭니다.

그런데 왜 하필 송아지였을까요? 흔히 이집트의 아피스(Apis) 황소 신을 염두에 두었으리라 추측하지만, 이집트 사람들이 실제로 섬기던 아피스 신은 '살아 있는 황소'(a living bull)였습니다. 신이 황소의 모습으로 현현했다고 믿었던 것입니다. 오히려 부어만든 송아지(a molten calf) 신은 유프라테스강 갈대아 지역에 살던 사람들에게서 발견되는 신입니다. 여호수아가 세겜의 계약갱신 장면에서 언급한 "너희의 조상들이 강 저쪽에서 섬기던 신들" 중에 송아지 신이 있었던 것입니다.

그러나 아론은 여호와 하나님 이외의 다른 신을 소개하려는 의도는 전혀 없었습니다. 단지 백성의 요구처럼 이집트에서 그들을 인도한 신을 '보여주려고' 했을 뿐입니다. 그들 역시 아론의 의도와 크게 다르지 않게 받아들였습니다. 금송아지를 보고 그들은 이렇게 외칩니다. "오 이스라엘아, 이 신이 너희를 이집트에서 이끌어 낸 너희의 신이다!"(메시지) 금송아지 신을 보고 매우 흡족해하는 백성을 보자, 아론은 한술 더 떠서 아예 그다음 날을 '여호와의 절일'(節日)로 선포합니다.

5아론이 보고 그 앞에 제단을 쌓고 이에 아론이 공포하여 이르되 내일은 여호와의 절일이니라 하니 6이튿날에 그들이 일찍이 일어나 번제를 드리며 화목제를 드리고 백성이 앉아서 먹고 마시며 일어나서 뛰놀더라(출 32:5-6).

십계명에 대한 부속법을 통해서 이미 세 가지 절기가 선포되었습니다. 하나님의 백성이 지켜야 하는 절기는 '무교절'과 '맥추절'과 '수장절'이었습니다. 그런데 아론은 아무 생각 없이 또 다른 여호와의 절기를 선포합니다. 마치 자기가 하나님이라도 된 듯이 말입니다. 사람들은 아침일찍부터 일어나서 '번제'와 '화목제'를 드립니다. 그러고 나서 본격적으로 앉아서 먹기 시작했습니다.

예배의 형식은 갖추었지만, 그 내용은 전혀 달랐습니다. 그것은 하나님이 가르쳐준 하나님을 위한 절기가 아니었습니다. 그들 자신의 욕망을 채우기 위한 절기였습니다. 그러니까 하나님을 섬기기 위해서 번제와 화목제를 드린 게 아닙니다. 예배는 단지 요식 행위로 간단하게 해치우고, 본격적으로 먹고 마시는 일에 열중한 것입니다.

아니나 다를까 그들의 공동식사는 '난잡한 파티'(a wild party, MSG)로 변하고 말았습니다. 모두 일어나서 뛰놀기 시작했습니다. 말하자면 춤판이 벌어진 것입니다(32:19). 잘못된 예배가 다다르게 되는 당연한 결말입니다. 모세의 죽음을 걱정하여 시작한 일이 흥청거리며 뛰노는 춤판으로 발전한 것입니다. 백성의 잘못된 요구에 대한 아론의 잘못된 대응이 만들어낸 정말 웃지 못할 촌극입니다. 그래서 '성막 예배'에 대한 가르침이 더더욱 필요했던 것입니다.

하나님의 진노

하나님은 그의 계약 백성이 그렇게도 쉽게 우상숭배의 죄에 빠지는 모습을 보시고 몹시 화가 나셨습니다.

> 7여호와께서 모세에게 이르시되 너는 내려가라. 네가 애굽 땅에서 인도하여 낸 네 백성이 부패하였도다. 8그들이 내가 그들에게 명령한 길을 속히 떠나 자기를 위하여 송아지를 부어 만들고 그것을 예배하며 그것에게 제물을 드리며 말하기를 이스라엘아 이는 너희를 애굽 땅에서 인도하여 낸 너희 신이라 하였도다(출 32:7-8).

모세는 지금 산 아래에서 어떤 일이 벌어지고 있는지 모르고 있습니다. 아마도 시내산을 둘러싸고 있던 짙은 구름이 모세의 눈을 가려 볼 수 없게 만들었을 것입니다(출 24:18). 하나님은 모세에게 급하게 명령하십니다. "너는 내려가라!" 그러면서 "네가 인도하여 낸 네 백성이 부패했다"라고 말씀하십니다.

여기에서 하나님이 그의 계약 백성을 가리켜서 하는 말에 주목하십시오. 하나님은 파라오에게 "내 백성을 보내라!"고 요구했습니다. 그들을 이곳으로 인도하여 계약을 맺으셨습니다. 그런데 이제는 '내 백성'(My people)이라고 하지 않으십니다. '네가 인도하여 낸 네 백성'(your people)이라고 말씀하십니다. 하긴 하나님이 우상을 만들지 말라고 그토록 엄격하게 말씀하셨는데, 그 말씀을 무시하고 금송아지를 만들어 그 앞에 절하고 있으니 계약을 맺자마자 계약이 파괴된 것입니다. 더는 그들을 '내 백성'이라고 부를 이유가 없습니다.

9 여호와께서 또 모세에게 이르시되 내가 이 백성을 보니 목이 뻣뻣한 백성이로다. 10 그런즉 내가 하는 대로 두라. 내가 그들에게 진노하여 그들을 진멸하고 너를 큰 나라가 되게 하리라(출 32:9-10).

그러면서 말씀하십니다. "내가 이 백성을 보니 목이 뻣뻣한 백성이로다!" NIV 성경은 이 부분을 "내가 이 백성을 보아왔다"(I have seen this people)고 번역합니다. 이번 한 번으로 판단하는 일이 아니라는 뜻입니다. 지금까지 지켜본 결과 그들은 '목이 뻣뻣한 백성'(a stiff-necked people)이라는 결론에 다다랐다는 겁니다.

이 표현은 여기에 처음으로 등장하지만 앞으로 성경을 읽어가면서 자주 접하게 될 것입니다(신 9:6; 대하 30:8; 시 75:5; 렘 17:23). 이는 말(馬)이 고집스럽게 목을 뻣뻣이 세우고 주인에게 저항하는 모습에서 나온 비유입니다. 하나님께서 그들의 교만과 불순종에 대해서 오랫동안 참아왔다는 뉘앙스로 들립니다. 그러나 이제 더는 참을 수 없다는 것이지요.

하나님은 그들에 대한 심판을 선언하십니다. "내가 그들에게 진노하여 진멸하고 너를 큰 나라가 되게 하겠다." 그러니까 지금까지 그들을 구원하기 위하여 애써왔던 그 모든 일을 아예 없던 것으로 되돌려버리겠다는 말씀입니다. 그리고 이제 처음으로 돌아가서 모세를 통해서 다시 새롭게 시작하시겠다는 것입니다. 하나님이 얼마나 화가 나셨으면 이런 말씀을 하실까요?

그런데 무언가 아쉬움의 여운을 남겨두시는 것처럼 느껴집니다. "내가 하는 대로 두라"는 말씀이 그렇습니다. 메시지 성경은 이 부분을 "이제 너는 나를 막지 마라. 내가 저들에게 마음껏 진노를 터뜨리겠다. 내 진노가 활활 타올라서 저들을 태워 없애 버릴 것이다."로 풀이합니다. "나를 막지 마라"는 말씀은 마치 "나를 좀 말려 달라"는 말씀처럼 들리지 않습니까? 그의 백성을 위한 모세의 중보에 여지를 남겨두는 말씀입니다.

모세의 중보

모세는 하나님의 마음을 즉시 알아차렸습니다.

11모세가 그의 하나님 여호와께 구하여 이르되 여호와여 어찌하여 그 큰 권능과 강한 손으로 애굽 땅에서 인도하여 내신 주의 백성에게 진노하시나이까. 12어찌하여 애굽 사람들이 이르기를 여호와가 자기의 백성을 산에서 죽이고 지면에서 진멸하려는 악한 의도로 인도해 내었다고 말하게 하시려 하나이까. 주의 맹렬한 노를 그치시고 뜻을 돌이키사 주의 백성에게 이 화를 내리지 마옵소서(출 32: 11-12).

모세는 하나님께 간구하면서 거듭 '주의 백성'이라는 말을 반복합니다. 하나님이 '너의 백성'이라고 말씀하신 것에 대한 모세의 대답입니다. 그들이 아무리 큰 잘못을 했다고 하더라도, 그들은 하나님이 이집트에서 구해내신 하나님의 백성이 분명하다는 겁니다. 그리고 만일 그들을 모두 죽여버린다면, 오히려 이집트 사람들에게 잘못된 메시지를 주게 될 것이라 말합니다. 그러니 아무리 화가 나더라도 한 번 더 생각해서 화를 거두어 달라고 간청합니다.

그러면서 모세는 하나님이 조상들에게 주셨던 약속을 상기시킵니다.

주의 종 아브라함과 이삭과 이스라엘을 기억하소서. 주께서 그들을 위하여 주를 가리켜 맹세하여 이르시기를 내가 너희의 자손을 하늘의 별처럼 많게 하고 내가 허락한 이 온 땅을 자손에게 주어 영원한 기업이 되게 하리라 하셨나이다(출 32: 13).

모세의 말이 맞습니다. 하나님은 아브라함과 이삭과 야곱에게 '후손에 대한 약속'과 '땅에 대한 약속'을 누누이 말씀해오셨습니다. 실제로 그 약속을 지키기 위해서 지금까지 일해오신 것입니다. 그들을 이집트의 종살이에서 구원하셨고, 이곳 시내산까지 인도해오셨고, 그들과 계약을 맺으셨습니다.

그리고 그들을 예배공동체로 만들기 위해서 조금 전까지 모세에게 '장막 예배'에 대한 하나님의 비전을 모두 가르쳐주셨습니다. 그런데 이제 와서 그 모든 것을 다 엎어버린다면, 하나님은 어떤 분이 되겠습니까? 결국, 약속을 지키지 않는 그런 분이 되고 맙니다. 모세의 간곡한 호소에 하나님은 마음을 돌이키기로 하십니다.

> 여호와께서 뜻을 돌이키사 말씀하신 화를 그 백성에게 내리지 아니하시니라
> (출 32:14).

모세의 중보는 확실히 효과가 있었습니다. 하나님께서 뜻을 돌이키신 것입니다. 우리말 '돌이키다'로 번역된 히브리어는 '나캄'(nacham) 동사입니다. 이것은 단순히 '생각을 바꾸다'(change mind)라는 정도가 아니라, '후회하다'(regret) 또는 '회개하다'(repent)라는 뜻으로 사용되는 말입니다. 그래서 KJV 성경은 "The LORD repented of the evil which he thought to do unto his people"이라고 번역합니다. "그의 백성에게 행하려고 생각했던 악을 회개하셨다"라는 뜻입니다.

여기에서 하나님은 모세의 말처럼 그들을 '그의 백성'(his people)으로 받아들이셨습니다. 그들을 진멸하려던 생각을 '악'으로 인정하셨습니다. 그리고 마음을 돌이켜 '회개'하셨습니다. 말하자면 하나님의 회개가 그들을 구원했던 것입니다! 그렇다고 해서 하나님의 진노가 정당하지 않았다는 뜻은 아닙니다. 하나님이 마음을 바꾸셨다고 해서 하나님의 하나님 되심에 상처를 입는 것도 아닙니다. 오히려 은혜와 사랑이 풍성하신 하

나님의 본질이 드러납니다. 이 세상을 구원하시려는 하나님의 간절함이 분명해집니다.

사실 하나님은 처음부터 그럴 생각이셨습니다. 그래서 모세가 개입할 수 있도록 여지를 남겨두셨습니다. "나를 막지 말라"고 하면서 오히려 모세의 중보를 끌어내셨습니다. 모세는 하나님의 마음을 알아차렸고, 어떤 일이 있더라도 반드시 당신의 약속을 지키시는 하나님의 약점을 집요하게 파고들었던 것이지요. 그렇습니다. 하나님의 회개가 없다면 우리의 구원도 없습니다. 하나님은 우리를 너무나도 사랑하기에 스스로 회개하십니다. 스스로 마음을 바꾸십니다. 그 사랑이 우리를 구원하는 것입니다.

모세가 눈에 보이지 않는다고 해서 눈에 보이는 신을 만들어달라고 요구하는 계약 백성이나, 그들의 요구에 등 떠밀려 덥석 금송아지를 만들어주는 아론이나, 그 앞에서 예배한답시고 오히려 춤판을 벌이는 사람들에게 하나님의 회개와 용서가 어떻게 적용되는지 무척 궁금해집니다.

* **묵상 질문**: 눈에 보이지 않아도 나는 하나님의 뜻을 따를 수 있겠는가?
* **오늘의 기도**: 우리 눈에 보이거나 보이지 않는 것으로 인해 어리석게 속아 넘어가지 않게 하옵소서. 언제나 하나님의 신실하심에 소망을 두고 하나님의 말씀에 끝까지 순종하여 따르게 하옵소서. 우리의 실수나 잘못된 선택을 솔직하게 인정하고, 그것을 바르게 고치는 일에 조금도 주저함이 없게 하옵소서. 예수님의 이름으로 기도합니다. 아멘.

모세의 심판

읽을 말씀: 출애굽기 32:15-29

새길 말씀: 모세가 본즉 백성이 방자하니 이는 아론이 그들을 방자하게 하여 원수에게 조롱거리가 되게 하였음이라. 이에 모세가 진 문에 서서 이르되 누구든지 여호와의 편에 있는 자는 내게로 나아오라 하매 레위 자손이 다 모여 그에게로 가는지라. 모세가 그들에게 이르되 이스라엘의 하나님 여호와께서 이렇게 말씀하시기를 너희는 각각 허리에 칼을 차고 진 이 문에서 저 문까지 왕래하며 각 사람이 그 형제를, 각 사람이 자기의 친구를, 각 사람이 자기의 이웃을 죽이라 하셨느니라(출애굽기 32:25-27).

지금 하나님과 모세는 시내산에서 '계약공동체'를 '예배공동체'로 만들어가는 계획을 세우고 있습니다. '성막 예배'를 디자인하고 그것을 구체화하는 방법을 찾아보고 있습니다. 이제 성막의 지성소에 모셔둘 십계명 증거 돌판도 준비되었습니다. 모든 것이 거의 마무리되었습니다. 그런데 그러는 동안 산 밑에 있던 백성은 금송아지를 만듭니다. 그 앞에 제단을 쌓고 예배를 드리고 나서 본격적으로 먹고 마시며 대놓고 춤판을 벌입니다.

그 모습을 보시고 하나님은 몹시 화가 나셨습니다. 그들을 더는 '내 백성'이라고 부르지 않으셨습니다. 아예 그들을 모두 진멸하고 다시 새롭게 시작할 생각까지 품으셨습니다. 그러나 모세의 만류에 결국 마음을 돌이키셨습니다. 아니 더 정확하게 표현하면, 모세가 개입할 수 있도록 하나님이 여지를 남겨두셨다고 해야 합니다. "내가 하는 대로 내버려 두라"라는 하나님의 말씀에 모세가 적극적으로 개입하게 되었던 것이지요.

아무튼, 하나님은 모세의 간곡한 요청에 당신의 마음을 바꾸셨습니다. 그것을 성경은 하나님의 '돌이킴' 또는 '회개'로 묘사합니다(32:14). 하나님은 자기 백성에게 내리려던 재앙을 내리지 않기로 하셨습니다. 여기까지가 앞 장에서 살펴본 내용입니다. 모세는 40일 만에 드디어 산 밑으로 내려옵니다. 그는 금송아지 제작 사건에 대해서 하나님이 얼마나 분노하셨는지 잘 압니다. 하지만 그 분노를 백성에게 쏟지 않기로 하셨다는 것도 잘 압니다.

자, 그렇다면 이제 어떤 일이 벌어지게 될까요? 금송아지 앞에 절하면서 난잡한 파티를 벌이던 사람들에게 과연 하나님의 회개와 용서가 어떻게 적용될까요?

모세의 분노

하나님의 분노를 잠재우고 모세는 산 밑으로 내려옵니다. 그의 손에는 십계명을 새긴 돌판이 들려 있었습니다.

> 15모세가 돌이켜 산에서 내려오는데 두 증거판이 그의 손에 있고 그 판의 양면 이쪽 저쪽에 글자가 있으니 16그 판은 하나님이 만드신 것이요 글자는 하나님이

쓰셔서 판에 새기신 것이더라(출 32:15-16).

십계명이 새겨진 증거판은 '성막 예배'의 가장 중요한 핵심입니다. 증거판은 하나님의 임재를 상징하는 증거궤에 모셔질 것입니다. 그곳에 하나님이 임하셔서 예배를 받으시고 그의 백성을 만나셔서 말씀해주실 것입니다. 그 증거판은 이번에 모세가 시내산에 올라가서 40일 동안 주야로 금식하면서 지낸 이유와 목적이었습니다. 이제 그 목적을 달성하고 증거판을 두 손에 들고 하산하는 모세의 마음은 어땠을까요?

내려오는 도중에 근처에서 대기하고 있던 여호수아를 만납니다.

17여호수아가 백성들의 요란한 소리를 듣고 모세에게 말하되 진중에서 싸우는 소리가 나나이다. 18모세가 이르되 이는 승전가도 아니요 패하여 부르짖는 소리도 아니라. 내가 듣기에는 노래하는 소리로다 하고…(출 32:17-18).

여호수아는 모세의 충성스러운 '부하'(aide)였습니다(24:13). 그는 모세와 동행하여 하나님의 산으로 올라갔습니다. 모세가 하나님의 부름을 받고 구름으로 들어가서 40일을 지내는 동안, 놀랍게도 그는 그 자리를 떠나지 않고 계속 머물러 있었던 것입니다. 여호수아나 산 밑에 있던 사람들이나 모세가 어떻게 되었는지 모르기는 매한가지입니다. 그런데도 그는 모세가 다시 나타날 때까지 그곳에서 기다렸던 것입니다.

모세의 근황은 알지 못했지만, 여호수아는 산 밑에서 들려오는 소리를 듣고 있었습니다. 그래서 모세를 만나자마자 대뜸 "진중에서 싸우는 소리가 난다"고 보고합니다. 아말렉족속이 다시 쳐들어왔을지도 모른다고 생각했던 것입니다. 그는 산 위로 올라간 모세의 근황도 걱정했지만, 산 밑에 남아 있던 백성들의 안위도 걱정하고 있었습니다. "될성부른 나무 떡잎부터 알아본다"라고, 이와 같은 여호수아에게서 우리는 장차 출애굽공동체를 이끌어갈 훌륭한 지도자의 모습을 발견합니다.

그러나 모세는 그 소리가 무엇을 의미하는지 이미 알고 있었습니다. 그것은 싸우는 소리가 아니라 금송아지 앞에서 노래하는 소리라는 사실을 하나님에게 들어서 잘 알고 있었던 것입니다. 실제로 산 밑으로 내려와서 모세는 두 눈으로 그 사실을 직접 확인합니다.

> 19진에 가까이 이르러 그 송아지와 그 춤추는 것들을 보고 크게 노하여 손에서 그 판들을 산 아래로 던져 깨뜨리니라. 20모세가 그들이 만든 송아지를 가져다가 불살라 부수어 가루를 만들어 물에 뿌려 이스라엘 자손에게 마시게 하니라(출 32:19-20).

모세는 '그 송아지'에 대해서 하나님에게 들었습니다. 이미 알고 있으니 새삼스러울 게 하나도 없습니다. 그러나 그들이 '춤추는 모습'을 보자 갑작스럽게 분노가 치밀어 올랐습니다. 왜냐면 그것은 우상 앞에서 벌어지는 춤판과 똑같았기 때문입니다. 뒷부분을 읽어보면 "백성이 방자했다"라고 표현하고 있는데(32:25), 이는 '음탕한'(lascivious)이라는 뜻입니다. 그러니까 그냥 흥겨워서 추는 춤 정도가 아닙니다. 우상의 제의에서 흔히 목격하듯이 벌거벗은 채로 음탕하게 춤을 추는 일이 벌어지고 있던 것입니다.

말로는 이집트 땅에서 인도하여 낸 하나님에게 경배하겠다고 하면서 실제로는 여느 우상을 섬기는 것과 하나 다를 바가 없으니, 모세가 그렇게 분노하는 것은 지극히 당연한 일인지도 모릅니다. 화가 머리끝까지 솟구친 모세는 그만 자기 손에 들고 있던 증거판을 던져서 산산조각 내버립니다. 그리고 백성이 보는 앞에서 송아지를 부수어 가루를 만듭니다. 그 가루를 물에 뿌려 마시게 합니다.

먼 훗날 요시야 왕이 종교개혁을 단행했을 때, 그는 성전에서 아세라

상을 내다가 거기서 불사르고 빻아서 가루를 만들어 뿌립니다(왕하 23:6). 그리고 여러 우상의 제단들을 다 헐어버리고 빻아 내려서 그 가루를 모두 기드론 시내에 쏟아버립니다(왕하 23:12). 모두 모세에게서 배운 것입니다.

그런데 이와 같은 모세의 분노가 과연 정당한 것이라 말할 수 있을까요? 금송아지를 부수어 가루를 만들 수는 있습니다. 그것을 백성에게 마시게 할 수도 있습니다. 그렇지만 증거의 돌판을 부순 것은 어떨까요? 이런 상태로는 '성막 예배'의 계획을 진행하는 것이 불가능하다고 판단했을 수는 있습니다. 어떤 식으로든 금송아지 숭배의 오류를 바로잡지 않고서는 '성막 예배'를 가르치는 것이 무의미하다고 생각했을 수는 있습니다. 그러나 그렇다고 해서 하나님이 친히 기록해주신 증거의 돌판을 함부로 내동댕이쳐도 괜찮은 것은 아니지요!

아론의 변명

모세는 아론을 추궁합니다. 그의 변명은 모세를 더욱 화나게 했습니다.

> 21모세가 아론에게 이르되 이 백성이 당신에게 어떻게 하였기에 당신이 그들을 큰 죄에 빠지게 하였느냐. 22아론이 이르되 내 주여 노하지 마소서. 이 백성의 악함을 당신이 아나이다(출 32:21-22).

금송아지를 부수어 가루로 만든 후에, 모세는 아론에게 자초지종을 묻습니다. "이 백성이 도대체 형님에게 어떻게 했기에, 형님은 저들을 이토록 엄청난 죄에 빠지게 한 것입니까?"(21절, 메시지) 모세는 금송아지를 만든 것이 '엄청난 죄'(huge sin)라는 사실을 분명히 지적합니다. 그러나 동시에 백성으로부터 어떤 압력이 있었으리라는 걸 짐작하고 있습니다. 실제로 그랬습니다. 그 이유를 알아보려고 아론에게 물었던 것입니다.

그런데 아론의 대답을 한번 보십시오. 그는 자신의 잘못에 대해서는 언급하지 않습니다. 처음부터 끝까지 백성 탓입니다. "화내지 마십시오. 당신도 이 백성이 얼마나 악한 것에 마음을 두는지 잘 알지 않습니까"(22절, 메시지). 자기에게 화낼 일이 아니라는 겁니다. 이 백성이 얼마나 악한 일을 만들려고 하는 사람인지 모세도 겪어보아서 알지 않느냐는 겁니다. 그러면서 계속해서 말도 안 되는 변명을 이어갑니다.

> 23그들이 내게 말하기를 우리를 위하여 우리를 인도할 신을 만들라. 이 모세 곧 우리를 애굽 땅에서 인도하여 낸 사람은 어찌 되었는지 알 수 없노라 하기에 24내가 그들에게 이르기를 금이 있는 자는 빼내라 한즉 그들이 그것을 내게로 가져왔기로 내가 불에 던졌더니 이 송아지가 나왔나이다(출 32:23-24).

"내가 금을 불에 던졌더니 이 송아지가 나왔습니다." 참으로 기발한 변명입니다. 자신이 잘못한 일이 있다면 단지 금을 불에 던진 죄밖에 없다는 식입니다. 그러나 실제로 어떤 상황이 벌어지고 있었는지 우리는 잘 압니다. 송아지 형상을 부어서 만들고 조각칼로 새겨서 완성한 사람은 바로 아론이었습니다(32:4). 그것에 만족해하는 백성을 보면서 오히려 적극적으로 금송아지 앞에 제단을 쌓고 '여호와의 절일'을 선포한 사람도 바로 아론이었습니다(32:5).

그래 놓고는 인제 와서 이렇게 모든 잘못을 백성 탓으로 떠넘기면서 변명하는 것은 참으로 비겁하기 짝이 없습니다. 신명기 본문에 의하면 바로 이 대목에서 하나님은 아론에게 진노하셔서 그를 '멸하려' 하셨지만, 모세가 아론을 위하여 기도해서 가까스로 살아났다고 합니다(신 9:20).

그런데 제사장 직분에 대해 살펴본 대로, 앞으로 '성막 예배'가 도입되면 아론과 그의 아들들이 매우 중요한 역할을 해야 합니다. 아론이 이렇게 비겁한 사람인지 모르고 하나님은 그를 제사장으로 사용하려고 하셨던 것일까요? 아닙니다. 하나님은 다 알고 계셨습니다. 그래서 제사장의 머리에 쓰는 터번에 '여호와께 성결'이라는 글을 새긴 패를 붙여 '성물과 관련된 죄책'을 담당하게 하셨던 것입니다(출 28:38). 비록 흠 있는 제물이요 불완전한 사람일지라도 그 패를 붙인 제사장이 드린다면, 더는 죄책을 묻지 않고 그대로 받아주시기로 하신 것이지요.

금송아지사건에 가장 큰 책임을 물어야 할 아론에게 오히려 제사장 직분을 맡겨주시는 것은 우리로서는 잘 이해가 되지 않는 일입니다. 그러나 그것이 하나님의 은혜입니다. 부족함을 눈감아주시는 하나님의 은혜가 아니면 그 누구도 하나님 앞에 나올 수 없고, 그 누구도 하나님의 일을 감당할 수 없는 것입니다.

심판의 칼

비록 아론의 목숨을 위해 하나님께 기도하기는 했지만, 그의 비겁한 변명은 모세를 더욱 화나게 했습니다. 그러나 결정적으로 모세의 분노를 폭발시킨 것은 바로 '난잡한 춤 파티'였습니다.

> 모세가 본즉 백성이 방자하니 이는 아론이 그들을 방자하게 하여 원수에게 조롱
> 거리가 되게 하였음이라(출 32:25).

여기에서 우리말 '방자하다'로 번역된 히브리어 '파라'(para)는 본래 '벗다'(uncovered)는 뜻입니다. 예복을 입은 대제사장은 머리를 '풀지' 말라고 했는데(레 21:10), '풀다'가 바로 '파라' 입니다. 그러니까 백성이 난잡한 파티를 벌이면서 옷을 벗고 춤판을 벌였던 것입니다. 그래서 KJB 성경은 이 부분을 "모세가 백성이 벌거벗은 것을 보았을 때"(when Moses saw that the people were naked)로 번역합니다. 벌거벗고 춤을 추는 모습을 모세가 목격한 것입니다.

그들은 40일 만에 산에서 내려온 모세의 출현에 전혀 신경 쓰지 않았습니다. 금송아지를 부수어 가루로 만들었을 때도 아랑곳하지 않았습니다. 마치 고삐가 풀린 망아지처럼 오직 난잡한 춤 파티에 빠져있었을 뿐입니다. 모세의 분노는 심판의 행동으로 발전했습니다.

> 26이에 모세가 진 문에 서서 이르되 누구든지 여호와의 편에 있는 자는 내게로 나아오라 하매 레위 자손이 다 모여 그에게로 가는지라. 27모세가 그들에게 이르되 이스라엘의 하나님 여호와께서 이렇게 말씀하시기를 너희는 각각 허리에 칼을 차고 진 이 문에서 저 문까지 왕래하며 각 사람이 그 형제를, 각 사람이 자기의 친구를, 각 사람이 자기의 이웃을 죽이라 하셨느니라. 28레위 자손이 모세의 말대로 행하매 이날에 백성 중에 삼천 명 가량이 죽임을 당하니라(출 32:26-28).

하나님은 계약법을 통해서 "여호와 외에 다른 신에게 제사를 드리는 자는 멸할지니라"(출 22:20)라고 말씀하셨습니다. 시내산에서 내려오기 직전에 하나님이 그들에게 진노하여 진멸하려고 하시는 것을 모세가 가까스로 말렸지요(32:10). 그런데 자신이 직접 그 장면을 보고 나니까 그대로 가만히 있어서는 안 되겠다고 생각했던 것입니다. 모세는 하나님의 심판을 집행할 도구가 될 사람들을 모집합니다. "누구든지 하나님 편에 설 사람은 나와 함께하시오!"(26절, 메시지)

이때 레위 자손이 모두 모세 앞에 모였다고 합니다. 그러나 '모든 레위 자손'(all the sons of Levi)이 모인 것은 아닙니다. 게다가 '레위 자손들만' 모인 것이라고도 할 수 없습니다. 물론 모세가 레위지파 출신인지라 아무래도 레위 자손의 숫자가 많았겠지만, 에브라임지파였던 여호수아도 그 자리에 빠질 리가 없습니다. 그리고 말 그대로 '누구든지' 함께 할 수 있었습니다. 난잡한 춤 파티를 역겨워하던 사람들이 적지 않았을 것이 분명합니다.

모세는 그들에게 형제, 친구, 이웃에게 심판의 칼을 휘두르라고 선포합니다. 물론 아무에게나 휘두르라는 명령은 아닙니다. 난잡한 춤을 추는 자들에게 그렇게 하라는 것입니다. 여기에서 우리의 눈길을 끄는 것은, 이때 모세가 대언자의 '사자(使者) 양식'을 사용한다는 사실입니다. "이스라엘의 하나님 여호와께서 이렇게 말씀하시기를…"(Thus says the Lord God). 모세는 이 명령이 하나님에게서 직접 온 것으로 선포합니다.

그 명령은 즉시 시행되었고 그날 삼천 명 정도가 죽임을 당했습니다. 물론 적지 않은 숫자입니다. 그렇지만 많은 숫자라고도 말할 수 없습니다. 이백만 명이 넘는 사람 중에 난잡한 춤을 추는 자들이 그렇게 많지는 않았다는 이야기입니다. 아무튼, 형제가 자기 형제를, 친구가 자기 친구를, 이웃이 자기 이웃을 죽이는 비극이 벌어졌습니다. 그 모든 일을 마치고 난 후에 모세는 이렇게 말합니다.

> 모세가 이르되 각 사람이 자기의 아들과 자기의 형제를 쳤으니 오늘 여호와께 헌신하게 되었느니라. 그가 오늘 너희에게 복을 내리시리라(출 32:29).

모세는 그들이 '자기의 아들'과 '자기의 형제'를 쳤다고 말합니다. 이것이 비유적인 표현인지, 아니면 실제로 일어난 일인지 우리로서는 알 길이 없습니다. 그러나 아버지가 아들을 칼로 죽이고, 형제가 형제를 칼로 죽이는 것은 그 어떤 이유로든 절대로 장려할 만한 일이 아닙니다. 그런데 모세는 그것을 여호와께 '헌신'한 것으로 인정하고 극구 칭찬합니다. 그러면서 하나님이 그들에게 복을 주실 것이라 말합니다. 그러니까 형제의 피를 흘린 자들을 오히려 축복한 것이지요.

모세의 과잉 충성

여기에서 우리는 지금까지 살펴본 모세의 행동과 말을 어떻게 이해하고 받아들여야 할지 고민에 빠지지 않을 수 없습니다. 물론 금송아지를 만들어놓고 그 앞에서 난잡한 춤 파티를 벌인 것은 마땅히 죽음으로 다스려야 할 죄입니다. 그들이 백번 죽임을 당한다 해도 사실 할 말이 없습니다. 계약을 맺지 않았다면 또 모르지만, 하나님과 계약을 맺은 후입니다. 십계명과 계약법에 그들은 분명히 동의했습니다. 그 계약을 스스로 깨뜨렸으니 어떤 벌이 주어져도 달게 받아야 합니다.

문제는 하나님께서 그들을 심판하려는 당신의 뜻을 이미 스스로 돌이키셨다는 사실입니다. 앞장에서 살펴본 대로, 하나님은 처음에는 그들을 모두 진멸하겠다고 화를 내셨지만, 모세의 간절한 요청에 응답하여 마지막 순간에 돌이키셨습니다. '회개'하셨습니다. 처음에 말씀하신 화를 그 백성에게 내리지 않기로 분명히 약속하셨습니다(32:14). 그 일에 일등공신은 다름 아닌 모세였습니다.

그런데 산 밑으로 내려와서는 오히려 모세가 필요 이상으로 더 흥분하고 더 분노합니다. 심지어 화를 참지 못하고 하나님이 친히 새겨주신 증거의 돌판을 깨뜨려버릴 정도였습니다. 그 돌판이 무엇입니까? 그것은 '성막 예배'를 시작하는 초석(礎石)입니다. 하나님의 백성을 '예배공동체'로 만들어가야 할 가장 중요한 상징입니다. 지난 40일 동안 밤낮으로 하나님에게 배운 모든 내용이 그 속에 담겨있습니다. 아무리 화가 난다고 해도 그것을 함부로 깨뜨려서는 안 되지요.

사실은 이때부터 모세는 이성을 잃었다고 보아야 합니다. 금송아지 사건에 대한 책임을 물으려고 한다면 자신의 형 아론의 책임을 묻는 일부터 시작해야 마땅합니다. 그런데 모세는 그러지 않지요. 아론을 위해서는 하나님께 기도하면서, 다른 사람들을 위해서는 그렇게 하지 않습니다. 오히려 레위 자손을 앞장세워 칼을 휘두르게 합니다. 게다가 모세는 '사자(使者) 양식'을 제 마음대로 사용합니다. 마치 하나님께서 모세에게 죽이라는 명령을 내리신 것처럼 이야기합니다. 그러나 하나님은 그런 명령을 내리신 적이 없습니다.

하나님은 그들을 진멸하지 않겠다고 분명히 말씀하셨습니다. 물론 그들의 죄를 모른 척 눈감아 주시겠다는 뜻은 아닙니다. 엄중한 죄에 대해서 분명히 심판하실 것입니다. 실제로 하나님의 심판은 뒤에 나옵니다.

> **여호와께서 백성을 치시니 이는 그들이 아론이 만든 바 그 송아지를 만들었음이 더라(출 32:35).**

금송아지사건의 책임을 물어서 하나님이 직접 백성을 치셨습니다. 그런데 무엇으로 치셨나요? '전염병(a plague)'으로 치셨습니다. 하나님이 그들을 진멸한다고 해도 누가 뭐라 그럴 수 없습니다. 그러나 그렇게 하지 않기로 작정하셨기에 전염병으로 살짝 치신 것입니다. 그런데 모세는 어떻게 했습니까? 함부로 칼을 휘둘러서 삼천 명이나 죽었습니다. 그러고도 하나님이 그들에게 복을 내리실 것이라 칭찬합니다.

만일 모세가 하나님의 마음을 조금이라도 헤아렸더라면, 그렇게 할 수는 없었을 것입니다. 그것이 바로 모세의 약점입니다. 매사에 지나치게 감정적으로 대응한다는 것이 문제입니다. 지금까지 출애굽공동체에 어떤 문제가 불거질 때마다 모세의 감정적인 대응이 더욱 그 문제를 심각하게 만들어왔던 것을 우리는 보아왔습니다. 물론 모세는 하나님께 충성했습니다. 그러나 어떤 경우에도 하나님보다 앞서면 안 됩니다.

금송아지사건으로 인해 많은 사람이 죽게 된 것은 하나님의 심판이 아니라 모세의 심판이었습니다. 그의 과잉 충성이 만들어낸 비극이었습니다. 아직도 모세는 갈 길이 멉니다. 아론도 마찬가지입니다. 그들을 포기하지 않고 계속 다듬어가시는 하나님의 은혜가 아니었다면 어떻게 되었을까요? 그 은혜가 지금 우리에게도 꼭 필요합니다.

* **묵상 질문**: 나는 매사에 먼저 하나님의 마음을 헤아리는가?
* **오늘의 기도**: 개인적인 분노를 하나님의 분노로 둔갑시키지 않게 하옵소서. 개인적인 감정에 사로잡혀 형제자매를 함부로 정죄하는 죄를 짓지 않게 하옵소서. 어떤 경우에도 하나님보다 앞서지 않게 하시고, 무엇보다 먼저 하나님의 마음을 헤아릴 수 있게 하옵소서. 예수님의 이름으로 기도합니다. 아멘.

모세의 중보

읽을 말씀: 출애굽기 32:30-33:23

새길 말씀: 모세가 여호와께로 다시 나아가 여짜오되 슬프도소이다. 이 백성이 자기들을 위하여 금 신을 만들었사오니 큰 죄를 범하였나이다. 그러나 이제 그들의 죄를 사하시옵소서. 그렇지 아니하시오면 원하건대 주께서 기록하신 책에서 내 이름을 지워 버려 주옵소서(출애굽기 32:31-32).

앞 장에서 우리는 모세의 과잉 충성이 빚어낸 비극에 대해서 살펴보 았습니다. 금송아지 앞에서 옷을 벗고 춤판을 벌이던 사람들 삼천 명이 그날 한꺼번에 목숨을 잃었습니다. 모세는 그것을 불의를 심판하는 정의 로운 행동이라 생각했습니다. 하나님의 명령에 따라 수행하는 거룩한 행 동이라 여겼습니다. 형제를 죽이는 일에 참여한 사람들을 하나님께 헌신 한 자라고 칭찬하며 축복했습니다.

그러나 그것은 하나님의 뜻이 아니었습니다. 하나님은 그들에 대한 진노를 이미 거두어드리셨습니다. 그들을 진멸하지 않기로 작정하셨습니다. 모세의 중보를 초대하신 것도 바로 그 때문이었습니다. 모세는 "하나님께서 뜻을 돌이키사 말씀하신 화를 그 백성에게 내리지 않기로 하셨다"(출 32:14)라는 사실을 분명히 알고 내려갔습니다. 그런데 음탕하게 춤을 추는 백성들에 대한 분노를 주체하지 못해서 칼부림을 부추겼던 것입니다. 그것은 '하나님의 심판'이 아니라 '모세의 심판'이었습니다.

이 비극은 백성의 잘못된 판단으로부터 시작되었습니다. 잘못된 판단은 신을 만들어달라는 잘못된 요구로 이어졌습니다. 잘못된 요구에 대한 아론의 잘못된 대응이 금송아지를 만드는 잘못된 선택을 하게 했습니다. 백성의 잘못된 예배에 대한 모세의 지나친 감정적 대응이 공동체 내 칼부림 사건의 결과를 낳게 했던 것입니다. 이 일에 있어서 잘한 사람은 아무도 없습니다. 모두 실패했습니다. 바로 이것이 초보 '계약 백성'의 현실이었습니다.

하나님과의 계약은 사실상 파기되었습니다. 어렵사리 맺은 계약인데 불과 40일 만에 허무하게 깨지고 만 것입니다. 이 일을 과연 누가 어떻게 수습할 수 있을까요? 바로 이때 모세가 나섭니다. 그는 비록 실수가 많은 사람이었지만, 자신의 감정을 다스리지 못해 문제를 증폭시킨 장본인이었지만, 자신이 무엇을 잘못했는지 아직도 깨닫지 못하고 있지만, 모세가 총대를 메고 나섭니다. 그래서 지도자입니다. 완벽하지는 않아도 나서야 할 때 나서는 사람이 지도자입니다.

모세의 용기

모세는 백성의 죄를 용서받기 위해서 하나님께 직접 나아갈 필요를 느꼈습니다.

이튿날 모세가 백성에게 이르되 너희가 큰 죄를 범하였도다. 내가 이제 여호와께

로 올라가노니 혹 너희를 위하여 속죄가 될까 하노라 하고…(출 32:30).

모세는 자신의 행동에 대해 아무런 죄책감을 느끼지 않는 것처럼 보입니다. 오히려 백성이 지은 '큰 죄'에 대한 하나님의 심판이라 믿고 있습니다. 그 정도로 충분한지 어떤지 하나님 앞에 직접 가서 알아보겠다고 합니다. 그러면서 아주 중요한 말을 남깁니다. "혹 너희를 위하여 속죄가 될까 하노라." '속죄'(atonement)에는 반드시 희생제물이 필요합니다. 그렇다면 무슨 뜻입니까? 필요하다면 자신이 그 희생제물이 되겠다는 뜻입니다.

물론 속죄는 전적으로 하나님의 마음에 달려있습니다. 그래서 '혹시'(perhaps)입니다. 그렇지만 금송아지사건의 죄를 수습하기 위해서라면 자신의 목숨을 아끼지 않겠다는 것입니다. 이것은 모세에게 아주 큰 모험이 아닐 수 없습니다. 실제로 모세는 하나님 앞에 가서 자신의 솔직한 심정을 아룁니다.

> 31모세가 여호와께로 다시 나아가 여짜오되 슬프도소이다. 이 백성이 자기들을 위하여 금 신을 만들었사오니 큰 죄를 범하였나이다. 32그러나 이제 그들의 죄를 사하시옵소서. 그렇지 아니하시오면 원하건대 주께서 기록하신 책에서 내 이름을 지워 버려 주옵소서(출 32:31-32).

모세는 백성의 죄를 솔직하게 인정합니다. 그들이 '금 신'을 만든 것은 부인할 수 없는 '큰 죄'입니다. 그렇지만 '이제' 그들의 죄를 용서해달라고 요구합니다. 그런데 왜 '이제'입니까? 모세가 삼천 명을 심판했기 때문입니다. 하나님을 대신하여 징벌했기 때문입니다. 그것으로 하나님의 진노를 누그러뜨릴 수 있다고 생각했던 것입니다. 그렇게 적지 않은 희생을 치렀으니 이제는 용서해주면 안 되겠냐는 것이지요.

만일 하나님이 용서하지 않겠다면, 이번에는 자신의 이름을 책에서 지워버려 달라고 요구합니다. 조금 전에 백성에게 했던 말 그대로입니다. 자신을 희생제물로 삼아서라도 백성의 죄를 용서해달라는 요청입니다. 모세의 말은 사도 바울의 입을 통해 다시 반복됩니다. 로마교회에 보낸 편지에서 바울은 이렇게 말합니다.

> 나의 형제 곧 골육의 친척을 위하여 내 자신이 저주를 받아 그리스도에게서 끊어질지라도 원하는 바로라(롬 9:3).

바울은 자신이 저주를 받더라도 만일 동족이 구원을 받을 수만 있다면 기꺼이 그렇게 하겠다고 말합니다. 모세의 마음도 바울의 마음과 크게 다르지 않았을 것입니다. 바로 이것이 모세의 인간적인 부족함에도 불구하고 하나님께 쓰임 받는 이유입니다. 하나님은 대속(代贖)의 동기를 귀하게 여기십니다.

하나님은 모세의 요구에 이렇게 대답하십니다.

> 33여호와께서 모세에게 이르시되 누구든지 내게 범죄하면 내가 내 책에서 그를 지워 버리리라. 34이제 가서 내가 네게 말한 곳으로 백성을 인도하라. 내 사자가 네 앞서 가리라. 그러나 내가 보응할 날에는 그들의 죄를 보응하리라. 35여호와께서 백성을 치시니 이는 그들이 아론이 만든 바 그 송아지를 만들었음이더라(출 32:33-35).

하나님 나라에는 죄의 연좌제(緣坐制)가 없습니다. 죄를 범하는 그 영혼이 죽을 뿐입니다(겔 18:4). 하나님은 죄를 지은 사람들만 책에서 지워 버리신다고 하십니다. 그러니까 모세가 만일 중대한 죄를 지었다면 지워 달라 말하지 않아도 하나님이 알아서 지우실 것입니다. 물론 모세에게 아무런 죄가 없다는 뜻은 아닙니다. 그렇지만 지금으로서는 그가 해야 할 일이 남아 있습니다. 그것이 무엇입니까? 하나님의 백성을 약속의 땅으로 인도하는 것입니다.

그러면서 아주 중요한 말씀을 하십니다. "내가 보응할 날에는 그들의 죄를 보응하리라." 우리말 '보응(報應)하다'에 해당하는 히브리어 '파카드'(paqad)는 본래 '방문하다'(visit)라는 뜻입니다. 요셉의 유언 중에 "하나님이 반드시 너희를 찾아오시리니…"(출 13:19)라는 말이 있는데, 여기에서 '찾아오다'가 바로 '파카드'입니다. 그러니까 하나님이 누구의 죄를 심판하시든지 아니면 누군가를 구원하시든지, 하나님이 정하신 때에 직접 방문하여 그렇게 하시겠다는 것입니다.

이는 모세가 가지고 있는 잘못된 생각을 바로잡아주시는 말씀입니다. 모세가 조금 전에 뭐라고 말했습니까? 자기가 나서서 하나님의 심판을 시행했으니, 이제는 용서해달라고 요청했지요. 그런데 하나님은 뭐라고 그러십니까? 심판하든지 용서하든지 그것은 하나님이 정하실 일이라고 하십니다. 모세는 하나님의 일을 대신에 했다고 생각했지만, 그것은 큰 착각입니다. 하나님은 모세더러 심판하라 말씀하신 적이 없습니다. 오히려 진멸하지 않겠다고 하셨습니다. 모세의 과잉 충성이 불필요한 죽음을 만들었던 것입니다.

이 말씀을 하신 후에, 하나님은 금송아지사건의 책임을 물어서 백성을 전염병으로 치셨습니다. 그리고 그것으로 충분했습니다. 결국, 모세는 하나님께서 하나님이 정한 때에 하나님의 방식으로 하셔야 할 일을 자기가 정한 때에 자기 방식으로 해치운 셈입니다. 그러고도 이제는 용서해주면 안 되느냐고 주제넘게 나섰던 것이지요. 만일 그 일에 책임을 물으셨다면 모세야말로 목숨을 부지할 수 없었을 것입니다.

어쨌든지 하나님께 용서해달라고 당당하게 요구할 수 있는 모세의 용기는 참으로 가상합니다. 그렇지만 주제넘게 나서는 그에 대해서 하나님은 왜 한 마디도 책망하지 않으시는지 그 이유가 궁금합니다.

하나님의 실망

이번에 금송아지사건을 겪으면서 하나님은 모세나 그의 백성에 대하여 크게 실망하셨습니다. 비록 모세를 직접 책망하거나 백성을 진멸하지는 않으셨지만, 그들을 향해 품고 있었던 처음의 기대와 의욕이 한풀 꺾이신 것처럼 보입니다.

> 1 여호와께서 모세에게 이르시되 너는 네가 애굽 땅에서 인도하여 낸 백성과 함께 여기를 떠나서 내가 아브라함과 이삭과 야곱에게 맹세하여 네 자손에게 주기로 한 그 땅으로 올라가라. 2 내가 사자를 너보다 앞서 보내어… 3 너희를 젖과 꿀이 흐르는 땅에 이르게 하려니와 나는 너희와 함께 올라가지 아니하리니 너희는 목이 곧은 백성인즉 내가 길에서 너희를 진멸할까 염려함이니라…(출 33:1-3).

하나님은 뜬금없이 모세에게 시내산을 떠나서 약속의 땅으로 가라고 하십니다. 아직 '성막 예배'에 대해서 제대로 가르치지도 못했습니다. 아직 12지파의 전열을 제대로 갖추지도 못했습니다. 그런데 그냥 무작정 떠나라는 것입니다. 물론 하나님은 '사자'(말라크, Mal'akh)를 앞서 보내셔서 아브라함과 이삭과 야곱에게 약속한 땅을 주시겠다고 합니다. 그러나 하나님이 그들과 함께 올라가지는 않겠다고 하십니다. 그러니까 약속은 지키겠지만 더는 그들과 함께 지내고 싶지 않다는 것이지요.

하긴 '성막 예배'를 가르치려면 증거의 돌판이 필요한데, 자신의 화를 삭이지 못한 모세가 그 돌판을 부숴버리고 말았습니다. 그 일에 대해서 모세는 하나님께 죄송하다는 말 한마디도 하지 않았습니다. 게다가 제멋대로 심판의 칼을 휘둘러서 많은 희생자를 만들었습니다. 하나님의 마음을 알려주었음에도, 자신의 기분이 내키는 대로 행동하는 이런 모세를 계속 신뢰할 수 있을까요?

백성들은 또 어떻습니까? 하나님과 계약 맺은 지 얼마나 됐다고, 금 송아지 신을 만들어놓고 그 앞에서 난잡한 파티를 벌이다니요. 우상을 만들지도 섬기지도 말라고 그렇게 누누이 말씀하셨는데, 입으로는 그러 겠노라고 약속해놓고서 손바닥 뒤집듯이 하다니요. 이제 앞으로 기회만 생기면 그 일이 반복될 것이 뻔한데, 계속 속 썩으면서 그들을 인도해야 할 필요가 있을까요?

그러다가는 하나님의 말씀처럼 정말 그들을 진멸해야 하는 일이 벌 어질지도 모릅니다. 그러면 그들에게 화를 내리지 않기로 하셨던 약속을 스스로 깨뜨려야 합니다(출 32:14). 그러니 차라리 그들과 함께 올라가지 않겠다는 것입니다. 하나님의 마음이 충분히 이해됩니다. 지금 하나님은 그의 백성에게 화를 내고 계시는 것이 아닙니다. 오히려 깊은 실망과 아 픔과 염려의 마음을 드러내고 계십니다.

이와 같은 하나님의 실망은 여과 없이 백성에게 그대로 전달되었고, 백성은 큰 슬픔에 빠졌습니다.

> 4백성이 이 준엄한 말씀을 듣고 슬퍼하여 한 사람도 자기의 몸을 단장하지 아니 하니 5여호와께서 모세에게 이르시기를 이스라엘 자손에게 이르라. 너희는 목이 곧은 백성인즉 내가 한 순간이라도 너희 가운데에 이르면 너희를 진멸하리니 너 희는 장신구를 떼어 내라. 그리하면 내가 너희에게 어떻게 할 것인지 정하겠노라 하셨음이라. 6이스라엘 자손이 호렙 산에서부터 그들의 장신구를 떼어 내니라 (출 33:4-6).

문맥상 5절이 4절보다 앞선 내용입니다. 모세는 하나님의 마음을 백 성에게 그대로 전합니다. 하나님이 왜 그들과 함께 올라가려고 하지 않으 시는지 그 이유를 알게 합니다. 그들은 '목이 곧은 백성'입니다. 그 본성은 쉽게 바뀌지 않을 것입니다. 그렇다면 이번 경우처럼 하나님이 그들을 진멸해야 하는 일이 다시 생길지도 모릅니다. 그러나 하나님은 그렇게 하고 싶지 않으십니다. 그래서 동행하지 않으려고 하시는 것입니다.

참으로 슬픈 이야기입니다. 우리는 하나님의 임재와 동행이 하나님의 백성에게 항상 복이 되리라 생각합니다. 아닙니다. 만일 계약 백성답게 살지 않는다면 하나님이 함께한다는 것이 저주가 될 수도 있습니다. 공의의 하나님은 불의를 심판하실 수밖에 없기 때문입니다. 물론 하나님은 약속을 반드시 지키십니다. 약속의 땅에 들어가게 하실 겁니다. 그러나 하나님의 동행 없이 들어가는 약속의 땅이 과연 그들에게 복이 될까요? 하나님 없이 성공한 것을 복 받은 삶이라 말할 수 있을까요?

그렇다면 어떻게 해야 합니까? 그들은 선택해야 합니다. '진정한 계약 백성'이 되어 하나님과 함께 약속의 땅에 들어가거나, 아니면 '무늬만 계약 백성'이 되어 하나님 없이 약속의 땅에 들어가거나…. 하나님은 그들에게 선택의 기회를 주십니다. 그들에게 '장신구'(裝身具)를 떼라고 요구하십니다. 몸을 치장하는 데 사용하는 귀걸이, 목걸이, 반지, 팔찌 등을 제거하라는 것입니다. 그것을 보고 하나님의 거취를 결정하겠다고 하십니다.

그런데 왜 하필 '장신구'일까요? 적어도 두 가지 의미가 있습니다. 우선 장례를 치르라는 뜻으로 이해할 수 있습니다. 당시 사람들은 장례를 치를 때에 몸에서 장신구를 뗐습니다. 실제로 그들 중에 삼천 명이 죽임을 당했습니다. 그들은 형제였고 친구였고 이웃이었습니다. 그들의 죽음에 대해서 애도해야 합니다. 그 죽음은 남의 일이 아닙니다. 자신이 죽을 수도 있었습니다. 게다가 아버지가 아들을, 형제가 형제를 죽이는 비극이 일어났습니다. 그 일에 대해서 진심으로 애도하며 서로가 회개해야 합니다.

다른 하나는, 당시 사람들의 장신구에는 대부분 우상의 형상이 새겨져 있었기 때문입니다. 이집트에서 탈출했다고 우상의 문화에서 완전히 떠난 것은 아닙니다. 그들이 탈출할 때 이집트 사람들에게 '은금 패물'을 많이 받아서 나왔습니다(출 12:35). 값비싼 보석이라서 그동안 간직하고 있었지만, 그 속에는 우상이 들어있었습니다. 이번에 금송아지를 만드는 일에 선뜻 금귀고리를 내놓았던 것도 바로 그 때문입니다.

그와 같은 상황은 야곱 이야기를 통해서 잘 알 수 있습니다. 야곱이 가족들을 데리고 가나안 땅에 돌아와서 세겜에 머물고 있었습니다. 본래 그는 약속대로 벧엘로 올라가야 했습니다. 그러나 그러지 않고 미적거리고 있다가 큰 어려움을 당하게 되었지요. 벧엘로 올라가라는 하나님의 명령에 그는 가족들에게 '이방 신상들과 귀고리'를 모두 내놓으라고 요구했습니다(창 35:4). 그리고 그것을 세겜 근처 상수리나무 아래에 묻고 벧엘로 올라갔습니다.

하나님의 백성이 되어 오직 하나님만 섬기려면 우선 장신구를 떼어야 합니다. 백성들은 하나님의 말씀에 순종했습니다. 그들은 준엄한 말씀을 듣고 슬퍼했습니다. 애도(mourn)했던 것입니다. 그리고 한 사람도 자기 몸에 장신구를 걸치는 사람이 없었습니다. 그들은 하나님 없는 삶보다 차라리 장신구 없는 삶을 선택하기로 한 것이지요. 이제 하나님이 선택하실 차례가 되었습니다.

하나님의 동행

백성의 반응에 힘입어 모세는 하나님에게 적극적으로 요청합니다.

12모세가 여호와께 아뢰되 보시옵소서. 주께서 내게 이 백성을 인도하여 올라가라 하시면서 나와 함께 보낼 자를 내게 지시하지 아니하시나이다. 주께서 전에 말씀하시기를 나는 이름으로도 너를 알고 너도 내 앞에 은총을 입었다 하셨사온즉 13내가 참으로 주의 목전에 은총을 입었사오면 원하건대 주의 길을 내게 보이

사 내게 주를 알리시고 나로 주의 목전에 은총을 입게 하시며 이 족속을 주의 백성
으로 여기소서(출 33:12-13).

모세는 하나님께 말합니다. 하나님이 "이 백성을 이끌고 가라"고 말
씀하셨지만, 누구와 함께 가야 하는지는 알려주지 않으셨다는 것입니다.
다시 말해서 하나님이 말씀하신 '이 백성'이 도대체 누구냐는 것이지요.
그러면서 만일 자신이 하나님 앞에 은총을 입은 특별한 존재라면, '주의
길'을 알려달라고 요구합니다. 조금 전에 하나님은 백성이 장신구를 떼
는지를 보고 거취를 결정하겠다고 하셨는데, 어떤 결정을 하셨는지 알려
달라는 것입니다.

한 걸음 더 나아가 모세는 "이 족속을 주의 백성으로 여겨달라"고 요
구합니다. 모세에게 이끌고 가라고 말씀하신 '이 백성'이 바로 '주의 백성'
이라는 사실을 분명하게 인정해달라는 겁니다. 메시지 성경은 이렇게 풀
이합니다. "이 백성은 주의 백성이며, 주의 책임이라는 것을 기억해 주십
시오"(Don't forget, this is your people, your responsibility). 마침내 하나님은
그들을 자신의 백성으로 인정하십니다.

14 여호와께서 이르시되 내가 친히 가리라. 내가 너를 쉬게 하리라. 15 모세가 여
호와께 아뢰되 주께서 친히 가지 아니하시려거든 우리를 이곳에서 올려보내지
마옵소서. 16 나와 주의 백성이 주의 목전에 은총 입을 줄을 무엇으로 알리이까.
주께서 우리와 함께 행하심으로 나와 주의 백성을 천하 만민 중에 구별하심이 아
니니이까(출 33:14-16).

하나님은 "친히 가리라"고 분명히 말씀하셨는데 모세는 재차 "주께서
친히 가지 아니하시려면 우리를 이곳에서 올려보내지 마옵소서"라고 합
니다. 뭔가 앞뒤가 맞지 않는 것처럼 보입니다. 친히 가겠다는 하나님의

말씀을 도무지 믿을 수 없다는 뜻일까요? 아니면 귀가 어두워서 하나님의 말씀을 제대로 알아듣지 못한 것일까요? 아닙니다. 모세는 하나님의 말씀을 재차 확인하려고 하는 것입니다.

여기에서 우리는 그동안 모세가 얼마나 마음을 졸여왔는지 알게 됩니다. 사실 이번 일에 모세의 책임이 적지 않습니다. 분노의 감정을 못 이겨 증거 돌판도 깨뜨리고 형제를 죽이는 비극도 만들어냈습니다. 하나님이 그들과 동행하지 않는다고 하더라도 할 말이 없습니다. 하나님이 함께하지 않는데 어디든 갈 수 있겠습니까? 걱정이 태산 같았습니다. 그런데 친히 가겠다고 말씀해주시니 그만 감격하여 다시 확인하고 또 확인하는 것이지요. 마치 놀이동산에 데려간다는 부모의 말에 너무 좋아서 거듭 확인하는 아이처럼 말입니다.

이번 사건을 통해서 모세는 '소원의 성취'보다 '하나님의 동행'이 더 소중하다는 사실을 확실히 깨닫게 되었습니다. 그렇습니다. 하나님이 함께하는 백성이 진정 하나님의 백성입니다. 그런데 하나님이 함께하려면 하나님과의 계약 관계가 잘 유지되어야 합니다. 그러지 않으면 언제든지 하나님이 그들을 떠날 수도 있습니다. 정말 두려운 일입니다.

그런데 하나님은 왜 모세의 잘못에 대해서 한 마디 책망하지 않으실까요? 왜 모세의 요구를 그렇게 흔쾌히 들어주실까요? 마지막 말씀에 그 답이 담겨있습니다.

여호와께서 모세에게 이르시되 네가 말하는 이 일도 내가 하리니 너는 내 목전에 은총을 입었고 내가 이름으로도 너를 앎이니라(출 33:17).

여기에서 '네가 말하는 이 일'이 무엇일까요? 그것은 앞에서 모세가 "이 족속을 주의 백성으로 여겨달라"고 요구했던 일입니다. 그들을 '주의 백성'이요 '주의 책임'으로 인정해주는 일입니다. 그런데 하나님이 모세의 요구를 들어주시는 이유가 무엇일까요? 그는 하나님께 은총을 입은 자요, 하나님이 그의 이름을 아시기 때문입니다. 메시지 성경은 이렇게 표현합니다. "내가 너를 잘 알고, 너는 내게 특별한 존재이기 때문이다" (I know you well and You are special to me).

지금까지 모세가 해온 일들을 보면 하나님으로부터 이런 말씀을 들을 자격이 없습니다. 그러나 하나님이 그렇게 여겨주시겠다는데 더는 할 말이 없지요. 그것이 바로 은혜입니다. 사랑스럽지 않지만 사랑스럽게 여겨주시는 은혜입니다. 계약 백성을 위한 모세의 중보가 성공할 수 있었던 것은 그만한 자격을 충분히 갖추고 있었기 때문이 아닙니다. 그를 특별한 존재로 여겨주셨기 때문입니다.

우리도 역시 마찬가지입니다. 여겨주시는 은혜를 안다면 우리는 하나님 앞에 설 때마다 감격하지 않을 수 없을 것입니다.

* **묵상 질문**: 나는 소원의 성취보다 하나님의 동행을 선택할 수 있는가?
* **오늘의 기도**: 하나님을 믿노라고 해왔지만, 우리의 삶에 세상의 욕심들이 치렁치렁 달려있음을 고백합니다. 이제는 모두 떼어 버리게 하옵소서. 오직 하나님이 함께하심으로만 만족하게 하옵소서. 하나님의 인도하심에 온전히 순종하게 하옵소서. 그리하여 마침내 약속의 땅에 들어가는 복을 누리게 하옵소서. 예수님의 이름으로 기도합니다. 아멘.

두 번째 돌판과 계약 갱신

읽을 말씀: 출애굽기 34:1-35

새길 말씀: 여호와께서 모세에게 이르시되 너는 이 말들을 기록하라. 내가 이 말들의 뜻대로 너와 이스라엘과 언약을 세웠음이니라 하시니라. 모세가 여호와와 함께 사십 일 사십 야를 거기 있으면서 떡도 먹지 아니하였고 물도 마시지 아니하였으며 여호와께서는 언약의 말씀 곧 십계명을 그 판들에 기록하셨더라(출애굽기 34:27-28).

시내산 계약을 체결했을 때만 해도 모든 일이 순조롭게 잘 진행되는 듯했습니다. 이제는 곧바로 약속의 땅으로 들어가기만 하면 될 것 같았습니다. 그러나 하나님 백성은 이집트에서 탈출한 이후 가장 심각한 위기를 겪게 되었습니다. 하나님이 그들을 진멸해버릴 생각을 품기도 하셨고, 그들과의 동행을 아예 포기할 생각까지도 하셨습니다. 하나님이 동행하지 않는 하나님 백성은 상상할 수도 없는 일입니다.

하나님 백성의 존폐 위기는 그들 스스로가 자초한 일이었습니다. 모세가 보이지 않는다는 이유로 그들을 인도할 신을 만들어달라고 요구했고, 아론이 만들어 준 금송아지 앞에서 절하면서 난잡한 춤 파티를 벌이다가, 그것에 분노한 모세에 의해서 삼천 명이나 죽는 비극이 벌어진 것입니다. 그 일로 인해서 하나님은 그의 백성에 대해서 크게 실망하셨고, 그들을 진멸하지 않기 위해서는 그들과 동행하지 않아야 하겠다는 결론에 다다르셨던 것입니다.

마지막 순간에 그들은 하나님의 요구에 따라 장신구를 떼어 냄으로써 가까스로 파국을 모면하기는 했지만, 하나님과의 계약은 사실상 파기된 것이나 마찬가지였습니다. 성막 예배의 초석이 되어야 할 증거의 돌판은 모세에 의해서 부서졌고, 그와 함께 하나님의 백성과 하나님과의 관계도 치명적인 상처를 입었기 때문입니다. 그 관계를 회복하기 위해서는 무엇보다 계약이 회복되어야 합니다. 그 일은 오직 하나님만이 하실 수 있습니다.

두 번째 돌판 준비

하나님은 모세를 부르셔서 처음부터 다시 시작하십니다.

1 여호와께서 모세에게 이르시되 너는 돌판 둘을 처음 것과 같이 다듬어 만들라. 네가 깨뜨린 처음 판에 있던 말을 내가 그 판에 쓰리니 2 아침까지 준비하고 아침에 시내산에 올라와 산꼭대기에서 내게 보이되 3 아무도 너와 함께 오르지 말며 온 산에 아무도 나타나지 못하게 하고 양과 소도 산 앞에서 먹지 못하게 하라(출 34: 1-3).

하나님은 모세가 돌판을 준비하는 일부터 시작하게 하셨습니다. 처음의 돌판은 하나님이 손수 만들어 주시고 친히 기록해주셨습니다(31:18).

하지만 두 번째 돌판은 모세가 직접 다듬어서 만들어야 했습니다. 처음 돌판을 함부로 깨뜨려버린 벌입니다. 그 위에 하나님이 처음 판에 있던 말씀, 즉 십계명을 기록해주실 것입니다. 새로운 돌판은 새로운 계약을 의미합니다. 그렇게 하나님과 하나님 백성 사이의 계약을 갱신(更新)하려는 것이지요.

처음 계약을 맺을 때처럼, 시내산에는 아무도 올라올 수 없습니다. 심지어 양과 소도 산 앞에서 풀을 뜯어 먹을 수 없습니다. 더욱 엄격해진 분위기가 느껴집니다. 모세는 하나님의 명령에 순종하여 밤새도록 돌판을 깎아 만듭니다. 그리고 아침 일찍 두 돌판을 손에 들고 시내산으로 올라갑니다. 지난번에는 하나님이 주신 증거 돌판을 들고 내려왔는데, 이제는 거꾸로 하나님을 만나러 올라갑니다. 그곳에 하나님이 현현하십니다.

> 5여호와께서 구름 가운데서 강림하사 그와 함께 거기 서서 여호와의 이름을 선포하실새 6여호와께서 그의 앞으로 지나시며 선포하시되 여호와라, 여호와라, 자비롭고 은혜롭고 노하기를 더디 하고 인자와 진실이 많은 하나님이라. 7인자를 천 대까지 베풀며 악과 과실과 죄를 용서하리라. 그러나 벌을 면제하지는 아니하고 아버지의 악행을 자손 삼사 대까지 보응하리라(출 34:5-7).

하나님이 강림하셔서 당신의 이름을 선포하십니다. 마치 첫 번째 계약을 맺을 때 주신 십계명을 시작하는 말씀과 비슷합니다. 거기에서는 "애굽 땅, 종 되었던 집에서 인도하여 낸 네 하나님 여호와"라고 하셨습니다(출 20:2). 그러니까 그들을 '구원하시는 하나님'을 강조한 것이지요. 반면 여기에서는 '용서하시는 하나님'을 강조합니다. 자비롭고 은혜롭고 한없이 오래 참으시는 하나님, 사랑이 충만하고 속속들이 진실하신 하나님, 천 대에 이르기까지 한결같은 사랑을 베푸시는 하나님 그리고 죄악과 반역과 죄를 용서하시는 하나님을 선포합니다.

그러면서 죄를 용서해주시지만, 벌을 면제하지는 않으신다고 합니다. 반드시 죗값은 치르게 하시겠다는 것입니다. 그래서 아버지가 죄를 지으면 삼사 대 자손에 이르기까지 그 죗값을 치르게 하겠다고 하십니다. 그러나 앞에서 하나님은 죄를 지은 사람만을 책에서 지워버리시겠다고 모세에게 말씀하셨습니다(32:33). 분명히 하나님에게는 죄의 연좌제(緣坐制)는 없다고 했습니다. 그런데 삼사 대까지 보응하겠다고 하시니 모순처럼 들립니다.

그러나 하나님의 뜻은 분명합니다. 죄를 지은 사람은 자기 죄로 인해 벌을 받습니다. 신명기에서도 그렇게 말씀하셨습니다.

아버지는 그 자식들로 말미암아 죽임을 당하지 않을 것이요 자식들은 그 아버지로 말미암아 죽임을 당하지 않을 것이니 각 사람은 자기 죄로 말미암아 죽임을 당할 것이니라(신 24:16).

그렇다면 삼사 대까지 보응하겠다는 말씀을 우리는 어떻게 이해해야 할까요? 그것은 '나쁜 영향력'을 의미합니다. 물론 아버지의 죄에 대한 책임을 자식들에게 묻는 일은 하나님이 허락하지 않습니다. 그러나 아버지의 나쁜 영향력은 얼마든지 그 후손들에게 미칠 수 있습니다. 그 고리를 끊으려면 대단한 노력이 필요합니다. 그에 비해 하나님의 사랑과 은혜는 '천 대'(generations)까지 계속됩니다.

그런데 하나님은 왜 하필 이런 말씀을 꺼내는 것일까요? 그것은 금송아지사건으로 깨진 관계를 회복하기 위해서입니다. 그들이 금송아지를 만들고 그 앞에서 난잡한 춤 파티를 벌인 것은 분명 잘못한 일입니다. 그 악에 대해서 하나님은 전염병으로 벌을 내리셨습니다. 벌을 면제하지는 않으셨습니다. 그러나 그것으로 인해서 하나님과의 계약 관계가 완전히 깨지는 일은 없게 하겠다는 말씀입니다. 왜냐면 하나님은 자비롭고 은혜롭고 한없이 오래 참으시며 용서하시는 하나님이기 때문입니다.

그렇습니다. 용서하시는 하나님께 우리의 희망이 있습니다. 우리가 스스로 계약을 깨뜨리고 하나님의 뜻에 어긋나게 살았다고 하더라도, 용서하시는 하나님께 돌아오면 됩니다. 그러면 우리를 용서하시고 다시 시작할 기회를 주십니다. 이 말씀 앞에 모세는 무릎을 꿇고 엎드립니다.

> 8모세가 급히 땅에 엎드려 경배하며 9이르되 주여 내가 주께 은총을 입었거든 원하건대 주는 우리와 동행하옵소서. 이는 목이 뻣뻣한 백성이니이다. 우리의 악과 죄를 사하시고 우리를 주의 기업으로 삼으소서(출 34:8-9).

비록 목이 뻣뻣한 백성이지만 우리와 동행해 달라는 것입니다. 우리의 악과 죄를 용서하시고 다시 주의 소유로 삼아달라는 것입니다. 이미 하나님의 허락은 떨어졌습니다. 계약을 회복하기 위해서 '피의 계약'이나 '식사 계약'을 다시 반복할 필요는 없습니다. 한번 세례를 받은 것으로 충분하듯이, 계약 체결 의식 또한 한 번으로 충분합니다. 그러나 하나님의 말씀은 다시 선포되어야 하고 그 말씀에 반드시 동의해야 합니다. 그래야 계약이 갱신될 수 있습니다.

제의적 십계명

우리는 첫 번째 계약의 핵심적인 내용인 '십계명'에 대해서 이미 앞에서 살펴보았습니다. 그 속에는 하나님이 이루어가실 구원 즉 인간의 죄로 인해 어그러진 창조의 질서를 다시금 회복하는 구체적인 지침이 담겨 있다고 했습니다(출 20:2-17). 하나님과 다른 사람과 자연과의 세 가지 관계의 묶음으로 십계명을 풀어 설명했지요. 이것을 전문적인 용어로 '윤리적 십계명'(Ethical Decalogue)이라고 부릅니다. 북이스라엘을 통해 내려온 전승(E문서)입니다.

이에 비해서 두 번째 계약은 '제의적 십계명'(Ritual Decalogue)이라고 부릅니다. 주로 절기와 예배에 관련된 내용이 담겨있기 때문입니다(출 34:12-26). 이는 남유다를 통해 내려온 전승(J문서)입니다. 성막 예배의 도입을 앞두고 터진 금송아지사건의 영향을 고려하면, 이렇게 절기와 예배를 강조하는 의도를 충분히 이해할 수 있습니다. 실제로 계약갱신 이후에 본격적으로 성막 건축이 추진됩니다.

'제의적 십계명'은 '윤리적 십계명'처럼 짜임새 있게 기록되어 있지 않습니다. 그러나 다음과 같이 그 내용을 정리해볼 수 있습니다.

1. 다른 신 금지(14절)	2. 부어 만든 신상 금지(17절)
3. 무교절 규례(18절)	4. 초태생 규례(19-20절)
5. 안식일 규례(21절)	6. 맥추절과 수장절(22절)
7. 세 가지 절기(23절)	8. 유교병 금지(25절)
9. 처음 익은 열매 규례(26a절)	10. 염소 새끼 규례(26b절)

대부분 '윤리적 십계명'의 내용과 비슷합니다. 여기에서는 눈에 띄는 새로운 강조점에 대해서만 살펴보도록 하겠습니다. 우선 '우상숭배와 결혼'의 문제입니다.

15너는 삼가 그 땅의 주민과 언약을 세우지 말지니 이는 그들이 모든 신을 음란하게 섬기며 그들의 신에게 제물을 드리고 너를 청하면 내가 그 제물을 먹을까 함이며 16또 내가 그들의 딸들을 네 아들들의 아내로 삼음으로 그들의 딸들이 그들의 신들을 음란하게 섬기며 네 아들에게 그들의 신들을 음란하게 섬기게 할까 함이니라(출 34:15-16).

이 말씀은 "다른 신에게 절하지 말라"(14절)는 계명에 따른 부속법입니다. 우상숭배에 빠지지 않으려면 가나안의 주민과 계약을 맺으면 안 됩니다. 가장 대표적인 계약이 바로 '결혼'입니다. 하나님을 믿지 않는 아내를 맞이하면, 그 아들은 자기도 모르는 사이에 아내를 따라 다른 신에게 절하게 되어있습니다. 지혜의 왕이라고 하는 솔로몬이 바로 그 대표적인 경우입니다. 그는 정략적으로 주변 나라의 왕들과 통혼했습니다. 그의 계획은 성공하는 듯했습니다. 그러나 그 결과 어떻게 되었습니까?

4솔로몬의 나이가 많을 때에 그의 여인들이 그의 마음을 돌려 다른 신들을 따르게 하였으므로 왕의 마음이 그의 아버지 다윗의 마음과 같지 아니하여 그의 하나님 여호와 앞에 온전하지 못하였으니 5이는 시돈 사람의 여신 아스다롯을 따르고 암몬 사람의 가증한 말곰을 따름이라(왕상 11:4-5).

하나님을 경외하는 것이 진정한 지혜의 출발입니다. 오직 하나님을 경외하는 동안에는 지혜로운 왕이었지만, 다른 신들을 섬기는 아내들을 맞이하면서 솔로몬은 지혜의 원천을 잃어버리고 말았습니다. 결국, 솔로몬은 이방 아내들을 따라서 다른 신에게 절하는 사람이 되고 말았던 것입니다. 솔로몬 왕의 실정(失政)은 바로 여기에서부터 시작되었습니다.

그다음은 '안식일 준수' 문제입니다.

너는 엿새 동안 일하고 일곱째 날에는 쉴지니 밭 갈 때에나 거둘 때에도 쉴지며…
(출 34:21).

우리는 '윤리적 십계명'에서 안식일 계명이 얼마나 중요한 역할을 하고 있는지 살펴보았습니다. 그에 비하면 여기에서는 아주 단순하게 언급됩니다. "엿새 동안 일하고 일곱째 날에는 쉬라!" 그것이 전부입니다. 새로운 것이 없습니다. 그러나 그 뒤에 짧지만 아주 중요한 보충 설명이 붙어 있습니다. "밭 갈 때에나 거둘 때에도 쉬라!"

'밭 갈 때'와 '거둘 때'는 일 년 농사 중에서 가장 바쁜 시기입니다. 해 뜰 때부터 시작하여 해 질 때까지 눈코 뜰 새 없이 일해야 합니다. 그렇게 한동안 바쁘게 지내고 나면 조금 한가해집니다. 바로 농번기가 안식일 계명을 지키지 못하게 만드는 가장 큰 유혹으로 작용합니다. 사람들은 이렇게 생각합니다. "안식일이야 다음 주에도 오지만, 농번기를 놓치면 일 년을 기다려야 하는데…." 문제는 그렇게 한 번 두 번 타협하기 시작하면, 매번 안식일을 지키지 못할 일들이 자꾸 생겨나기 시작한다는 사실입니다.

안식일을 지키는 것은 하나님을 섬기는 신앙생활의 가장 기본적인 원칙입니다. 차라리 농사에서 조금 손해를 보는 한이 있더라도 하나님과의 약속을 지켜나가야 합니다. 그것이 '소원의 성취'보다 '하나님의 동행'을 선택하며 살아가는 하나님 백성의 삶입니다.

'세 절기 준수'도 마찬가지입니다.

> 23너희의 모든 남자는 매년 세 번씩 주 여호와 이스라엘의 하나님 앞에 보일지라. 24내가 이방 나라들을 네 앞에서 쫓아내고 네 지경을 넓히리니 네가 매년 세 번씩 여호와 네 하나님을 뵈려고 올 때에 아무도 네 땅을 탐내지 못하리라(출 34:23-24).

세 가지 절기를 지키라는 계명은 앞에 있는 것과 하나도 다르지 않습니다. 그러나 여기에는 하나님의 약속이 덧붙여 있습니다. 절기를 지키기 위해서 하나님 앞에 올 때, 두고 오는 땅에 대해서 아무 걱정하지 말라고 하십니다. 그런데 이러한 걱정은 아주 현실적인 상황을 반영한 것입니다.

그들이 들어가서 차지할 가나안 땅은 무주공산(無主空山)이 아니었습니다. 어떻게 땅을 차지했다고 하더라도 호시탐탐 노리는 사람들이 있을 것이 분명합니다. 그런데 일 년에 세 번씩이나 그 땅을 비워두고 먼 거리를 가서 절기를 지킨다면 어떻게 될까요. 그 사이에 땅을 빼앗기면 어떻게 할까요? 그러나 하나님은 분명히 말씀하십니다. "아무도 네 땅을 탐내지 못하리라!"

땅을 비워두고 집을 떠나서 하나님 앞에 나와 절기를 지킨다는 것은 그만큼 하나님을 신뢰하고 있다는 믿음의 표현입니다. 그 땅의 주인은 하나님이십니다. 그 땅을 허락해주신 분이 하나님이십니다. 가장(家長)이 지키고 있다고 해서 지켜질 수 있는 게 아닙니다. 하나님의 보호에 맡기는 것이 가장 안전합니다. 그런데 자신의 땅을 지키겠다고 하나님의 절기를 지키지 않는 가장이 이 세상에 참 많이 있지요.

한 가지 흥미로운 계명은 '염소 새끼'에 관한 것입니다.

네 토지 소산의 처음 익은 것을 가져다가 네 하나님 여호와의 전에 드릴지며 너는 염소 새끼를 그 어미의 젖으로 삶지 말지니라(출 34:26).

"염소 새끼를 어미의 젖으로 삶지 말라"는 계명은 계약법에서도 똑같이 등장합니다(출 23:19). 마치 곡식의 처음 열매를 드리는 방식으로 염소의 새끼를 취급하지 말라는 뉘앙스로 들립니다. 실제로 이러한 관습은 추수할 때 가나안 땅에서 행해지던 종교적인 의식 중 하나였습니다. 염소 새끼를 어미의 젖으로 삶아낸 후에, 다음 해의 풍년을 기원하는 의미로 그 우유를 나무나 곡식이나 들에 뿌리고 염소 새끼는 별미로 먹었다고 합니다.

이와 관련하여 우리는 "어미와 새끼를 같은 날에 잡지 말라"(레 22:28)는 계명을 기억해야 합니다. 모든 생명은 하나님에게서 왔습니다. 우리가 모든 생명에 대한 경외심을 가져야 하는 이유입니다. 사람의 입맛을 위해서, 더욱 많이 가지기 위한 욕심을 위해서 생명을 잔인하게 다루어서는 안 됩니다. 모든 생명의 주인이신 하나님을 따르는 백성이라면 절대로 흉내 내어서는 안 되는 잘못된 관습입니다.

광채 나는 모세

하나님께서 모세에게 말씀을 가르쳐주심으로 계약은 갱신되었습니다.

> 여호와께서 모세에게 이르시되 너는 이 말들을 기록하라. 내가 이 말들의 뜻대로 너와 이스라엘과 언약을 세웠음이니라 하시니라(출 34:27).

우리는 계약을 갱신하려면 제단을 쌓거나 백성들에게 피를 뿌리는 의식이 진행되어야 할 것으로 생각합니다. 그러나 우리의 기대와는 달리 그런 의식은 진행되지 않습니다. 피 뿌림은 한 번으로 충분합니다. 중요한 것은 말씀에 대한 태도가 새로워지는 것입니다. 왜 계약이 파기되었습니까? 하나님의 말씀을 듣기는 했지만 그대로 따르지 않았기 때문입니다. 말씀이 회복되지 않고 말씀에 대한 태도가 달라지지 않는다면 수십 번 피를 뿌린다고 해도 아무 소용이 없습니다.

이제 모세는 하나님이 십계명을 기록해주신 돌판을 들고 다시 내려옵니다. 이번에 달라진 것이 하나 있습니다. 그것은 모세의 얼굴에 광채가 났다는 사실입니다.

> 모세가 그 증거의 두 판을 모세의 손에 들고 시내산에서 내려오니 그 산에서 내려올 때에 모세는 자기가 여호와와 말하였음으로 말미암아 얼굴 피부에 광채가 나나 깨닫지 못하더라(출 34:29).

모세의 얼굴이 빛나는 이유를 '하나님과 함께 이야기하였기 때문'이라고 합니다. 그렇지만 지난번에도 40일 밤낮으로 하나님과 함께 이야기했습니다. 그런데 그때는 광채가 나지 않았습니다. 그 이유가 무엇이었을까요? 아마도 금송아지 숭배에 관한 이야기를 듣고 서둘러서 내려왔기 때문일 것입니다. 그로 인해서 모세의 마음에 분노가 채워지고 있었던 것이지요.

그러나 이제는 다릅니다. 모세의 마음에는 오직 하나님의 말씀으로만 가득 채워져 있었습니다. 하나님이 주신 비전으로 충만했던 것입니다. 그렇습니다. 말씀이 회복되고 하나님과의 관계가 회복되면 얼굴이 환하게 빛나게 되어있습니다. 그것은 모세에게만 해당하는 이야기가 아닙니다. 모세는 자신의 얼굴에서 광채가 난다는 사실도 인식하지 못했습니다. 그것을 알아차린 것은 산 밑에 있던 사람들이었습니다.

> 30아론과 온 이스라엘 자손이 모세를 볼 때에 모세의 얼굴 피부에 광채가 남을 보고 그에게 가까이하기를 두려워하더니 31모세가 그들을 부르매 아론과 회중의 모든 어른이 모세에게로 오고 모세가 그들과 말하니 32그 후에야 온 이스라엘 자손이 가까이 오는지라. 모세가 여호와께서 시내산에서 자기에게 이르신 말씀을 다 그들에게 명령하고 33모세가 그들에게 말하기를 마치고 수건으로 자기 얼굴을 가렸더라(출 34:30-33).

아론과 백성들은 모세의 얼굴에 광채가 나는 것을 보고 처음에는 두려워했습니다. 그러나 모세가 그들을 부르자 그제야 안심하고 가까이 와서 하나님께서 하신 말씀을 들었습니다. 아마도 그들은 모세가 전하는 하나님의 명령을 가볍게 듣지 않았을 것입니다. 그래서 하나님께서 모세의 얼굴에서 광채가 나게 하셨는지도 모릅니다.

이탈리아 조각가 미켈란젤로가 이 장면을 상상하며 만든 유명한 작품이 있습니다. 바로 '모세상'입니다. 그런데 놀랍게도 모세의 머리에 두 개의 뿔이 달린 모습으로 조각해놓았습니다. 어떻게 된 일일까요? 그것은 '광채'를 잘못 해석한 탓입니다. 여기에 사용된 히브리어 '카란'(qaran)을 '뿔'(horn)이라는 뜻의 '케렌'(qeren)으로 번역한 불가타(Vulgata) 성경에 기초해서 미켈란젤로가 제작했던 것입니다. 그래서 '광채 나는 모세'가 졸지에 '뿔이 달린 모세'가 된 것이지요.

하나의 실수였지만, 하나님의 말씀을 정확히 읽지 않으면 얼마든지 그렇게 될 수 있다는 것을 보여주는 좋은 예입니다. 이 장면에서 우리가 주목해야 할 것은 사실 모세의 얼굴에 빛나는 광채가 아니라 모세가 전하는 하나님의 말씀입니다. 하나님의 백성을 향한 하나님의 기대입니다. 광채는 도구입니다. 사라질 영광입니다. 그런데 사람들은 말씀보다 모세의 얼굴을 더 주목하려고 합니다. 심지어 모세가 자신의 얼굴을 가리기 위해서 덮은 수건에 주목하기도 합니다.

그와 같은 잘못된 태도에 대해서 바울은 이렇게 설명합니다.

15오늘까지 모세의 글을 읽을 때에 수건이 그 마음을 덮었도다. 16그러나 언제든지 주께로 돌아가면 그 수건이 벗겨지리라(고후 3:15-16).

여기에서 바울이 언급하고 있는 '수건'은 유대인들의 '율법주의적인 해석'을 가리킵니다. 불필요한 일에 마음을 빼앗겨서 생명의 말씀을 보지 못하는 잘못된 태도를 비유한 것입니다. 그렇습니다. 말씀을 잃어버리면 신앙의 위기가 옵니다. 말씀을 회복하면 신앙이 갱신됩니다. 삶이 달라집니다. 하나님의 백성으로서 우리가 매일 하나님의 말씀 앞에 정직하게 서야 하는 이유입니다.

* **묵상 질문**: 나는 하나님의 말씀 앞에 얼마나 자주 서는가?

* **오늘의 기도**: 우리의 삶에 하나님의 말씀이 회복되게 해주옵소서. 그러기 위해서 매일 하나님의 말씀 앞에 서게 해주옵소서. 생명의 말씀이 우리의 얼굴을 환하게 빛나게 해주시고, 우리의 길을 밝히 비추는 등불이 되게 해주옵소서. 예수님의 이름으로 기도합니다. 아멘.

성막을 완성하다!

읽을 말씀: 출애굽기 35:1-39:43

새길 말씀: 여호와께서 모세에게 명령하신 대로 이스라엘 자손이 모든 역사를 마치매 모세가 그 마친 모든 것을 본즉 여호와께서 명령하신 대로 되었으므로 모세가 그들에게 축복하였더라(출애굽기 39:42-43).

출애굽기는 하나님의 백성이 '구원공동체'에서 '계약공동체'로, 또한 '예배공동체'로 나아가는 과정을 우리에게 보여줍니다. 이집트에서 학대받던 히브리인들이 홍해 사건을 통해서 구원받았고, 우여곡절 끝에 시내산에 와서 하나님과 계약을 맺었습니다. 이제 십계명이 새겨진 증거 돌판을 받아서 성막을 만들고 예배를 드리기 시작하면 되는데, 그 마지막 단계를 넘어서지 못하고 한동안 지체하고 있었습니다. 바로 금송아지사건 때문이었습니다.

그 사건은 지금까지 겪어왔던 그 어떤 일과 비교할 수 없을 정도로 하나님의 백성에게 큰 피해를 남겼습니다. 파라오 군사들이 추격해왔을 때보다, 아말렉족속의 기습 공격을 받았을 때보다, 출애굽공동체의 존립에 더욱 심각한 위기가 되었습니다. 하나님이 그의 백성과 동행하지 않으려고 했으니 더 말할 것도 없습니다. 이 세상의 모든 것을 소유한다 해도 만일 하나님을 잃어버린다면 무슨 소망이 있겠습니까? 하나님 없이 약속의 땅에 들어가는 것이 무슨 의미가 있겠습니까?

모세는 대속의 제물이 될 각오를 하고 하나님께 담대히 나아갔고, 하나님은 그를 특별한 존재로 여겨주셔서 가까스로 관계 회복을 위한 실마리가 풀렸습니다. 하나님은 두 번째 증거 돌판을 허락해주셨고, 모세는 하나님의 말씀으로 채워져서 광채 나는 얼굴로 내려왔습니다. 그렇게 하나님의 말씀이 회복되면서 하나님과의 계약이 갱신되었습니다. 그리고 그동안 중단되고 있었던 '성막 예배'를 다시 시도할 수 있게 되었습니다.

안식일 규례

그런데 성막 제작 명령을 전달하기에 앞서서 모세는 새삼스럽게 안식일 규례부터 먼저 언급합니다.

> 1 모세가 이스라엘 자손의 온 회중을 모으고 그들에게 이르되 여호와께서 너희에게 명령하사 행하게 하신 말씀이 이러하니라. 2 엿새 동안은 일하고 일곱째 날은 너희를 위한 거룩한 날이니 여호와께 엄숙한 안식일이라. 누구든지 이 날에 일하는 자는 죽일지니 3 안식일에는 너희의 모든 처소에서 불도 피우지 말지니라(출 35:1-3).

앞에서 우리는 '제의적 십계명'에 포함된 안식일 규례에 대해서 이미 자세히 살펴보았습니다(34:21). 아무리 바쁜 농번기라고 해도 안식일을 반드시 지켜야 한다는 말씀이었습니다. 물론 안식일 준수가 얼마나 중요한지 아무리 강조해도 지나침은 없습니다. 그런데 왜 이 대목에서 또다시 안식일에 대해서 반복하며 강조하시는 것일까요? 앞으로 진행될 성막 제작을 염두에 두고 이 말씀을 이해해야 합니다.

"엿새 동안 일하라"는 말씀은 성막을 만드는 일을 가리킵니다. 성막을 만드는 것은 하나님의 백성에게 매우 중요한 일임이 틀림없습니다. 그러나 아무리 그렇다고 하더라도 엿새 동안만 일하고 일곱째 날에는 모든 작업을 멈춰야 합니다. 왜냐면 그날은 '여호와께 엄숙한 안식일'이기 때문입니다. 안식일은 '멈춤의 날'이라고 했습니다. 성막을 짓는 거룩한 일일지라도, 여기에서 예외일 수는 없습니다. 그 무엇도 안식일보다 앞설 수는 없습니다.

심지어 안식일에는 모든 처소에서 불을 피우면 안 된다고 합니다. 이것은 음식을 조리하기 위해서 피우는 불이 아니라, 공사를 위해서 미리 준비하는 작업을 의미합니다. 그런데 현대 유대인들은 이것을 문자적으로 이해하여, 전깃불도 켜서는 안 된다고 생각합니다. 그래서 승강기의 버튼이나 전기 스위치를 자동으로 작동하게 만들어놓거나, 아니면 다른 사람을 고용하여 그 일을 하게 합니다. 율법주의적인 태도가 만들어내는 난센스입니다.

여기에서 우리는 하나님의 일을 한다면서 안식일에 제대로 쉬지 못하는 잘못된 습관에 대해서 다시 생각해 보아야 합니다. 안식일은 오로지 삶의 본질을 회복하는 일에 집중해야 합니다. 하나님과의 관계와 이웃과의 관계와 자연과의 관계를 회복하는 일에 집중해야 합니다. 그러기 위해서는 일단 모든 것을 멈추어야 합니다. 그것이 성막을 짓는 일이라고 하더라도 말입니다.

헌물과 헌신

이제 본격적으로 성막 제작에 필요한 물품들을 가져오라 명령하십니다.

4모세가 이스라엘 자손의 온 회중에게 말하여 이르되 여호와께서 명령하신 일이
이러하니라. 이르시기를 5너희의 소유 중에서 너희는 여호와께 드릴 것을 택하
되 마음에 원하는 자는 누구든지 그것을 가져다가 여호와께 드릴지니 곧 금과 은
과 놋과 6청색 자색 홍색 실과 가는 베실과 염소 털과 7붉은 물 들인 숫양의 가죽
과 해달의 가죽과 조각목과 8등유와 및 관유에 드는 향품과 분향할 향을 만드는
향품과 9호마노며 에봇과 흉패에 물릴 보석이니라(출 35:4-9).

여기에서 우리는 하나님께 드리는 헌물(獻物)의 두 가지 원칙을 발견
하게 됩니다. 첫째는 '너희의 소유 중에서'(from what you have)입니다. 반
드시 가지고 있는 것 중에서 드려야 합니다. 둘째는 '마음에 원하는
자'(everyone who is willing)입니다. 하나님은 마지 못해 억지로 바치는 '세
금'이나 자신에게 돌아올 것을 계산하여 바치는 '뇌물'을 받지 않으십니
다. 오직 기쁜 마음으로 내는 '예물'을 받으십니다(출 25:2).

헌물의 종류는 가지각색입니다. 금이나 은부터 시작하여 놋이나 실
종류, 가죽이나 조각목, 향품이나 보석에 이르기까지 아주 다양합니다.
모두 성막 제작에 필요한 물품입니다. 무엇이든 가지고 있는 것으로 드
리면 됩니다. 그런데 만일 가진 것이 없다면 어떻게 할까요? 자신의 몸을
드리면 됩니다.

10무릇 너희 중 마음이 지혜로운 자는 와서 여호와께서 명령하신 것을 다 만들지
니 11곧 성막과 천막과 그 덮개와 그 갈고리와 그 널판과… 12증거궤와 그 채와
속죄소와 그 가리는 휘장과 13상과 그 채와 그 모든 기구와 진설병과 14불 켜는

등잔대와 그 기구와… 15분향단과… 16번제단과 그 놋 그물과… 17뜰의 포장과 그 기둥과… 19성소에서 섬기기 위하여 정교하게 만든 옷 곧 제사 직분을 행할 때에 입는 제사장 아론의 거룩한 옷과 그의 아들들의 옷이니라(출 35:10-19).

헌신(獻身)하는 사람에게 필요한 조건이 하나 있습니다. '마음이 지혜로운 자'(wise hearted)입니다. 이는 '기술이 있는 사람'(skillful person, NASB)을 의미합니다. 나무를 다루는 기술이나, 금속을 다루는 기술이나, 옷을 만드는 기술이 있으면 됩니다. 이도 저도 없다면 단순 노동이라도 하면 됩니다. 무엇이 되었든지 하나님께 자신의 몸을 드릴 준비가 되어있기만 하면 그것으로 충분합니다. 따지고 보면 하나님께 드릴 것이 하나도 없을 만큼 가지지 못한 사람은 없습니다.

성막 제작을 위한 헌물과 헌신의 명령이 주어지자 놀라운 일이 벌어집니다.

20이스라엘 자손의 온 회중이 모세 앞에서 물러갔더니 21마음이 감동된 모든 자와 자원하는 모든 자가 와서 회막을 짓기 위하여 그 속에서 쓸 모든 것을 위하여, 거룩한 옷을 위하여 예물을 가져다가 여호와께 드렸으니… 29마음에 자원하는 남녀는 누구나 여호와께서 모세의 손을 빌어 명령하는 모든 것을 만들기 위하여 물품을 드렸으니 이것이 이스라엘 자손이 여호와께 자원하여 드린 예물이니라 (출 35:20-21, 29).

헌물을 가져오라는 말을 듣고 온 회중이 모세 앞에서 물러갔다고 합니다. 모두 도망가나 싶었는데, 반전이 일어납니다. 처소로 돌아가서 성막 제작에 필요한 물품을 이것저것 챙겨서 가져오기 시작한 것입니다. 팔찌, 귀고리, 가락지, 목걸이 등 금품을 가져오는 사람들도 있습니다(22절). 조각목을 들고 오는 사람도(24절), 염소 털로 실을 뽑아서 가져오는 여인도 있었습니다(26절). 족장들은 에봇에 달 호마노와 판결 가슴받이에 필요한 보석을 가져왔습니다(27절). 서로 비교하지 않고 모두 기쁜 마음으로 드렸습니다.

그날뿐만이 아닙니다. 그 이후로도 계속해서 가져옵니다.

3 ... 그러나 백성이 아침마다 자원하는 예물을 연하여 가져왔으므로 4 성소의 모든 일을 하는 지혜로운 자들이 각기 하는 일을 중지하고 와서 5 모세에게 말하여 이르되 백성이 너무 많이 가져오므로 여호와께서 명령하신 일에 쓰기에 남음이 있나이다. 6 모세가 명령을 내리매 그들이 진중에 공포하여 이르되 남녀를 막론하고 성소에 드릴 예물을 다시 만들지 말라 하매 백성이 가져오기를 그치니 7 있는 재료가 모든 일을 하기에 넉넉하여 남음이 있었더라(출 36:3-7).

백성이 아침마다 계속해서 자원하는 예물을 가져왔다고 합니다. 왜 하필이면 아침마다 가져왔을까요? 그 예물을 밤새도록 준비했기 때문입니다. 아침에 일어나자마자 가장 먼저 그 예물을 드리기 위해서 달려온 것이지요. 그들이 성막을 만드는 일에 얼마나 즐거운 마음으로 열심히 참여하고 있었는지 충분히 짐작할 수 있는 장면입니다. 심지어 매일 가져오는 예물을 접수하느라 담당자들이 작업을 제대로 진행하지 못할 정도였습니다. 그 이야기를 듣고 모세는 예물을 더 가져오지 말라고 공포해야 했습니다. 이것이야말로 정말 '즐거운 비명' 아니겠습니까?

지금 이 백성은 얼마 전에 금송아지 앞에서 춤추고 뛰놀던 그들이 아닙니다. 서로에게 화를 내며 정죄하던 그들이 아닙니다. 아버지가 아들을, 형제가 형제를 칼로 치던 그들이 아닙니다. 그들은 지금 '예배공동체'로 탈바꿈하고 있습니다. 오직 성막을 세우는 일에 한마음 한뜻이 되고 있습니다. 그동안 무슨 일이 벌어진 것일까요? 그렇습니다. 하나님과의 계약이 갱신되었습니다. 하나님의 말씀이 회복되면서 하나님과의 관계가 회복되었습니다. 거기에다 그들을 '예배공동체'로 빚어가시는 하나님의 비전이 선포되었던 것입니다.

잠언에 이런 말씀이 있습니다.

묵시가 없으면 백성이 방자히 행하거니와 율법을 지키는 자는 복이 있느니라(잠 29:18).

얼마 전만 해도 그들은 '방자하게' 행했습니다(32:25). 금송아지 앞에서 벌거벗고 춤추었습니다. '묵시'(默示)가 없었기 때문입니다. '비전'(vision)이 없었기 때문입니다. 메시지 성경의 표현대로 하자면 "하나님이 행하시는 일을 보지 못했기" 때문입니다. 그래서 서로 뒤엉켜 고꾸라지고 말았습니다. 그러나 이제는 하나님의 계시가 분명히 선포되었습니다. 그것에 주목하기 시작하니까 그들의 얼굴이 환하게 빛나기 시작했습니다. 공동체의 질서가 잡히고 창조적인 목표를 향하여 너도나도 힘을 모으기 시작했던 것입니다.

그때 조금만 더 참았더라면 금송아지사건의 파동을 겪지 않아도 되었을 것을, 조급한 마음에 그 며칠을 참지 못해서 자기를 인도할 신을 만들어달라고 요구하다가 이렇게 멀리 돌아와야 했습니다. 그러나 이제라도 제자리를 잡았으니 되었습니다. 지금부터라도 하나님의 말씀 따라 순종하기 시작하면 됩니다. 늦었다고 생각할 때가 가장 빠를 때입니다.

성막의 일꾼들

"구슬이 서 말이라도 꿰어야 보배"라는 말이 있습니다. 성막을 지을 수 있는 재료가 아무리 차고 넘친다고 하더라도, 그것으로 필요한 기구를 만들어낼 수 있는 기술을 가진 사람이 있어야 합니다. 하나님은 성막 제작을 위해서 필요한 사람을 지명하여 세우십니다.

> 30모세가 이스라엘 자손에게 이르되 볼지어다. 여호와께서 유다지파 훌의 손자
> 요 우리의 아들인 브살렐을 지명하여 부르시고 31하나님의 영을 그에게 충만하
> 게 하여 지혜와 총명과 지식으로 여러 가지 일을 하게 하시되 32금과 은과 놋으로
> 제작하는 기술을 고안하게 하시며 33보석을 깎아 물리며 나무를 새기는 여러 가
> 지 정교한 일을 하게 하셨고…(출 35:30-33).

하나님은 성막 제작에 책임을 맡을 사람으로 유다지파 '훌'(Hur)의 손자 '브살렐'(Bezalel)을 지명하여 부르십니다. 이것은 사실 금송아지사건이 터지기 전에 이미 하나님께서 결정해놓으신 일이었습니다(출 31:2). 브살렐은 특별히 금속이나 보석을 다루는 기술을 가지고 있었고, 나무를 조각하고 문양을 새겨넣는 일에도 탁월한 솜씨를 가지고 있었습니다.

그 지식과 기술과 솜씨는 모두 하나님이 부어주신 것입니다. "하나님의 영을 그에게 충만하게 하셨다"고 합니다. 하나님이 당신의 영을 그에게 가득 채워주신 것입니다. 단지 탁월한 기술을 가지고 있다고 해서 성막을 지을 수 있는 것이 아닙니다. 자신이 가지고 있는 재능이 하나님에게서 왔다는 사실을 인정하는 사람이 그 일을 할 수 있습니다. 브살렐은 바로 그런 사람이었습니다. 하나님의 영이 충만한 사람이었습니다.

그러나 한 사람의 수고로만 성막이 완성될 수는 없습니다.

> 34또 그와 단지파 아히사막의 아들 오홀리압을 감동시키사 가르치게 하시며 35
> 지혜로운 마음을 그들에게 충만하게 하사 여러 가지 일을 하게 하시되 조각하는
> 일과 세공하는 일과 청색 자색 홍색 실과 가는 베실로 수놓는 일과 짜는 일과 그
> 외에 여러 가지 일을 하게 하시고 정교한 일을 고안하게 하셨느니라(출 35:34-
> 35).

하나님은 '브살렐'과 함께 손발을 맞추어 일할 사람으로 단지파 '오홀리압'(Oholiab)을 지명하여 세우십니다. 그는 특히 조각하고 세공하는 일과 여러 가지 실을 가지고 수를 놓거나 천을 짜는 일에 탁월한 재능을 가지고 있었습니다. 하나님은 브살렐과 오홀리압 모두에게 특별한 은사를 주셨는데, 그것은 바로 '가르치는 은사'였습니다. 그들을 '교사'로 삼으셔서 필요한 지식이나 기술을 다른 사람들에게 전수하게 하셨던 것입니다.

조금 부족하더라도 그들을 잘 세워가며 함께 일하는 사람이 최고의 사역자입니다. 브살렐과 오홀리압이 바로 그런 사역자였던 것입니다.

브살렐과 오홀리압과 및 마음이 지혜로운 사람 곧 여호와께서 지혜와 총명을 부으사 성소에 쓸 모든 일을 할 줄 알게 하신 자들은 모두 여호와께서 명령하신 대로 할 것이니라(출 36:1).

그렇게 해서 브살렐과 오홀리압이 서로 협력하며 앞장서서 성막 제작을 진두지휘하게 되었습니다. 거기에다가 하나님이 붙여주신 '마음이 지혜로운 사람'이 모두 자원하여 참여하면서 성막 제작은 이제 탄력을 받게 되었습니다. 하나님은 이미 성막의 설계도와 기구의 디자인을 모세에게 다 알려주셨습니다. 그것을 만드는데 필요한 재료도 충분히 준비되었습니다. 이제는 일사천리로 진행하기만 하면 됩니다.

물론 성막 제작 명령에 앞서서 말씀하신 것처럼, 어떤 일이 있더라도 반드시 안식일은 지키면서 일해야 합니다. 성막 제작에 대한 의욕이 지나쳐서 빨리 해치우려고 하다가는 오히려 큰일 납니다. 하나님이 주신 시간의 리듬에 따라서 욕심부리지 않고 차근차근히 해나가면 됩니다. 서두를 것이 하나도 없습니다.

성막 제작 과정

성막의 구조와 그 안에 놓여야 할 기구들에 대해서는 우리가 앞에서 이미 살펴보았습니다. 이제는 실제로 하나씩 만드는 일만 남았습니다. 제일 먼저 만들어야 할 것은 '성소'(聖所), 즉 '회막'(the tent of meeting)입니다. 성소는 조각목 널판들을 조립하여 직사각형의 내부 공간을 만들고, 그 위에 여러 개의 막을 덮는 방식으로 만들어졌습니다. 여기에서 우리가 눈여겨보아야 할 것은 성소의 모양과 크기입니다.

> 20그가 또 조각목으로 성막에 세울 널판들을 만들었으니 21각 판의 길이는 열 규빗, 너비는 한 규빗 반이며 22각 판에 두 촉이 있어 서로 연결하게 하였으니 성막의 모든 판이 그러하며 23성막을 위하여 널판을 만들었으되 남으로는 남쪽에 널판이 스무 개라. … 27장막 뒤 곧 서쪽을 위하여는 널판 여섯 개를 만들었고 28장막 뒤 두 모퉁이 편을 위하여는 널판 두 개를 만들되 29아래에서부터 위까지 각기 두 겹 두께로 하여 윗고리에 이르게 하고 두 모퉁이 쪽을 다 그리하며…(출 36: 20-23, 27-29).

성소 외부의 길이는 가로가 31큐비트(cubit) 세로가 12큐비트입니다. 널판의 두께를 제외하면 성소 내부는 각각 30큐비트와 10큐비트로 되어 있습니다. 그중에서도 지성소는 가로, 세로, 높이가 모두 10큐비트인 정사각형 모양이고, 성소는 가로와 세로가 각각 20큐비트와 10큐비트의 직사각형 모양입니다. 1큐비트가 보통 사람의 팔꿈치에서 가운뎃손가락까지의 길이라고 하니까, 어느 정도의 크기인지 대충 짐작할 수 있을 것입니다.

이와 같은 성막의 구조는 후에 솔로몬 왕이 건축한 예루살렘 성전에도 그대로 적용됩니다. 그리고, 다음 장에서 자세히 설명하겠지만, 하나님의 구원이 완성되는 마지막 때의 새 예루살렘의 모습을 이해하는데 결정적인 단서를 제공해줍니다. 그렇기에 우리가 반드시 기억해두어야 합니다.

지성소에는 '증거궤'가 놓이게 될 것이고, 성소에는 '진설병 상'과 '등잔대'와 '분향단'이 놓이게 될 것입니다. 성막 뜰에는 성막 문 가까운 곳에 '번제단'이, 회막 가까운 곳에 '물두멍'이 자리 잡게 될 것입니다. 그리고 가로 100큐비트와 세로 50큐비트의 성막 울타리가 세워지고, 동쪽의 휘장 문을 통해서만 성막 뜰로 들어갈 수 있습니다. 그 모든 제작 과정이 출애굽기 36장부터 38장까지 자세히 기록되어 있습니다.

한 가지 빠뜨리지 말아야 할 것이 있지요. 그것은 제사장의 옷을 만드는 일입니다. 호마노가 달린 '에봇'과 12개의 보석을 붙인 '판결 가슴받이' 그리고 옷 밑부분 가장자리에 금방울을 달아놓은 '겉옷'과 '여호와께 성결'이라는 글자를 새겨넣은 순금 패를 붙인 터번 모양의 '두건'까지 하나님이 이미 가르쳐주신 대로 다 만들어야 합니다. 제사장 복장을 제작하는 이야기는 39장에 자세히 기록되어 있습니다.

이제 그 모든 작업이 마쳤습니다.

> 32 이스라엘 자손이 이와 같이 성막 곧 회막의 모든 역사를 마치되 여호와께서 모세에게 명령하신 대로 다 행하고 33 그들이 성막을 모세에게로 가져왔으니… 43 모세가 그 마친 모든 것을 본즉 여호와께서 명령하신 대로 되었으므로 모세가 그들에게 축복하였더라(출 39:32-33, 43).

성막의 제작은 브살렐과 오홀리압의 지도를 받으며 여러 군데에서 동시다발적으로 진행되었던 것으로 보입니다. 자신이 맡은 작업을 완성한 후에 성막을 모세에게로 가져옵니다. 그리고 모세는 성막을 최종적으로 확인합니다. 그랬더니 모든 것이 하나님이 명령하신 대로 되었습니다. 하나님이 모세에게 성막 제작을 명령하시면서 분명히 말씀하셨습니다.

8내가 그들 중에 거할 성소를 그들이 나를 위하여 짓되 9무릇 내가 네게 보이는 모양대로 장막을 짓고 기구들도 그 모양을 따라 지을지니라(출 25:8-9).

생각해 보십시오. 만일 자신에게 주어진 일에 너도나도 자기 생각을 보탰다면 과연 어떻게 되었을까요? 물론 나름대로 최선을 다했겠지만, 결과적으로는 성막을 완성할 수 없었을 것입니다. 성막 예배는 매일 하나님께 가까이 나아가 하나님을 만날 수 있게 가르쳐주신 방법입니다. 따라서 성막을 만들 때도, 성막에서 예배를 드릴 때도 우리는 하나님이 가르쳐주신 대로 해야 합니다.

출애굽공동체는 단 한 번에 성막 제작을 완성했습니다. 모두 하나님의 명령에 순종했기에 가능한 일이었습니다. 이제 성막을 조립하고 그곳에서 예배드리는 일만 남았습니다. '구원공동체'와 '계약공동체'가 드디어 '예배공동체'로 나아갈 수 있게 된 것입니다. 우리도 '나름대로 신앙'이 아니라 '말씀대로 신앙'을 가진 하나님의 백성이 되기를 간절히 소망합니다.

* 묵상 질문: 나는 매사에 하나님의 말씀대로 순종하고 있는가?
* 오늘의 기도: 지금까지 우리는 '나름대로 신앙'으로 살아왔음을 고백합니다. 우리의 판단이나 경험을 앞세워 하나님의 뜻을 온전히 받아들이지 못했습니다. 그래서 공동체의 하나 됨을 이루지 못했습니다. 이제부터는 '말씀대로 신앙'으로 살아가겠습니다. 하나님이 가르쳐주신 대로 순종하며 따르겠습니다. 오 주님, 우리를 이끌어 주옵소서. 예수님의 이름으로 기도합니다. 아멘.

성막을 봉헌하다!

읽을 말씀: 출애굽기 40:1-38

새길 말씀: 구름이 성막 위에서 떠오를 때에는 이스라엘 자손이 그 모든 행진하는 길에

앞으로 나아갔고 구름이 떠오르지 않을 때에는 떠오르는 날까지 나아가지

아니하였으며 낮에는 여호와의 구름이 성막 위에 있고 밤에는 불이 그 구름

가운데에 있음을 이스라엘의 온 족속이 그 모든 행진하는 길에서 그들의 눈으

로 보았더라(출애굽기 40:36-38).

　우리의 목표에 다다르려면 조금 더 가야 하지만, 어느덧 출애굽기의 마지막 장에 다다랐습니다. 지금까지 출애굽기를 3막으로 나누어서 묵상해왔지요. 제1막은 '출애굽 사건'이었습니다. 이집트에서 학대받던 히브리인들이 탈출하는 내용입니다. 그 절정은 물론 '홍해 사건'이었습니다. 앞에는 홍해가 놓여 있고 뒤에는 파라오의 군사들이 쫓아오는 절체절명의 위기에서 하나님은 바닷속의 길을 통해 그들을 구원해내셨지요. 그렇게 '구원공동체'가 출발했습니다.

제2막은 '시내산 계약'이었습니다. 광야에 들어와서 마라의 쓴 물을 경험하고, 신광야에서부터는 일용할 양식인 만나를 먹기 시작합니다. 르비딤광야에서는 아말렉족속과 싸움에서 승리하고, 마침내 시내산에 도착합니다. 십계명과 계약법의 말씀을 받고, 피 뿌림의 계약과 식사 계약을 통해서 그들은 하나님과 특별한 관계에 들어가게 되지요. 그렇게 '구원공동체'가 '계약공동체'로 나아간 것입니다.

제3막은 '성막 제작'이었습니다. 하나님은 모세를 산 위로 부르셔서 증거 돌판과 함께 '성막 예배'에 대한 당신의 계획을 알려주셨습니다. 모든 일이 순조롭게 진행되는 것처럼 보였습니다. 그러나 금송아지사건이 터지면서 출애굽공동체는 심각한 위기에 직면하게 되었습니다. 형제간의 칼부림으로 공동체는 거의 와해 되었고 하나님과의 계약은 사실상 파기되고 말았습니다.

오랜 진통 끝에 모세의 중보와 하나님의 은혜로 다시 말씀이 회복되었지요. 하나님으로부터 두 번째 증거의 돌판을 받고 난 후에 본격적으로 성막 제작을 시작하여 마침내 완성하게 됩니다. 그렇게 '예배공동체'로 나아갈 수 있는 길이 열렸습니다. 지난 시간에 우리가 살펴본 내용입니다.

그러면서 하나님의 백성은 '나름대로 신앙'이 아니라 '말씀대로 신앙'을 가져야 한다는 메시지를 발견하게 되었습니다. 이것은 앞으로 약속의 땅에 들어가는 과정이나 그 이후 가나안 땅에 정착하는 과정에서 하나님 백성의 정체성을 가늠하는 가장 중요한 척도가 될 것입니다.

이 대목에서 우리는 사사기의 결론 말씀을 주목할 필요가 있습니다.

> 그때에 이스라엘에 왕이 없으므로 사람이 각기 자기의 소견에 옳은 대로 행하였더라(삿 21:25).

'이스라엘'은 본래 하나님이 통치하시는 나라입니다. 하나님이 왕이십니다. 그런데 왕이 없었다는 이야기는 하나님을 왕으로 인정하지 않았다는 뜻입니다. 그래서 그들은 '각기 자기의 소견에 옳은 대로' 살았습니다. '나름대로 신앙'을 가지고 살았던 것입니다. 그들이 하나님의 백성이라는 정체성을 점점 잃어버리게 된 이유입니다.

이것은 출애굽기 묵상을 통해서 우리가 발견해야 하는 가장 중요한 메시지입니다. 하나님의 백성은 하나님의 명령대로 순종하여 따르는 사람이어야 합니다. 이것이 그들의 운명적인 정체성입니다.

성막의 조립

성막을 구성하는 부분들은 모두 제작이 끝났고 이제 성막을 조립하여 봉헌하는 일만 남았습니다. 하나님은 모세에게 성막 봉헌의 날짜를 정해주십니다.

1여호와께서 모세에게 말씀하여 이르시되 2너는 첫째 달 초하루에 성막 곧 회막을 세우고 3또 증거궤를 들여놓고 또 휘장으로 그 궤를 가리고…(출 40:1-3).

하나님은 '첫째 달 초하루'에 성막을 조립하여 세우라고 말씀하십니다. 물론 둘째 해의 첫째 달입니다. 그들이 이집트에서 탈출한 날짜가 '첫째 해 첫째 달 십오일'이었습니다. 3개월 후에 이곳 시내산에 도착했습니다. 그러니까 그로부터 8개월 정도 지나간 셈입니다. 하긴 모세가 그동안 두 번씩이나 40일을 시내산에 올라가서 지냈으니까, 그것만 더해도 80일이 지나갔습니다. 그리고 성막의 규모를 생각해 보면, 성막을 제작하는데 그렇게 많은 시간이 걸렸다고 할 수는 없습니다.

아무튼, 하나님이 명령하신 대로 그들은 '둘째 해 첫째 달 초하루'에 마침내 성막을 세우게 되었습니다(출 40:17). 새로운 한 해를 맞이하면서 '성막 예배'를 시작하게 된 것은 아주 특별한 의미가 있습니다. 성막 봉헌은 증거궤를 둘 성소를 조립하는 일부터 시작되었습니다.

> 18모세가 성막을 세우되 그 받침들을 놓고 그 널판들을 세우고 그 띠를 띠우고 그 기둥들을 세우고 19또 성막 위에 막을 펴고 그 위에 덮개를 덮으니 여호와께서 모세에게 명령하신 대로 되니라(출 40:18-19).

성막은 조립식 건물이었습니다. 규격화된 널판을 은받침과 윗고리로 고정하고 중간에 조각목 띠로 연결하여 일단 직사각형 형태의 건물을 만듭니다. 그 위에 막을 펴고 덮개로 덮어서 회막을 완성합니다. 거기에 들어가야 할 부품들이 얼마나 많은지 그 수를 헤아릴 수 없을 정도입니다. 하나의 널판을 만들기 위해서도 여러 조각의 나무들을 모아야 합니다. 그래야 높이 10큐비트와 너비 1.5큐비트짜리 널판이 나옵니다. 그 많은 부품 하나하나가 누군가의 손에 의해서 만들어진 것입니다.

널판의 아랫부분을 고정하는 은받침이나 윗부분을 연결하는 윗고리나 널판 하나라도 만일 규격에 맞지 않거나 다른 모양을 하고 있다면 어떻게 될까요? 성막을 조립할 수 없습니다. 그래서 하나님이 명령하신 대로 만들어야 합니다. 자기의 생각이나 경험을 덧붙여서 나름대로 만들면 안 됩니다. 하나님의 백성을 세워가는 것도 이와 다르지 않습니다. 각각의 구성원이 하나님이 원하시는 모습으로 빚어질 때 하나의 공동체가 세워질 수 있는 것입니다.

신약의 하나님 백성인 교회도 마찬가지입니다. 사도 바울은 에베소 교회에 보낸 편지에서 이렇게 말했습니다.

> 20너희는 사도들과 선지자들의 터 위에 세우심을 입은 자라. 그리스도 예수께서

친히 모퉁잇돌이 되셨느니라. 21그의 안에서 건물마다 서로 연결하여 주 안에서 성전이 되어가고 22너희도 성령 안에서 하나님이 거하실 처소가 되기 위하여 그리스도 예수 안에서 함께 지어져 가느니라(엡 2:20-22).

믿음의 지체들이 서로 연결되어 있지 않으면 하나님이 거하시는 성전이 만들어지지 않는다는 겁니다. 그런데 서로 다른 사람들이 어떻게 하나로 연결될 수 있을까요? 예수 그리스도라는 모퉁잇돌에 연결되어 있으면 됩니다. 예수님을 주님으로 믿고 따른다는 공통분모로 인해서 서로 연결되어 하나님의 성전으로 지어져 갈 수 있는 것입니다. 여기에서도 결정적인 요인은 '말씀대로 신앙'입니다. '나름대로 신앙'은 기껏해야 교회의 분열을 만들어낼 뿐입니다.

기구의 배치

성소를 조립한 후에는 기구들을 정해진 자리에 잘 배치해야 합니다.

3또 증거궤를 들여놓고 또 휘장으로 그 궤를 가리고 4또 상을 들여놓고 그 위에 물품을 진설하고 등잔대를 들여놓아 불을 켜고 5또 금 향단을 증거궤 앞에 두고 성막 문에 휘장을 달고…(출 40:3-5).

가장 먼저 자리를 잡아야 할 것은 물론 증거궤입니다. 증거궤는 십계명 돌판을 넣어두는 곳입니다. 그곳에서 하나님이 임재하셔서 하나님의 백성이 드리는 예배를 받아주실 것입니다. 그러면서 그들의 죄를 용서해 주시고 필요한 말씀을 주실 것입니다. 하나님은 이 증거궤를 지성소에 두라고 말씀하셨습니다.

성소에는 세 가지 기구들을 두어야 합니다. 가장 중요한 것은 '진설병

상'입니다. 안식일마다 새롭게 진열하는 진설병은 성만찬에서 나누는 주님의 살을 상징한다는 사실을 나중에 알게 될 것입니다. 그다음에는 '등잔대'를 들여놓고 불을 켜두어야 합니다. 등잔대는 매일 묵상하는 말씀의 등불을 의미한다고 했습니다. 마지막으로 '분향단'을 증거궤 앞에 두어야 합니다. 매일 사르는 향은 하나님께 드리는 성도의 기도를 상징합니다.

성막의 뜰에 두어야 할 기구들도 있습니다.

> 29 또 회막의 성막 문 앞에 번제단을 두고 번제와 소제를 그 위에 드리니 여호와께서 모세에게 명령하신 대로 되니라. 30 그는 또 물두멍을 회막과 제단 사이에 두고 거기 씻을 물을 담으니라(출 40:29-30).

성막 뜰로 들어오면 가장 먼저 '번제단'을 만나게 됩니다. 그곳에서 희생제물을 번제로 드리고, 죄를 용서받아야 합니다. 하나님께 드리는 예배는 언제나 '회개'로 시작되어야 한다는 것을 일러주는 상징입니다. 그다음에는 제사장이 회막으로 들어가거나 나올 때 손발을 씻는 '물두멍'이 놓이게 됩니다. 새로운 언약을 통해서 이 물두멍이 바로 '세례'와 '거듭남'을 상징한다는 사실을 알게 됩니다.

그리고 가장 마지막으로 성막 울타리를 설치합니다.

> 그는 또 성막과 제단 주위 뜰에 포장을 치고 뜰 문에 휘장을 다니라…(출 40:33a).

성막 뜰을 구분하기 위해서 기둥을 세우고 그 사이를 세마포 휘장으로 연결하여 울타리(fence)를 만듭니다. 울타리의 높이가 5큐비트이기 때문에 밖에서는 안을 들여다볼 수 없습니다(출 27:18). 그러나 이 울타리는 성막 뜰을 구별하기 위한 것이지 보호하기 위한 용도는 아닙니다. 하나님의 임재를 체험하려면 동쪽의 휘장 문을 통해서 반드시 성막 뜰로 들어와야 합니다.

이렇게 성소를 조립하여 세우는 일부터 시작하여 기구들을 제자리에 배치하고 성막 울타리를 세우는 것까지 단 한 번의 시도로 아무런 착오 없이 성막이 모두 조립되었습니다. 성막 봉헌을 위한 다음 단계는 관유를 바르는 것입니다.

또 관유를 가져다가 성막과 그 안에 있는 모든 것에 발라 그것과 그 모든 기구를 거룩하게 하라. 그것이 거룩하리라(출 40:9).

관유(灌油)는 말 그대로 성별(聖別)하기 위하여 바르는 기름(the anointing oil)입니다. 오직 하나님께 예배드릴 때만 사용하도록 구별하는 의식입니다. 성막뿐만 아니라 그 안에 있는 모든 기구에 바릅니다. 예배를 집례하는 제사장들도 마찬가지입니다. 그들을 데려다가 물로 씻기고 옷을 입히고 기름을 부어 구별하여 세웁니다(출 40:12-15). 그렇게 성막을 봉헌할 준비가 모두 끝났습니다.

하나님 앞에 나아가는 '성막 예배'에 각각의 기구들이 어떤 의미와 지침을 담고 있는지 아직은 잘 모릅니다. 예수 그리스도의 십자가 사건을 통해서 그 의미를 완전히 깨달을 때까지 제법 오랜 시간이 흘러야 할 것입니다. 그렇지만 하나님이 두라는 곳에 두고, 하라는 대로 하면 됩니다. 지금은 충분히 이해하지 못한다 해도 언젠가 이해할 수 있을 때가 반드시 올 것입니다.

하나님의 임재

자, 그러면 성막 봉헌예식은 언제 시작될까요? 이미 시작되었습니다. 성소의 널판을 조립할 때부터 이미 봉헌예식은 시작되었던 것입니다. 하나님은 성막의 조립이 완성되자마자 기다렸다는 듯이 그곳에 임하십니다.

33... 모세가 이같이 역사를 마치니 34구름이 회막에 덮이고 여호와의 영광이 성막에 충만하매 35모세가 회막에 들어갈 수 없었으니 이는 구름이 회막 위에 덮이고 여호와의 영광이 성막에 충만함이었으며...(출 40:33b-35).

하나님의 영광이 연기나 구름으로 나타나는 것은 성경에서 흔히 목격할 수 있는 현상입니다. 하나님이 시내산에 임하셨을 때 '빽빽한 구름'이 산을 덮었습니다(출 19:16). 이사야가 보좌 환상을 볼 때도 '성전에 연기가 충만'했습니다(사 6:4). 모세가 성막을 봉헌하는 장면에서도 마찬가지입니다. 구름이 회막에 덮이고 하나님의 영광이 성막에 충만했습니다.
여기에서 우리의 시선을 끄는 것은 "모세가 회막에 들어갈 수 없었다"는 말씀입니다. 지금까지 우리가 살펴보았듯이 회막은 그리 크지 않은 공간입니다. 지성소는 더더욱 그렇습니다. 전능하신 하나님을 모시기에 너무나 작고 초라한 공간입니다. 그래서 하나님의 영광이 가득한 그곳에 모세가 감히 들어갈 엄두를 낼 수 없었던 것입니다.
솔로몬 왕이 예루살렘 성전을 건축하고 언약궤를 지성소로 옮기면서 성전을 봉헌할 때도 이와 똑같은 현상이 벌어졌습니다.

10제사장이 성소에서 나올 때에 구름이 여호와의 성전에 가득하매 11제사장이 그 구름으로 말미암아 능히 서서 섬기지 못하였으니 이는 여호와의 영광이 여호와의 성전에 가득함이었더라(왕상 8:10-11).

아무리 화려하고 웅장하게 성전을 건축했다고 하더라도 하나님을 모시기에는 턱없이 부족합니다. 여호와의 영광만으로도 성전이 가득 차고 넘쳤습니다. 그러니 제사장이 어떻게 감히 그 앞에 서서 섬길 수 있었겠습니까?

사도 요한이 목격한 마지막 때의 환상에서도 하늘에 있는 '증거 장막'의 성전이 나옵니다.

5또 이 일 후에 내가 보니 하늘에 증거 장막의 성전이 열리며 6일곱 재앙을 가진 일곱 천사가 성전으로부터 나와 맑고 빛난 세마포 옷을 입고 가슴에 금 띠를 띠고…(계 15:5-6).

여기에 등장하는 '증거 장막'(the tabernacle of witness)은 지금 모세가 봉헌하는 바로 그 장막을 가리키는 말입니다. 그것을 사도 요한은 '하늘에 있는 성전'이라고 합니다. 그러니까 히브리서 기자가 표현한 대로, 하늘에 있는 성전의 모형(copy)과 그림자(shadow)로 모세의 성막이 시내 광야에서 만들어진 것입니다(히 8:5). 바로 이곳에서도 똑같은 장면이 연출됩니다.

하나님의 영광과 능력으로 말미암아 성전에 연기가 가득 차매 일곱 천사의 일곱 재앙이 마치기까지는 성전에 능히 들어갈 자가 없더라(계 15:8).

그렇습니다. 하늘에 있는 성전이든, 예루살렘 성전이든, 광야에 지은 성막이든 하나님을 모시기에 턱없이 부족한 것은 마찬가지입니다. 어느 곳이든 하나님이 임재하시면 그 누구도 하나님의 영광과 능력 앞에 감히 설 수 없습니다. 그런데 하나님은 그곳에서 우리를 만나주시고, 우리의 예배를 받아주시고, 우리의 죄를 용서해주시고, 또한 우리에게 말씀하시기로 하셨다는 사실입니다. 바로 그것이 하나님이 베풀어주시는 은혜입니다. 우리가 이렇게 예배할 수 있는 것 자체가 하나님의 은혜인 것입니다.

그 모든 일이 어디에서 시작되었습니까? 바로 성막으로부터 시작되었습니다. '성막 예배'는 하나님의 백성을 매일 만나주시기 위해서 하나님께서 친히 가르쳐주신 방식입니다. 그 방식에 따라서 매일 하나님 앞에 나아가면 됩니다. 그 일이 시작되고 있는 장면을 우리는 지금 여기에서 목격하고 있는 것입니다.

성막과 새 예루살렘

성막 예배의 의미와 가치는 예수 그리스도의 십자가 사건을 통해서 분명하게 드러날 것입니다. 그러나 그것이 전부가 아닙니다. 이 성막에는 놀랍게도 마지막 때에 하나님께서 이 땅에 완성하실 하나님 나라에 대한 비전이 담겨있습니다. 사도 요한이 본 '새 예루살렘'의 환상에서 우리는 그 사실을 확인할 수 있습니다.

> 9일곱 대접을 가지고 마지막 일곱 재앙을 담은 일곱 천사 중 하나가 나아와서 내게 말하여 이르되 이리 오라, 내가 신부 곧 어린 양의 아내를 네게 보이리라 하고 10성령으로 나를 데리고 크고 높은 산으로 올라가 하나님께로부터 하늘에서 내려오는 거룩한 성 예루살렘을 보이니…(계 21:9-10).

여기에 등장하는 '새 예루살렘'은 '어린 양의 신부' 즉 신구약 시대의 모든 하나님의 백성을 위해서 준비된 하나님 나라를 의미합니다. 그 나라가 지금 하늘에서 내려오고 있는 것입니다. 그런데 새 예루살렘의 모습이 아주 특이합니다.

> 15내게 말하는 자가 그 성과 그 문들과 성곽을 측량하려고 금 갈대 자를 가졌더

라. 그 성은 네모가 반듯하여 길이와 너비가 같은지라. 16그 갈대 자로 그 성을 측량하니 만 이천 스다디온이요 길이와 너비와 높이가 같더라(계 21:15-16).

새 예루살렘의 외형은 '네모가 반듯한' 정육면체(cube)의 모습을 하고 있습니다. 그 규모가 엄청납니다. 한 '스다디온'(a stadion)은 말 경주를 하는 경기장의 크기입니다. '만 이천 스다디온'은 2,400km에 육박하는 길이입니다. 그러니까 새 예루살렘은 2,400km 길이와 너비와 높이의 입체 도시가 되는 셈입니다. 왜 이런 모양일까 궁금하지 않을 수 없습니다. 그 단서가 바로 뒤에 나옵니다.

성 안에서 내가 성전을 보지 못하였으니 이는 주 하나님 곧 전능하신 이와 및 어린 양이 그 성전이심이라(계 21:22).

새 예루살렘 안에는 성전이 따로 없습니다. 왜냐면 하나님과 어린 양이 곧 성전이시기 때문입니다. 바로 이 대목에서 우리는 새 예루살렘의 구조가 정육면체로 되어있는 이유를 발견하게 됩니다. 앞장에서 이미 강조했듯이, 시내산에서 모세가 만들었던 성막의 지성소나, 솔로몬이 세웠던 성전의 지성소는 모두 정육면체로 되어있었습니다(왕상 6:19-20). 그렇다면 이 말씀이 무슨 뜻입니까?

새 예루살렘 자체가 곧 지성소라는 뜻입니다. 그 안에서는 누구나 직접 하나님의 얼굴을 뵐 수 있습니다. 언제라도 하나님께 예배할 수 있습니다. 그렇게 하려고 새 예루살렘을 아예 지성소로 만드신 것입니다. 그렇습니다. 하나님 나라는 착한 일 많이 한 사람들이 죽어서 가는 좋은 세상이 아닙니다. 하나님이 가르쳐주신 대로 예배하는 하나님 백성을 통해 이 땅에 완성하시는 지성소입니다. 그 마지막 때의 비전을 모세의 성막에 이미 담아두신 것이지요.

그런 의미에서 출애굽공동체가 '예배공동체'로 빚어져서 성막을 중심으로 새롭게 출발하는 이 대목이 얼마나 중요한지 모릅니다. 그들을 통해서 창조 질서를 회복하는 구원의 길이 앞으로 펼쳐질 것이기 때문입니다.

> 36구름이 성막 위에서 떠오를 때에는 이스라엘 자손이 그 모든 행진하는 길에 앞으로 나아갔고 37구름이 떠오르지 않을 때에는 떠오르는 날까지 나아가지 아니하였으며 38낮에는 여호와의 구름이 성막 위에 있고 밤에는 불이 그 구름 가운데에 있음을 이스라엘의 온 족속이 그 모든 행진하는 길에서 그들의 눈으로 보았더라(출 40:36-38).

하나님의 백성은 어떤 일이 있어도 절대로 하나님보다 앞서지 않습니다. 구름이 떠오르면 성막을 걷어서 모두 나누어 짊어지고 따라갑니다. 구름이 머물면 그곳에 다시 성막을 조립하여 세우고 하나님께 예배를 드립니다. 그렇게 예배하면서 사는 사람들이 바로 하나님 백성입니다. 그들을 통해서 마침내 이 땅에 하나님의 나라가 완성될 것입니다.

이집트에서 학대받던 히브리인을 부르셔서 그 길을 걷게 하신 하나님께서, 죄의 종살이하던 우리를 부르셔서 또한 그 길을 걷게 하셨습니다. 우리가 왜 이곳에 서 있는지, 어디를 향해 갈 것인지, 무엇을 하며 살 것인지 분명히 알고 하나님의 인도하심 따라서 말씀에 순종하며 우리 삶이 다하는 날까지 이 길을 걷게 되기를 간절히 소원합니다.

* 묵상 질문: 나는 지금 하나님의 백성으로 살고 있는가?
* 오늘의 기도: 이제부터 어떤 일이 있더라도 하나님보다 앞서지 않게 해주옵소서. 하나님이 가라 하시면 언제든 따라가고, 하나님이 서라 하시면 어디든 설 수 있게 하옵소서. 우리에게 주어진 삶의 자리가 어디이든, 그 자리에서 늘

하나님께 예배하며 살아가는 하나님 백성이 되게 하옵소서. 예수님의 이름으로 기도합니다. 아멘.

출애굽 세대의
광야 생활

| 민수기 1-20장 |

여호와의 군대

읽을 말씀: 민수기 1:1-4:49

새길 말씀: 여호와께서 모세와 아론에게 말씀하여 이르시되 이스라엘 자손은 각각 자기의 진영의 군기와 자기의 조상의 가문의 기호 곁에 진을 치되 회막을 향하여 사방으로 치라. … 이스라엘 자손이 여호와께서 모세에게 명령하신 대로 다 준행하여 각기 종족과 조상의 가문에 따르며 자기들의 기를 따라 진치기도 하며 행진하기도 하였더라(민수기 2:1-2, 34).

'출애굽기'는 이집트에서 학대받던 히브리인들이 탈출하는 것으로 시작합니다. 그들은 지중해 해안의 빠른 길로 가지 않고 멀리 돌아 시내산에 와서 하나님과 계약을 맺습니다. 그리고 하나님이 가르쳐주신 대로 그곳에 성막을 세우고 예배하는 것으로 출애굽기 이야기는 마칩니다. 여기까지 오는 동안 꽤 많은 시간이 흘렀을 것으로 보이지만, 이제 겨우 일년이 되었습니다. 이집트를 탈출한 게 '첫째 달 15일'이었고, 시내산에 성막을 세운 게 그다음 해 '첫째 달 초하루'였으니 말입니다.

그런데 우리가 알고 있는 대로라면, 그들은 40년이 지나서야 가나안 땅으로 들어갑니다. 앞으로 39년을 광야에서 더 살아야 한다는 이야기입니다. 사실 시내산에서 가나안 땅까지 그리 먼 거리가 아닙니다. 불과 열 하룻길입니다(신 1:2). 그렇다면 그들은 왜 그렇게 오랫동안 광야 생활을 해야 했던 것일까요? 하나님이 정해놓은 시간 계획이 본래 그랬던 것일까요? 아닙니다.

시내산 계약을 맺기 전에 하나님은 분명히 그들에게 약속하셨습니다. 앞으로 '일 년 안에' 약속의 땅에 들어가게 해주시겠다고 말입니다(출 23:29). 지금까지는 하나님의 계획대로 진행되었습니다. 시내산에 도착한 지 8개월 만에 성막이 완성되었습니다(출 40:17). 이제 둘째 해 둘째 달 스무날이 되면 시내산을 출발하게 됩니다(민 10:11). 그렇게 곧바로 가나안 땅으로 들어가기만 하면 하나님이 약속하신 대로 꼭 '일 년 안'에 들어가는 것이 됩니다.

실제로 그들은 가나안 문턱까지 갔습니다. 그러나 약속의 땅에 들어가는 일에는 실패하고 말았습니다. 무엇이 문제였을까요? 무엇이 잘못되었기에 광야에서 그들의 소중한 인생을 허비해야 했을까요? 그 이유를 알아보기 위해서 우리는 '출애굽기'의 후기(後記) 격인 '민수기' 이야기를 읽어보아야 합니다. 약속의 땅을 향해 나아가는 하나님의 백성으로 우리도 부름을 받았습니다. 그들과 똑같은 실패를 반복하지 않으려면, 우리는 '출애굽 세대의 광야 생활'에 대해서 조금 더 자세히 살펴보아야 합니다.

군대 조직 재편

시내산을 출발하여 가나안 땅으로 가기 전에, 출애굽공동체가 준비해야 할 일이 하나 더 있었습니다. 그것은 군대 조직을 갖추는 것입니다. 가나안 땅을 정복하기 위해서 꼭 필요한 일이었습니다.

1이스라엘 자손이 애굽 땅에서 나온 후 둘째 해 둘째 달 첫째 날에 여호와께서 시내 광야 회막에서 모세에게 말씀하여 이르시되 2너희는 이스라엘 자손의 모든 회중 각 남자의 수를 그들의 종족과 조상의 가문에 따라 그 명수대로 계수할지니 3이스라엘 중 이십 세 이상으로 싸움에 나갈 만한 모든 자를 너와 아론은 그 진영별로 계수하되 4각 지파의 각 조상의 가문의 우두머리 한 사람씩을 너희와 함께 하게 하라(민 1:1-4).

이 대목을 흔히 이스라엘 자손의 숫자를 헤아리라는 '인구조사 명령'으로 생각합니다만, 아닙니다. 전체의 인구를 조사하라는 명령이 아닙니다. 20세 이상으로 싸움에 나갈 만한 남자, 즉 군대의 숫자를 계수하라는 명령입니다. 이는 단순한 인구조사가 아니라 앞으로 펼쳐질 가나안 정복을 위해서 조직을 정비하는 작업이었다는 뜻입니다. 더 정확하게 표현하면, 출애굽공동체를 '군대 조직'으로 재편하라는 하나님의 명령이었던 것입니다.

우리는 이스라엘 군대의 숫자를 이미 잘 알고 있습니다. 이집트에서 탈출하는 장면에 기록되었기 때문입니다.

37이스라엘 자손이 라암셋을 떠나서 숙곳에 이르니 유아 외에 보행하는 장정이 육십만 가량이요 38수많은 잡족과 양과 소와 심히 많은 가축이 그들과 함께하였으며…(출 12:37-38).

여기에서 '보행하는 장정'(men on foot)은 보병(步兵)을 의미한다고 했습니다. 육십만 명의 보병이 이집트를 탈출한 것입니다. 물론 이것은 출애굽 당일에 계산된 숫자는 아닙니다. 이집트를 빠져나오기에 급급한 상황에서 한가롭게 숫자를 헤아릴 수는 없는 일이지요. 그것은 시내산 체류 기간의 끝 무렵에 와서야 이루어졌습니다. 바로 오늘 민수기 본문이

담고 있는 이야기입니다. 정확하게는 '육십만 삼천오백오십(603,550) 명'
입니다(민 1:46).

그런데 이집트에 들어간 야곱의 자손은 불과 '칠십 명'이었습니다(출
1:5). 그들이 이집트에 머문 기간은 고작 '430년'입니다. 그 짧은 기간에
인구가 거의 만 배로 늘어난 셈입니다. 이는 자연적인 인구 증가로는 도
무지 설명할 수 없습니다. 우리는 그 해답을 '히브리인'에서 찾았습니다.
'히브리인' 또는 '하피루'는 제국의 변두리를 떠돌아다니던 '사회계층'을
가리킨다고 했습니다. 그들이 이집트에서 머물면서 야곱의 후손과 함께
파라오에게 학대를 받고 있다가 동반해서 탈출한 것입니다.

'수많은 잡족'(mixed multitudes)이 바로 그들입니다. 그들은 야곱의 후
손과 함께 시내산으로 와서 하나님과 계약을 맺고 '하나님의 백성'이 되
었습니다. 그러니까 이집트를 탈출한 육십만 명은 '수많은 잡족'이 포함
된 숫자입니다. 물론 그 중심에는 야곱의 후손이 있었습니다. 야곱의 열
두 지파가 출애굽공동체의 기본적인 골격을 이루고 있었습니다. 그러나
야곱의 후손으로만 육십만 명의 보병이 구성된 것은 아닙니다.

사실 처음에는 아무런 조직 없이 그냥 지내왔습니다. 그러다가 르비
딤광야에서 모세의 장인 이드로의 조언을 받아들여 중간 지도자를 세우
고 조직을 갖추기 시작했지요. 그러나 그것은 공동체의 내부적인 민원을
해결하기 위한 '행정 조직'이었지, 전쟁을 치르기 위한 '군대 조직'은 아니
었습니다. 하나님은 지금 그 조직을 갖추라고 모세에게 명령하고 계시는
것입니다.

하나님은 어떻게 조직해야 할지 그 방법에 대해서도 분명히 가르쳐
주셨습니다. "그 진영별로 계수하라"는 명령이 그것입니다. 우리말 '진영'
(陣營)에 해당하는 히브리어는 '차바'(tsaba)의 복수형입니다. 영어로는
'부대'(armies)로 번역됩니다. 중대, 대대, 연대와 같은 부대로 나누라는
말씀입니다. 그런데 아무렇게나 무작위로 나눌 수는 없는 일입니다. 이

때 등장한 것이 바로 '각 지파'입니다. 그러니까 야곱의 후손 열두 지파를 골격으로 하여 '수많은 잡족'을 골고루 재배치하라는 말씀입니다.

그들은 이미 '히브리인의 하나님'을 자신의 하나님으로 받아들인 사람들입니다. 홍해 사건을 통해서 야곱의 후손과 함께 놀라운 구원의 역사를 체험했습니다. 시내산에서 피 뿌림의 계약을 통해서 그들도 하나님의 백성이 되었습니다. 성막을 제작하는 일에 그들도 함께 참여했습니다. 성막 예배를 통해서 예배공동체의 구성원이 되었습니다. 그들을 각 지파에 나누어 소속하게 하는 것은 조금도 어색한 일이 아닙니다.

그렇게 출애굽공동체를 각 지파(tribes)와 종족(clans)과 가문(families)에 따라서 계수한 숫자가 바로 '육십만 삼천오백오십 명'이 되었던 것입니다. 따라서 우리는 '지파'와 '종족'과 '가문'을 단지 혈연적인 관계의 용어로만 이해하면 안 됩니다. 오히려 '연대', '대대', '중대'와 같은 군대 용어로 받아들이는 것이 출애굽공동체에 대한 오해를 줄이는 길입니다. 이스라엘은 같은 조상의 피를 이어받은 '혈연공동체'가 아니라, '히브리인의 하나님'을 자신의 하나님으로 받아들인 '신앙공동체'이기 때문입니다.

레위지파의 계수

그러나 레위지파는 군대의 숫자에 넣지 말라고 하십니다.

47그러나 레위인은 그들의 조상의 지파대로 그 계수에 들지 아니하였으니 48이는 여호와께서 모세에게 말씀하여 이르시되 49너는 레위지파만은 계수하지 말며 그들을 이스라엘 자손 계수 중에 넣지말고 50그들에게 증거의 성막과 그 모든 기구와 그 모든 부속품을 관리하게 하라. 그들은 그 성막과 그 모든 기구를 운반하며 거기서 봉사하며 성막 주위에 진을 칠지며 51성막을 운반할 때에는 레위인이 그것을 걷고 성막을 세울 때에는 레위인이 그것을 세울 것이요 외인이 가까이 오면 죽일지며…(민 1:47-51).

하나님은 레위지파를 계수하지 말라고 하셨습니다. 그런데 "계수하지 말라"는 말씀은 "숫자를 세지 말라"는 뜻이 아닙니다. 실제로 이때 레위지파의 숫자도 계수했습니다. 그렇게 해서 파악한 일 개월 이상된 레위지파 남자의 숫자가 '이만 이천 명'이었습니다(민 3:39). 그렇다면 "계수하지 말라"는 말씀은 무슨 뜻일까요? 레위지파를 군대 조직에 포함하지 말라는 뜻입니다. 왜냐면 그들이 해야 할 일이 따로 있기 때문입니다.

레위지파가 해야 할 일은 증거의 성막과 그 모든 기구와 부속품을 관리하는 것입니다. 성막을 이동할 때 운반하고 다시 세우는 일을 도맡아서 해야 합니다. 그 일을 위해서 레위지파는 성막에서 가장 가까운 곳에 진을 쳐야 합니다. 그들에게는 성막을 보호할 책임이 맡겨졌습니다. 외부인의 접근을 막아야 하고, 필요하다면 죽여도 괜찮다고 허락되었습니다. 그것은 하나님에 대한 경외심을 갖게 하면서, 동시에 하나님께 나아가는 방법을 따르게 하기 위해서였습니다.

그런데 왜 하필 레위지파일까요? 하나님은 왜 하필 레위지파를 선택하셨을까요? 어떤 분들은 "외부인이 가까이 오면 죽이라"는 명령에 근거하여, 금송아지사건 때 하나님이 레위지파를 심판의 도구로 사용했기 때문에 그들을 선택했을 것이라고 설명합니다(출 32:26). 그러나 우리가 이미 살펴본 대로 그것은 하나님의 심판이 아니라, 모세의 사사로운 심판이었습니다. 하나님이 레위지파를 선택한 이유는 초태생의 규례와 상관 있습니다.

11여호와께서 모세에게 말씀하여 이르시되 12보라 내가 이스라엘 자손 중에서 레위인을 택하여 이스라엘 자손 중에 태를 열어 태어난 모든 맏이를 대신하게 하였은즉 레위인은 내 것이라. 13처음 태어난 자는 다 내 것임은 내가 애굽 땅에서 그 처음 태어난 자를 다 죽이던 날에 이스라엘의 처음 태어난 자는 사람이나 짐승을 다 거룩하게 구별하였음이니 그들은 내 것이 될 것임이니라. 나는 여호와이니라(민 3:11-13).

우리는 앞에서 초태생에 대한 하나님의 권리에 대해서 살펴보았습니다. 이집트에 내린 열 번째 재앙이었던 장자의 죽음에서 그들이 구원받았기 때문이라고 했습니다. 그래서 가축의 태에서 처음 난 것은 모두 하나님께 드려야 했고, 아들일 경우에는 대속하라고 했습니다(출 13:13). 그 대속의 방법이 바로 레위지파의 선택입니다. 이스라엘 자손의 모든 맏아들을 대신하여 레위인을 구별하여 선택하시고, 그들에게 성막을 관리하는 일을 맡기신 것입니다.

공교롭게도 레위인의 숫자가 이스라엘 장자의 숫자와 거의 비슷했습니다. 레위인의 숫자가 겨우 273명 부족했을 뿐입니다(민 3:46). 부족한 숫자는 속전 다섯 세겔을 받음으로 해결했습니다(민 3:47). 아론과 그의 아들들을 제사장으로 선택하신 것도 레위지파를 구별하시려는 하나님의 계획 속에 포함된 것입니다. 그것은 전적으로 하나님의 주권적인 선택입니다. 레위지파가 그럴만한 자격을 갖추었기 때문이 아닙니다.

레위지파도 그 가문에 따라서 세분화하여 사역을 맡깁니다. 그것을 위해서 하나님은 레위 자손을 계수하라고 명령하신 것입니다.

14여호와께서 시내 광야에서 모세에게 말씀하여 이르시되 15레위 자손을 그들의 조상의 가문과 종족을 따라 계수하되 일 개월 이상 된 남자를 다 계수하라. 16모세가 여호와의 말씀을 따라 그 명령하신 대로 계수하니라. 17레위의 아들들의 이름은 이러하니 게르손과 고핫과 므라리요…(민 3:14-17).

레위에게는 세 아들이 있었습니다. 게르손(Gershon)과 고핫(Kohath)

과 므라리(Merapi)입니다. 아론과 모세는 고핫의 손자입니다.

게르손의 자손은 성막 서쪽에 진을 치고 '성막과 장막과 그 덮개와 회막 휘장 문과 뜰의 휘장과 휘장 문'을 맡았습니다(민 3:25-26). 고핫의 자손은 성막 남쪽에 진을 치고 '증거궤와 진설병 상과 등잔대와 제단들과 성소의 휘장'을 맡았습니다(민 3:31). 므라리 자손은 성막 북쪽에 진을 치고 '성막의 널판과 띠와 기둥과 받침과 울타리 기둥과 받침과 말뚝과 줄들'을 맡았습니다(민 3:36-37).

그리고 모세와 아론은 성막 앞 동쪽에 진을 치고 성소의 직무를 수행하게 했습니다(민 3:38). 이들이 수행한 직무 중에서 무엇이 가장 중요한 일이었을까요? 모두가 다 중요한 일입니다. 증거궤를 옮기는 것이나 널판의 받침을 옮기는 것은 중요성에 있어서 아무런 차이가 나지 않습니다. 왜냐면 어느 것 하나를 잃어버리면 성막을 완성할 수 없기 때문입니다.

진영의 편성

레위지파가 성막을 책임지게 되면서, 열두 지파의 빈자리는 요셉의 아들 에브라임과 므낫세가 대신 채웠습니다. 레위지파가 성막의 사방에 진을 쳤듯이, 열두 지파도 네 진영으로 묶어서 동서남북에 자리 잡게 했습니다.

> 1여호와께서 모세와 아론에게 말씀하여 이르시되 2이스라엘 자손은 각각 자기의 진영의 군기와 자기의 조상의 가문의 기호 곁에 진을 치되 회막을 향하여 사방으로 치라(민 2:1-2).

동쪽에는 유다지파를 중심으로 스블론과 잇사갈지파가 한 진영을 이루었고, 남쪽에는 르우벤지파를 중심으로 시므온과 갓지파가 한 진영을 이루었습니다. 그리고 서쪽에는 에브라임지파를 중심으로 므낫세와 베냐민지파, 북쪽에는 단지파를 중심으로 아셀과 납달리지파가 한 진영을 이루었습니다.

각각의 진영에는 대표 지파의 군기가 세워졌습니다. 유다 진영에는 '사자' 상, 르우벤 진영에는 '사람' 상이 세워졌고, 에브라임 진영에는 '황소' 상, 단 진영에는 '독수리' 상이 세워졌습니다. 그런데 놀랍게도 이 배치는 에스겔이 바벨론 그발 강가에서 본 '보좌 환상'의 설명과 정확하게 일치합니다.

> 4내가 보니 북쪽에서부터 폭풍과 큰 구름이 오는데 그 속에서 불이 번쩍번쩍하여 빛이 그 사방에 비치며 그 불 가운데 단 쇠 같은 것이 나타나 보이고 5그 속에서 네 생물의 형상이 나타나는데… 10그 얼굴들의 모양은 넷의 앞은 사람의 얼굴이요 넷의 오른쪽은 사자의 얼굴이요 넷의 왼쪽은 소의 얼굴이요 넷의 뒤는 독수리의 얼굴이니…(겔 1:4-5, 10).

에스겔은 지금 하나님이 '이동식 보좌'를 타고 그에게 나타나는 장면을 보고 있습니다. 보좌의 사방에 등장하는 네 생물의 모습이 모세의 성막을 둘러싼 진영의 배치와 정확하게 일치하고 있는 것이지요. 이뿐만이 아닙니다. 사도 요한이 본 보좌 환상에도 똑같은 장면이 나옵니다.

> 6보좌 앞에 수정과 같은 유리 바다가 있고 보좌 가운데와 보좌 주위에 네 생물이 있는데… 7그 첫째 생물은 사자 같고 그 둘째 생물은 송아지 같고 그 셋째 생물은 얼굴이 사람 같고 그 넷째 생물은 날아가는 독수리 같은데…(계 4:6-7).

이와 같은 일치를 우리는 어떻게 받아들여야 할까요? '성막'이든 '이동식 보좌'이든 하나님과 함께 움직인다는 점에서 전혀 다르지 않다는 뜻입니다. 모세에게 성막의 진영을 편성하도록 명령하신 하나님께서 에스겔과 사도 요한에게 나타나셨다는 증거입니다. 같은 하나님이 일하고 계시는 것입니다.

후에 모압 왕 발락(Balak)의 사주를 받은 발람(Balaam)이 이스라엘을 저주하려고 하다가 그 진영의 아름다움을 보고 나서, 오히려 저주를 축복으로 바꾸는 일이 벌어집니다(민 24:1-9). 그때 발람이 보았던 이스라엘의 진영은 과연 어떤 모습이었을까 궁금해집니다.

'성막'은 하나님의 백성 이스라엘과 함께 움직이시는 임마누엘 하나님을 상징합니다. '성막 예배'는 우리가 이미 살펴본 대로, 예수 그리스도의 십자가를 통한 구원의 길을 계시했습니다. 그렇다면 이스라엘 군대의 진영 역시 십자가의 모습을 보여주고 있지 않았을까요? 그 모습에 감탄하여 발람이 저주를 축복으로 바꾸지 않았을까요?

하나님의 백성은 이집트에서 탈출하던 때의 그 모습이 아닙니다. 시내산으로 오던 광야 길에서 좌충우돌하던 모습이 아닙니다. 시내산에서 하나님과 계약을 맺은 백성이 되었습니다. 함께 성막을 건축하고 그곳에서 매일 하나님께 예배하는 공동체가 되었습니다. 거기에다가 이제는 군대 조직을 갖추게 되었습니다. 성막을 중심으로 일사불란하게 움직이는 그야말로 명실상부한 '여호와의 군대'가 되었던 것입니다(출 12:41).

이제 모든 준비가 완료되었습니다. 시내산을 출발하는 일만 남았습니다. 그들에게는 거칠 것이 하나도 없습니다. 곧장 약속의 땅을 향해서 들어가기만 하면 됩니다. 그러면 하나님의 약속이 그대로 이루어집니다. 그러나 시내산에서 가데스 바네아까지의 열 하룻길이 39년의 광야 길이 되고 말았습니다. 도대체 무엇이 문제였을까요? 다음 장에서 계속 살펴보겠습니다.

* **묵상 질문**: 나는 약속의 땅으로 들어갈 준비가 되었는가?

* **오늘의 기도**: "하나님 나라에서 멀지 않다"(막 12:34)라는 주님의 말씀이 결코 칭찬이 아니라는 사실을 깨닫게 해주옵소서. 하나님 나라의 문턱에 다다른 것으로 만족하지 않게 하시고, 믿음의 용기를 내어 그 나라에 들어갈 수 있게 해주옵소서. 그 나라에서 영원히 하나님과 더불어 살게 하옵소서. 예수님의 이름으로 기도합니다. 아멘.

탐욕의 무덤

읽을 말씀: 민수기 10:11-11:35

새길 말씀: 백성이 일어나 그날 종일 종야와 그 이튿날 종일토록 메추라기를 모으니 적게
모은 자도 열 호멜이라. 그들이 자기들을 위하여 진영 사면에 펴 두었더라.
고기가 아직 이 사이에 있어 씹히기 전에 여호와께서 백성에게 대하여 진노하
사 심히 큰 재앙으로 치셨으므로 그곳 이름을 기브롯 핫다아와라 불렀으니
욕심을 낸 백성을 거기 장사함이었더라(민수기 11:32-34).

이집트를 탈출하던 히브리인들은 말 그대로 어중이떠중이였습니다.
어디로 가는지도 모르고 아무런 조직도 갖추지 못한 채 그냥 우르르 몰려
나왔습니다. 모세가 그들의 유일한 지도자였습니다. 그때는 그것으로 충
분했습니다. 그들은 모세를 통해서 홍해가 갈라지는 놀라운 일을 경험하
기도 했고, 마라의 쓴 물이 단물로 바뀌는 이적을 체험하기도 했습니다.
르비딤광야에서는 난생처음으로 전쟁에서 승리하기도 했습니다. 이드
로의 도움으로 행정적인 조직도 갖추었습니다.

그러나 아직 하나님의 백성이 된 것은 아니었습니다. 시내산에서 십

계명과 계약법에 대한 가르침을 받고, 하나님과 계약을 맺으면서 비로소 그들에게서 '하나님 백성'다운 면모가 조금씩 드러나기 시작했습니다. 물론 금송아지사건으로 심각한 위기를 겪기도 했지만, 곧바로 성막 예배가 도입되면서 제자리를 찾았습니다. 그렇게 '구원공동체'와 '계약공동체'가 '예배공동체'로 나아가게 되었던 것입니다.

거기에다가 앞장에서 살펴보았듯이, 군대 조직으로 전열을 정비하면서, 성막을 중심으로 일사불란하게 움직이는 명실상부한 '여호와의 군대'로 거듭났습니다. 12지파는 네 개의 진영으로 편성되어 성막의 동서남북에 각각 자리를 잡았고, 레위지파는 오직 성막을 관리하는 일에만 전념할 수 있게 되었습니다. 이는 모두 하나님의 지시와 명령에 따라서 진행된 일이었습니다.

이제 시내산을 떠날 준비가 끝났습니다. 그들은 호기롭게 약속의 땅을 향해 출발합니다. 그러나 시내산에서 가데스 바네아까지의 '열 하룻 길'이 '39년의 광야 길'이 되고 말았습니다. 사실 출애굽 세대의 광야 생활은 일 년 남짓으로 충분했습니다. 곧바로 가나안 땅에 들어갈 수도 있었습니다. 그런데 그러지 못했습니다. 그 이유가 무엇이었을까요? 민수기에 기록된 여정을 따라가면서 그 이유를 찾아보려고 합니다.

출발 그리고 원망

드디어 하나님이 정하신 때가 되었습니다. 구름이 성막에서 떠올라 움직이기 시작했고, 여호와의 군대도 같이 움직이기 시작했습니다.

11둘째 해 둘째 달 스무날에 구름이 증거의 성막에서 떠오르매 12이스라엘 자손이 시내 광야에서 출발하여 자기 길을 가더니 바란 광야에 구름이 머무니라(민 10:11-12).

이집트를 떠난 지 '삼 개월'이 되던 날에 이곳 시내 광야에 도착했으니까(출 19:1), 꼭 10개월 만에 떠나게 된 것입니다. 이곳에 올 때와 비교해 보면 참 많이 달라졌습니다. 무엇보다도 그들에게는 '성막'이 생겼습니다. 그들과 함께하시는 임마누엘 하나님께 예배하는 곳이 생긴 것입니다. 거기에다 질서가 잡혔습니다. 특히 '수많은 잡족'이 자기 자리를 찾았습니다. 소속된 지파가 생겨났고, 진정한 의미에서 신앙공동체의 구성원이 되었습니다.

선두에는 유다 진영의 깃발이 앞장섰고, 레위지파 게르손 자손과 므라리 자손이 성막을 메고 출발했습니다. 르우벤 진영의 깃발이 그 뒤를 따랐고, 레위지파 고핫 자손이 성물을 메고 행진했습니다. 그다음에 에브라임 진영의 깃발이 출발했고, 마지막으로 후방 경계를 맡은 단 진영이 깃발을 앞세우고 행진했습니다. 모두 하나님이 가르쳐주신 순서 대로입니다. 일사불란하게 움직이는 그들의 모습은 약속의 땅에 들어갈 준비가 다 된 듯했습니다.

그런데 겨우 사흘 길을 행진하고(민 10:33) 그들 중에 원망하는 사람들이 생겨났습니다.

1 여호와께서 들으시기에 백성이 악한 말로 원망하매 여호와께서 들으시고 진노하사 여호와의 불을 그들 중에 붙여서 진영 끝을 사르게 하시매 2 백성이 모세에게 부르짖으므로 모세가 여호와께 기도하니 불이 꺼졌더라. 3 그곳 이름을 다베라라 불렀으니 이는 여호와의 불이 그들 중에 붙은 까닭이었더라(민 11:1-3).

우리말 성경은 "악한 말로 원망했다"고 번역하고 있지만, 본래는 "악에 대해서 원망했다"라고 해야 합니다. '악'(히. rah)을 NIV 성경은 '어려움'(hardship)으로, ESV 성경은 '불행'(misfortune)으로, 메시지 성경은 '고단한 삶'(hard life)으로 풀이합니다. 한 자리에서 가만히 머물고 있다가 다시 짐을 싸 들고 움직이려니 아무래도 힘들었겠지요. 얼마든지 불평이 나올 수 있는 상황입니다.

그런데 하나님은 그들의 불평하는 말을 들으시고 몹시 진노하셨습니다. '여호와의 불'이 진영 끝을 살라버렸으니 말입니다. 진영 끝이었기에 망정이지 만일 진영 가운데에 불이 붙었다면 정말 큰일 날 뻔했습니다. 백성은 즉시 모세에게 도움을 청했고, 모세는 하나님께 기도하여 불이 꺼졌습니다. 그때부터 그곳 이름을 '불사름'(blaze)이라는 뜻의 '다베라' (Taberah)라고 불렀습니다.

이와 같은 하나님의 민감한 반응은 조금 생소하게 느껴집니다. 시내 산에 도착하기 전까지는 단 한 번도 그런 식으로 대응하지 않으셨기 때문입니다. 단지 백성이 불평하는 문제를 해결해주셨지 이렇게 진노하신 적은 없었습니다. 쓴 물을 불평하면 단물로 바꾸어주셨고, 물이 없다고 불평하면 바위에서 물이 터져 나오게 해주셨고, 먹을 게 없다고 불평하면 만나를 내려주셨습니다. 이번에는 몇몇 사람들이 고작 자신의 '고단한 삶'을 두고 구시렁거렸을 뿐인데, 하늘에서 불이 떨어진 것입니다!

뭐가 달라진 것일까요? 그의 백성을 향한 하나님의 기대가 달라졌습니다. 하나님과 계약을 맺기 전과 그 후의 기대가 달라진 것입니다. 하나님은 그들에게 십계명과 그에 따른 부속법을 자세히 가르쳐주셨습니다. 성막을 통해서 매일 하나님께 나아가 예배하는 방법도 가르쳐주셨습니다. 그렇다면 하나님의 백성으로서 그들도 무언가 달라진 모습을 보여야 합니다. 그런 기대가 결코 잘못된 것은 아닙니다.

문제는 원망과 불평의 못된 습관이 하루아침에 바뀌지 않는다는 사실입니다. 습관이 바뀌지 않는다면 어떤 상황에서든 곧 불평의 이유를 찾아낼 것입니다. 그렇다고 해서 모른 척 덮어둘 수도 없는 일입니다. 오히려 그들을 향한 하나님의 기대가 달라졌음을 분명히 알려주어야 합니다. 그러지 않으면 평생 가도 그들은 달라지지 않을 것입니다. 계약을 맺었다고 해서, 조직이 새로워졌다고 해서, 자동으로 하나님의 백성이 되지 않습니다. 하나님의 백성다움은 '불평'에서 '감사'로, '불신'에서 '확신'으로 바뀐 삶을 통해 드러나게 되어있습니다.

그런데 백성의 원망하는 습관을 이처럼 심각하게 다루시는 데는 다 그럴만한 이유가 있습니다. 그 못된 습관으로 말미암아 결정적인 순간에 그들이 하나님의 말씀에 순종하지 못할 것을 잘 알고 계셨기 때문입니다. 이곳 다베라에서는 삶이 고단하다는 이유로 몇몇 사람들이 불평했지만, 이제 조만간 그 불평은 모든 사람을 전염시킬 것이기 때문입니다.

탐욕의 불평

아니나 다를까 또 다른 불평이 고개를 들기 시작했습니다.

> 4그들 중에 섞여 사는 다른 인종들이 탐욕을 품으매 이스라엘 자손도 다시 울며 이르되 누가 우리에게 고기를 주어 먹게 하랴. 5우리가 애굽에 있을 때에는 값없이 생선과 오이와 참외와 부추와 파와 마늘들을 먹은 것이 생각나거늘 6이제는 우리의 기력이 다하여 이 만나 외에는 보이는 것이 아무것도 없도다…(민 11: 4-6).

이번에는 '그들 중에 섞여 사는 다른 인종들'에게서 불평이 시작되었습니다. '다른 인종들'(the foreign rabble)은 야곱의 후손과 함께 이집트에서 탈출한 '수많은 잡족'(mixed multitudes)을 연상하게 합니다(출 12:38). 그들의 불평은 곧바로 '이스라엘 자손'에게도 전염되었습니다. 마치 '다른 인종들'의 불평이 아니었다면 '이스라엘 자손'의 불평도 없었을 것이라는 뉘앙스처럼 들립니다.

그러나 우리가 이미 살펴본 대로, '다른 인종들'은 시내산 계약을 통해서 하나님의 백성이 된 사람들입니다. 시내광야를 출발하기 직전에 하나님의 명령에 따라 군대 조직으로 재편되는 과정에서 그들은 열두 지파에 골고루 배치되었습니다. 따라서 그들도 이제는 엄연한 이스라엘 자손입니다. 불평의 책임을 그런 식으로 '다른 인종들'에게 떠넘기려고 해서는 안 됩니다. 누구든지 불평할 수 있습니다.

중요한 것은, 불평을 누가 시작했든지 간에 그것이 곧바로 모든 공동체를 전염시켰다는 사실입니다. 그리고 그 불평의 원인이 바로 '탐욕'이었다는 것입니다. 그들은 이렇게 불평합니다. "누가 우리에게 고기를 주어 먹게 할까?"(Who will give us meat to eat? NASB) 그런데 고기를 먹고 싶어 하는 마음을 '탐욕'(貪慾)이라고 평가하는 것은 조금 지나친 표현이 아닐까요?

그러나 그들의 말은 실제로 '탐욕'에서 나온 것입니다. 왜냐면 그들은 단순히 "고기가 먹고 싶다"고 하지 않았기 때문입니다. "누가 우리에게 고기를 주어 먹게 할까?"라고 합니다. 다시 말해서 자기의 소유가 아니라 다른 사람의 것으로 먹으려 했던 것입니다. 실제로 그들은 이집트에서 나올 때 심히 많은 가축을 데리고 나왔습니다(출 12:38). 40년 동안 광야 생활을 마칠 즈음에도 여전히 많은 가축을 소유하고 있었습니다(민 32:1). 정말 그렇게 고기가 먹고 싶다면 자기의 소유 중에서 몇 마리 잡아먹으면 됩니다. 그러지 않고 남의 것을 공짜로 먹으려고 합니다. 그래서 '탐욕'입니다.

그리고 이것은 여기에 처음 등장하는 이야기가 아닙니다. 시내산으로 내려오던 길목에서, 그들은 '이집트 땅에서 고기 가마 곁에 앉아 있던 때와 떡을 배불리 먹던 때'를 그리워하며 하나님과 모세를 원망했지요(출 16:3). 여차하면 이집트로 돌아갈 생각도 했습니다. 오늘 본문에서 이스라엘 자손도 '다시'(again) 울며 불평했다고 하는데, 왜 '다시'일까요? 다베라 사건 직후였기 때문일까요? 그보다는 신광야 사건을 염두에 둔 표현으로 보아야 합니다.

왜냐면 그때와 똑같이 이집트에서의 생활을 미화했기 때문입니다. 그들은 이집트에서 '값없이' 생선과 오이와 참외와 부추와 파와 마늘들을 먹었다고 합니다. '고기 가마' 곁에 앉아서 배불리 먹었다는 말과 조금도 다르지 않습니다. 그런데 그게 사실이었을까요? 아닙니다. 그들은 중노동에 시달리며 학대받던 노예였습니다. 어느 주인이 제 맘대로 부려먹는 노예에게 원하는 만큼 맛있는 음식을 공짜로 실컷 먹게 해주었겠습니까? 그래서 '탐욕'입니다.

게다가 그들은 하나님의 은혜를 아주 하찮게 여겼습니다. "여기에는 맛있는 것이 하나도 없다. 우리가 먹을 것이라고는 온통 만나, 만나, 만나 뿐이다!"(메시지). '만나'가 무엇입니까? 하나님이 그들에게 베풀어주시는 기적입니다. 신광야에서부터 시작하여 단 하루도 거르지 않고 매일 허락해주신 일용할 양식입니다. 그것이 없었다면 이미 죽은 목숨입니다. 그런데 하나님의 은혜에 감사하는 마음을 가지기는커녕, 도리어 만나를 마치 입맛을 떨어뜨리는 지겨운 음식 정도로 생각하고 있는 것입니다. 그래서 '탐욕'입니다.

그들의 불평과 원망은 지난 10개월 동안 시내산에서 체류하던 때의 일들을 모두 지워버렸습니다. 그들이 하나님으로부터 받은 수많은 '가르침'과 하나님과 맺은 '계약'과 매일 하나님께 나아가 예배하는 '성막'과 새롭게 정비하여 갖추게 된 '조직'을 통째로 지워버렸습니다. 그들이 누구인지, 지금 어디로 가고 있는지 다 잊어버리게 했습니다. 오로지 고기 타령이요, 맛있는 음식 타령입니다. 시내 광야를 떠난 지 불과 사흘 만입니다.

모세의 불평

백성의 불평은 모세에게도 그대로 전염되었습니다. 물론 그들의 불평에 모세가 동조했다는 뜻은 아닙니다. 그들의 불평으로 인해 모세 또한 하나님께 불평하게 되었다는 뜻입니다.

> 10백성의 온 종족들이 각기 자기 장막문에서 우는 것을 모세가 들으니라. 이러므로 여호와의 진노가 심히 크고 모세도 기뻐하지 아니하여 11모세가 여호와께 여쭈오되 어찌하여 주께서 종을 괴롭게 하시나이까. 어찌하여 내게 주의 목전에서 은혜를 입게 아니하시고 이 모든 백성을 내게 맡기사 내가 그 짐을 지게 하시나이까. 12이 모든 백성을 내가 배었나이까. 내가 그들을 낳았나이까. 어찌 주께서 내게 양육하는 아버지가 젖 먹는 아이를 품듯 그들을 품에 품고 주께서 그들의 열조에게 맹세하신 땅으로 가라 하시나이까(민 11:10-12).

'그들 중에 섞여 사는 다른 인종들'에게서 시작된 불평은 이제 모든 지파의 문제로 퍼졌습니다. '온 종족들'이 각기 자기 '장막 문'에서 울었다고 합니다. '장막 안'이 아니라 '장막 문'에서 울었다는 이야기는 숨기지 않고 공개적으로 시위한다는 뜻입니다. 조직적인 불평의 표시이자 모세에 대한 공개적인 압력이었습니다. 물론 하나님도 몹시 진노하셨고, 모세도 기뻐하지 않았습니다.

모세는 사태의 심각성을 즉시 알아차렸습니다. 그랬다면 어떻게 해야 할까요? 물론 하나님께 기도해야 합니다. 기도는 이럴 때 필요한 것입니다. 실제로 모세는 기도하기 시작합니다. 그러나 그의 기도는 불평으로만 가득 채워져 있습니다. 모든 것을 하나님 탓으로 돌립니다. 왜 자신을 괴롭게 하느냐고 따집니다. 왜 그렇게 무거운 짐을 지우냐고, 그들이 무슨 상관이라고 하나님이 약속해놓으신 것을 왜 자기가 책임져야 하느냐고 투덜댑니다.

> 13이 모든 백성에게 줄 고기를 내가 어디서 얻으리이까. 그들이 나를 향하여 울며

이르되 우리에게 고기를 주어 먹게 하라 하온즉 14책임이 심히 중하여 나 혼자는 이 모든 백성을 감당할 수 없나이다. 15주께서 내게 이같이 행하실진대 구하옵나니 내게 은혜를 베푸사 즉시 나를 죽여 내가 고난 당함을 내가 보지 않게 하옵소서 (민 11:13-15).

모세는 백성이 제기한 문제의 프레임에 그만 갇혀버렸습니다. 고기를 먹게 해달라는 그들의 요구를 자신의 힘으로 해결해 줄 수 없다는 사실에 절망했습니다. 그러면서 차라리 죽여달라고 하나님께 요청합니다. 바로 이것이 자기 연민의 감정에 사로잡힌 사역자가 빠지는 함정입니다. 이세벨에 쫓기던 엘리사가 그랬고(왕상 19:4), 니느웨가 구원받는 것을 싫어한 요나가 그랬습니다(욘 4:3).

아무도 모세에게 고기를 내놓으라 하지 않았습니다. 단지 불평했을 뿐입니다. 실제로 그가 해결해 줄 수 있는 문제가 아닙니다. 그런데 그 책임을 감당할 수 없으니 차라리 죽여달라고 합니다. 기도는 그런 식으로 하면 안 됩니다. 단순하게 하나님이 해결해 달라고 그러든가, 아니면 그 문제를 해결할 수 있도록 지혜를 달라고 하면 됩니다. 그런 식으로 죽고 싶다고 때려치우고 싶다고 하면서 하나님을 협박하는 것은 올바른 기도가 아닙니다.

기브롯 핫다아와

모세의 불평 섞인 기도를 다 들으신 후에 하나님이 응답하십니다.

18또 백성에게 이르기를 너희의 몸을 거룩히 하여 내일 고기 먹기를 기다리라. 너희가 울며 이르기를 누가 우리에게 고기를 주어 먹게 하랴. 애굽에 있을 때가 우리에게 좋았다 하는 말이 여호와께 들렸으므로 여호와께서 너희에게 고기를 주어 먹게 하실 것이라. 19하루나 이틀이나 닷새나 열흘이나 스무 날만 먹을 뿐 아니라 20냄새도 싫어하기까지 한 달 동안 먹게 하시리니 이는 너희가 너희 중에 계시는 여호와를 멸시하고 그 앞에서 울며 이르기를 우리가 어찌하여 애굽에서 나왔던가 함이라 하라(민 11:18-20).

백성의 불평이 단지 '고기'에 있지 않다는 사실을 하나님은 잘 알고 계셨습니다. 그들은 아직도 이집트를 그리워하고 있었던 것입니다! "이집트에 있을 때가 좋았다"라든가, "우리가 왜 이집트에서 나왔던가"라는 말에 그들의 본심이 담겨있습니다. 하나님은 그들의 요구를 들어주시면서 동시에 그들을 심판하실 것을 말씀하십니다. 고기를 한 번 먹고 끝내는 것이 아니라 한 달 동안 질리도록 먹게 해주시겠다고 하십니다. 그들의 말처럼 공짜로 배 터지도록 먹게 해주시겠다는 것입니다.

모세는 그것이 어떻게 현실적으로 가능하냐고 되물었습니다. 보병만 60만 명인데 하루 이틀도 아니고 한 달 동안 그 많은 사람을 어떻게 먹이려고 하느냐고 묻습니다. 그러자 하나님은 말씀하십니다. "여호와의 손이 짧으냐. 네가 이제 내 말이 네게 응하는 여부를 보리라"(민 11:23).

그렇습니다. 여호와 하나님은 천지를 창조하신 하나님이십니다. 하나님에게 불가능이란 없습니다. 하나님의 말씀은 곧 현실입니다. 그런데도 하나님을 믿는다고 하는 사람들이 하나님의 능력을 의심합니다. 하나님의 손이 짧다고 생각합니다. 백성의 불평도 사실은 하나님에 대한 의심에서 나온 것입니다. 그 점에서 모세도 다르지 않습니다. 모두 불완전한 믿음의 치유가 필요한 사람들입니다.

그러나 하나님은 일전에 말씀하신 것처럼, 죄를 용서하지만, 그 벌을 면제하지는 않으십니다(출 34:7). 불신의 죄에 대해서 반드시 책임을 물으십니다. 그들이 하나님의 백성이 되었기 때문입니다.

³¹바람이 여호와에게서 나와 바다에서부터 메추라기를 몰아 진영 곁 이쪽 저쪽
곧 진영 사방으로 각기 하룻길 되는 지면 위 두 규빗쯤에 내리게 한지라. ³²백성이
일어나 그날 종일 종야와 그 이튿날 종일토록 메추라기를 모으니 적게 모은 자도
열 호멜이라. 그들이 자기들을 위하여 진영 사면에 펴 두었더라(민 11:31-32).

메추라기가 바람을 타고 바다를 건너와서 마치 비처럼 진영 사방에
내리기 시작했습니다. 얼마나 많은지 '하룻길 되는 지면 위 두 큐비트쯤'
내렸다고 합니다. 한 큐비트가 45cm 정도이니 두 큐비트는 90cm 정도
입니다. 그것이 사방으로 하룻길 되는 거리까지 쌓인 것입니다. 하룻길
을 밤새도록 걸어가면서 줍고, 다시 돌아오면서 주웠다고 합니다. 한 호
멜(homer)은 당나귀 한 마리에 가득 실을 수 있는 양이라고 하니, 얼마나
많이 주웠을지 충분히 상상할 수 있습니다. 그들이 한 달 동안 먹고도 남
을 양입니다. 하나님이 당신의 약속을 지키신 것입니다.

그러나 좋아할 일이 아닙니다. 하나님은 그들의 죄에 벌을 면제하지
않기 때문입니다.

³³고기가 아직 이 사이에 있어 씹히기 전에 여호와께서 백성에게 대하여 진노하
사 심히 큰 재앙으로 치셨으므로 ³⁴그곳 이름을 기브롯 핫다아와라 불렀으니 욕
심을 낸 백성을 거기 장사함이었더라(민 11:33-34).

우리말 번역으로는 마치 고기를 씹어보기도 전에 하나님이 재앙을
내리신 것처럼 들립니다만, 본래는 그런 뜻이 아닙니다. 그들이 추수하
여 펼쳐두었던 고기를 모두 먹어 치우기 전에 탈이 나기 시작했다는 뜻입
니다. 한번 생각해 보십시오. 지금까지 그들은 일용할 양식으로 만나를
먹어왔습니다. 그러다가 어느 날 갑자기 배가 터질 정도로 한꺼번에 많
은 고기를 먹은 겁니다. 그것도 하루 이틀도 아니고 계속해서 먹어댑니

다. 그러고도 탈이 나지 않는다면 그것이 오히려 신기한 일이지요.

아무튼, 하나님은 그들을 '심히 큰 재앙'으로 치셨습니다. 전염병이 돌아서 많은 사람이 생명을 잃었습니다. 그때 죽은 사람들의 무덤이 그곳 이름이 되었습니다. '기브롯 핫다아와', '탐욕의 무덤'(the graves of desire)이라는 뜻입니다.

이 이야기는 인간이 가지고 있는 죄의 본성이 쉽게 고쳐지지 않는다는 사실을 우리에게 말해줍니다. 아무리 계약을 맺고 성막 예배를 배우고 조직을 새롭게 갖추어도, 탐욕이라는 죄의 본성이 고쳐지지 않는 한 끊임없이 불평하고 원망하게 되어있습니다. 그래서 약속의 땅에 들어가지 못합니다. 약속의 땅에는 오직 하나님의 백성만 들어갈 수 있기 때문입니다. 현실적인 문제에 휘둘려서 하나님의 백성으로서 자신의 정체성을 잃어버리는 사람은 등을 떠밀어도 약속의 땅에 들어가지 못합니다. 우리는 어떻습니까? 탐욕이라는 죄의 문제를 완전히 해결했습니까?

* 묵상 질문: 나는 감사의 사람인가, 아니면 불평의 사람인가?
* 오늘의 기도: 오늘 말씀을 통해서 죄의 문제가 완전히 해결되지 않고서는 하나님 백성답게 살지 못함을 깨닫습니다. 우리의 입에서 불평의 말보다 감사의 말이 더 많이 나오게 하옵소서. 우리가 가지지 못한 것에 주목하기보다 우리에게 베풀어주신 하나님의 은혜에 주목하며 살게 하옵소서. 예수님의 이름으로 기도합니다. 아멘.

문턱에서 좌절하다!

읽을 말씀: 민수기 13:1-14:38

새길 말씀: 너희는 그 땅을 정탐한 날 수인 사십 일의 하루를 일 년으로 쳐서 그 사십 년간 너희의 죄악을 담당할지니 너희는 그제서야 내가 싫어하면 어떻게 되는 지를 알리라 하셨다 하라(민수기 14:34).

시내산에서 지내는 동안 충분히 준비된 줄로만 알았는데, 막상 뚜껑을 열어보니 예전과 크게 달라지지 않았습니다. 불평하고 원망하는 못된 버릇은 그대로 남아 있었습니다. 그 사실을 확인하는 데 그리 오랜 시간이 걸리지 않았습니다. 고작 사흘 길로 충분했습니다. 처음에는 '고단한 삶'에 대한 불평으로 시작되었지만, 곧바로 '탐욕'의 불평으로 발전했습니다. 급기야 이집트에서의 삶을 미화하면서 그들이 매일 경험해온 하나님의 은혜를 하찮은 것으로 만들었지요.

불평과 원망은 그들이 시내산에서 지내면서 경험한 모든 일을 지워버리게 했습니다. 하나님으로부터 받은 수많은 '가르침'과 하나님과 맺은

'계약'과 하나님께 나아가는 '성막 예배'와 새롭게 몸담게 된 '소속'을 통째로 지워버렸습니다. 그들이 누구인지, 지금 어디로 가고 있는지 다 잊어버리게 했습니다. 그들은 사도 바울이 디모데에게 멀리하라고 경고한 사람들과 비슷합니다.

> 겉으로는 경건한 척하지만, 그들 속에는 짐승이 들어앉아 있습니다. 그대는 그러한 자들을 멀리하십시오(딤후 3:5, 메시지).

그들은 형식만 그럴듯하게 갖춘 '무늬만 하나님 백성'입니다. 그런 사람에게는 아무리 하나님의 말씀을 가르쳐주어도 삶의 내용이 달라지지 않습니다. 죄의 본성이 남아 있는 한 하나님이 약속해주신 땅에 들어갈 수 없습니다. 아니, 어찌해서 들어간다고 해도 약속의 땅에서 오래오래 살 수 없습니다. 그 땅은 오직 하나님의 말씀에 온전히 순종하는 하나님의 백성만 살아갈 수 있는 곳이기 때문입니다.

하나님은 탐욕의 죄에 대해서 준엄하게 심판하셨습니다. 앞장에서 살펴본 '기브롯 핫다아와' 즉 '탐욕의 무덤'이 바로 그 증거입니다. 그러나 하나님은 사랑이 더욱 풍성하신 분입니다. 아버지의 악행을 삼사 대까지 보응하지만, 그의 인자하심은 천 대까지 이어진다고 말씀하셨습니다(출 34:6-7). 조상들과의 약속을 지키기 위해서 하나님은 그들을 가나안 문턱까지 인도하십니다. 약속의 땅에 들어갈 기회를 다시 한번 주십니다. 이번에는 그들이 무엇을 선택하게 될까요?

두 가지 이야기

여호와의 군대는 드디어 가나안 땅의 남쪽에 있는 가데스 바네아에 도착했습니다. 이제 북쪽으로 곧장 들어가기만 하면 약속의 땅입니다.

그런데 여기에서 하나님은 가나안 땅을 먼저 정탐하라고 말씀하십니다.

> 1여호와께서 모세에게 말씀하여 이르시되 2사람을 보내어 내가 이스라엘 자손에게 주는 가나안 땅을 정탐하게 하되 그들의 조상의 가문 각 지파 중에서 지휘관 된 자 한 사람씩 보내라. 3모세가 여호와의 명령을 따라 바란 광야에서 그들을 보냈으니 그들은 다 이스라엘 자손의 수령된 사람이라(민 13:1-3).

하나님은 모세에게 각 지파의 '지휘관'(the leader, 히, nasiy)을 보내 정탐하라고 말씀하십니다. 그런데 실제로 모세가 보낸 사람은 '수령'(the head, 히, rosh)입니다. 그 말이 그 말처럼 보이지만 전혀 다릅니다. '지휘관'은 각 지파를 대표하는 우두머리입니다. 새로운 군대 조직의 수장입니다. 그들의 명단은 앞에서 이미 여러 차례 언급되었습니다(민 1:4-16; 2:2-31). 그러나 '수령'은 지휘관보다 조금 격이 낮은 '행동대장'을 의미합니다. 그들의 명단(민 13:4-15)은 지휘관의 명단과 전혀 다릅니다.

하나님의 명령과 모세의 실행 사이에 왜 이런 차이가 생겼을까요? 여기에는 특별한 이유가 숨어있습니다. 그러고 보면 가나안 땅 정탐에 대한 신명기와 민수기의 기록에 큰 차이가 있다는 사실을 알게 됩니다.

> 19우리 하나님 여호와께서 우리에게 명령하신 대로… 가데스 바네아에 이른 때에 20내가 너희에게 이르기를… 너희 조상의 하나님 여호와께서 너희에게 이르신 대로 올라가서 차지하라. 두려워하지 말라. 주저하지 말라 한즉 22너희가 다 내 앞으로 나아와 말하기를 우리가 사람을 우리보다 먼저 보내어 우리를 위하여 그 땅을 정탐하고 어느 길로 올라가야 할 것과 어느 성읍으로 들어가야 할 것을 우리에게 알리게 하자 하기에 23내가 그 말을 좋게 여겨 너희 중 각 지파에서 한 사람씩 열둘을 택하매…(신 1:19-23).

신명기는 모세가 40년 광야 생활을 회고하며 남긴 기록입니다. 신명기에 따르면 그들이 가데스 바네아에 도착했을 때 하나님은 즉시 올라가서 차지하라고 명령하셨습니다. 그런데 들어가기에 앞서 먼저 가나안 땅을 정탐해야 하지 않겠느냐고 백성이 요구했고, 모세는 그 요구를 좋게 여겨 따랐다고 합니다. 민수기와 사뭇 다른 진술입니다. 민수기에서는 하나님이 먼저 가나안 땅을 정탐하라고 명령한 것으로 되어있기 때문입니다.

자, 어떤 이야기가 맞을까요? 이런 경우에 어느 것 하나를 선택해야 한다고 생각하기 쉽습니다. 그러나 성경 이야기는 우리 마음대로 취사선택할 수 있는 것이 아닙니다. 오히려 두 가지 상황 모두를 고려해야 합니다. 지금까지 모세의 지도력이 '문제 해결'과 '불평 해소'에 초점을 맞추어 온 것을 이해한다면 이와 같은 차이는 쉽게 설명됩니다. 가나안 땅을 정탐하는 두 가지 이야기는 다음과 같이 정리할 수 있습니다.

하나님의 명령은 분명했습니다. 가나안 땅에 즉시 들어가는 것입니다. 그것은 지금까지 누누이 해오신 말씀입니다. 그런데 백성의 생각은 달랐습니다. 어떤 상황인지 먼저 확인해 보자고 합니다. 그러면서 먼저 각 지파에서 한 사람씩 대표를 보내 정탐하게 하자고 요구합니다. 모세는 그 일을 하나님께 아뢰었고, 하나님은 그렇게 하라고 허락하신 거예요. 단, 각 지파의 '지휘관'이 직접 정탐하러 올라가라고 명령하셨어요. 그러나 실제로는 그 명령에 따르지 않고 행동대장인 '수령'을 보냈던 것이지요. 그 역시 백성의 요구를 수용한 결과입니다.

하나님이 보실 때 가나안 땅 정탐은 전혀 불필요한 일이었습니다. 하나님은 이미 당신의 '사자'와 '왕벌'을 앞서 보내셔서 모든 것을 준비해놓으셨습니다. 들어가기만 하면 그 땅을 차지하게 됩니다. 미리 가나안 땅을 살펴본다고 해서 그 상황이 달라지지 않습니다. 약속의 땅은 오직 믿음으로 들어가는 곳입니다. 그런데 백성은 먼저 정탐해야 한다고 고집합니다. 그들의 눈으로 확인해 보아야 안심할 수 있다고 합니다. 여기에서부터 이미 불신앙의 싹이 자라고 있었던 것입니다.

하나님은 물론 그들의 요구를 허락해주셨지만, '하나님의 허락'이 곧 '하나님의 뜻'은 아닙니다. 단지 그들에게 하나님의 뜻을 강요하지 않으셨을 뿐입니다.

정탐의 결론

나중에 밝혀지겠지만, 정탐하러 올라가기 전 때부터 결론은 이미 내려진 상태였습니다.

> 17모세가 가나안 땅을 정탐하러 그들을 보내며 이르되 너희는 네겝 길로 행하여 산지로 올라가서 18그 땅이 어떠한지 정탐하라. 곧 그 땅 거민이 강한지 약한지 많은지 적은지와 19그들이 사는 땅이 좋은지 나쁜지와 사는 성읍이 진영인지 산성인지와 20토지가 비옥한지 메마른지 나무가 있는지 없는지를 탐지하라. 담대하라. 또 그 땅의 실과를 가져오라 하니 그때는 포도가 처음 익을 즈음이었더라 (민 13:17-20).

모세는 열두 명의 정탐꾼에게 무엇을 보고 올 것인지 지시를 내립니다. 그런데 모세의 말 속에는 백성의 요구사항이 그대로 녹아있다는 사실을 우리는 직감할 수 있습니다. 가나안 땅을 먼저 정탐하겠다는 말은 그곳에 들어가야 할지 말지를 자신들이 결정하겠다는 뜻입니다. 무얼 보고 판단하겠다는 것일까요? 가나안에 사는 거주민이 강한지, 숫자가 많은지, 땅은 얼마나 좋은지, 성읍은 무엇으로 되어있는지, 토지가 비옥한지 등등을 보고 판단하겠다는 것입니다.

이 이야기를 뒤집으면, 거주민이 강하거나 숫자가 많다면 들어가지 않겠다는 뜻이 됩니다. 땅이 좋지 않거나 높은 성으로 되어있다면 굳이 들어가려고 하지 않겠다는 것입니다. 그러나 가나안은 '약속의 땅'입니다. 하나님이 주시겠다고 약속해놓으신 땅입니다. 하나님의 백성을 위해서 오래전부터 준비해놓으신 땅입니다. 그런데도 그들은 '좋고 나쁨'을 스스로 판단하여 '들어갈지 말지'를 선택하겠다고 합니다. 하나님의 주인 되심을 아직도 인정하지 않고 있다는 증거입니다.

아니나 다를까, 40일 동안의 정탐을 마친 후에 그들은 다음과 같이 보고합니다.

> 27... 당신이 우리를 보낸 땅에 간즉 과연 그 땅에 젖과 꿀이 흐르는데 이것은 그 땅의 과일이니이다. 28그러나 그 땅 거주민은 강하고 성읍은 견고하고 심히 클 뿐 아니라 거기서 아낙 자손을 보았으며 29아말렉인은 남방 땅에 거주하고 헷인과 여부스인과 아모리인은 산지에 거주하고 가나안인은 해변과 요단 가에 거주하더이다(민 13:27-29).

그들의 보고는 짧은 '좋은 소식'(good news)과 긴 '나쁜 소식'(bad news)으로 구성되어 있었습니다. 긍정적인 보고는 가나안이 '젖과 꿀이 흐르는 땅'이라는 사실입니다. 이는 물론 은유적인 표현입니다. '젖이 흐르는 땅'이란 목축하기에 좋은 땅이라는 뜻이고, '꿀이 흐르는 땅'이란 농사짓기에 좋은 땅이라는 뜻입니다. 반(半)유목민으로 살던 야곱의 후손에게는 좋은 소식이 아닐 수 없습니다. 두 사람이 메고 온 포도송이가 그 증거로 제시되었습니다.

그러나 곧바로 이어지는 부정적인 보고는 그들의 희망을 지워버렸습니다. 강한 거주민과 견고한 성읍과 거인족인 아낙 자손의 존재는 그들의 용기를 꺾어버리기에 충분했습니다. 게다가 르비딤광야에서 싸웠던 아말렉 사람의 본거지가 남방에 있습니다. 산지에는 이미 헷 사람과 여부스 사람과 아모리 사람이 다 차지하고 있습니다. 지중해 해변과 요단

강 가에는 가나안 사람이 거주하고 있습니다. 그 소식에 그들은 완전히 절망하고 말았습니다. 그 어디에도 비집고 들어갈 틈이 없어 보였기 때문입니다.

이때 갈렙이 나서서 분위기를 바꾸어보려고 했지만 역부족이었습니다.

> 30 갈렙이 모세 앞에서 백성을 조용하게 하고 이르되 우리가 곧 올라가서 그 땅을 취하자. 능히 이기리라 하나 31 그와 함께 올라갔던 사람들은 이르되 우리는 능히 올라가서 그 백성을 치지 못하리라. 그들은 우리보다 강하니라 하고 32 이스라엘 자손 앞에서 그 정탐한 땅을 악평하여 이르되 우리가 두루 다니며 정탐한 땅은 그 거주민을 삼키는 땅이요 거기서 본 모든 백성은 신장이 장대한 자들이며 33 거기서 네피림 후손인 아낙 자손의 거인들을 보았나니 우리는 스스로 보기에도 메뚜기 같으니 그들이 보기에도 그와 같았을 것이니라(민 13:30-33).

갈렙은 곧바로 올라가면 얼마든지 그들을 이기고 그 땅을 취할 수 있다고 주장합니다. 왜입니까? 하나님이 그렇게 말씀하셨기 때문입니다. 하나님이 주시겠다고 약속하셨기 때문입니다. 그렇기에 혹시 문제가 있더라도 얼마든지 극복할 수 있다는 것이지요. 그러나 갈렙의 목소리는 나머지 다수의 주장에 묻혀버리고 말았습니다. 그들은 본격적으로 가나안 땅을 '악평'하기 시작합니다.

그것은 정탐하기 전부터 이미 내려놓은 결론입니다. 사실 그들은 정탐하러 간 것이 아닙니다. 가나안 땅에 들어가지 못할 이유를 찾으러 갔습니다. 그래서 미리 내려놓은 결론에 맞추어 사실을 왜곡합니다. 그들이 보았다고 하는 거인족은 헤브론에 사는 3명에 불과했습니다(민 13:22). 그런데도 마치 가나안 주민이 모두 아낙 자손인 것처럼 과장합니다. 그러면서 자신을 "메뚜기 같다"고 비하합니다.

도대체 왜 그러는 걸까요? 단순히 '믿음이 없어서'라는 말로는 설명되지 않습니다. 여기에는 그들의 감추어진 의도가 있습니다. 이제 조만간 베일을 벗고 무대의 전면에 등장하게 될 것입니다.

쿠데타 음모

부정적인 보고가 일방적인 승리를 거두었고, 백성의 원망 소리는 더욱 높아만 갔습니다.

> [1]온 회중이 소리를 높여 부르짖으며 백성이 밤새도록 통곡하였더라. [2]이스라엘 자손이 다 모세와 아론을 원망하며 온 회중이 그들에게 이르되 우리가 애굽 땅에서 죽었거나 이 광야에서 죽었으면 좋았을 것을 [3]어찌하여 여호와가 우리를 그 땅으로 인도하여 칼에 쓰러지게 하려 하는가. 우리 처자가 사로잡히리니 애굽으로 돌아가는 것이 낫지 아니하랴(민 14:1-3).

만일 이번에 가나안 땅에 들어가지 못한다면, 지난 일 년의 세월이 그만 헛수고가 되고 맙니다. 아니 이집트에서 탈출한 것부터 잘못한 일이 되고 맙니다. "자, 그렇다면 어떻게 할 것인가? 차라리 이집트로 돌아가는 편이 낫겠다! 당장에 그렇게 하자!" 이것이 백성이 내린 결론입니다. 그런데 여기에서 우리는, '온 회중'이나 '백성'으로 표현되는 주체가 누구인지 잘 분별해야 합니다. 그들은 일반 대중(大衆)을 의미하지 않습니다. 물론 대중의 목소리를 등에 업고 있었지만, 실제로 그 배경에는 각 지파의 지휘관들이 있습니다. 하나님이 가나안을 정탐하러 올라가라고 한 바로 그 장본인들입니다.

그들은 하나님의 명령을 거역하고 올라가지 않았습니다. 대신 그들의 부하였던 '행동대장'을 보냈습니다. 왜냐면 그들이 남아서 해야 할 일이 따로 있었기 때문입니다. 그것이 무엇일까요? 모세를 제거하고 새로운 지도자를 세우는 일입니다. 쿠데타를 일으키는 것입니다. 그 음모에 적어도 열 지파의 지휘관들이 동참했던 것으로 보입니다. 갈렙이 속한 유다지파와 여호수아가 속한 에브라임지파를 제외한 나머지 지파들입니다.

아무튼 행동대장들은 지휘관들이 일러준 대로 정보를 수집하여 보고했고, 그들이 짜놓은 시나리오대로 대중의 원망 소리는 높아졌습니다. 이제 결정적인 순간에 다다랐습니다.

> 4이에 서로 말하되 우리가 한 지휘관을 세우고 애굽으로 돌아가자 하매 5모세와 아론이 이스라엘 자손의 온 회중 앞에서 엎드린지라(민 14:4-5).

그들은 기다렸다는 듯이 '한 지휘관'을 세우고 이집트로 돌아가자고 선동합니다. 모세를 제거하고 그를 대신할 지도자를 세우자는 것입니다. 각 지파의 지휘관들은 그들 중에 '한 지휘관'을 차기 대표로 세우기로 이미 내부 조율을 마쳐놓은 상태였습니다. 군부의 쿠데타는 그렇게 실행되었고, 전세는 순식간에 기울어졌습니다. 모세와 아론은 그들 앞에 엎드릴 수밖에 없었습니다. 이제는 그들의 선처를 바라야 하는 딱한 처지가된 것이지요.

이때 여호수아와 갈렙이 옷을 찢으면서 강력하게 저항합니다. "하나님을 배역(背逆)하지 마십시오! 그 백성을 두려워하지 마십시오. 그들은 우리의 밥이 될 것입니다! 그들에게는 보호자가 없지만, 우리에게는 하나님이 계십니다. 그러니 그들을 두려워하지 마십시오!"(민 14:9, 메시지) 모세에 대한 배역이 아니라 하나님에 대한 배역이라고 호소했지만, 상황을 되돌리기엔 너무 늦었습니다. 모세와 아론은 물론이고 그들을 두둔하는 여호수아와 갈렙까지 모두 돌에 맞아 죽기 일보 직전이었습니다.

바로 그 순간에 하나님의 영광이 회막에 나타났습니다. 하나님이 그들 가운데 직접 개입하신 것입니다. 만일 이때 하나님이 나타나지 않으셨다면 어떻게 되었을까요? 모세는 쿠데타 세력에 의해서 그 자리에서 돌에 맞아 죽었을 것이고, 시내산에서 만들어진 계약 백성은 그날로 지구상에서 사라지고 말았을 것입니다. 그리고 한때 '하나님의 백성'이라 불렸던 사람들은 제 발로 걸어 이집트로 돌아가서 다시 '하피루'가 되었을 것입니다.

우리는 이 사건을 어떻게 이해해야 할까요? 이것은 '기브롯 핫다아와' 사건의 연장선에 놓여 있습니다. 단지 '고기 타령'에서 '권력 타령'으로 이슈가 조금 바뀌었을 뿐, 그 주제는 똑같습니다. 바로 '탐욕'입니다. 일용할 양식으로 만족하지 못하는 '경제적인 탐욕'이 기브롯 핫다아와 사건을 만들었다면, 맡겨진 자리에 만족하지 못하는 '정치적인 탐욕'이 가데스 바네아 사건을 만든 것입니다.

문제는 어찌 되었든지 그들은 엄연한 '하나님 백성'이었다는 사실입니다. 하나님의 은혜로 구원받고, 하나님과 계약을 맺고, 매일 하나님 앞에 나아가 예배하기로 약속한 사람들이었다는 사실입니다. 군대 조직을 갖추고 지휘관이 세워진 이유도 오직 약속의 땅으로 들어가기 위해섭니다. 약속의 땅에서 하나님의 백성답게 살기 위해섭니다. 그런데 그렇게 출발한 지 얼마나 되었다고, 약속의 땅 문턱에서 쿠데타를 일으키다니요. 우리를 더욱 슬프게 하는 것은 이런 일들이 신앙공동체의 역사를 통해서 계속 반복되어왔다는 사실입니다.

용서와 벌

하나님의 고민이 다시 시작되었습니다. 지난번 금송아지사건 때에 하나님은 그들과 함께 올라가지 않겠다고 선언하셨지요. 혹시라도 그들을 진멸하게 될지도 모른다는 염려 때문이었습니다(출 33:3). 그런데 정말 그런 일이 벌어진 것입니다. 하나님이 그들을 진멸해야 하는 상황입니다. 실제로 하나님은 이때 전염병으로 그들을 쳐서 죽이고 모세를 통해 새롭게 시작하려고 마음먹으셨습니다(민 14:12).

그러나 또다시 모세의 강력한 중보로 하나님은 마음을 돌이키셨지요. 모세는 조금 전에 자기를 죽이려고 했던 그들의 죄를 용서해달라고 하나님께 간절히 요청합니다(민 14:13-19). 그 바보 같은 모세의 마음에 하나님이 감동하셔서 그들의 죄를 용서해줍니다. 그러나 벌을 면하지는 않으십니다. 이미 말씀하신 그대로입니다.

> 26여호와께서 모세와 아론에게 말씀하여 이르시되… 28그들에게 이르기를 여호와의 말씀에 내 삶을 두고 맹세하노라. 너희 말이 내 귀에 들린 대로 내가 너희에게 행하리니 29너희 시체가 이 광야에 엎드러질 것이라. 너희 중에서 이십 세 이상으로서 계수된 자 곧 나를 원망한 자 전부가 30여분네의 아들 갈렙과 눈의 아들 여호수아 외에는 내가 맹세하여 너희에게 살게 하리라 한 땅에 결단코 들어가지 못하리라(민 14:26-30).

하나님은 그들이 원망하는 말을 들으셨습니다. 그들이 뭐라고 그랬습니까? "이집트 땅에서 죽었거나 이 광야에서 죽었으면 좋았을 것"이라고 했습니다(민 14:2). 하나님의 귀에 들린 그 말대로 해주시겠다는 것입니다. 단 여호수아와 갈렙 만은 예외로 하겠다고 하십니다. 그러면서 앞으로 그들의 운명을 결정하는 중요한 말씀을 선포하십니다.

> 너희는 그 땅을 정탐한 날 수인 사십 일의 하루를 일 년으로 쳐서 그 사십 년간 너희의 죄악을 담당할지니 너희는 그제서야 내가 싫어하면 어떻게 되는지를 알리라 하셨다 하라(민 14:34).

출애굽 세대의 40년 광야 생활은 하나님의 심판이 아닙니다. 만일 하나님이 그들을 심판하셨다면 그 자리에서 한꺼번에 죽었어야 했습니다. 실제로 그들 중에서 땅을 정탐하고 돌아와서 악평한 사람들은 이때 모두 즉사했습니다(민 14:37). 하나님의 심판이 그들에게 내려진 것입니다. 40년 광야 생활은 그들의 죄악을 담당하는 형기(刑期)입니다. 하나님을 배역했던 죗값을 치르는 기간입니다.

그렇다면 하나님이 그들에게 베푸시는 용서는 무엇일까요? 그것은 그들의 후손들이 약속의 땅에 들어갈 기회를 주는 것입니다. 그러려면 그들이 먼저 광야에서 살아남아야 합니다. 한두 해도 아니고 앞으로 40년 동안 척박한 광야에서 어떻게든 생존해야 합니다. 그럴 수 있도록 하나님은 은혜를 베풀어주실 것입니다. 매일 일용할 양식으로 만나를 주실 것입니다. 매일 필요한 식수도 허락해주실 것입니다.

그러나 너무 아쉽습니다. 약속의 땅에 들어가는 첫 번째 세대가 될 수도 있었는데, 단지 광야에서 생존하는 것으로 만족해야 하는 세대가 되었으니 말입니다. 그것은 그들의 타고난 운명이 아니었습니다. 그들이 스스로 선택한 일이었습니다. 뿌린 대로 거둔 것이지요. 많은 사람이 그저 광야에서 생존하는 은혜 속에 살아갑니다. 우리는 약속의 땅에 들어가는 기회를 놓치지 않는 세대가 되기를 간절히 소망합니다. 그것은 어떤 상황에서도 늘 하나님의 말씀에 순종하는 하나님의 백성에게만 주어지는 은혜입니다.

* **묵상 질문**: 나는 탐욕의 죄를 완전히 해결했는가?
* **오늘의 기도**: 하나님의 말씀에 순종하며 사는 것이 가장 큰 즐거움이 되게 해주옵소서. 하나님의 뜻을 거역하고 세상에서 성공하는 것보다, 하나님의 뜻을 따라 살다가 세상에서 실패하는 삶으로도 감사하게 하옵소서. 어떤 상황에서도 우리가 들어가야 할 약속의 땅이 있음을 잊지 않게 하옵소서. 예수님의 이름으로 기도합니다. 아멘.

40년 광야 생활

읽을 말씀: 민수기 16:1-50; 20:1-13

새길 말씀: 여호와께서 모세와 아론에게 이르시되 너희가 나를 믿지 아니하고 이스라엘
자손의 목전에서 내 거룩함을 나타내지 아니한 고로 너희는 이 회중을 내가
그들에게 준 땅으로 인도하여 들이지 못하리라 하시니라(민수기 20:12).

이제 출애굽기 묵상을 마무리해야 할 때가 되었습니다. 지금까지 우
리는 구약의 하나님 백성이 만들어지는 과정에 대해서 살펴보았습니다.
그들은 본래 이집트에서 학대받던 히브리인들이었습니다. 하나님은 그
들을 '내 백성'(My People)이라 부르며 파라오에게 '내보내라!'고 요구하셨
고, 우여곡절 끝에 이집트를 탈출하여 시내산으로 오게 되었지요. 출애
굽기는 하나님의 백성이 '구원공동체'와 '계약공동체'를 거쳐 '예배공동
체'로 빚어지는 모습을 우리에게 보여줍니다.

그렇지만 시내산은 그들의 최종 목적지가 아니었습니다. 그들이 가
야 할 곳은 따로 있었습니다. 바로 '약속의 땅' 가나안입니다. 민수기는

'하나님의 백성'이 새로운 조직을 갖춘 '여호와의 군대'가 되어 약속의 땅을 향해 나아가는 과정을 보여줍니다. 하나님의 약속대로라면 그들은 '일 년 안'에 들어가게 되어있었습니다. 실제로 시내산에서 가데스 바네아까지는 겨우 열 하룻길이었습니다. 문턱까지는 쉽게 갔지만 결국에는 들어가지 못했지요. 무엇이 문제였을까요?

가나안 원주민의 강력한 저항 때문이었을까요? 아닙니다. 그들 자신의 탐욕에 스스로 발목이 잡힌 것입니다. 처음에는 '고단한 삶'에 대한 불평으로 시작되었습니다. 그 불평은 '경제적인 탐욕'의 원망으로 자라났고, 급기야 '정치적인 탐욕'에 사로잡힌 지도층에 의해 쿠데타로 발전했습니다. 그들은 모세를 제거하고 '한 지휘관'을 세워 이집트로 돌아가려고 했습니다. 그것은 모세에 대한 배역(背逆)이 아니라, 하나님에 대한 배역이었습니다. 모세의 간절한 중보로 그들은 하나님의 심판을 겨우 피하기는 했지만, 40년 광야 생활의 벌을 면할 수는 없었습니다.

그들은 분명히 이집트를 탈출했습니다. 그러나 이집트를 완전히 떠난 건 아니었습니다. 그들은 여전히 이집트를 그리워했고, 기회가 생길 때마다 돌아가려고 했습니다. 그 많은 하나님의 가르침도, 피 뿌림의 신성한 계약도, 성막 예배에 대한 비전도, 이집트에 대한 미련을 완전히 지워내지 못했던 것입니다. 과거를 털어내기가, 탐욕의 죄를 벗어내기가 그렇게 힘듭니다.

가나안의 문턱을 넘지 못한 그들은 40년의 형기를 채우는 광야 생활을 시작합니다. 민수기는 그 기간에 벌어진 두 가지 중요한 사건을 기록하고 있습니다.

고라 당파 사건

얼마간의 시간이 흐른 후에, 레위 자손이 포함된 새로운 당파가 등장하여 모세와 아론을 대적합니다.

1레위의 증손 고핫의 손자 이스할의 아들 고라와 르우벤 자손 엘리압의 아들 다
단과 아비람과 벨렛의 아들 온이 당을 짓고 2이스라엘 자손 총회에서 택함을 받
은 자 곧 회중 가운데에서 이름 있는 지휘관 이백오십 명과 함께 일어나서 모세를
거스르니라(민 16:1-2).

가데스 바네아에서의 쿠데타는 군부 지휘관들이 만들어낸 사건이었
습니다. 거의 성공할뻔했습니다. 만일 그들이 성공했다면 하나님의 백성
은 사라지고 말았을 것입니다. 하나님의 극적인 개입으로 쿠데타는 무산
되었고, 가나안 땅에 대해서 악평하던 정탐꾼은 이때 모두 죽습니다. 그
러나 쿠데타를 주동했던 지휘관들에 대한 언급은 나오지 않습니다. 아마
도 지도력 공백을 위한 배려로 목숨은 부지했지만, 그 이후로 더는 영향
력을 행사하지 못했을 것으로 짐작됩니다.

아무튼, 배역에 대한 죗값을 치르는 광야 생활이 시작되었습니다. 이
기간은 자숙하며 지내야 마땅합니다. 그러나 얼마 지나지 않아서 레위지
파 고핫(Kohath)의 손자 고라(Korah)가 만든 당파가 등장합니다. 그는 아
론과 사촌지간입니다. 아론과 모세의 아버지 아므람(Amram)과 고라의
아버지 이스할(Izhar)은 친형제였습니다(출 6:18). 고핫 자손은 성막 남쪽
에 진을 치면서 특별히 '증거궤와 진설병 상과 등잔대와 제단들과 성소의
휘장'을 책임지고 있었습니다(민 3:31). 그러니까 모세나 아론과 가장 밀
접한 관계에 있던 레위 형제가 반기를 들고 일어선 것입니다.

그것만 해도 큰 위협이었는데, 르우벤 자손 다단(Dathan), 아비람(Abi-
ram), 온(On)과 이름 있는 지휘관 250명이 고라 당파에 합세함으로써 그
파괴력이 한층 더 강해졌습니다. 여기에서 우리는 특별히 '르우벤 자손'
을 주목할 필요가 있습니다. 왜 하필 르우벤 자손이 고라와 손을 잡았을

까요? 우선 여호와의 군대 진 편성에서 고핫 자손과 르우벤 자손이 모두 성막 남쪽에 배치되어 있었다는 점을 지적할 수 있습니다. 서로 가까이 있었기에 음모를 꾸미기에도 수월했을 것입니다.

그런데 그러한 지리적인 접근성보다 더 중요한 요인이 있습니다. 우리가 잘 알고 있듯이, 르우벤(Reuben)은 야곱의 맏아들이었습니다. 그러나 서모 빌하와 동침하여 아버지로부터 신뢰를 잃어버렸고, 결국에는 야곱의 축복을 받지 못했습니다(창 49:3-4). 그 이후로 야곱의 열두 아들 중의 장남이면서도 장남의 역할을 제대로 하지 못했습니다. 그것은 열두 지파의 서열에서도 그대로 드러났습니다.

시내산에서 여호와의 군대가 재편성되었을 때, 르우벤 진영은 유다 진영에게 앞자리를 빼앗기고, 심지어 요셉의 아들인 에브라임 진영에게는 뒷자리를 빼앗기고 옆으로 물러서야 했습니다. 바로 이 대목에서, 우리는 지난번 지휘관들의 쿠데타를 주도했던 장본인으로 르우벤지파를 의심하게 됩니다. 그렇게 본다면 유다 출신 갈렙과 에브라임 출신 여호수아가 따돌림받았던 이유도 설명될 수 있습니다.

르우벤 자손은 약속의 땅에 들어간다고 해도 어차피 노른자위 땅을 차지할 가능성은 없다고 판단했던 것입니다. 그럴 바에는 차라리 이집트로 돌아가서 파라오에게 공로를 인정받는 게 훨씬 더 유리하다고 생각했겠지요. 그래서 쿠데타 음모에 더 적극적이었을 것입니다. 만일 그렇다면 그 당시에 내부적으로 정해놓았던 '한 지휘관'은 르우벤지파의 지휘관이었을 가능성이 큽니다.

아무튼, 르우벤 자손은 쿠데타가 실패한 후에도 호시탐탐 모세의 자리를 탐내왔습니다. 그러던 중에 아론의 자리를 탐내고 있던 고라가 그들과 의기투합하여 당파를 만들게 된 것이지요.

제사장 나라 이슈

모세와 아론을 비난하는 말에서 그들의 의도가 잘 드러납니다.

> 그들이 모여서 모세와 아론을 거슬러 그들에게 이르되 너희가 분수에 지나도다. 회중이 다 각각 거룩하고 여호와께서도 그들 중에 계시거늘 너희가 어찌하여 여호와의 총회 위에 스스로 높이느냐(민 16:3).

그들은 모세와 아론에게 "분수에 지난다"고 비난합니다. 이를 NIV 성경은 "너희가 너무 멀리 갔다"(You have gone too far!)라고 풀이합니다. 그들이 너무 오랫동안 제사장직과 지도자직을 독점해왔다는 뜻입니다. 그러면서 "회중이 다 각각 거룩하다"는 말을 꺼냅니다. 얼핏 들으면 하나님이 말씀하신 '제사장 나라'의 비전처럼 보입니다(출 19:6). 하나님은 그의 백성을 모두 제사장으로 삼으셔서 매일 하나님께 예배하는 나라를 만들려고 하셨지요.

그런데 고라의 의도는 하나님의 뜻과 전혀 다릅니다. 그는 하나님의 백성에 대한 거룩한 비전을 오히려 종교적인 권력 투쟁의 근거로 삼았습니다. 그러니까 "아론만 제사장 하라는 법이 어디 있느냐?"는 겁니다. "나도 아론처럼 레위지파이니 얼마든지 제사장 자리를 차지할 자격이 있지 않으냐?"는 주장입니다. 표면적으로는 신학적인 문제를 제기하는 것처럼 보이지만, 그 본질에서는 모세의 자리를 넘보는 르우벤 자손과 조금도 다르지 않습니다.

말로는 '제사장 나라' 운운하지만, 실제로는 당파를 만들어 숫자의 힘으로 상대방을 제압하고 권력을 차지하려는 정치적인 탐욕에 불과합니다. 하나님이 맡긴 거룩한 직분까지도 권력 투쟁의 대상으로 여기고 있는 것이지요. 이런 고라의 주장에 대해서 모세는 어떤 반응을 보였을까요?

8모세가 또 고라에게 이르되 너희 레위 자손들아 들으라. 9이스라엘의 하나님이 이스라엘 회중에서 너희를 구별하여 자기에게 가까이하게 하사 여호와의 성막에서 봉사하게 하시며 회중 앞에 서서 그들을 대신하여 섬기게 하심이 너희에게 작은 일이겠느냐. 10하나님이 너와 네 모든 형제 레위 자손으로 너와 함께 가까이 오게 하셨거늘 너희가 오히려 제사장의 직분을 구하느냐(민 16:8-10).

모세는 오히려 고라가 "분수에 지난다"라고 책망합니다. 왜냐면 하나님이 그에게 맡겨주신 일, 성막에서 봉사하게 하신 일은 결코 '작은 일'이 아니기 때문입니다. 그것을 우습게 여기고 제사장 직분까지 거머쥐겠다고 욕심부리면서 아론을 비방하는 것이야말로 자기 주제를 넘어서는 월권이라는 것입니다.

고라가 속한 고핫 자손에게는 성막의 기구들을 관리하고 움직이는 중요한 책임이 주어져 있습니다. 그 일은 아무나 할 수 있는 것이 아닙니다. 하나님께서 특별히 맡겨주신 사명입니다. 그런 의미에서 아론의 제사장직과 조금도 다르지 않습니다. 그런데 고라는 자기 책임을 '작은 일'로 여기고, 아론이 감당하고 있는 '큰일'을 해보고 싶다는 욕심을 부리고 있는 것입니다. 하나님이 맡기신 일에 '큰일' '작은 일'이 어디에 있습니까? 그렇게 생각하는 것 자체가 바로 '탐욕'입니다.

하나님은 고라 당파의 탐욕에 대해서 엄중하게 심판하셨습니다. 땅이 갈라져서 고라와 다단과 아비람의 가족과 재산을 모두 삼켜버렸습니다(민 16:33). 그와 동시에 고라의 편에 서서 분향하던 250명을 여호와의 불이 모두 태워버렸습니다(민 16:35). 그리고 그 일에 동조하던 사람들에게는 염병이 돌아 그날 하루에만 만 사천칠백 명이 죽었습니다(민 16:49). 만일 아론이 모세의 명령에 따라 향로를 들고 죽은 자와 산 자 사이에 서지 않았더라면, 더 많은 사람이 죽었을지도 모릅니다.

가데스 바네아에서는 군대 지휘관들이 쿠데타를 일으켜서 정치적인 권력을 쟁취하려고 하더니, 이번에는 레위 자손이 정치 세력과 결탁하여 거룩한 제사장 직분을 쟁취하려고 합니다. 성직을 무슨 대단한 권력이나 되는 듯이 생각하는 것이지요. 본질은 똑같습니다. '탐욕의 죄'입니다. 그들이 약속의 땅에 들어가지 못하는 이유가 더욱 분명하게 드러납니다.

그런데 문제는 오늘날의 신앙공동체 안에서도 '고라 당파'의 전철을 밟고 있는 사람들이 적지 않다는 사실입니다. 정치 세력화한 집단들이 교권(敎權)을 잡기 위해서 벌이는 볼썽사나운 다툼에 하루도 잠잠할 날이 없습니다. 그런 방식으로 그들은 스스로 '하나님의 백성'이 아님을 드러내고 있는 것입니다. 그렇게 광야에서 겨우겨우 생존하다가 결국에는 죽음으로 인생을 끝내고 마는 것이지요.

므리바 물 사건

그다음에 민수기는 40년 광야 생활이 끝나갈 즈음에 일어난 사건을 기록합니다.

첫째 달에 이스라엘 자손 곧 온 회중이 신광야에 이르러 백성이 가데스에 머물더니 미리암이 거기서 죽으매 거기에 장사되니라(민 20:1).

때는 광야 생활 마지막 해의 첫째 달이었습니다. 장소는 '신광야'(the wilderness of Zin)였습니다. 엘림과 시내산 사이에 있는 '신광야'(the wilderness of Sin)와 다른 장소입니다. 여기에 나오는 '가데스'는 '가데스 바네아'(Kadesh-barnea)와 같은 지명입니다. '바란 광야'와 '신광야'가 만나는 끝자락에 놓여 있습니다. 처음에 가나안 땅으로 들어가려고 했다가 실패했던 바로 그곳으로 거의 40년 만에 다시 돌아온 것이지요.

아무튼, 가데스에서 모세의 누이 미리암이 죽어 장사 되었습니다. 같은 해 5월에는 아론이 호르산에서 죽게 됩니다(민 33:39). 그리고 역시 같은 해 끝에는 모세가 모압 땅에서 죽게 됩니다(신 34:5). 그러니까 바야흐로 출애굽 세대가 모두 저물어가는 시점에 다다른 것입니다.

> 2회중이 물이 없으므로 모세와 아론에게로 모여드니라. 3백성이 모세와 다투어 말하여 이르되 우리 형제들이 여호와 앞에서 죽을 때에 우리도 죽었더라면 좋을 뻔하였도다. 4너희가 어찌하여 여호와의 회중을 이 광야로 인도하여 우리와 우리 짐승이 다 여기서 죽게 하느냐. 5너희가 어찌하여 우리를 애굽에서 나오게 하여 이 나쁜 곳으로 인도하였느냐. 이곳에는 파종할 곳이 없고 무화과도 없고 포도도 없고 석류도 없고 마실 물도 없도다(민 20:2-5).

40년 전 르비딤광야에서 일어났던 사건의 데자뷰(deja-vu)입니다. 그때도 마실 물이 없다는 이유로 모세와 하나님을 원망했지요. 세월이 아무리 흘러도 불평하고 원망하는 못된 버릇은 조금도 달라지지 않았습니다. 모세가 그들을 '이 나쁜 곳으로' 인도한 장본인입니까? 아닙니다. 그들이 선택한 결과입니다. 뿌린 대로 거둔 것입니다.

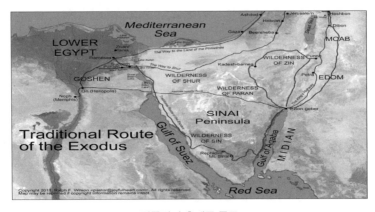

전통적인 출애굽 루트

모세를 한두 해 겪어온 것이 아닙니다. 그가 얼마나 신실하게 하나님의 말씀을 따라왔는지 보아왔습니다. 그런데도 문제만 생겼다 하면 모세에게 모든 책임을 떠넘기고, 하나님의 심판을 받아 죽은 형제들을 오히려 부러워하는 것까지 그대로입니다. 하긴 그들의 태도가 진작에 달라졌더라면 여기에서 이러고 있지는 않았을 것입니다.

사실 이 대목에서 진짜 문제는 불평하고 원망하는 그들이 아닙니다.

6모세와 아론이 회중 앞을 떠나 회막문에 이르러 엎드리매 여호와의 영광이 그들에게 나타나며 7… 말씀하여 이르시되 8지팡이를 가지고 네 형 아론과 함께 회중을 모으고 그들의 목전에서 너희는 반석에게 명령하여 물을 내라 하라. 내가 그 반석이 물을 내게 하여 회중과 그들의 짐승에게 마시게 할지니라. 9모세가 그 명령대로 여호와 앞에서 지팡이를 잡으니라(민 20:6-9).

르비딤광야에서 주신 하나님의 명령과 거의 다르지 않습니다(출 17: 5-6). 그러나 똑같지는 않습니다. 같은 듯 다른 명령입니다. 주의 깊게 듣지 않으면 그 차이를 알아차리지 못합니다. 르비딤에서는 "지팡이로 반석을 치라!"고 하셨습니다. 그러나 지금은 "반석에게 명령하여 물을 내라!"고 하십니다. 말로 명령하기만 하면 반석에서 물이 나올 것이라는 약속입니다. 모세가 그 차이를 과연 인지하고 있었을까요?

10모세와 아론이 회중을 그 반석 앞에 모으고 모세가 그들에게 이르되 반역한 너희여 들으라. 우리가 너희를 위하여 이 반석에서 물을 내랴 하고 11모세가 그의 손을 들어 그의 지팡이로 반석을 두 번 치니 물이 많이 솟아나오므로 회중과 그들의 짐승이 마시니라(민 20:10-11).

모세의 말 속에는 분노의 감정이 가득 들어있습니다. "반역자들은 들으시오!"(메시지) 하긴 백성에게 불평과 원망을 들은 일이 한두 번이 아닙니다. 성경에 기록되지 않은 사건들까지 포함하면 말 그대로 '부지기수'(不知其數)입니다. 40년 내내 불평하고 원망하는 그들에게 짜증이 날만도 합니다. "우리가 여러분을 위해 이 바위에서 물을 내야 하겠소?"(메시지) 바위에서 물을 내실 수 있는 분은 오직 하나님이십니다. 그런데도 마치 그들이 선심이라도 쓰는 것처럼 말합니다.

아니나 다를까, 모세는 지팡이로 바위를 두 번씩이나 칩니다. 지난번에는 한 번으로 충분했습니다. 이번에도 그래야 합니다. 만일 한 번 쳤는데도 물이 터지지 않았다면 멈추어 서서 그 이유가 무엇인지 생각해 보아야 합니다. 그런데 모세는 오히려 더 세게 지팡이를 휘두릅니다. 마치 자신의 힘으로 바위를 깨뜨리기라도 하겠다는 듯이 말입니다. 다행스럽게 바위에서 물이 흘러나왔기에 망정이지, 그러지 않았다면 어떻게 되었을까요?

식수 부족의 문제는 기적적으로 해결되었지만, 모세와 아론은 하나님에게 책망을 들어야 했습니다.

12여호와께서 모세와 아론에게 이르시되 너희가 나를 믿지 아니하고 이스라엘 자손의 목전에서 내 거룩함을 나타내지 아니한 고로 너희는 이 회중을 내가 그들에게 준 땅으로 인도하여 들이지 못하리라 하시니라. 13이스라엘 자손이 여호와와 다투었으므로 이를 므리바 물이라 하니라…(민 20:12-13a).

모세와 아론에 대한 하나님의 실망이 진하게 묻어나는 말씀입니다. "너희가 나를 신뢰하지(trust) 않고 이스라엘 백성 앞에서 나를 거룩한 경외심으로 대하지(treat) 않았다"(메시지). 하나님은 모세와 아론을 세워주기 위해서 특별한 이적을 보여주시려고 했는데, 지난번과 다르지 않은 사건이 되고 말았습니다.

물론 모세의 불완전한 순종에도 불구하고 물이 터져 나오게 해주신 것은 하나님의 은혜입니다. 그러지 않았다면 모세가 정말 곤란해졌을 것입니다. 그러나 과거 경험의 틀에 갇혀서 새로운 하나님의 말씀을 발견하지 못하는 '영적인 둔감함'에 대해서는 변명할 여지가 없습니다. 이제는 '대언자'로서의 사명을 내려놓아야 할 때가 되었습니다. 하나님 백성의 제1세대인 '모세와 출애굽 세대'는 그렇게 씁쓸한 뒷모습을 남기면서 저물어가고 있었던 것입니다.

이집트에서 학대받던 히브리인들이 하나님의 백성으로 빚어지는 이 이야기는, 흘러간 과거의 역사이면서 동시에 현재 진행 중인 역사이기도 합니다. 지금도 많은 사람이 하나님의 부름을 받고 이집트를 떠나서 하나님이 보여주신 약속의 땅을 향해 출발하지만, 이집트에 대한 미련을 버리지 못해서 약속의 땅으로 들어가지 못하기 때문입니다.

단 한 걸음입니다. 한 걸음을 내딛지 못해서 40년 세월을 광야에서 허비하고 있는 것이지요. 물론 광야에서 생존하는 것도 하나님의 은혜입니다. 그러나 우리를 향한 하나님의 기대는 생존이 아니라 약속의 땅에 들어가는 것입니다. 오랜 광야 생활이 우리의 믿음을 성숙시킬 것이라 기대하지 마십시오. 지금 변하지 않으면 아무리 세월이 흘러도 변하지 않습니다. 들어갈 수 있을 때 들어가야 합니다. 오늘이 바로 그때입니다.

어느 서기관을 향해 주님은 이렇게 말씀하셨지요.

네가 하나님의 나라에서 멀지 않도다(막12:34).

이 말씀은 칭찬이 아닙니다. 하나님의 나라는 성큼 들어가야 하는 곳이지, 가까이 다가가는 곳이 아니기 때문입니다. 한 걸음만 더 내디디면 되는데, 그 문턱을 넘어서지 못하는 그를 보면서 안타까워하시는 것입니다. 우리에게 필요한 것은 약속의 땅 '근처로' 한번 가보는 것이 아닙니다.

약속의 땅 '안으로' 믿음의 발걸음을 내딛는 것입니다. 무늬만 하나님의 백성으로 사는 것이 아닙니다. 진정한 하나님의 백성답게 사는 것입니다.

한번 사는 인생입니다. 다시는 주어지지 않는 기회입니다. 광야에서 생존하다 끝내는 인생을 선택하시렵니까? 아니면 약속의 땅으로 들어가는 인생을 선택하시렵니까? 오늘부터 하나님의 말씀에 온전히 순종하면서 살아봅시다. 그 발걸음이 우리를 약속의 땅으로 인도할 것입니다.

* 묵상 질문: 나는 약속의 땅에 들어가기를 원하는가?

* 오늘의 기도: 우리를 세상에서 구별하여 하나님의 백성 삼아주신 은혜에 감사드립니다. 여전히 부족하고 초라한 믿음이지만, 하나님의 말씀에 온전히 순종하여 따르기를 원하오니 우리의 삶을 다스려주옵소서. 매 순간 하나님의 손을 붙잡게 하시고, 매사에 하나님을 인정하게 하옵소서. 그리하여 마지막 때 '이기는 자'로 주님 앞에 서게 하옵소서. 예수님의 이름으로 기도합니다. 아멘.

물러서지 않는 자

주안에서 사랑하는 성도님들에게

우리는 지난 사순절 특새를 통해서 이집트에서 학대받던 히브리인들이 구원받아 하나님의 백성이 되는 과정을 살펴보았습니다. 그러면서 하나님의 백성으로 빚어지는 것이 말처럼 쉬운 일이 아니라는 사실을 알게 되었습니다.

우선 세상이 그들을 쉽게 놔주지 않습니다. 어떻게든 자기의 영향권 안에 가두어 두려고 합니다. 그들 자신도 과거를 완전히 씻어버리지 못합니다. 몸은 떠났지만, 마음은 떠나지 못해서 어떤 일이 생길 때마다 늘 이집트로 돌아가려는 유혹을 받게 됩니다. 탐욕의 죄가 발목을 잡고 약속의 땅에 들어가지 못하게 합니다. 그래서 믿음의 마지막 한 걸음을 내딛지 못해서 문턱에서 좌절하고, 불필요한 40년 광야 생활을 하는 모습을 우리는 지켜보아야 했습니다.

그들의 모습이 낯설게 느껴지지 않는 것은 그들에게서 우리 자신의 모습을 보기 때문입니다. 우리는 이 악한 세상에서 구원받아 하나님의 자녀가 되었습니다. 예수 그리스도를 믿고 그를 따라 살기로 했습니다. 나름대로 열심히 신앙생활 합니다. 성경공부도 열심히 합니다. 주일 성수를 하려고 애씁니다. 예배에 빠지지 않으려고 노력합니다. 그런데 신앙의 진보가 없습니다. 늘 무언가 부족하다는 느낌입니다. 무엇이 문제일까요?

죄의 유혹에 자주 넘어지기 때문입니다. 게으름과 나태함의 죄에 빠지기도 하고, 세상적인 탐욕의 죄에 빠지기도 합니다. 특히 예수 믿는다는 이유로, 사람들에게 부당한 대우를 받을 때, 교회를 다니지 않던 옛날로 돌아가고 싶은 유혹을 받습니다. 굳이 이렇게까지 신앙생활을 해야 하나 싶습니다. 또한, 신앙공동체 안에서 이런저런 일들로 시험에 들면 모든 것을 포기하고 싶은 유혹을 강하게 받습니다.

그렇다고 인제 와서 신앙생활을 중단할 수도 없고, 계속해서 하자니 힘이 듭니다. 그래서 다른 교회로 옮겨보기도 하고, 아니면 뒤로 물러서서 마음에 부담을 느끼지 않는 선에서 적당히 교회를 다니기도 합니다. 성경에 대해서 비교적 아는 것은 많지만, 그 말씀이 자신의 삶에 큰 영향을 끼치지는 않습니다. 교회를 다니지 않는 것은 아니지만, 교회를 다니지 않는 사람들과 특별히 다르지도 않습니다. 그런 사람을 가리켜서 주님은 말씀하십니다. "네가 하나님의 나라에서 멀지 않구나!"(막 12:34)

출애굽기 묵상 마지막 시간에 저는 두 종류의 신앙인에 대해서 말씀을 드렸습니다. 하나는 '약속의 땅 근처까지 가본 사람'이고 다른 하나는 '약속의 땅 안으로 들어간 사람'입니다. 그 차이는 '한 걸음'입니다. 한 걸음만 앞으로 내디디면 되는데, 그 문턱을 넘어서지 못하고 물러서는 것이지요. 그래서 광야 같은 세상에서 겨우 생존하다 끝나는 인생을 사는 사람들이 적지 않다는 사실입니다.

우리 주님에게는 그런 유혹이 없었을까요? 아닙니다. 주님에게도 있었습니다. 십자가를 앞두고 전율의 쓴잔을 마셔야 할지, 아니면 그 잔을 회피하고 뒤로 물러설지 무척 고민스러웠습니다. 얼마나 고민이 되었는지 땀방울이 핏방울이 되기까지 기도하지 않으셨습니까? 그러나 결국에는 물러서지 않으셨습니다. 자기에게 주어진 십자가를 지고 골고다 언덕을 오르셨습니다. 그리하여 우리에게 구원의 길을 열어주셨던 것입니다.

히브리서 기자는 이렇게 말합니다. "우리는 중도에 포기하여 실패할 사람들이 아닙니다. 결코 아닙니다! 우리는 언제나 신뢰함으로 계속 살아남을 사람들입니다"(히 10:39, 메시지). 믿음의 길에서 도망치는 사람은 실패하는 사람입니다. 왜냐면 그렇게 물러서는 사람은 약속의 땅으로 들어갈 수 없기 때문입니다.

너무 힘들어서 정말 포기하고 싶을 때, 조금만 쉬었다가 가라는 유혹에 마음이 솔깃해질 때, 이 일을 감당해 낼 능력이 자신에게 없음을 느끼고 낙심할 때, 바로 그때 뒤로 물러서지 않고 오히려 앞으로 한 걸음 내딛는 사람이 결국 약속의 땅에 들어갈 수 있는 것입니다.

주님이 먼저 그렇게 걸어가셨습니다. 그리고 죽음 권세 이기시고 부활하셨습니다. 우리를 그 길로 초대하고 계십니다. "그러나 인자가 올 때에 세상에서 믿음을 보겠느냐"(눅 18:8). 힘들다고, 어렵다고, 부담스럽다고, 부당한 대우를 받는다고 주님을 따르는 길에서 도망친다면 우리가 어떻게 주님께 믿음을 보일 수 있겠습니까? 우리는 뒤로 물러가 멸망할 자가 아닙니다. 힘들고 어려울수록 믿음의 발걸음을 내딛는 사람들입니다. 그래서 약속의 땅에 들어가는 복을 누리게 될 사람들입니다.

이번에도 40일간의 쉽지 않은 사순절 특새 여정에도 물러서지 않고 끝까지 완주하신 성도님들이 참 많이 계십니다. 출애굽기 묵상을 마치고 나서 몇몇 성도님들이 다음과 같은 소감을 설교 노트에 남겨주셨습니다.

"이번 출애굽기 묵상은 나의 소견대로 달려가고 있던 생각과 행동들을 멈추는 계기가 되었습니다. 멈추고 돌아보니 제가 보였습니다. 기도하지 않고 이집트에서 부르짖기만 하던 이스라엘 백성이 바로 제 모습이었습니다. … 이제는 하나님과 나와의 관계에 집중하며 모든 문제를 풀어가겠습니다." _ 지OO 권사

"'하나님이 회개하셨다'는 말씀을 계속 곱씹게 되었습니다. 두려운 마음이 들었습니다. 하나님께로 돌아가는 것, 하나님의 계획하심에 맞는 방향으로 돌아가는 것이 회개라면, 그동안 습관적으로 해왔던 회개 정도로는 부족하기 때문입니다. 만약 내 욕망으로 내 삶이 잘못된 방향으로 가고 있다면, 그것을 온전히 내려놓을 수 있을지…. 하나님의 꿈이 나의 비전이 되기를 원한다는 찬양 가사처럼 그렇게 40대를 살아가기를 원합니다." _ 황OO 집사

"다시 도전해 보려 합니다. 먼저 하나님께 감사하고, 먼저 하나님의 은혜임을 고백하고, 먼저 하나님의 뜻을 묻는 내가 되기를…. 그리고 배웠습니다. '주님, 함께 하여 주소서'라는 기도의 신중함을…. 입버릇처럼 달고 살았던 말이었는데, 나의 부족함은 조금도 생각지 않고 어마무시한 말을 내뱉었음을…. 조심할게요, 하나님!" _ 정OO 권사

"마지막으로 제 마음에 새기게 된 말씀은 '일용할 양식의 원칙'에 대한 것입니다. 이 말씀을 듣자마자 제 가치관이 완전히 흔들리는 느낌이었어요! 좋은 의미에서…. 왜 아르바이트 월급에서 작고 귀여운 십일조를 낼 때조차 손을 덜덜 떨었는지, 왜 항상 알 수 없는 부족함을 느꼈었는지 그 원인을 이제야 확실히 발견했습니다. 이제 일용할 양식의 원칙에 따라 살아가겠습니다!" _ 박OO 청년

"출애굽기 말씀이 제 머리에는 수학적인 기호나 도형으로 그려져서 더 잘 이해할 수 있게 되었고, 또한 더 잘 설명할 수 있게 되었습니다. 창조 질서의 삼각뿔, 십계명의 벤다이어그램, 성막 예배의 십자가, 그리고 새 예루살렘의 정육면체 큐브까지…." _ 범OO 권사

"구원이 무엇인가요? 음~ 장황~ 장황…. But 구원은 창조 질서의 세 가지 관계 회복입니다. 태초에 하나님이 천지를 창조하실 때와 같이 하나님과의 관계와 이웃과의 관계와 물질세계와의 관계가 회복되는 것이 구원입니다. 이보다 더 명쾌한 설명은 없는 듯합니다!" _ 조OO 권사

"한 줄기 빛같이 주어진 말씀, 하나님의 비전은 제사장 나라, 거룩한 백성, 예배공동체! 나를 제사장 나라, 거룩한 백성으로 부르셨구나! … 그저 예배뿐이구나. 주님 앞에 나아가는 길밖에 없구나. 매일매일 예배에 목숨을 걸어야겠구나!" _ 김OO 집사

"피 남편 사건에서 '우리 가족은 모두 한 분 하나님을 섬기고 있습니까?'라는 묵상 질문에 지금은 모두 하나님을 믿고 있지만, 미래의 가족은 어떨지 생각하게 되었습니다. 앞으로는 나와 함께 하나님을 섬길 배우자를 찾기 위해 기도해야겠습니다." _ 김OO 청년

"하나님의 백성답게 살지 못하면서 하나님의 동행을 기도하는 것이 얼마나 두려운 일인지 알게 되었습니다. 단지 내 소원을 이루기 위해서 그동안 하나님을 참 많이 이용해왔구나 싶어 부끄러웠습니다. 그러나 이제 깨닫게 하셨으니 더욱더 말씀에 순종하기를 힘쓰겠습니다. 믿음의 한 걸음을 용기 있게 내딛겠습니다." _ 남궁OO 권사

그 외에도 많은 성도님이 출애굽기 묵상의 소감을 남겨주셨습니다. 거의 논문 수준으로 긴 소감문을 보내신 분도 계십니다. 여기에 모두 싣지 못하는 것이 정말 아쉽습니다. 매년 이렇게 하나님의 말씀을 밀도 있게 묵상할 수 있고, 또한 그 말씀을 성도님들과 함께 나눌 수 있다는 것이

저에게는 가장 행복한 일입니다.

계속 이어지는 '하나님의 백성' 시리즈의 나머지 책들을 통해서 매일 말씀을 묵상하는 깊이가 더해지기를 바랍니다. 그렇게 주님과 함께 믿음의 걸음을 걷다가, 마지막 때 우리 모두 부활의 영광에 참여할 수 있기를 간절히 소망합니다.

2021년 4월 4일
출애굽기 40일 묵상의 길을 마치며

그리스도의 종 한강중앙교회 담임목사 유 요 한